실전 IoT 네트워크 프로그래밍

실전 IoT 네트워크 프로그래밍

라즈베리 파이와 C#을 활용한
사물인터넷 통신 프로토콜과 서비스 플랫폼 이해

피터 웨허 지음 | 남기혁 옮김

지은이 소개

피터 웨허 Peter Waher

스칸디나비아 지역에서 시작해 현재는 4대륙에 지사를 운영하고 있는 IoT 응용 개발 및 플랫폼 전문 회사인 클레이스터Clayster의 공동 창업자다. 현재는 클레이스터 칠레 연구소의 CEO로 근무하고 있으며, 파트너 회사에게 개발 관련 노하우를 제공하고, IoT 기술을 확산하는 일을 하고 있다. 수학자이자, 상용 항공기 조종사이며 컴퓨터 게임 개발자이기도 한 그는 어셈블리를 이용한 저수준 프로그래밍부터 고수준 시스템 설계 및 아키텍처까지, 컴퓨터를 비롯한 디바이스의 통신 기술에 대한 20년 경력을 보유하고 있다. 현재는 IEEE, UPnP, XSF 같은 여러 표준 기구에서 IoT 관련 표준 작업에 참여하고 있다. 그가 제작한 IoT용 스마트 애플리케이션과 IP-TV 응용인 'Energy Saving through Smart Applications'는 Cultural and Societal Participation and Collaboration Tools 분야에서 Urban Living Labs 글로벌 쇼케이스 어워드를 수상하기도 했다. 링크드인(linkedin.com/in/peterwaher)을 통해 저자와 만나볼 수 있다.

이 책을 집필할 기회를 준 팩트 출판사와 클레이스터의 설립자인 리카르드 스트리드에게 감사의 말을 전하고 싶다. IoT와 관련된 여러 가지 아이디어와 의견을 준 요아킴 린드보그에게도 감사한다. 구현에 관련된 세부 기술에 대해 조언을 아끼지 않은 페르난도 크루즈와 프레디 지메네즈에게도 감사한다. 이 책의 모션 디텍터 예제를 위해 심야에 사무실에 침입하는 모델 역할을 해준 큰딸 마리아 로레나에게도 감사의 말을 전한다. 마지막으로 이 책을 집필하는 동안 뒤에서 묵묵히 응원해준 아내와 아이들에게 감사한다.

기술 감수자 소개

피오레 바실레 Fiore Basile

프로그래머이자 시스템 관리자이자 창업가이자 메이커로 활동 중이다. 1996년부터 이탈리아를 비롯한 유럽의 여러 연구 프로젝트와 회사 프로젝트에 참여하면서 문화 유산, e-헬스, 디지털 보존, 멀티모달 인터페이스, 웹 및 모바일 출판 분야에서 프로젝트 매니저와 컨설턴트 기술 담당 임원으로 활동하고 있다. 그 동안 IT 관련 스타트업을 두 차례 설립한 바 있으며, 여러 가지 국제 컨퍼런스와 행사를 개최하기도 했으며, 국내외 언론 매체에 여러 차례 인터뷰하기도 했다. 그간의 경험을 토대로 시스템과 웹, 모바일 소프트웨어, 오픈 소스 및 오픈 하드웨어, 임베디드 프로그래밍 및 전자공학 등 다양한 분야에 대한 해박한 지식을 갖추게 됐다. 현재는 웨어러블 기술과 이펙티브 컴퓨팅, 스마트 커넥티드 디바이스에 대한 연구를 총괄하고 있으며, 투스카니 중부에 있는 디지털 패브리케이션 랩인 팹랩 카스치나 FabLab Cascina에서 코디네이터로 근무하고 있다.

도미니크 "돔" 귀나드 Dominique "Dom" Guinard

스마트 제품을 웹으로 연결하는 WoTWeb of Thing 및 IoT 소프트웨어 전문 회사인 EVRYTHING의 공동 창업자이자 CTO로 근무하고 있다. ETH 취리히에서 WoT 아키텍처와 센서 네트워크, 어플라이언스, 머신, 태그 부착 오브젝트 등을 서로 엮는 월드와이드 네트워크에 대해 연구하고 박사 학위를 취득했으며, WebofThings.org를 공동으로 설립했으며, 여러 WoT 관련 컨퍼런스도 개최한 바 있다.

EVRYTHING을 창업하기 전에는 MIT Mobile Experience Lab에서 방문 연구원으로 근무하면서 스마트 사물과 RFID 태그를 단 오브젝트에 대한 산업용 네트워크를 웹에 도입하는 연구에 참여한 바 있다. 또한 SAP에서 4년간 근무하면서 비즈니스 시스템에 실세계 오브젝트를 통합하기 위한 확장 가능한 소프트웨어 아키텍처와 인프라스트럭처를 설계하기도 했다. 취리히의 Auto-ID 랩의 연구원으로 근무하면서 모바일폰을 IoT의 게이트웨이로 활용하는 연구에도 참여한 바 있다. 그 전에는 썬 마이크로시스템사와 공동으로 RFID와 임베디드 장치를 이용한 확장 가능한 IoT 엔터프라이즈 소프트웨어 아키텍처에 대해 연구하기도 했다.

전산학 학사와 석사를 취득했으며, 세부 전공 분야는 모바일 및 유비쿼터스 컴퓨팅이다. 2011년에는 세계 100대 IoT 전문가 중 5번째로 선정된 바 있으며, 2012년 초에는 WoT에 대한 박사 과정에 수행한 연구로 ETH Medal을 수상하기도 했다.

포달 후앙 Phodal Huang

4년 이상의 하드웨어 및 웹 개발 경력을 가진 개발자로서, 시안 대학에서 교양학부를 졸업했으며, 현재는 쏘트웍스ThoughtWorks에서 개발자로 일하고 있다. 미니 IoT 프로젝트(https://github.com/phodal/iot)를 진행하고 있으며, 『Design IoT』(http://designiot.phodal.com, 중국어판 e북)의 저자이기도 한다. 그림 그리기와 글쓰기, 여행, 해킹을 즐기며, http://www.phodal.com이라는 개인 웹사이트도 운영한다.

요아킴 린드보그 Joachim Lindbord

텍사스 인스트루먼트TI, Texas Instrument 사의 TI-16부터 인텔 NUC 머신용 분산 네트워크 OS인 Core-Os의 도커Docker 컴포넌트에 이르기까지, IT와 관련된 다양한 기술에 대한 개발 경험을 갖춘 열정적인 시스템 엔지니어다.

특히 조그만 장치를 사용하는 분야에 푹 빠져 있으며, 중학교 시절부터 전자기기로 납땜하는 작업을 즐겨왔다. 라즈베리 파이 같은 오픈 하드웨어와 메이커스페이스MakerSpace가 최근 주목을 받게 되면서, 그의 어린 시절 열정이 다시 살아나고 있다. 현재는 그 동안 겪은 다양한 기술 경험을 토대로 센서와 액추에이터 같은 소형 하드웨어 장치와 대형 시스템을 결합해 스마트 에너지 서비스를 제작하는 데 주력하고 있다.

1993년부터 여러 차례 초대형 프로젝트에 참여한 바 있다. 그 중 하나는 에릭슨 사의 차세대 통신 플랫폼 프로젝트로서 ATM을 개발하는 데 참여했지만 현재는 아쉽게도 TCP/IP가 대세로 굳어졌다. 또 다른 대형 프로젝트로 스웨디시 유틸리티Swedish Utility 사에 근무하면서 스마트 홈 서비스를 개발한 바 있으며, 당시에는 앞선 개념을 제시했지만 지금은 거의 사용하지 않는 전화선과 모뎀을 기반으로 만들었기 때문에 현재는 쓰이지 않고 있다.

현재 CTO로 근무하면서 지속 가능한 혁신 기술을 연구하고 있다. 그 중에서도 수요가 끊이지 않는 에너지 효율 및 지속 가능한 사회를 위한 IoT 분산 로직 및 고급 데이터 분석 기술에 대한 연구를 담당하고 있다.

스웨덴 IT 아키텍트 서적의 집필 작업(http://www.thearchitectbook.com)에 참여하기도 했다.

일레쉬 파텔 Ilesh Patel

통신 및 전자공학 학사 학위를 받고, VLSI 및 임베디드 시스템 설계 연구로 석사 학위를 취득했다. 임베디드 시스템 엔지니어로 3년 이상의 경력을 보유하고 있으며, C/C++과 같은 임베디드 관련 고급 언어와 스크립트 언어인 파이썬, 하드웨어 설계 언어인 VHDL도 능숙하게 다루며 디버깅 실력도 뛰어나다. 또한 FPGA 기반 시스템 설계와 마이크로 컨트롤러에 대한 경험이 풍부하며, 파이썬을 이용해 자동 테스트 프레임워크를 직접 제작해보기도 했다.

이 책을 감수할 수 있게 격려해준 나의 친구 우칫 비야스에게 감사의 말을 전하고 싶다.

옮긴이 소개

남기혁 kihyuk.nam@gmail.com

고려대 컴퓨터학과에서 학부와 석사 과정을 마친 후 한국전자통신연구원에서 선임 연구원으로 재직하던 중 네트워크 제어 및 검증 솔루션 회사인 ㈜프리스티를 창업했다. 관심 분야는 SDN과 IoT를 비롯한 네트워크 제어 및 응용 기술이다. 에이콘출판사에서 출간한 『GWT 구글 웹 툴킷』(2008), 『해킹 초보를 위한 USB 공격과 방어』(2011), 『HTML5 비디오』(2012), 『자바 7의 새로운 기능』(2013), 『iOS 해킹과 보안 가이드』(2014), 『Neutron 오픈스택 네트워킹』(2015) 등을 번역했다.

옮긴이의 말

최근 IoT, 즉 사물인터넷에 대한 관심이 부쩍 늘어난 것을 느낄 수 있습니다. 특히 아두이노나 라즈베리 파이처럼 손쉽게 접할 수 있는 플랫폼이 저렴한 가격으로 등장하면서 더욱 부담없이 접할 수 있는 여건이 마련된 것도 큰 영향을 미치지 않았나 생각합니다.

소프트웨어 관련 분야에서 그 동안 겪은 경험에 비춰볼 때 IoT는 새로우면서도 한편 새롭지 않은 주제이기도 합니다. 임베디드 시스템과 네트워크 프로그래밍을 개발해본 경험이 있거나, M2M이나 센서 네트워크 분야를 오랫동안 연구하던 사람이라면 한 번쯤은 IoT와 관련된 영역 중 최소한 한 가지 이상은 경험해 본 적이 있을 것입니다. 저처럼 주로 소프트웨어만 다루고, 그나마 다뤄본 임베디드 시스템도 소프트웨어 쪽에 비중을 두고 개발해본 이들에게는 전기 및 전자 공학 관련 지식을 좀 더 다뤄줬으면 좋았겠다는 아쉬움이 있을 수 있으나, 사실 이러한 내용에 대한 자료는 서점과 웹에 넘쳐나고 있습니다. 오히려 기존 자료나 도서들은 사물인터넷의 관점에서 '인터넷'보다는 '사물'에 더 치우쳐 설명하지 않았나 하는 느낌이 들기도 했습니다. 이런 관점에서 볼 때 사물 자체에 대한 설명보다는 이들을 연결해주기 위한 방법에 대해 네트워크 프로토콜 중심으로 설명한다는 점에서 이 책이 꽤 신선하게 느껴졌습니다. IoT를 위한 최선의 기술을 제시해주진 못하더라도, 최소한 이러한 기술을 찾거나 최적의 솔루션을 구성하는 안목을 높이는 데 도움이 될 것이라고 생각합니다.

이 책에서는 다양한 통신 프로토콜로 IoT 장치를 엮는 기술에 초점을 맞추다 보니, 라즈베리 파이나 C# 언어를 비롯한 이 책에 나온 설명과 예제를 이해하는 데 필요한 요소 기술에 대해서는 자세한 내용은 생략하고 간단히 설명하고 넘어갑니다. 아두이노나 라즈베리 파이에 대한 기본 설정과 조립에는 어느 정도 자신 있으면서, 아직 여러 대의 기기를 네트워크에 맞물려 작동하는 시스템을 만들어본 경험은 없는 독자에게 가장 잘 맞는 책이라 볼 수 있습니다. 그러나 IoT 분야를 처음 접하고 배경 지식도 충분히 갖추지 않은 독자라 하더라도, 기본적인 전산 지식만으로도 부록에 나온 보충 설명을 참고해 충분히 따라갈 수 있습니다. 관련 기술에 대한 자료가 이미 웹이나 서점에 많이 나와 있기 때문에, 부록의 설명만으로 충분하지 않더라도 큰 어려움이 없이 이 책을 읽을 수 있을 것입니다.

간혹 표현이 난해하기도 하고, 이를 보완하기 위해 원서의 저자도 뒤늦게 원문의 절반에 육박하는 부록을 추가하기도 했습니다. 4개 장에 걸친 부록을 통해 본문의 내용을 보충해주는 여러 자료들을 참조할 수 있습니다. 그래서인지 번역 작업도 후반부로 갈수록 더욱 어려워졌는데, 기술적인 검토뿐만 아니라 번역문에 대한 조언을 해주신 준상 형과 현영 형의 도움으로 무난히 마무리 할 수 있었습니다. 물론 언제나 최대한 번역에 집중할 수 있도록 배려해주시는 에이콘 임직원분 덕분에 다소 힘든 작업이었지만 흥미를 잃지 않고 끝까지 이어 나갈 수 있었습니다. 개인적으로는 번역이 힘들긴 했지만 이 책의 설명과 예제를 나름 즐기기도 하고 현업에 큰 도움이 되기도 했습니다. 독자들도 이 책을 통해 더 많은 것을 느끼고 배우길 바랍니다.

남기혁

감수자 소개

이준상

고려대학교 컴퓨터학과를 졸업하고 ISP, IDC, 게임 개발사, 웹 서비스 회사, 모바일 메신저 개발사 등에서 개발자로 일하며 다양한 경험을 쌓았다. 현재는 프리랜서 프로그래머로서 일하고 있다.

최현영

고려대학교 컴퓨터학과에서 학사, 석사, 박사를 취득하고, 전공인 네트워크 분야를 비롯한 다양한 주제에 대한 정부 및 민간 프로젝트에 참여한 경험이 있다. 현재는 펜실베니아 대학 연구원으로 일하고 있으며, (주)프리스티의 창업 초기 개발 작업에도 참여한 바 있다.

감수자의 말

이 책은 사물인터넷을 직접 구현해보고 싶지만 어떻게 해야할지 잘 모르는 초보자부터, 자신이 만들어놓은 것들을 좀 더 짜임새 있게 구축하고 싶은 중급자까지 모두를 대상으로 한다. 단순히 사물인터넷이란 무엇인가 같은 개략적인 내용보다, 실질적으로 이렇게 만들면 이렇게 된다라고 하는 실전의 내용으로 채워져 있다. 뿐만 아니라, 단순히 방법만 가르쳐주는 게 아닌 그 원리와 개념을 직접 해보면서 쉽게 이해할 수 있게 설명되어 있어 컴퓨터 네트워크 등의 기본 지식이 없는 사람일지라도 응용하기 쉬운 책이다.

본문보다 부록의 비중이 더 크다 할 정도로 독특한 구성이지만, 사물인터넷에 쓰일 수 있는 거의 모든 프로토콜을 상세히 다룬다. 실제 제작해가며 따라가볼 수 있다는 점에서 이 책은 튜터리얼과 레퍼런스의 역할을 다 하고 있다. 재미있게 따라갈 수 있으리라고 생각한다.

용어 번역에 대한 철학을 지니고 끊임없이 성찰해온 훌륭한 번역가인 역자에게, 부족한 역량으로나마 감수로서 도움을 주었다는 사실이 뿌듯함과 동시에, 생각만큼 많은 도움이 되지는 못한 것에 대한 미안함, 그리고 번번이 늦을 때마다 화내지 않고 참고 기다려준 고마움을 이 글을 통해 대신 전한다.

이준상

목차

4장 CoAP   135

들어가며

IoTInternet of Thing(사물인터넷)는 현재 IT 분야에서 대표적으로 손꼽히는 주제 중 하나다. 주요 IT 기업에서는 IoT 시장을 수십조 달러에 이를 것으로 예상하고 있으며, 이미 IoT 연구와 개발에 수십억 이상의 금액을 투자하고 있다. 이러한 맥락으로 조만간 엄청난 수의 커넥티드 디바이스가 출시될 예정이다. 이런 통계만 보더라도 왜 IoT가 이처럼 많은 이의 관심을 받는지를 알 수 있을 것이다.

이러한 관심에도 불구하고 아직까지 IoT가 정확히 무엇인지를 정의하지 못한다. IoT가 무엇이든 상관없이 돈이 된다는 것만 알고 있을 뿐이다. 이처럼 돈이 되는 분야에는 자연스레 경쟁이 치열해지면서 여러 가지 혼선이 발생하곤 한다. 남들보다 좀 더 유리한 고지를 점령하고자 자사의 제품을 부각할 수 있는 새로운 용어를 개발하기도 하는데, 이렇게 소비자로부터 좀 더 주목을 받기 위해 경쟁하면서 등장한 용어를 몇 가지만 예로 들면 IoEInternet of Everything(만물 인터넷), WoTWeb of Things(사물 웹), IoPTInternet of People and Things(사람과 사물간 인터넷) 등이 있다. 여기에 빅데이터, M2MMachine-to-Machine, CPSCyber-Physical Systems 등이 가미되면서 상황은 더욱 혼란스러워지고 있다.

이렇게 IoT의 실체와 정의에 대한 의견이 다양하기 때문에 IoT라는 주제로 책을 쓰기는 좀처럼 쉽지 않았다. 기술적으로 어렵다기보다는 이 책에서 다룰 주제와 범위를 정하기 어려웠기 때문이다. 따라서 이 책을 집필하기 전에 IoT라는 개념부터 최대한 간단하고 정확하게, 그러면서도 논란을 최소화할 수 있게 정의해야 했다.

IoT의 정의

IoT를 정의하기 전에, 어떻게 이러한 용어가 등장했는지부터 살펴볼 필요가 있다. IoT라는 용어를 처음 고안한 케빈 애쉬튼Kevin Ashton은, 인터넷에 돌아다니는 데이터의 대부분은 사람이 직접 시스템에 입력한 것이라는 점에 주목했다. 시스템 관점에서 볼 때 사람은 그냥 좀 느리고 실수도 많은 비효율적인 라우터로서, 데이터의 품질에 영향을 주기도 하고, 데이터를 함부로 해석하거나 수정하기도 한다. 따라서 실세계에서 발생하는 이벤트를 사람을 통해 간접적으로 전달받지 말고, 이를 측정하는 센서에 직접 연결하면 좀 더 효율적으로 동작하게 할 수 있다. 이처럼 사람이라는 중간 단계를 거치지 않고 센서에 직접 연결된 시스템을 인터넷에 연결해서 실세계의 데이터를 수집하고 처리하는 개념을 표현하기 위해 IoT라는 용어를 만들었다.

IoT는 엄밀히 말해서 정의가 아니라 비전만 제시한다. 물론 여기서 제시하는 비전이 중요하긴 하다. 시스템이 센서로부터 직접 데이터를 받게 되면 정확성은 높지만 불필요한 데이터가 들어올 수도 있다. 이러한 시스템에 대해서는 이미 오래전부터 센서 네트워크라는 분야에서 연구해왔다. 그렇다면 센서 네트워크와 IoT가 어떤 점에서 차이가 있을까? 또한 대량의 데이터를 효율적으로 처리하는 빅데이터 기술과는 어떻게 다를까? 그리고 사물끼리 통신하는 방법에 대한 기술인 M2MMachine-to-Machine이나 D2DDevice-to-Device과는 어떤 점이 다를까? 그리고 센서와 액추에이터로 실세계를 다루는 CPSCyber-Physical Systems와는 또 어떤 차이가 있을까? IoT와 이러한 관련 분야와의 차이점에 대해 먼저 분석해볼 필요가 있다.

따라서 여기에서는 IoT를 다음과 같이 매우 간단하게 정의했다.

 IoT란 사람을 거치지 않고 자체적으로 운영되는 사물을 인터넷에 연결함으로써 얻을 수 있는 모든 대상과 효과를 가리킨다.

다양한 그 밖의 IoT 정의

IoT와 센서 네트워크는 다르다. IoT에서 사물은 센서가 아닌 다른 장치일 수 있으며, 센서 네트워크에서 센서를 인터넷이 아닌 로컬 네트워크에 연결할 수 있기 때문이다. 또한 IoT에서는 사물이 데이터를 생성하거나 처리하지 않을 수도 있고, 이를 이용하는 애플리케이션에서 데이터를 클라우드와 같은 중앙 집중형 시스템을 통해 대량으로 저장하지 않을 수도 있다는 점에서 빅데이터와 다르다. 또한 인터넷에 연결된 사물에 다른 사물이 아닌 사람이 접근할 수도 있기 때문에 M2M과도 다르다. 마지막으로 M2M과 CPS에서는 머신이나 장치끼리 메시지를 주고받을 때 인터넷 표준이 아닌 프로토콜을 사용할 수 있을 뿐만 아니라 독립된 제어 환경에서 자동화한다는 점에서 IoT와 다르다.

인터넷에 연결한다는 것은 단순히 통신 수단으로 연결하는 것 이상의 의미가 있다. 인터넷은 개방되어 있기 때문에 누구나 사물을 추가해서 연결할 수 있다. 또한 이렇게 연결된 시스템은 특수한 제어 장치를 사용하지 않고 느슨하게 연결된 방식으로 제어하게 된다. 인터넷은 누구에게나 개방되어 있는 전 세계에서 가장 큰 규모의 네트워크다. 어떤 관점에서 보면 온갖 쓰레기가 난무하는 오물통이기도 하다. 따라서 장치를 인터넷에 연결할 때는 항상 누군가가 나쁜 목적으로 접근하거나, 단순히 재미를 위해 이 장치를 악용하거나 파괴할 수 있다는 점을 염두에 둬야 한다. M2M과 IoT의 차이를 비유하자면, 완벽히 제어하던 실험 환경에 3살짜리 어린 아이가 망치를 들고 와서 마음대로 장난치도록 개방하는 것과 같다.

어떤 이들은 IoT라는 표현에 사람이 빠졌다고 지적하면서 Internet of People and Things(사람과 사물간 인터넷)라는 새로운 용어를 제안하기도 했다. 앞에서 설명한 바와 같이 IoT라는 용어의 정의에 이미 사람이 포함되어 있다. 사람도 사물을 통해 인터넷에 접근하기 때문이다. 따라서 굳이 용어를 이렇게 새로 정의할 필요는 없다. 또한 WoTWeb of Things란 용어도 통신 기술을 HTTP와 웹 브라우저, 스크립팅 등으로 제한할 뿐, 근본적으로 IoT 정의에 모두 포함되어 있다. 아마도 인터넷Internet을 월드와이드웹www과 같은 것으로 보기 때문에 이렇게 부른 것 같다. 이 책에서 설명하는 내용 중 웹 기술이 차지하는 비중이 높긴 하지만, IoT를 웹에만 국한하기엔 제약이 너무 크다.

특히 만물 인터넷Internet of Everything처럼 특정 회사의 기술과 제품을 부각하고 기존 IoT보다 뭔가 더 할 수 있다는 느낌을 주기 위해 상업적인 목적으로 억지로 만든 용어는 자칫 개념을 잘못 받아들이게 할 위험이 있다. 실질적으로 IoE에서 다루는 범위와 IoT의 범위가 다르지 않다. IoE로 연결할 수 있는 사물은 이미 IoT에서도 연결할 수 있다. 게다가 공기나 물과 같이 실체는 있지만 연결할 수 없거나 진공이나 행복처럼 실체가 없거나 추상적인 대상을 연결할 수 없기는 IoE도 마찬가지다. 단지 이름에서 모든 것을 연결할 수 있다는 뉘앙스만 풍길 뿐이다. 어차피 인터넷에는 사물뿐만 아니라 사람도 연결할 수 있어야 한다. IoE에서는 프로세스라는 개념도 포함하고 있어서 IoT와는 다르다고 주장하기도 하는데, 앞에서 IoT의 정의에 대해 설명한 바와 같이, 이러한 프로세스는 IoT 정의로부터 도출되는 부산물이지 새로 정의할 대상은 아니다.

단도직입적인 결론

여기서는 IoT를 사람이 제어하지 않는 사물을 인터넷에 연결할 때 얻을 수 있는 모든 것이라고 명확하게 정의했다. 이를 토대로 IoT에 대해 구체적으로 살펴볼 수 있다. 이렇게 정의한 IoT에는 다음과 같은 주요 요소로 구성되어 있다.

● 연결: 주로 통신 프로토콜을 지칭한다.

● 사물: 센서와 액추에이터, 컨트롤러와 같은 사물을 다룬다.

● 사람의 개입이 없는 제어: 프로비저닝과 같은 기술을 다룬다.

● 인터넷: ID, 인증, 권한 검사와 같은 보안 기술과 상호운용성과 관련 있다.

이 책에서는 라즈베리 파이를 이용해 실제로 작동하는 예제를 만들어보면서, 이러한 네 가지 개념이 구체적으로 어떻게 적용되고 있는지 직접 확인해본다.

이 책의 구성

1장, 실습 환경 이 책의 전반에 걸쳐 사용할 예제 프로젝트를 소개한다. 프로젝트의 기본 구조와 개발 환경을 비롯해 라즈베리 파이를 설정하고 기본 입출력 연산을 수행하는 방법에 대해 설명한다.

2장, HTTP HTTP 프로토콜의 기본 개념과 IoT 응용 제작 환경에 대해 소개한다. 이 과정에서 요청/응답과 이벤트 구독과 같은 통신 패턴도 소개한다.

3장, UPnP UPnP 프로토콜의 기본 개념과 애드혹 네트워크에서 다른 장치를 찾는 방법에 대해 소개한다. 또한 장치에서 제공하는 서비스를 호출하고, 여기서 발생하는 이벤트를 구독하는 방법에 대해서도 설명한다. 그리고 다른 장치에서 호출할 수 있는 서비스와 이벤트를 네트워크에 제공하는 서비스를 제작하는 방법에 대해서도 살펴본다.

4장, CoAP CoAP 프로토콜의 기본 개념을 소개하고, 대역폭이 제한된 네트워크에서 장치끼리 이 프로토콜로 통신하는 방법에 대해 알아본다. 앞 장과 마찬가지로 콘텐츠를 게시하고 이벤트를 구독하는 방법뿐만 아니라, 대용량 데이터를 블록 단위로 보내는 방법과 장치에서 제공하는 리소스를 검색하는 방법도 소개한다.

5장, MQTT MQTT 프로토콜의 기본 개념을 소개하고, 게시/구독 통신 패턴과 메시지 중개자를 통해 방화벽을 뛰어넘어 통신하는 방법에 대해 살펴본다.

6장, XMPP XMPP 프로토콜의 기본 개념을 소개하고, 이 프로토콜에서 글로벌 ID를 제공하기 위해 메시지 중개자를 페더레이션하는 방법과 IoT 응용 개발에 필요한 다양한 통신 패턴에 대해 소개한다. 이 장에서는 친구 관계를 인증하고, 프레즌스 구독을 통해 상태를 확인하고, 메시지를 비동기식으로 보내고, 신뢰를 위임하고, 프로비저닝하는 것처럼 앞 장에서 보지 못한 새로운 통신 패턴도 소개한다.

7장, IoT 서비스 플랫폼 IoT 서비스를 빠르게 개발하고, 보안과 상호운용성, 확장성, 관리, 모니터링 등과 같이 대표적으로 거론되는 IoT 관련 기능을 구현하기 위해 IoT에 특화된 서비스 플랫폼을 활용하는 방법에 대해 설명한다.

8장, 프로토콜 게이트웨이 프로토콜 브릿지를 쉽게 만들 수 있도록 추상 모델을 활용하는 방법에 대해 소개한다. 이러한 프로토콜 브릿지를 사용하면 다양한 시스템과 다양한 프로토콜을 사용하는 서비스를 서로 엮을 수 있다. 이를 통해 IoT 기반으로 스마트 시티를 구축하기 위한 안전하고 상호 호환성을 보장하는 인프라를 구축할 수 있다.

9장, 보안과 상호운용성 대표적인 보안 위협과 공격 패턴을 소개하고, 이로부터 IoT 시스템을 보호하는 방법에 대해 살펴본다. IoT에서 상호운용성의 중요성에 대해서도 알아보면서 원하는 기능을 구현하기 위해 특정한 기술에 종속되지 않도록 시스템을 구성하는 방법에 대해서도 설명한다.

부록 A, 프로젝트 개발 환경 및 프로그래밍 기초 1장에 대한 보완 내용으로서, 이 책의 예제에서 사용하는 콘솔 애플리케이션의 기본 구조와 사용법, 센서 값 샘플링, 오브젝트 데이터베이스를 통해 간단히 데이터의 영속성을 보장하는 방법, 액추에이터 프로젝트에서 제어 연산을 구현하는 방법, 이 책의 예제를 구성하는 데 사용한 부품에 대해 소개한다

부록 B, HTTP 프로젝트 구현 기법 2장에 대한 보완 내용으로서, HTTP의 기초와 HTTP 프로토콜의 기본 개념, 센서 데이터의 쿼리 파라미터, 이벤트 구독 메커니즘 구현 방법에 대해 설명한다.

부록 C, UPnP 프로젝트 구현 기법 3장에 대한 보완 내용으로서, UPnP의 기초와 지원하는 데이터 타입, 카메라 웹 인터페이스 제작, 텍스트 인코딩 과정의 문제점, 카메라의 사진을 메일로 보내는 방법, 네트워크 상의 카메라 관리 방법에 대해 설명한다.

부록 D, XMPP 프로젝트 구현 기법 6장에 대한 보완 내용으로서, 인증서의 개념과 처리 과정, 설치하는 방법을 다루고, 채팅 인터페이스를 추가하고 QR코드를 생성하는 방법에 대해 설명한다.

준비 사항

윈도우나 리눅스, 맥 기반의 컴퓨터뿐만 아니라, 신용 카드 크기의 미니 컴퓨터인 라즈베리 파이 모델 B도 4개 또는 5개가 있어야 한다. 또한 라즈베리 파이마다 라즈비안 운영체제가 설치된 SD 카드도 장착해야 한다. 부록 A, '부품 구성표' 절에 나온 부품을 이용해 이 책에 나온 설명에 따라 회로를 구성한다.

이 책에서는 다음과 같은 소프트웨어도 사용한다. 이러한 소프트웨어는 인터넷에서 무료로 제공한다.

- 자마린Xamarin, 모노디벨롭MonoDevelop, 비주얼 스튜디오Visual Studio와 같은 C# 개발 환경이 필요하다. 자마린과 모노디벨롭은 무료로 제공되며, 최근에는 비주얼 스튜디오도 MS에서 무료 버전을 제공하고 있다.

  ○ 자마린은 윈도우와 맥용 버전이 제공되며 http://xamarin.com/download 에서 다운로드할 수 있다.

  ○ 모노디벨롭은 리눅스용 소프트웨어로서 데비안과 우분투, 페도라, 레드햇, 오픈수세 등을 지원하며, http://monodevelop.com/download에서 다운로드할 수 있다.

  ○ 윈도우용 비주얼 스튜디오는 http://www.visualstudio.com/downloads/download-visual-studio-vs에서 다운로드할 수 있다. 무료 버전에 대한 한글 페이지(https://www.visualstudio.com/ko-kr/products/free-developer-offers-vs.aspx)로 접속해도 된다.

- 4장, 'CoAP'에서는 CoAP 호출을 위해 쿠퍼(Copper, Cu)라는 파이어폭스 플러그인을 사용한다. 이 플러그인은 https://addons.mozilla.org/ko/firefox/addon/copper-270430/(영문 페이지는 https://addons.mozilla.org/en-US/firefox/addon/copper-270430)에서 다운로드할 수 있다.

- 7장, 'IoT 서비스 플랫폼'과 8장, '프로토콜 게이트웨이'에서는 클레이스터 IoT 서비스 플랫폼 중에서 ClaysterSmall 버전을 사용한다. 개인과 학교, 테스트 용도로 무료 라이센스를 제공하며 클레이스터 관리 도구CMT, Clayster

Management Tool도 함께 다운로드할 수 있다(http://www.clayster.com/downloads).

- 이 책에서 소개하는 프로젝트에 대한 소스 코드는 모두 깃허브에서 다운로드할 수 있다. 구체적인 방법은 각 장마다 표시해뒀다.

이 책의 대상 독자

이 책은 IoT에 관심 있는 소프트웨어 및 하드웨어 개발자를 대상으로 집필했다. 고등학교 수준의 전자 공학 지식만 있어도 라즈베리 파이를 비롯한 소형 IoT 하드웨어 플랫폼을 충분히 사용할 수 있으며, C#뿐만 아니라 자바나 C++ 같은 객체 지향 프로그래밍 언어를 써본 적이 있다면 예제를 충분히 따라갈 수 있을 뿐만 아니라, 최신 IoT 솔루션을 쉽게 만들 수 있을 것이다.

편집 규약

이 책에서는 독자의 이해를 돕고자 다루는 정보에 따라 글꼴 스타일을 다르게 적용했다. 다음 예제와 같다.

텍스트에 나온 코드 부분, 데이터베이스 테이블 이름, 사용자가 입력한 값 등은 다음과 같이 표기했다.

"디지털 출력은 DigitalOutput 클래스로 처리한다."

코드 블록은 다음과 같이 표기한다.

```
private static DigitalOutput executionLed =
   new DigitalOutput (23, true);
private static DigitalOutput measurementLed =
   new DigitalOutput (24, false);
private static DigitalOutput errorLed =
   new DigitalOutput (25, false);
private static DigitalOutput networkLed =
   new DigitalOutput (18, false);
```

커맨드 라인에 입력하거나 출력되는 내용은 다음과 같이 표기했다.

```
$ sudo apt-get update
$ sudo apt-get upgrade
$ sudo apt-get install mono-complete
```

화면에 출력된 대화상자나 메뉴 문구를 문장 중에 사용하는 경우에는 다음과 같이
고딕체로 표기한다.

"원하는 형태로 화면이 표시되도록 설정하려면 Settings 메뉴를 클릭한다."

 주의해야 하거나 중요한 내용은 이 박스로 표기한다.

 참고사항이나 요령은 이 박스로 표기한다.

독자 의견

이 책에 대한 독자의 의견은 언제나 환영이다. 좋은 점 또는 고쳐야 할 점에 대한
솔직한 의견은 앞으로 더 좋은 책을 발행하는 데 큰 도움이 된다.

독자 의견은 보낼 때는 이메일 제목란에 구입한 책 제목을 적은 후, feedback@
packtpub.com으로 전송한다.

만약 독자가 특정 분야의 전문가로서 저자가 되고 싶다면 http://www.packtpub.
com/authors를 참조한다.

고객 지원

이 책을 구입한 독자라면 다음과 같은 지원을 받을 수 있다.

이 책에 사용된 예제 코드 다운로드

이 책에서 소개한 프로젝트의 소스 코드는 모두 깃허브에서 다운로드할 수 있다. 각 장에 대한 예제에 대한 URL은 다음과 같다.

장	프로젝트 이름	URL
1-2	Learning-IoT-HTTP	https://github.com/Clayster/Learning-IoT-HTTP
3	Learning-IoT-UPnP	https://github.com/Clayster/Learning-IoT-UPnP
4	Learning-IoT-CoAP	https://github.com/Clayster/Learning-IoT-CoAP
5	Learning-IoT-MQTT	https://github.com/Clayster/Learning-IoT-MQTT
6	Learning-IoT-XMPP	https://github.com/Clayster/Learning-IoT-XMPP
7	Learning-IoT-IoTPlatform	https://github.com/Clayster/Learning-IoT-IoTPlatform
8	Learning-IoT-Gateway	https://github.com/Clayster/Learning-IoT-Gateway

오탈자 처리

내용을 정확하게 전달하기 위해 최선을 다하지만, 실수가 있을 수 있다. 책에서 텍스트나 코드상의 문제를 발견해서 알려준다면 매우 감사할 것이다. 독자의 참여를 통해 다른 독자에게 도움을 주고, 다음 버전에서 더 완성도 있는 책을 만들 수 있다.

오탈자를 발견하면 http://www.packtpub.com/support에서 errata submission form에 오탈자를 신고해주기 바란다. 내용이 확인되면 웹사이트에 그 내용이 올라가거나, 해당 책의 정오표 섹션에 그 내용이 추가될 것이다. http://www.packtpub.com/support에서 해당 책 제목을 선택하면 지금까지의 정오표를 확인할 수 있다. 한국어판은 에이콘출판사 웹사이트 http://www.acornpub.co.kr/book/iot-programming에서 찾아볼 수 있다.

저작권 침해

인터넷을 통한 저작권 침해 행위는 모든 매체가 골머리를 앓고 있는 심각한 문제다. 팩트 출판사 또한 저작권과 라이선스 문제를 매우 심각하게 생각한다. 인터넷에서 어떤 형태로든 팩트 책의 불법 복제물을 발견한다면, 적절한 조치를 취할 수 있게 주소나 사이트명을 즉시 알려주길 부탁 드린다.

의심되는 불법 복제물의 링크를 copyright@packtpub.com으로 보내주기 바란다.

더 좋은 책을 만들기 위한 팩트 출판사와 저자들의 노력을 배려해주셔서 감사한다.

질문

이 책에 대한 질문이 있다면 question@packtpub.com을 통해 문의하기 바란다. 최선을 다해 질문에 답할 것이다. 한국어판에 대한 질문은 이 책의 옮긴이나 에이콘출판사 편집팀(editor@acornpub.co.kr)으로 연락주기 바란다.

1
실습 환경

이 책에서는 라즈베리 파이Raspberry Pi를 이용해 다음과 같은 프로젝트를 만들어보면서 IoTInternet of Things(사물인터넷)의 대표적인 응용 사례를 분석한다.

- 센서Sensor: 물리 세계에서 값을 측정하고, 이 값을 메터데이터와 함께 다양한 방식으로 인터넷에 제공한다.
- 액추에이터Actuator: 인터넷을 통해 전달받은 명령에 따라 물리 세계에서 실제로 동작한다.
- 컨트롤러Controller: IoT의 머리 역할을 하는 장치다.
- 카메라Camera: 원격에서 사진을 찍을 수 있도록 인터넷을 통해 카메라를 제공하는 장치다.
- 브릿지Bridge: 이 책에서 소개하는 여러 가지 프로토콜을 서로 연결해주는 장치다. 이 프로젝트는 IoT 서비스 플랫폼을 기반으로 만들기 때문에, 여기에 대해 설명하는 8장, '프로토콜 게이트웨이'에서 설명한다.

이 장에서는 IoT를 위한 다양한 프로토콜에 대해 본격적으로 파고 들기 전에, 각 프로토콜로 애플리케이션을 제작하는 데 공통적으로 필요한 기본적인 사항인, 프로젝트를 생성하고, 회로도를 읽고, 기본적인 제어 및 측정 연산을 수행하는 방법부터 짚고 넘어간다. 뒤에서 예제 프로젝트를 작성할 때 사용하는 프로토콜이 달라지더라도, 여기서 설명한 기법과 코드는 그대로 활용한다.

 이 책에서 소개하는 예제에 대한 소스 코드는 모두 웹에서 다운로드할 수 있다. 특히 1장에 나온 예제 코드는 https://github.com/Clayster/Learning-IoT-HTTP에서 받을 수 있다.

프로젝트를 준비하는 과정에서 다음과 같은 개념도 소개한다.

- C#으로 라즈베리 파이 응용을 개발하는 방법
- 프로젝트의 기본 구조
- 클레이스터Clayster 라이브러리
- 센서와 액추에이터, 컨트롤러, 카메라 프로젝트 개요
- GPIOGeneral Purpose Input/Output 다루기
- 회로도
- 하드웨어 인터페이스
- IoT에서 상호운용성interoperability의 중요성
- 오브젝트 데이터베이스로 데이터 영속성 보장하기

센서 프로젝트

이 책에서 소개할 다섯 가지 프로젝트 중 첫 번째인 센서 프로젝트부터 만들어보자. 처음인 만큼 소개할 내용이 많기 때문에 다른 프로젝트보다 자세히 설명한다. 여기서 소개할 내용은 대부분 다른 프로젝트에서도 그대로 활용한다. 센서 프로젝트는 다음과 같이 여섯 단계를 거쳐 만들 수 있다. 각 단계마다 소스 코드를 다운

로드할 수도 있다. 프로젝트 구현 과정을 간략히 정리하면 다음과 같다.

1. 콘솔 애플리케이션의 기본 골격을 만든다.

2. 하드웨어를 설정한다. 이 과정에서 센서 값을 샘플링하고 데이터에 대한 히스토리를 관리하는 방법에 대해 소개한다.

3. HTTP 서버를 설치하고, 프로젝트에 필요한 웹 리소스를 추가한 다음, 센서로 수집한 값을 인터넷에 제공한다.

4. 하드웨어가 다운되거나 소프트웨어를 업데이트하기 위해 장치를 새로 켜도 이전에 수집한 센서 값을 그대로 사용할 수 있도록, 샘플링한 데이터를 데이터베이스에 저장하는 부분을 만든다.

5. 민감한 데이터에 접근할 때는 사용자 인증을 거치도록 애플리케이션에 보안 기능을 추가한다.

6. 마지막으로 HTTP의 요청/응답 패턴에서 가장 걸림돌이 되는, 서버에서 클라이언트로 이벤트를 보내는 방법에 대해 살펴본다.

 1장에서는 1단계와 2단계만 다루고, 나머지 단계는 HTTP를 소개하는 2장에서 설명한다. 네 번째 단계도 간략히 소개하지만 자세한 사항은 부록 A, '오브젝트 데이터베이스' 절을 참고한다.

라즈베리 파이 설정

라즈베리 파이에 대해 잘 알고 있다고 가정하고, 곧바로 프로젝트에 필요한 설정부터 해보자. 처음 사용한다면 http://www.raspberrypi.org를 참고한다(구매 정보는 http://www.raspberrypi.org/help/faqs/#buyingWhere를 참고한다).

예제에서는 라즈베리 파이 모델 B를 사용하며, 다음과 같이 설정한다.

● SD 카드에 라즈비안Raspbian 운영 체제를 설치한다.

● 와이파이Wi-Fi나 유선 랜카드로 인터넷에 연결한다.

- 사용자 계정과 패스워드, 접근 권한, 타임 존 등을 적절히 설정한다.

 장치에 터미널로 연결하고, 파일을 주고 받는 방법 정도는 알고 있다고 가정한다.

모든 예제 코드는 노트북을 비롯한 별도의 PC 환경에서 C#으로 작성한다. C#은 최신 프로그래밍 언어인 만큼 IoT를 위한 작업을 처리하는 데 충분한 기능을 제공할 뿐만 아니라, 윈도우나 리눅스, 맥 OS X, 안드로이드, iOS와 같은 다양한 플랫폼에서 코드를 수정하지 않고 그대로 실행할 수 있다.

 C#을 사용해본 적이 없더라도 C나 C++이나 자바를 써본 경험이 있다면 예제를 이해하고 실행하는 데 큰 어려움이 없을 것이다.

프로젝트를 컴파일하고, 결과로 나온 실행 파일을 라즈베리 파이 보드에 설치해서 실행한다. 이렇게 닷넷.NET 기반으로 실행 환경을 구성했기 때문에, CLI와 호환되는 언어라면 C#이 아닌 다른 언어로 작성해서 실행할 수 있다.

 C# 관련 개발 도구는 http://xamarin.com에서 무료로 다운로드할 수 있다. 참고로 MS사에서는 이미 Visual Studio 2013 Community Edition부터 비주얼 스튜디오를 무료로 제공하고 있다. 최근 비주얼 스튜디오 2015버전과 함께 발표된 비주얼 스튜디오 코드는 맥과 우분투에서도 사용할 수 있다.

닷넷 코드는 프로그램 실행 환경인 CLRCommon Language Runtime에서 구동하며, 라즈비안에서 닷넷 코드를 실행하려면 리눅스 플랫폼에서 닷넷 환경을 제공하는 모노Mono를 설치해야 한다. 라즈베리 파이에 연결된 터미널 윈도우에서 다음과 같은 명령을 실행하여 모노를 설치한다.

```
$ sudo apt-get update
$ sudo apt-get upgrade
$ sudo apt-get install mono-complete
```

이제 라즈베리 파이에서 닷넷 코드를 실행하는 데 필요한 환경을 다 구축했다.

클레이스터 라이브러리

이 책에서는 IoT 애플리케이션을 좀 더 쉽게 개발하기 위해 클레이스터Clayster 라이브러리를 활용한다. 따라서 독자가 애플리케이션을 작성할 때 이 라이브러리를 마음껏 사용할 수 있도록, 일곱 개의 클레이스터 라이브러리에 대해 개인 및 상업적 용도로 애플리케이션을 제작할 수 있는 사용권을 제공한다. 이 라이브러리는 각 장에 나오는 예제에 대한 소스 코드와 함께 다운로드할 수 있도록 깃허브GitHub에 올려뒀다. 일곱 개의 라이브러리 중에서 두 개는 소스 코드도 제공하기 때문에, 얼마든지 원하는 형태로 확장할 수 있다. 또한 이 책에서 소개하는 모든 예제에 대한 소스 코드도 다운로드할 수 있다.

이 책에서 사용하는 클레이스터 라이브러리는 다음과 같다.

라이브러리	설명
Clayster.Library.Data	IoT 애플리케이션을 위한 강력한 오브젝트 데이터베이스를 제공한다. 데이터를 오브젝트 형태로 다루기 때문에, 데이터베이스에 관련된 코드를 별도로 작성할 필요 없이, 오브젝트에 대한 클래스 정의만으로 데이터를 직접 검색할 수 있다. 예제에서는 라즈베리 파이에서 기본으로 제공하는 SQLite에 데이터를 저장한다.
Clayster.Library.EventLog	애플리케이션에서 네트워크에서 각 사물에 발생하는 이벤트를 한 눈에 보는 기능을 구현할 수 있는 이벤트 로깅 아키텍처를 제공한다.
Clayster.Library.Internet	인터넷 프로토콜(IP)을 구현한 클래스로서, 애플리케이션에서 인터넷으로 통신하면서 다양하게 동작하는 기능을 구현할 때 이 라이브러리를 활용한다.
Clayster.Library.Language	애플리케이션을 각 나라에 맞는 언어와 단위를 사용하도록 지역화하는 데 필요한 여러 가지 기능을 제공한다.
Clayster.Library.Math	그래프 그리기를 비롯한 다양한 수학 관련 연산을 스크립트로 작성하여 자동화할 수 있도록 강력한 수학용 스크립트 언어를 제공한다.
Clayster.Library.IoT	IoT 환경에서 다른 기기와 상호 운용할 수 있도록 애플리케이션을 구현하는 데 필요한 데이터 표현 및 파싱 기능을 제공한다. 이 라이브러리는 소스 코드와 함께 제공한다.
Clayster.Library.RaspberryPi	라즈베리 파이를 위한 HAL(Hardware Abstraction Layer)을 제공한다. GPIO 핀에 연결된 장치를 제어하기 위한 인터페이스를 객체 지향 스타일로 제공한다. 이 라이브러리는 소스 코드도 함께 제공한다.

하드웨어 구성

센서는 빛과 온도와 움직임이라는 세 가지 값을 측정한다. 여기서 사용하는 부품에 대해 간략히 설명하면 다음과 같다.

- 빛은 ZX-LDR 아날로그 센서로 측정하며, 이 센서는 4-채널 ADCAnalog-to-Digital Converter인 디질런트Digilent 사의 Pmod AD2에 연결한다(참고로 예제에서는 한 채널만 사용한다). 이 컨버터는 GPIO 핀을 통해 I2C 버스에 연결된다.

 I²C 버스는 SCL(Serial Clock Line)과 SDA(Serial Data Line) 핀을 통해 여러 회로와 동기식으로 통신할 수 있다. 집적 회로에서 통신할 때 흔히 사용되는 방식이기도 하다.

- 온도 센서로 TITexas Instruments 사의 TMP102를 사용하며, I²C 버스에 직접 연결한다.

- I²C 버스에 있는 SCL과 SDA 핀에서는 인위적으로 풀다운할 때를 제외한 평상시에는 High 상태를 유지하도록 풀업 저항을 달아주는 것이 좋다.

- 움직임은 적외선 모션 디텍터motion detector인 패럴랙스Parallax 사의 PIR 센서를 사용한다. 이 센서는 디지털로 입력받기 때문에 GPIO 22번 핀에 연결한다.

- 보드에 시스템의 작동 상태를 표시할 LED를 네 개 더 추가한다. 애플리케이션의 구동 상태는 초록색 LED로 표시하며, GPIO 23번 핀에 연결해서 애플리케이션이 실행되는 동안 켠다. 센서의 상태는 노란색 LED로 표시하며, GPIO 24번 핀에 연결하여 센서로 값을 다 읽고 나면 켠다. HTTP의 동작 상태를 표시하기 위해 GPIO 18번 핀에 노란색 LED를 하나 더 추가해서, HTTP로 메시지를 주고 받을 때 이 LED를 켠다. 마지막으로 통신 에러가 발생하는 것을 표시하기 위해, GPIO 25핀에 빨간색 LED를 연결해서 에러가 발생할 때 켜준다.

- LED를 제어하는 핀에 160Ω 저항부터 먼저 연결한 다음, LED를 연결해서 그라운드로 연결한다. 보드에 연결된 하드웨어는 모두 라즈베리 파이에서 제공하는 3.3V의 전원을 받는다. 핀과 그라운드 사이에 160Ω 저항을 연결하면 20mA의 전류로 LED를 켜게 된다.

라즈베리 파이의 GPIO에 대한 기본적인 사항은 http://www.raspberrypi.org/
documentation/usage/gpio를 참고하기 바란다. GPIO 핀에 대해서는 http://elinux.org/
RPi_Low-level_peripherals에 나온 두 개의 가이드를 참고한다. 좀 더 자세한 사항은
http://pi.gadgetoid.com/pinout을 참고한다.

다음 그림은 센서 프로젝트에서 사용할 프로토타입 보드의 회로도이다.

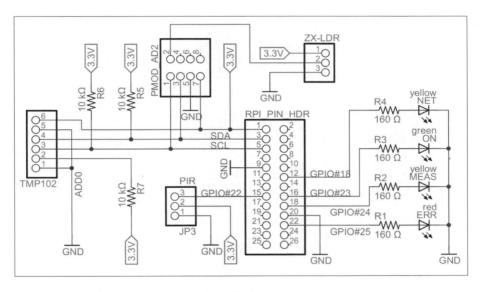

센서 프로젝트에서 사용할 보드의 회로도

 여기서 사용한 부품에 관한 정보는 부록 A, '부품 구성표' 절 참고한다.

하드웨어 제어 방법

먼저 C# 개발 환경인 자마린Xamarin으로 콘솔 애플리케이션 프로젝트를 생성한다.
자마린에서 콘솔 애플리케이션을 만들고, 이벤트 로깅을 사용하고, 컴파일하고,
라즈베리 파이에 배포하고 실행시키는 구체적인 방법은 부록 A, '콘솔 애플리케이

션' 절을 참고하기 바란다.

보드에 달린 여러 가지 하드웨어는 `Clayster.Library.RaspberryPi` 라이브러리에서 제공하는 클래스로 제어한다. 여기에서는 하드웨어 종류마다 클래스를 별도로 정의하고 있다. 참고로 이 라이브러리는 소스 코드도 함께 제공한다. 가령 디지털 출력은 `DigitalOutput` 클래스로 다루고, 디지털 입력은 `DigitalInput` 클래스로 처리한다. I²C 버스에 연결된 디바이스는 `I2C` 클래스로 제어한다. `ParallelDigitalInput`과 `ParallelDigitalOutput`과 같은 범용 클래스를 사용하면 여러 개의 디지털 입력과 출력을 한 번에 처리할 수 있다. `SoftwarePwm` 클래스를 사용하면 소프트웨어로 PWM$_{pulse-width modulation}$(펄스폭 변조) 출력을 제어할수 있다. `Uart` 클래스는 라즈베리 파이에 있는 UART 포트와 통신하는 기능을 제공한다. 또한 하위 네임스페이스인 `Devices`에는 장치 종류마다 클래스가 정의되어 있어서, 이를 통해 여러 UART 장치를 코드에서 다룰 수 있다.

이러한 클래스는 모두 최종적으로 정적 클래스인 GPIO와 통신하게 된다. 라즈베리 파이의 GPIO는 이 클래스를 통해 제어할 수 있다.

각 하드웨어의 초기 값은 해당 클래스에서 제공하는 생성자를 통해 설정할 수 있으며, 클래스마다 정의된 메소드와 프로퍼티로 하드웨어의 동작을 제어한다. 하드웨어를 사용한 후에는 `Dispose` 메소드로 해당 하드웨어에 대한 리소스를 해제한다.

 애플리케이션을 종료하기 전에, 반드시 애플리케이션에서 사용한 하드웨어를 제어하기 위해 할당했던 리소스를 먼저 해제해야 한다. 이러한 하드웨어 리소스는 OS에서 직접 제어하지 않기 때문에, 애플리케이션을 종료해도 리소스가 해제되지 않고 그대로 남아 있을 수 있다. 따라서 애플리케이션을 종료하기 전에, 반드시 Dispose 메소드를 호출하여 하드웨어에 대해 할당된 리소스부터 해제해야 한다. 리소스를 해제하는 코드는 가급적 try-finally 구문의 finally 문장으로 작성하는 것이 좋다.

하드웨어 인터페이스 만들기

LED에 대한 하드웨어 인터페이스는 다음과 같이 작성한다.

```
private static DigitalOutput executionLed =
  new DigitalOutput (23, true);
private static DigitalOutput measurementLed =
  new DigitalOutput (24, false);
private static DigitalOutput errorLed =
  new DigitalOutput (25, false);
private static DigitalOutput networkLed =
  new DigitalOutput (18, false);
```

모션 디텍터는 DigitalInput 클래스로 제어한다.

```
private static DigitalInput motion = new DigitalInput (22);
```

온도 센서는 앞에서 설명한 것처럼 I²C 버스에 연결하기 때문에, 시리얼 클럭의 주파수가 400kHz를 넘지 않도록 다음과 같이 설정한다.

```
private static I2C i2cBus = new I2C (3, 2, 400000);
private static TexasInstrumentsTMP102 tmp102 =
  new TexasInstrumentsTMP102 (0, i2cBus);
```

라이트 센서는 ADC 인터페이스로 제어하며 다음과 같이 설정한다.

```
private static AD799x adc =
  new AD799x (0, true, false, false, false, i2cBus);
```


코드에서 센서 값 표현하기

센서로 읽은 값은 다음과 같은 변수로 다룬다.

```
private static bool motionDetected = false;
private static double temperatureC;
private static double lightPercent;
private static object synchObject = new object ();
```

값의 변화를 분석할 수 있도록 다음과 같이 히스토리 값도 저장한다.

```
private static List<Record> perSecond = new List<Record> ();
```

```
private static List<Record> perMinite = new List<Record> ();
private static List<Record> perHour = new List<Record> ();
private static List<Record> perDay = new List<Record> ();
private static List<Record> perMonth = new List<Record> ();
```

 여기서 정의한 하드웨어 인터페이스를 통해 센서 값을 샘플링하고 히스토리 데이터를 관리하는 방법에 대해서는 부록 A, '샘플링과 히스토리' 절에서 자세히 설명한다. 여기서 히스토리 값에 대한 변수에서 사용한 Record 클래스에 대해서도 부록에서 자세히 설명한다.

데이터 영속성

데이터의 영속성을 보장하는 방법은 간단하다. 그냥 오브젝트 데이터베이스object database를 사용하면 된다. 오브젝트 데이터베이스는 영속적으로 저장할 오브젝트의 클래스 정의를 분석해서 오브젝트를 저장할 때 사용할 데이터베이스 스키마를 동적으로 생성한다. 오브젝트 데이터베이스는 Clayster.Library.Data 라이브러리에 구현되어 있다. 오브젝트 데이터베이스를 사용하려면 다음과 같이 오브젝트 데이터베이스에 대한 레퍼런스부터 생성한다.

```
internal static ObjectDatabase db;
```

그리고 나서 라이브러리에서 제공하는 오브젝트 데이터베이스를 위해 내부적으로 사용할 데이터베이스에 연결하기 위한 정보를 작성한다. 이러한 정보는 애플리케이션의 .config 파일에 적어도 되고, 코드에 직접 넣어줘도 된다. 예제에서는 내부 데이터베이스로 SQLite를 사용하므로, 애플리케이션을 초기화할 때 SQLite에 대한 정보를 다음과 같이 작성한다.

```
DB.BackupConectionString = " Data Source=sensor.db;Version=3;";
DB.BackupProviderName = "Clayster.Library.Data.Providers." +
  "SQLiteServer.SQLiteServerProvider";
```

마지막으로 오브젝트 데이터베이스의 프록시proxy 오브젝트를 다음과 같이 생성한다. 프록시 오브젝트는 데이터베이스에 오브젝트를 저장하고, 업데이트하고, 삭제하고, 검색할 때 사용한다.

```
db = DB.GetDatabaseProxy ("TheSensor");
```

 여기서 사용하는 오브젝트 데이터베이스에서 애플리케이션에서 수집한 데이터를 클래스 정의만 참조하여 영속적으로 저장하는 방법에 대해서는 부록 A, '오브젝트 데이터베이스' 절에서 자세히 설명한다.

이렇게 설정하면 라즈베리 파이를 껐다가 다시 켜더라도 데이터를 그대로 유지할 수 있다.

센서 값에 대한 외부 전달용 포맷

여러 장치에서 센서 데이터를 서로 주고 받으려면, 상호운용성을 보장할 수 있는 포맷으로 센서 데이터를 표현해야 한다. Clayster.Library.IoT 라이브러리에서는 이러한 용도를 위해 XML 기반의 포맷을 제공한다. 이 포맷은 센서 데이터를 노드의 집합으로 표현하고, 각 노드는 데이터를 타임스탬프timestamp를 기준으로 정렬하여 제공한다. 타임스탬프마다 여러 개의 필드를 제공할 수도 있다. 이때 필드는 숫자, 문자열, 날짜, 시간, 기간timespan, 불리언, 열거형 등과 같이 다양한 타입으로 정의할 수 있다. 각 필드는 필드 이름과 필드 값으로 구성하며, 옵션으로 리드아웃readout 타입과 필드 상태와 QoSQuality of Service 값, 지역화localization 정보도 제공할 수 있다. 여기서 필드 값은 필드의 타입에 맞는 값으로 지정해야 하며, 리드아웃 타입으로 순간 값momentary value, 극단 값peak value, 상태 값status value 등을 표현할 수 있다.

Clayster.Library.IoT.SensorData 네임스페이스에서는 센서 데이터에 대한 정보를 밖으로 쉽게 내보낼 수 있도록 ISensorDataExport라는 추상 인터페이스를 제공한다. 다른 센서 데이터 포맷에 대해서도 이와 같은 방식으로 내보낸다. 이 라이브러리에서는 ReadoutRequest라는 클래스도 제공하는데, 원하는 데이터에 대한 타입 정보를 알아낼 때 이 클래스를 사용한다. 이를 통해 요청하는 쪽에서 원하는 형태로 데이터를 내보낼 수 있다.

센서 데이터 내보내기

센서 데이터를 내보내는 작업은, ISensorDataExport 오브젝트인 Output의 Start() 메소드를 호출하는 것으로 시작해서, End() 메소드를 호출하는 것으로 끝난다. 두 메소드 호출 사이에 데이터를 내보내는 작업을 수행하며, 각 노드마다 데이터를 내보낼 때 StartNode()와 EndNode()를 한 번씩 호출한다. 이 과정을 코드에서 좀 더 간단히 표현하려면, 내보낼 데이터를 Record 오브젝트에 대한 배열에 담아서, 이를 출력하는 또 다른 함수를 호출하면 된다. 순간 값을 내보낼 때는 Record 오브젝트를 임시로 생성해서 여기에 값을 담아서 위와 같이 처리한다.

Record 오브젝트에 대한 배열마다 다음과 같이 익스포트한다.

 이 타입의 데이터를 익스포트할 때마다, 클라이언트에서 원하는 리드아웃 타입으로 지정됐는지 반드시 확인한다.

```
private static void ExportSensorData (ISensorDataExport Output,
  ReadoutRequest Request)
{
  Output.Start ();
  lock (synchObject)
  {
    Output.StartNode ("Sensor");
    Export (Output, new Record[]
      {
        new Record (DateTime.Now, temperatureC, lightPercent,
          motionDetected)
      },ReadoutType.MomentaryValues, Request);
    Export (Output, perSecond, ReadoutType.HistoricalValuesSecond,
      Request);
    Export (Output, perMinute, ReadoutType.HistoricalValuesMinute,
      Request);
    Export (Output, perHour, ReadoutType.HistoricalValuesHour,
      Request);
    Export (Output, perDay, ReadoutType.HistoricalValuesDay,
      Request);
    Export (Output, perMonth, ReadoutType.HistoricalValuesMonth,
```

```
      Request);
    Output.EndNode ();
  }
  Output.End ();
}
```

Export 메소드는 Record 오브젝트에 대한 열거형을 다음과 같은 단계에 따라 내보낸다. 먼저 이 타입의 데이터를 내보내기 전에, 여기에 지정된 리드아웃 타입이 클라이언트에서 원하는 형태로 지정됐는지 검사한다. 또한 데이터가 요청한 시간 범위time interval 안에 있는지, 클라이언트가 원한 필드를 담고 있는지 확인한다. 데이터 필드가 이러한 조건을 모두 만족하면, ISensorDataExport 오브젝트에서 제공하는 오버로드된 메소드인 ExportField()를 통해 데이터를 내보낸다. 필드를 내보내는 작업은 필드를 내보내는 시각에 대한 타임스탬프를 정의하는 StartTimestamp()와 EndTimestamp()를 호출하는 사이에서 처리한다.

```
private static void Export(ISensorDataExport Output,
  IEnumerable<Record> History, ReadoutType Type,
  ReadoutRequest Request)
{
  if((Request.Types & Type) != 0)
  {
    foreach(Record Rec in History)
    {
      if(!Request.ReportTimestamp (Rec.Timestamp))
        continue;

      Output.StartTimestamp(Rec.Timestamp);

      if(Request.ReportField("Temperature"))
        Output.ExportField("Temperature", Rec.TemperatureC,
          1, "C", Type);

      if(Request.ReportField("Light"))
        Output.ExportField("Light", Rec.LightPercent, 1, "%",
          Type);

      if(Request.ReportField("Motion"))
```

```
        Output.ExportField("Motion", Rec.Motion, Type);

      Output.EndTimestamp();
    }
  }
}
```

Export 메소드가 제대로 실행되는지 테스트해보려면 센서로 수집한 데이터 중 아무거나 하나 골라서 `SensorDataXmlExport` 클래스를 통해 XML로 내보내보면 된다. 이 클래스는 `ISensorDataExport` 인터페이스를 구현한 것이기 때문에 `Export` 메소드의 동작을 확인할 수 있다. 예를 들어 온도와 빛과 움직임에 대해 순간 값과 히스토리 값만 내보내면 다음과 같은 XML 포맷의 결과를 확인할 수 있다.

 (...)로 표시한 부분은, 바로 앞에 나온 히스토리 레코드와 비슷하게 구성되기 때문에 생략했다. 여기에서는 읽기 쉽도록 들여쓰기와 줄바꿈을 추가했기 때문에 코드를 실행할 때 실제로 출력되는 형태와 다를 수 있다.

```xml
<?xml version="1.0"?>
<fields xmlns="urn:xmpp:iot:sensordata">
  <node nodeId="Sensor">
    <timestamp value="2014-07-25T12:29:32Z">
      <numeric value="19.2" unit="C" automaticReadout="true"
        momentary="true" name="Temperature"/>
      <numeric value="48.5" unit="%" automaticReadout="true"
        momentary="true" name="Light"/>
      <boolean value="true" automaticReadout="true"
        momentary="true" name="Motion"/>
    </timestamp>
    <timestamp value="2014-07-25T04:00:00Z">
      <numeric value="20.6" unit="C" automaticReadout="true"
        name="Temperature" historicalDay="true"/>
      <numeric value="13.0" unit="%" automaticReadout="true"
        name="Light" historicalDay="true"/>
      <boolean value="true" automaticReadout="true" name="Motion"
        historicalDay="true"/>
```

```
      </timestamp>
    ...
   </node>
 </fields>
```

액추에이터 프로젝트

액추에이터actuator는 센서와 더불어 IoT 환경에서 흔히 사용되는 대표적인 장치다. 센서가 물리 세계의 값이나 이벤트를 감지한다면, 액추에이터는 이러한 이벤트에 반응하여 물리 세계에 실제 동작을 수행한다. 이 책에서는 간단히 라즈베리 파이에서 구동하는 액추에이터를 하나만 만들어본다. 이 액추에이터는 여덟 개의 디지털 출력과 한 개의 알람으로 구성한다. 액추에이터를 제어하는 로직은 여기에 직접 구현하지 않고 이를 제어하기 위한 인터페이스만 공개하여, 별도 컨트롤러에서 원하는 동작을 액추에이터에게 시키도록 구성한다.

 애플리케이션을 작성하는 전반적인 과정은 앞에서 설명한 센서 프로젝트와 비슷하다. 따라서 센서와 같은 부분은 여기서 다시 설명하지 않고 액추에이터에서 다른 부분만 중점적으로 설명한다.

하드웨어 구성

액추에이터는 여덟 개의 디지털 출력과 한 개의 알람 출력으로 구성한다.

● 각각의 디지털 출력을 160Ω 저항과 빨간색 LED를 거쳐 그라운드에 연결한다. LED는 출력이 High 상태일 때 켜진다. LED는 GPIO의 18번, 4번, 17번, 27번, 22번, 25번, 24번, 23번 핀에 차례대로 연결한다. 라즈베리 파이 R1을 사용할 경우, GPIO 27번 핀 대신 21번으로 바꿔야 한다.

● 알람 출력을 위해 GPIO 7번 핀에 스피커를 연결한 다음 그라운드로 보낸다. 그리고 GPIO 8번 핀 (CE0)에 160Ω 저항과 초록색 LED를 순서대로 연결한

다음 그라운드로 보낸다. 초록색 LED는 애플리케이션이 실행되는 상태를 표시한다.

 여기서 사용한 부품에 대해서는 부록 A, '부품 구성표' 절에서 자세히 설명한다.

이렇게 구성한 액추에이터 프로젝트를 한 눈에 볼 수 있도록 회로도로 표현하면 다음과 같다.

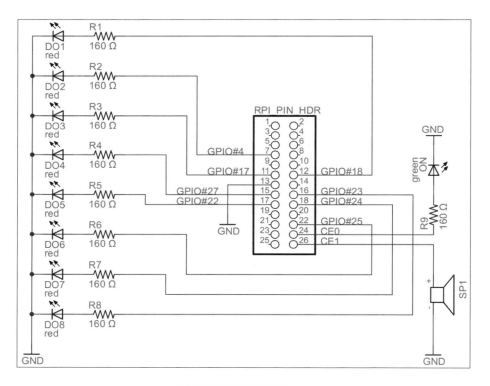

액추에이터 프로젝트 회로도

하드웨어 인터페이스 만들기

알람을 제외한 다른 하드웨어 인터페이스는 모두 디지털로 출력한다. 이러한 디지털 출력은 DigitalOutput 클래스로 제어한다. 알람 출력은 스피커를 제어할 때 사용한다. 스피커는 GPIO 7번 핀으로 출력되는 방형파 신호square wave signal로 제어하는데, 이러한 방형파 신호는 디지털 출력으로 나온 값에 대해 PWM 연산을 수행하는 SoftwarePwm 클래스를 통해 생성된다. 따라서 SoftwarePwm 클래스는 디지털 출력이 나올 때만 생성되고 출력이 없으면 핀은 디지털 입력 상태로 작동하게 된다.

이러한 인터페이스는 코드에서 다음과 같이 선언한다.

```
private static DigitalOutput executionLed =
  new DigitalOutput (8, true);
private static SoftwarePwm alarmOutput = null;
private static Thread alarmThread = null;
private static DigitalOutput[] digitalOutputs =
  new DigitalOutput[]
  {
    new DigitalOutput (18, false),
    new DigitalOutput (4, false),
    new DigitalOutput (17, false),
    new DigitalOutput (27, false), // 라즈베리 파이 R1의 경우 21번으로 변경
    new DigitalOutput (22, false),
    new DigitalOutput (25, false),
    new DigitalOutput (24, false),
    new DigitalOutput (23, false)
  };
```

디지털 출력은 digitalOutputs 배열의 원소로 담겨 있는 오브젝트로 직접 제어한다. 알람은 AlarmOn()과 AlarmOff() 메소드를 호출하는 방식으로 제어한다.

 이러한 하드웨어 인터페이스로 제어 연산을 수행하는 방법에 대해서는 부록 A, '제어' 절에서 자세히 설명한다.

컨트롤러 프로젝트

이제 값을 읽는 센서와 실제로 동작을 수행하는 액추에이터를 만들었다. 그러나 센서와 액추에이터는 지능이 없기 때문에, 이들이 연결된 네트워크의 머리 역할을 하는 컨트롤러 애플리케이션을 만들어야 한다. 컨트롤러는 센서로부터 수집한 데이터를 토대로 현재 상황을 논리적으로 판단해서 실제 세계에 수행할 작업을 액추에이터에게 지시한다.

이 책에서 만들 컨트롤러는 앞에서 만든 센서를 이용해 주변광ambient light의 양과 움직임 감지 정보를 읽고 있다가, 어두운 상태에서 움직임을 감지하면 알람을 울리도록 구성한다. 이때 컨트롤러에 달린 LED로 센서로 측정한 빛의 양을 표시한다.

 지금까지 소개한 세 가지 프로젝트 중에서, 컨트롤러가 가장 간단하다. 컨트롤러에서는 민감한 정보를 외부에 제공하지 않기 때문에 이를 보호하기 위한 코드를 작성할 필요가 없을 뿐더러, 별도 하드웨어를 사용하지 않고 센서와 액추에이터에서 제공하는 인터페이스만으로 작업을 수행하기 때문에 코드가 복잡하지 않다.

코드에서 센서 값 표현하기

컨트롤러에서 가장 먼저 해야 할 일은 컨트롤러가 판단하는 데 필요한 데이터를 센서에서 가져오는 것이다. 이렇게 가져온 값은 다음과 같이 private 멤버 변수에 저장한다.

```
private static bool motion = false;
private static double lightPercent = 0;
private static bool hasValues = false;
```

2장부터 6장까지 여러 가지 프로토콜을 소개하면서, 다양한 방식으로 이 변수에 값을 채울 것이다. 일단 여기에서는 센서로부터 값이 정확하게 들어와서 변수 값이 할당됐다고 가정한다.

센서로부터 받은 데이터 파싱

앞에서 센서 프로젝트에 대해 설명할 때, 센서로 수집한 데이터를 센서 데이터 익스포트 모듈을 이용해 XML 포맷으로 표현했다. `Clayster.Library.IoT.SensorData` 라이브러리를 사용하면 이러한 XML 데이터를 쉽게 파싱할 수 있다. 다음과 같이 전달 받은 필드에 대해 루프를 돌면서 원하는 정보를 추출하기만 하면 된다. 이때 필드 값이 이전과 달라졌는지 여부를 불리언 값으로 표현하여 리턴한다.

```
private static bool UpdateFields(XmlDocument Xml)
{
  FieldBoolean Boolean;
  FieldNumeric Numeric;
  bool Updated = false;

  foreach (Field F in Import.Parse(Xml))
  {
    if(F.FieldName == "Motion" &&
      (Boolean = F as FieldBoolean) != null)
    {
      if(!hasValues || motion != Boolean.Value)
      {
        motion = Boolean.Value;
        Updated = true;
      }
    } else if(F.FieldName == "Light" &&
      (Numeric = F as FieldNumeric) != null &&
      Numeric.Unit == "%")
    {
      if(!hasValues || lightPercent != Numeric.Value)
      {
        lightPercent = Numeric.Value;
        Updated = true;
      }
    }
  }

  return Updated;
}
```

제어 상태 계산

컨트롤러에서는 센서로부터 받은 값을 보고 알람을 울릴지, 그리고 어느 LED를 켤지 결정해야 한다. 액추에이터를 제어하는 부분은 별도 스레드로 처리한다. 그래야 액추에이터와 통신하는 작업과 센서와 통신하는 작업이 서로 영향을 주지 않는다. 센서를 다루는 메인 스레드와 컨트롤 스레드는 AutoResetEvent 오브젝트두 개와 제어 상태를 표현하는 여러 가지 변수로 통신한다.

```
private static AutoResetEvent updateLeds =
  new AutoResetEvent(false);
private static AutoResetEvent updateAlarm =
  new AutoResetEvent(false);
private static int lastLedMask = -1;
private static bool? lastAlarm = null;
private static object synchObject = new object();
```

예제에서는 여덟 개의 LED를 제어해야 한다. 센서를 통해 현재 밝기가 0%라고 알아냈다면 LED를 모두 끄고, 50%라면 여덟 개 중 절반인 네 개만 켜고, 100%라면 모두 켠다. LED는 한 바이트의 값으로 제어한다. LED가 모두 여덟 개 이므로 각각의 LED 상태는 한 비트로 표현한다. 예제에서는 현재 밝기가 20% 이하일 때 움직임을 감지하면 알람을 울리도록 작성한다. LED를 몇 개나 켤지 계산하는 과정은 다음과 같다.

```
private static void CheckControlRules()
{
  int NrLeds = (int)System.Math.Round((8 * lightPercent) / 100);
  int LedMask = 0;
  int i = 1;
  bool Alarm;

  while(NrLeds > 0)
  {
    NrLeds--;
    LedMask |= i;
    i <<= 1;
  }

  Alarm = lightPercent < 20 && motion;
```

방금 계산한 값을 이전 값과 비교한 뒤 값이 달라졌다면 LED와 알람 상태를 업데이트한다.

```
lock(synchObject)
{
  if(LedMask != lastLedMask)
  {
    lastLedMask = LedMask;
    updateLeds.Set();
  }

  if(!lastAlarm.HasValue || lastAlarm.Value != Alarm)
  {
    lastAlarm = Alarm;
    updateAlarm.Set();
  }
}
}
```

카메라 프로젝트

이 책에서 소개하는 예제에서는 카메라도 사용한다. 여기서 사용하는 카메라는 적외선 카메라로서, 네트워크로 제어할 수 있도록 인터페이스를 외부에 제공한다. 이 카메라는 알람이 꺼질 때 사진을 찍기 위한 용도로 컨트롤러에서 사용한다.

하드웨어 구성

이 책에서 카메라 프로젝트를 구성할 때 라즈베리 카메라Raspberry Camera 모듈이나 UVC 카메라를 사용하지 않고, 링크스프라이트LinkSprite JPEG 적외선 컬러 카메라를 사용한다. 이 카메라를 사용하면 어두운 밤에도 사진을 찍을 수 있을 뿐만 아니라, USB 포트도 차지하지 않기 때문에 라즈베리 파이에 달린 두 개의 USB 포트를 와이파이 어댑터와 키보드를 연결하는 데 사용할 수 있다. 이 카메라에 대한 자세한 사항은 http://www.linksprite.com/upload/file/1291522825.pdf를 참고하기 바란다. 카메라를 연결하는 과정은 다음과 같다.

- 카메라는 시리얼 인터페이스를 갖고 있기 때문에, 라즈베리 파이의 UART로 연결할 수 있다. 이 인터페이스는 네 개의 핀으로 구성되어 있는데, 두 개는 수신(RX)과 송신(TX)에 대한 것이고, 나머지 두 개는 5V와 그라운드(GND)에 연결한다.

- 라즈베리 파이의 핀 헤더 중 RX와 TX는 각각 카메라의 TX와 RX에 연결한다. 그리고 RX와 TX 선을 병렬로 논리 인버터logical inverter에 연결한다. 그런 다음 240Ω 저항을 거쳐 TX 선을 노란색 LED에 연결하고, RX 선을 초록색 LED에 연결한 뒤에 GND로 보낸다. TX와 RX는 평소에 High 상태에 있다가, 통신하는 동안에는 Low 상태로 전환되기 때문에, 통신이 일어나지 않을 때는 LED를 꺼두고 통신할 때만 깜박이도록 신호를 반전시킨다.

- 애플리케이션의 상태가 변할 때마다 이를 표시하도록, 네 개의 GPIO 핀(18번, 23번, 24번, 25번)마다 160Ω 저항을 하나씩 연결하고, 각 핀에 해당하는 LED를 거쳐 그라운드에 연결한다. GPIO 18번 핀은 초록색 LED에 연결해서 카메라 애플리케이션이 실행될 때 켠다. GPIO 23번과 24번은 각각 노란색 LED에 연결하고, 하나는 카메라가 통신할 때 켜고, 다른 하나는 네트워크를 통해 들어온 요청을 처리할 때 켠다. GPIO 25번 핀은 빨간색 LED에 연결해서 에러가 발생할 때 켠다.

지금까지 설명한 내용을 회로도로 표현하면 다음과 같다.

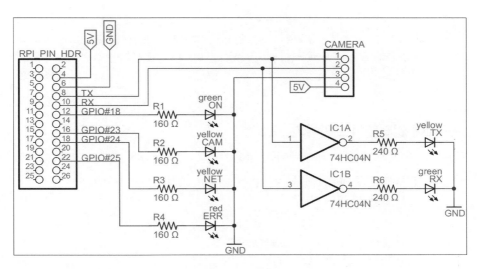

카메라 프로젝트 회로도

 여기서 사용한 부품에 대해서는 부록 A, '부품 구성표' 절을 참고한다.

라즈베리 파이의 시리얼 포트 설정

코드에서 라즈베리 파이에 있는 시리얼 포트에 접근하려면, 먼저 리눅스에서 시리얼 포트를 사용하고 있는지 확인해야 한다. 리눅스에서는 시리얼 포트를 ttyAMA0로 표현한다. 따라서 리눅스에 있는 /boot/cmdline.txt와 /etc/inittab 파일에서 이 포트에 대한 레퍼런스를 삭제해야 한다. 이렇게 하면 시리얼 포트를 통해 라즈베리 파이 콘솔에 접근할 수 없게 되는데, SSH나 USB 키보드로는 그대로 접근할 수 있다. 커맨드 라인에서 다음과 같이 첫 번째 파일을 에디터로 열고 레퍼런스를 삭제한다.

```
$ sudo nano /boot/cmdline.txt
```

같은 방식으로 두 번째 파일도 수정한다.

```
$ sudo nano /etc/inittab
```

리눅스에서 시리얼 포트를 사용하지 않게 하는 방법에 대해서는 http://elinux.org/RPi_Serial_Connection#Preventing_Linux_using_the_serial_port를 참고하기 바란다.

하드웨어 인터페이스 만들기

프로토타입 보드에 있는 하드웨어는 Clayster.Library.RaspberryPi 라이브러리로 제어한다. 그 중에서 LED는 DigitalOutput 오브젝트로 제어한다.

```
private static DigitalOutput executionLed =
  new DigitalOutput (18, true);
private static DigitalOutput cameraLed =
  new DigitalOutput (23, false);
private static DigitalOutput networkLed =
  new DigitalOutput (24, false);
private static DigitalOutput errorLed =
  new DigitalOutput (25, false);
```

링크스프라이트 카메라는 Clayster.Library.RaspberryPi.Devices.Cameras 네임스페이스에 있는 LinkSpriteJpegColorCamera 클래스로 제어한다. 이 클래스는 Uart 클래스로 시리얼 통신을 다룬다. 두 클래스 모두 소스 코드도 함께 제공하고 있다.

```
private static LinkSpriteJpegColorCamera camera =
  new LinkSpriteJpegColorCamera
  (LinkSpriteJpegColorCamera.BaudRate.Baud__38400);
```

기본 설정 값

카메라를 작동하려면 해상도와 압축 수준, 이미지 인코딩, 장치 ID 등과 같은 기본적인 설정 값을 지정해야 한다. 이러한 값은 보드를 껐다 켜더라도 그대로 남아 있어야 하므로, DefaultSettings 클래스를 생성해서 여기에 값을 지정한 뒤에 오브젝트 데이터베이스에 저장한다.

```
public class DefaultSettings : DBObject
{
  private LinkSpriteJpegColorCamera.ImageSize resolution =
    LinkSpriteJpegColorCamera.ImageSize._320x240;
  private byte compressionLevel = 0x36;
  private string imageEncoding = "image/jpeg";
  private string udn = Guid.NewGuid().ToString();

  public DefaultSettings() : base(MainClass.db)
  {
  }
```

외부에서 설정할 수 있는 속성 공개

카메라의 해상도에 대한 속성인 resolution은 다음과 같이 외부로 공개한다. 카메라에 대해 설정할 수 있는 세 가지 해상도는 열거형(ImageSize_160x120, ImageSize_320x240, ImageSize_640x480)으로 표현한다.

```
[DBDefault (LinkSpriteJpegColorCamera.ImageSize._320x240)]
public LinkSpriteJpegColorCamera.ImageSize Resolution
{
  get
  {
    return this.resolution;
  }
  set
  {
    if (this.resolution != value)
    {
      this.resolution = value;
      this.Modified = true;
    }
  }
}
```

압축 수준에 대한 속성도 이와 같은 방식으로 작성한다.

카메라 모듈에서는 JPEG으로 인코딩하는 기능만 제공한다. 따라서 예제에서는

PNG와 BMP로도 인코딩하는 기능을 별도로 추가했다. 인코딩 방식을 쉽게 변경하거나 다른 인코딩 방식을 추가하기 쉽게 원하는 이미지 인코딩 방식을 인터넷 미디어 타입의 문자열로 저장한다.

```
[DBShortStringClipped (false)]
[DBDefault ("image/jpeg")]
public string ImageEncoding
{
  get
  {
    return this.imageEncoding;
  }
  set
  {
    if(this.imageEncoding != value)
    {
      this.imageEncoding = value;
      this.Modified = true;
    }
  }
}
```

설정 값 유지

오브젝트 데이터베이스에 저장된 설정 값을 불러오는 메소드도 추가한다.

```
  public static DefaultSettings LoadSettings()
  {
    return MainClass.db.FindObjects
      <DefaultSettings>().GetEarliestCreatedDeleteOthers();
  }
}
```

메인 애플리케이션에 디폴트 설정 값을 저장하는 변수를 선언한다. 카메라 프로젝트에 있는 다른 클래스에서 접근할 수 있도록 internal 접근 지정자access specifier를 붙여준다.

```
  internal static DefaultSettings defaultSettings;
```

애플리케이션을 초기화할 때 이전에 사용했던 디폴트 설정 값을 불러온다. 이전에 설정한 값이 없다면 디폴트 설정 값을 새로 만들어서 각 속성을 이 값으로 초기화한다. 이때 UDN 속성에 있는 장치 인스턴스의 ID인 GUID도 새로 지정한다.

```
defaultSettings = DefaultSettings.LoadSettings();
if(defaultSettings == null)
{
  defaultSettings = new DefaultSettings();
  defaultSettings.SaveNew();
}
```

현재 설정 값 유지

사진을 찍을 때마다 매번 카메라를 설정하지 않고, 새로운 속성을 추가하지 않는 한 설정을 그대로 유지하도록 현재 설정 값을 저장하는 코드를 작성한다. 애플리케이션을 구동할 때마다 카메라를 다시 초기화하기 때문에, 이러한 설정 값에 대해서는 영속적으로 유지할 필요는 없다. 현재 설정에 대한 값은 다음과 같이 선언한다.

```
private static LinkSpriteJpegColorCamera.ImageSize
  currentResolution;
private static byte currentCompressionRatio;
```

카메라 초기화

애플리케이션을 초기화할 때 카메라도 초기화해야 한다. 먼저 다음과 같이 디폴트 설정을 가져온다.

```
Log.Information("Initializing camera.");
try
{
  currentResolution = defaultSettings.Resolution;
  currentCompressionRatio = defaultSettings.CompressionLevel;
```

여기서 카메라를 리셋하고, 디폴트 이미지 해상도를 설정해야 한다. 해상도를 변경했다면, 카메라를 다시 리셋해야 한다. 이 모든 과정은 카메라에 대해 기본적으로 설정된 38,400보$_{baud}$ 이내에 처리된다.

```
try
{
  camera.Reset(); // 먼저 @ 38400 보로 시도한다.
  camera.SetImageSize(currentResolution);
  camera.Reset();
```

이미지가 전송되기까지 시간이 걸리기 때문에 카메라의 전송 속도를 최대로 설정한다.

```
camera.SetBaudRate
  (LinkSpriteJpegColorCamera.BaudRate.Baud_115200);
camera.Dispose();
camera = new LinkSpriteJpegColorCamera
  (LinkSpriteJpegColorCamera.BaudRate.Baud_115200);
```

이 과정이 제대로 처리되지 않으면 예외가 발생한다. 하드웨어가 제대로 작동하는데도 예외가 발생한다면, 애플리케이션을 다시 시작했음에도 불구하고 카메라가 115,200보로 작동하기 때문일 가능성이 높다. 특히 코드를 작성하는 동안 이런 일이 발생할 수 있다. 이럴 때는 카메라를 115,200보로 설정하고 계속 진행한다. 이처럼 에러를 처리하는 부분을 개선할 필요가 있다. 복잡한 에러 상황에 대해서도 잘 대처할 수 있도록, 현재 상태를 카메라의 상태와 동기화하는 코드를 추가한다.

```
}
catch(Exception) // 이미 115200 보로 설정된 경우
{
  camera.Dispose();
  camera = new LinkSpriteJpegColorCamera
  (LinkSpriteJpegColorCamera.BaudRate.Baud_115200);
```

그런 다음 카메라의 압축 비율을 설정한다.

```
}finally
{
  camera.SetCompressionRatio(currentCompressionRatio);
}
```

이 과정이 실패하면 이벤트 로그에 에러를 기록하고, 사용자가 에러가 났다는 것을 알 수 있도록 에러를 표시하는 LED를 켠다.

```
}catch(Exception ex)
{
  Log.Exception(ex);
  errorLed.High();
  camera = null;
}
```

정리

1장에서는 이 책 전반에 걸쳐 사용할 프로젝트를 만들었다. 하드웨어 부품에 대한 연결 방법을 설명할 때, 이에 대한 회로도도 함께 제공했다. 라즈베리 파이에서 C#으로 개발하는 방법에 대해 소개하고, 프로젝트의 기본 구조도 살펴봤다. 통신이나 상호운용성, 스크립팅, 이벤트 로깅, GPIO 인터페이스, 데이터 영속성과 관련된 작업에 사용할 일곱 개의 클레이스터 라이브러리에 대해서도 알아봤다.

2장에서는 IoT와 관련된 통신 프로토콜 중 첫 번째인 HTTPHypertext Transfer Protocol에 대해 자세히 알아보자.

2
HTTP

현재 컴퓨터를 사용하는 사람이라면 누구나 HTTP_{Hypertext Transfer Protocol}를 써 본 적이 있을 것이다. 물론 내부적으로 HTTP라는 프로토콜이 동작한다는 것을 모른 채 단순히 웹 서핑만 즐겼을 수도 있다. 이렇게 웹 서핑을 하기 위해 웹 페이지를 넘나드는 과정에서 브라우저는 HTTP라는 프로토콜을 이용해 서버와 통신하게 된다. 이렇게 인터넷에서 웹이 차지하는 비중이 높아지다 보니 웹이 곧 인터넷이라 여기면서 '웹에서 찾아본다'고 말하지 않고, 대부분 '인터넷에서 찾아본다'고 표현하기도 한다.

HTTP는 우리가 흔히 생각하듯이 단순히 웹 서핑을 위한 수단으로만 쓰이는 데 그치지 않고, 최근에는 M2M_{Machine to machine} 통신, 자동화, IoT 등과 같은 다양한 분야에서 HTTP를 활용하는 사례가 늘어나고 있다. HTTP는 다른 프로토콜보다 사용하기가 굉장히 쉽기 때문에, 오늘날 인터넷에서 HTTP가 차지하는 비중이 급격히 늘어났다. 따라서 이 책에서도 IoT 응용을 만들기 위한 첫 번째 프로토콜로 HTTP부터 살펴보기로 하자. 사실 표준 문서를 보면 HTTP 가 생각보다 굉장히 복잡하다는 것을 알 수 있다. 그러나 이 장에서 설명하는 내용을 따라가다 보면, HTTP의 장점과 단점을 쉽게 파악할 수 있을 것이다. 먼저 HTTP의 기본적인 기능부터 소개하고, HTTP에서 제공하는 다양한 메소드를 하나씩 살펴본 다음, 요청/응답 패턴과 이벤트 처리 방법, 사용자 인증, 웹 서비스 에 대해 차례대로 알아보기로 한다.

2장에서 다루는 내용은 다음과 같다.

- HTTP 개요
- 1장에서 만든 센서와 액추에이터, 컨트롤러 프로젝트에서 HTTP를 사용하도록 코드를 수정하는 방법
- 요청/응답 패턴과 이벤트 구독 패턴 등과 같이 흔히 사용되는 통신 패턴을 HTTP로 구현하는 방법

HTTP 개요

HTTP는 요청/응답request/response 기반의 무상태형stateless 프로토콜로서, 클라이언트가 서버에게 원하는 정보를 요청하면 서버가 이에 대해 응답하는 방식으로 동작한다. 여기서 요청은 메소드, 리소스, 헤더, 옵션 콘텐트로 구성된다. 응답은 세 자리 숫자로 된 상태 코드, 헤더, 옵션 콘텐트로 구성된다. 이를 그림으로 표현하면 다음과 같다.

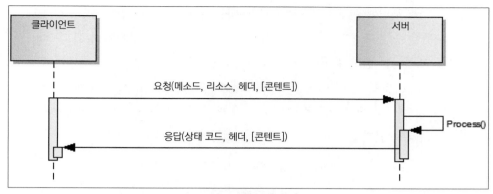

HTTP 요청/응답 패턴

여기서 리소스는 URLUniform Resource Locator로 표현하며, 원래는 HTML와 같은 하이퍼텍스트 문서를 식별하기 위한 용도로 사용했다. 현재는 HTML과 같은 문서만 가리키는 데 그치지 않고, 웹 서비스와 같은 특정한 기능을 가리키는 용도로도 사용한다. 따라서 2장의 예제를 보면 HTML 문서뿐만 아니라 다양한 기능을 위해 웹 리소스를 등록하는 것을 볼 수 있다. 클라이언트는 대부분 GET 메소드를 사용해 원하는 리소스를 서버에게 요청한다. 이때 리소스를 요청할 서버는 URL에서 리소스 관리자authority를 표현하는 부분으로 지정하고, 이 서버에게 요청할 리소스는 경로path를 표현하는 부분에 지정한다. PUT과 DELETE 메소드를 사용하면 클라이언트에서 서버로 콘텐트를 업로드하거나 삭제할 수 있다. POST 메소드를 사용하면 클라이언트가 서버에 있는 리소스에게 데이터를 전달할 수 있다. URL은 다음과 같은 구조로 구성된다.

$$\underbrace{http}_{\text{스킴}} \quad :// \quad \underbrace{\overbrace{example.com}^{\text{도메인}} \; : \; \overbrace{8080}^{\text{포트}}}_{\text{리소스 관리자}} \quad \underbrace{/d/1.htm}_{\text{경로}} \quad ? \quad \underbrace{q1 = v1}_{\text{쿼리}} \quad \# \quad \underbrace{f0011}_{\text{프래그먼트}}$$

HTTP에서는 네트워크로 요청을 보내거나 응답을 할 때 메타 정보도 함께 보낼 수 있도록 여러 가지 헤더를 정의하고 있다. 헤더는 사람이 읽을 수 있도록 텍스트 형태의 키-값 쌍으로 구성되며, 여기에 콘텐트의 인코딩 방식, 콘텐트의 유효 기간, 콘텐트의 종류(타입) 등과 같은 정보를 담을 수 있다. 콘텐트를 전송할 때

Content-Type 헤더에 콘텐트의 종류를 지정하는데, 이를 통해 어떤 콘텐트를 보내는지 구분할 수 있다. 헤더는 서버에 접속한 클라이언트를 인증하거나, HTTP에서 상태를 표현하는 용도로 활용하기도 한다. 대표적인 예로 쿠키cookie를 사용하는 경우를 들 수 있는데, 서버가 클라이언트에게 쿠키를 기억하도록 요청했다면, 클라이언트가 이 서버에게 요청을 보낼 때마다 헤더에 쿠키를 붙여서 요청하게 된다. 참고로 쿠키는 문자열로 구성된 텍스트로 표현한다.

HTTP는 IPInternet Protocol 기반으로 동작한다. IP 프로토콜에서는 서로 다른 주소 체계를 사용하는 LANlocal area network에 속한 머신끼리 서로 통신할 수 있도록 모든 머신에 IP 주소를 부여한다. 참고로 현재는 LAN 환경을 위한 여러 가지 주소 체계 중에서도 특히 MACmedia access control 주소를 사용하는 이더넷 방식을 가장 많이 사용하고 있다. HTTP에서는 서버와 클라이언트가 통신할 때 TCPTransmission Control Protocol로 연결한다. 이렇게 TCP로 연결하면 패킷을 보내는 과정에서 일부분이 사라져서 모든 패킷을 받지 못하는 문제가 발생하지 않게 해줄 뿐만 아니라, 패킷을 보낸 순서대로 받을 수 있도록 보장해줄 수 있다. 이렇게 TCP로 연결된 양쪽 엔드포인트는 IP 주소와 포트 번호로 구분할 수 있다. HTTP 규격에서는 기본 포트 번호를 80으로 정해두었지만, 다른 포트로도 얼마든지 HTTP로 통신할 수 있다. 참고로 80번 다음으로 8080번을 가장 많이 사용한다.

 사실 IP로 통신할 때 각 머신을 IP 주소와 포트 번호로 표현하면 번거롭기도 하고 사람이 읽기 쉽지도 않다. 이러한 번거로움을 줄이기 위해 각 머신을 IP 주소 대신 사람이 읽고 쓰기 편한 호스트 네임으로 표현해주는 DNS(Domain Name System) 서버를 사용한다.

TLSTransport Layer Security[1]를 사용하면, TCP/IP로 주고 받는 내용을 암호화할 수도 있다. HTTP에서 TLS로 암호화된 데이터를 주고 받을 때는 HTTPSHypertext Transfer Protocol Secure로 통신한다고 표현하고, 80 대신 443과 같은 다른 포트를 사용한다. HTTPS를 사용할 때는 PKIPublic Key Infrastructure 기반의 X.509 인증서로 서버나 클

---

1 원래 SSL(Secure Socket Layer)이라는 이름으로 불리다가 정식 표준이 되면서 공식 명칭이 TLS로 변경됐다. – 옮긴이주

라이언트를 인증을 한다. 대부분의 경우 클라이언트보다는 서버를 인증하기 위한 용도로 많이 사용된다. X.509에서는 인증서의 공개 영역(공개 키)에 접근할 수 있는 이라면 누구나 이 인증서의 사설 영역(사설 키)을 가지고 있는 이에게 데이터를 암호화해서 보낼 수 있다. 이때 공개 키로 암호화된 데이터는 사설 키로 복호화할 수 있다. 따라서 이 인증서의 사설 키를 소유한 이만 볼 수 있도록 데이터를 보내려면, 이 인증서의 공개 키로 데이터를 암호화하면 된다.

X.509 인증서를 사용하면 서버의 도메인이나 클라이언트의 ID를 검증할 수 있다. 또한 인증서를 누가 발급했는지, 그리고 인증서를 발급한 측에서 폐기하여 더 이상 유효하지 않은 것은 아닌지도 검사할 수 있다. 지금까지 설명한 프로토콜의 구조와 관계를 그림으로 표현하면 다음과 같다.

| HTTP/HTTPS
(URL) |
| TCP
(포트 번호 – 기본값: 80/443) |
| 인터넷 프로토콜(IP)
(IP 주소) |
| 랜(LAN)
(MAC 주소) |
| 물리 네트워크
(유선, 무선 등) |

HTTP는 SOAService-Oriented Architecture의 핵심 구성 요소이기도 하다. SOA에서는 메소드를 외부에서 호출해서 사용할 수 있도록 제공할 때 HTTP를 사용한다. 이렇게 외부에 공개된 메소드를 웹 서비스web service라 부른다. 웹 서비스를 제공하는 방법 중 하나로 SOAPSimple Object Access Protocol을 사용하기도 한다. SOAP에서는 웹으로 제공할 메소드와 이 메소드에 대한 인자와 리턴 값과 바인딩 등과 같은 정보를 XML 포맷으로 인코딩하고, 이렇게 제공되는 웹 서비스에 대해 WSDLWeb Services Description Language로 표현한다. 최근에는 SOAP 대신 RESTRepresentational

State Transfer 방식으로 구현하는 사례가 늘어나고 있다. REST는 SOAP보다 간결하고 의존성이 낮은loosely-coupled 구조로 이루어져 있으며, SOAP처럼 메소드를 XML로 인코딩하지 않고, 일반 HTTP 메소드와 URL 쿼리 파라미터만으로 메소드를 표현한다.

최근에는 HTTP 기반의 개발 방법론과 관련하여, 링크드 데이터Linked Data라는 개념이 주목받고 있다. 링크드 데이터란 모든 데이터를 URIUniform Resource Identifier로 식별하고, 이러한 데이터의 의미를 시맨틱 트리플Semantic Triple로 표현하도록 웹을 새롭게 추상화한 것이다. 데이터의 의미를 표현할 때 RDFResource Description Framework나 TURTLETerse RDF Triple Language와 같은 시맨틱 데이터 포맷을 사용하기도 한다. 참고로 RDF는 기계가 좀 더 읽기 좋은 형태인 반면, TURTLE은 사람이 좀 더 읽기 쉬운 형태로 구성되어 있다. 기존의 HTTP 기반의 인터넷 리소스를 웹이라 부르고, 이렇게 최근에 새롭게 등장한 방식의 웹을 시맨틱 웹semantic web이라 부른다.

 HTTP에 대해서는 부록 B, 'HTTP의 기초' 절에서 자세히 설명한다.

센서 프로젝트에 HTTP 기능 추가

이제 앞 장에서 만든 센서 프로젝트에 웹을 지원하도록, 센서에서 수집한 데이터를 HTTP를 통해 외부에 제공하는 기능을 만들어보자. 이렇게 HTTP로 데이터를 제공하는 기능은 다음과 같이 세 가지 방식으로 구현할 수 있다. 이 장에서는 여기에서 언급한 세 가지 방식 중 세 번째 방식으로 구현한다.

● 첫 번째 방식은 센서가 클라이언트 역할을 해서, 인터넷에 연결된 서버에게 정보를 제공하는 형태로 구현할 수 있다. 이때 서버는 브로커처럼 동작하여 센서로부터 값을 받으면, 이를 원하는 측에 전달한다. 이러한 방식으로 동작하는 것을 게시/구독publish/subscribe 패턴이라 부르며, 여기에 대해서는 나중에 다시 자세히 설명한다. 이 방식을 사용하면 이벤트를 처리하는 과정을 간결하게 표현

할 수 있다는 장점이 있지만, 순간 값을 얻는 기능을 구현하기가 까다롭다는 단점이 있다. 서버를 인터넷에서 누구나 접근하도록 설정해두기만 하면, 센서가 방화벽 뒤에 있더라도 아무런 문제 없이 동작할 수 있다.

- 두 번째 방식은 네트워크에 연결된 모든 개체가 수행하는 동작에 따라 서버 역할을 하기도 하고 클라이언트 역할을 하도록 구성하는 것이다. 이 방식에 대해서는 3장, 'UPnP'에서 자세히 설명한다. 이렇게 하면 통신 과정에서 발생하는 지연 시간을 단축할 수 있지만 방화벽을 건너 뛰면서 통신할 수 없기 때문에 이 방식으로 동작하는 개체가 방화벽을 기준으로 모두 같은 영역(방화벽 안쪽 또는 바깥쪽)에 있어야 한다.

- 세 번째 방식은 센서가 HTTP 서버 역할을 하고, 센서의 상태를 알고자 하는 모든 개체가 클라이언트가 되도록 구성하는 것이다. 이렇게 하면 순간 값을 쉽게 얻을 수 있는 반면, 이벤트를 보내는 것은 어렵게 된다. 누구나 센서에 접근할 수 있도록 센서를 인터넷에 공개해두면, 방화벽 안에 있는 개체도 어렵지 않게 센서에 접근할 수 있다. 2장에서는 이 방식으로 구현한다.

센서에 HTTP 서버 설치

클레이스터 라이브러리를 사용하면 센서에 HTTP 서버를 쉽게 설치할 수 있다. 이 절에서는 HTTP 서버를 설치하고 이러한 서버로 데이터를 제공하는 방법에 대해 그림을 곁들여 설명한다. 인터넷에 제공할 센서 데이터는 XML, JSON JavaScript Object Notation, RDF, TURTLE, HTML 등과 같은 포맷으로 표현한다. 본격적인 구현 작업에 들어가기 위해, 다음과 같이 애플리케이션에서 사용하는 네임스페이스를 참조하는 코드부터 작성한다. 이렇게 네임스페이스를 참조하는 문장은 소스 코드 파일의 맨 앞에 적는다. 그래야 그 다음 문장부터 XML과 텍스트, 이미지 등과 같은 기능을 제공하는 클래스와 메소드를 마음껏 사용할 수 있다.

```
using System.Xml;
using System.Text;
using System.IO;
using System.Drawing;
```

예제에서는 HTTP로 통신하고 여러 가지 콘텐츠를 다루는 작업을 좀 더 쉽게 처리하기 위해 클레이스터 라이브러리를 사용한다. 따라서 여기에 필요한 클레이스터 네임스페이스도 다음과 같이 추가한다.

```
using Clayster.Library.Internet;
using Clayster.Library.Internet.HTTP;
using Clayster.Library.Internet.HTML;
using Clayster.Library.Internet.MIME;
using Clayster.Library.Internet.JSON;
using Clayster.Library.Internet.Semantic.Turtle;
using Clayster.Library.Internet.Semantic.Rdf;
using Clayster.Library.IoT;
using Clayster.Library.IoT.SensorData;
using Clayster.Library.Math;
```

Internet 라이브러리는 통신과 인코딩에 관련된 기능을 제공하고, IoT 라이브러리는 상호운용성에 관련된 기능을 제공하며, Math 라이브러리는 그래프를 그리는 작업에 관련된 기능을 제공한다.

애플리케이션을 초기화할 때 프록시 서버를 사용하지 않도록 첫 번째 파라미터 값을 false로 지정한다. 그래야 시스템에서 프록시 서버를 찾지 않는다. 이때 두 번째 파라미터 값도 false로 지정해서 나중에 설정을 바꿀 수 있게 해둔다. 프록시 서버를 사용하도록 설정하면, 매번 HTTP로 통신할 때마다 항상 프록시 서버를 거쳐가기 때문에, 네트워크 상황을 모니터링하거나 보안을 위한 작업을 수행하는 기능을 추가할 수 있다는 장점이 있지만, 프록시 서버가 없는 네트워크 환경에서 애플리케이션을 개발할 때 프록시를 사용하도록 설정하면, 네트워크에 프록시 서버가 없는데도 자꾸 애플리케이션에서 프록시 서버를 찾으려고 하기 때문에 상당히 짜증날 수 있다. 게다가 이렇게 설정하면 프록시 서버를 찾는 동안 모든 HTTP 통신이 중단되기 때문에, 애플리케이션을 초기화하는 데 걸리는 시간이 더 길어진다. 따라서 예제에서는 애플리케이션을 초기화하는 코드를 다음과 같이 작성한다.

```
HttpSocketClient.RegisterHttpProxyUse (false, false);
```

애플리케이션을 초기화하는 작업을 끝내고 메인 루프로 들어가기 전에 HTTP 서버도 만들어둔다. 이렇게 HTTP 서버의 인스턴스를 생성하는 코드는 애플리케이션을 초기화하는 코드 마지막 부분에 다음과 같이 작성한다.

```
HttpServer HttpServer = new HttpServer (80, 10, true, true, 1);
Log.Information ("HTTP Server receiving requests on port " +
  HttpServer.Port.ToString ());
```

코드를 보면 HTTP 서버가 80번 포트를 사용하고, 10개의 동시 연결 시도에 대한 백로그를 유지하고, GET과 POST 메소드를 사용하며, 들어온 요청을 동기식으로 처리하는 워킹 스레드를 한 개만 사용하도록 설정한 것을 알 수 있다. 참고로 애플리케이션을 슈퍼유저superuser 권한으로 실행시켜야 이렇게 설정한 대로 HTTP 서버가 제대로 생성된다. 이렇게 생성된 HTTP 서버는 웹 리소스에 대한 요청을 동기식으로 처리할 수도 있고 비동기식으로도 처리할 수 있다.[2]

- 동기식으로 응답할 때는 리소스마다 등록한 HTTP 핸들러로 처리한다. 이 작업은 워킹 스레드의 컨텍스트에서 처리한다.

- 비동기식으로 응답할 때는 실제 요청한 컨텍스트와 별개로 처리하기 때문에, 요청 받은 리소스가 직접 응답을 처리해야 한다. 이 작업은 워킹 스레드 문맥에서 실행되지 않는다.

 여기서는 동기식으로만 응답하도록 코드를 구성하기로 하고, 비동기식으로 응답하는 방법에 대해서는 나중에 설명한다.

이제 서버로 제공할 웹 리소스를 등록한다. 코드는 다음과 같이 작성한다.

```
HttpServer.Register ("/", HttpGetRoot, false);
HttpServer.Register ("/html", HttpGetHtml, false);
HttpServer.Register ("/historygraph", HttpGetHistoryGraph, false);
HttpServer.Register ("/xml", HttpGetXml, false);
HttpServer.Register ("/json", HttpGetJson, false);
```

---

2 여기에서는 코드를 쉽게 작성하기 위해 클레이스터 라이브러리에서 제공하는 HttpServer로 HTTP 서버를 만들었다. 원한다면 라이브러리에서 제공하는 HTTP 서버 대신 아파치 웹 서버나 Nginx와 같은 별도의 웹 서버로 바꿔도 된다. - 옮긴이주

```
HttpServer.Register ("/turtle", HttpGetTurtle, false);
HttpServer.Register ("/rdf", HttpGetRdf, false);
```

여기서 등록한 리소스는 모두 동기식으로 응답하도록 설정했다. 또한 인증은 사용하지 않도록 세 번째 파라미터를 false로 지정했다. 인증을 처리하는 방법에 대해서는 이 장의 뒤에서 자세히 설명한다. 일단 리소스마다 경로를 등록하고, 해당 리소스에 대해 들어온 요청에 대해 적절히 응답하도록 리소스의 경로마다 HTTP 핸들러 메소드를 지정했다.

이렇게 등록한 웹 리소스는 요청이 들어오면 응답할 내용을 동적으로 생성한다. 이렇게 하지 않고 HttpServerSynchronousResource와 HttpServerAsynchronousResource 클래스로 웹 리소스를 등록한 뒤에 기존 메소드를 오버라이드하여 원하는 동작을 수행하도록 코드를 작성해도 된다. 또한 응답할 내용을 정적 콘텐츠 형태로 등록해도 된다. 이때 HttpServerEmbeddedResource 클래스를 사용해 콘텐츠를 임베디드 리소스 형태로 등록해도 되고, HttpServerResourceFolder 클래스를 사용해 콘텐츠를 파일 시스템에 있는 파일 형태로 등록할 수도 있다. 예제에서는 응답할 콘텐츠를 동적으로만 생성하게 했다.

애플리케이션을 종료하기 전에 먼저 HTTP 서버를 정상적으로 종료해야 한다. 그렇지 않으면 애플리케이션이 제대로 종료되지 않는다. HTTP 서버를 종료하도록 애플리케이션이 끝나는 부분에 다음과 같이 Dispose 메소드를 호출하는 코드를 작성한다.

```
HttpServer.Dispose ();
```

센서에 HTTPS 서버 설정

애플리케이션에서 HTTPS로 통신하려면 유효한 사설 키를 가진 X.509 인증서가 필요하다. 따라서 가장 먼저 인증서를 서버 메모리에 올려야 한다. 이렇게 하려면 인증서에 대한 패스워드를 입력해야 한다. 인증서를 메모리에 올리는 코드는 다음과 같다.

```
X509Certificate2 Certificate =
  new X509Certificate2 ("Certificate.pfx", "PASSWORD");
```

그런 다음, 앞에서 HTTP 서버를 생성할 때와 비슷한 방식으로 HTTPS 서버를 생성한다. 이번에는 여섯 번째 파라미터를 true로 지정하여 TLS를 사용하도록 설정하고, 일곱 번째 파라미터를 false로 지정해 클라이언트 인증서는 사용하지 않도록 설정한 다음, 마지막 파라미터를 통해 방금 생성한 서버 인증서를 설정한다.

```
HttpServer HttpServer =
  new HttpServer(443, 10, true, true, 1, true, false, Certificate);
Log.Information ("HTTPS Server receiving requests on port " +
  HttpServer.Port.ToString ());
```

그런 다음, 앞에서 HTTP 서버에 등록한 리소스를 HTTPS 서버에도 똑같이 등록하도록 다음과 같이 코드를 작성한다.

```
foreach (IHttpServerResource Resource in
  HttpServer.GetResources())
    HttpsServer.Register (Resource);
```

HTTP 서버와 마찬가지로 HTTPS 서버도 애플리케이션이 종료하기 전에 제거해야 한다. HTTPS 서버를 종료하는 코드도 HTTP 서버를 종료할 때처럼, 메인 애플리케이션의 마지막 부분에 다음과 같이 코드를 작성한다.

```
HttpsServer.Dispose();
```

루트 메뉴 추가

가장 먼저 루트 메뉴에 대한 웹 리소스부터 추가한다. 루트 메뉴에 대한 리소스는 "/"라는 경로로 접근할 수 있으며, 여기에 대해 요청을 받으면 장치에서 제공하는 여러 가지 링크를 HTML 페이지에 담아서 리턴한다. 루트 메뉴에 대한 요청을 처리하는 코드는 다음과 같이 작성한다.

```
private static void HttpGetRoot (HttpServerResponse resp,
  HttpServerRequest req)
{
```

```
networkLed.High ();
try
{
    resp.ContentType = "text/html";
    resp.Encoding = System.Text.Encoding.UTF8;
    resp.ReturnCode = HttpStatusCode.Successful_OK;
} finally
{
    networkLed.Low ();
}
}
```

아직 메소드에 페이지를 리턴하는 부분을 작성하지 않았다. HTML 페이지를 보내기 전에 응답으로 보낼 메소드의 헤더 정보부터 작성해야 한다. 메소드에 선언된 파라미터를 보면 HTTP 응답 오브젝트인 resp가 있는데, 여기에 응답으로 보낼 헤더 정보를 적는다. 요청 받은 내용은 req 파라미터로 전달된 값을 통해 확인할 수 있다. 이 메소드의 본문을 보면 try 구문에 들어가기 전과 finally 블록 안에서 networkLed라는 디지털 출력을 설정하여 웹 리소스에 접근하는 동안 LED를 켜도록 설정한 것을 볼 수 있다. 이 책에서 작성하는 다른 예제도 이러한 패턴으로 작성한다.

응답을 보낼 때 요청한 측이 어떤 종류의 응답을 받게 될 지를 알 수 있도록 ContentType 파라미터 값에 응답으로 보낼 콘텐츠의 종류를 지정한다. 여기에서는 응답으로 HTML 페이지를 보내기 때문에, HTML에 대한 인터넷 미디어 타입인 text/html을 지정했다. 응답이 텍스트로 표현되기 때문에 텍스트에 대한 인코딩 방식인 UTF8을 지정했다. 참고로 UTF8은 웹에서 가장 많이 사용되는 인코딩 방식이다. 또한 요청한 작업이 성공적으로 처리됐다는 것을 클라이언트에게 알려주도록 OK라는 상태 코드(200)를 리턴한다.

이제 응답으로 보낼 HTML 페이지를 리턴하는 코드를 다음과 같이 작성한다.

```
resp.Write ("<html><head><title>Sensor</title></head>");
resp.Write ("<body><h1>Welcome to Sensor</h1>");
resp.Write ("<p>Below, choose what you want to do.</p><ul>");
resp.Write ("<li>View Data</li><ul>");
```

```
resp.Write ("<li><a href='/xml?Momentary=1'>");
resp.Write ("View data as XML using REST</a></li>");
resp.Write ("<li><a href='/json?Momentary=1'>");
resp.Write ("View data as JSON using REST</a></li>");
resp.Write ("<li><a href='/turtle?Momentary=1'>");
resp.Write ("View data as TURTLE using REST</a></li>");
resp.Write ("<li><a href='/rdf?Momentary=1'>");
resp.Write ("View data as RDF using REST</a></li>");
resp.Write ("<li><a href='/html'>");
resp.Write ("Data in a HTML page with graphs</a></li></ul>");
resp.Write ("</body></html>");
```

이제 모든 작업이 끝났다. 코드를 실행하고 브라우저의 주소창에 루트 메뉴에 대한 경로를 입력하면 다음과 같은 페이지가 화면에 나타나는 것을 확인할 수 있다.

Welcome to Sensor

Below, choose what you want to do.

- View Data
  ○ View data as XML using REST
  ○ View data as JSON using REST
  ○ View data as TURTLE using REST
  ○ View data as RDF using REST
  ○ Data in a HTML page with graphs

측정한 데이터를 HTML 페이지에 표시

이제 센서에서 제공하는 정보를 누구나 볼 수 있도록 웹 페이지에 표시하는데 필요한 작업이 끝났다. 앞에서 /html라는 경로에 대해 HttpGetHtml이란 HTTP 핸들러 메소드로 처리하도록 등록한 바 있다. 이제 이 핸들러에서 구체적인 작업을 처리하는 데 필요한 코드를 다음과 같이 작성해보자.

```
private static void HttpGetHtml (HttpServerResponse resp,
  HttpServerRequest req)
{
  networkLed.High ();
  try
  {
    resp.ContentType = "text/html";
    resp.Encoding = System.Text.Encoding.UTF8;
    resp.Expires = DateTime.Now;
    resp.ReturnCode = HttpStatusCode.Successful_OK;
    lock (synchObject)
    {
    }
  }
  finally
  {
    networkLed.Low ();
  }
}
```

앞에서 `HttpGetRoot` 메소드를 작성할 때와 달리, 여기서는 응답에 대한 만료 일자와 시각에 대한 속성을 더 추가했다. 센서에서 제공하는 값은 순간적으로 측정한 값인데다가 매 초 갱신되기 때문에, 이 값을 보여주는 페이지가 즉시 만료된다는 것을 클라이언트에게 알려줘야 한다. 그래야 사용자가 페이지를 요청할 때마다 새로운 값을 볼 수 있도록 클라이언트에서 이 페이지를 캐시에 저장하지 않는다. 또한 이러한 센서 값을 한 번에 하나의 스레드만 접근할 수 있도록 `synchObject`라는 동기화 오브젝트로 `lock` 구문을 작성했다.

이렇게 추가한 `lock` 구문에 센서로 측정한 순간 값을 응답으로 리턴하는 부분을 작성해보자.

```
resp.Write ("<html><head>");
resp.Write ("<meta http-equiv='refresh' content='60'/>");
resp.Write ("<title>Sensor Readout</title></head>");
resp.Write ("<body><h1>Readout, ");
resp.Write (DateTime.Now.ToString ());
resp.Write ("</h1><table><tr><td>Temperature:</td>");
```

```
resp.Write ("<td style='width:20px'/><td>");
resp.Write (HtmlUtilities.Escape (temperatureC.ToString ("F1")));
resp.Write (" C</td></tr><tr><td>Light:</td><td/><td>");
resp.Write (HtmlUtilities.Escape (lightPercent.ToString ("F1")));
resp.Write (" %</td></tr><tr><td>Motion:</td><td/><td>");
resp.Write (motionDetected.ToString ());
resp.Write ("</td></tr></table>");
```

여기서 잠시 HTML 문서의 상단에 있는 meta 태그 부분을 살펴보면, 클라이언트가 60초마다 페이지를 갱신하도록 설정한 것을 볼 수 있다. 이렇게 meta 태그를 활용하면, 연결이 유지되는 동안에는 일 분마다 페이지를 자동으로 업데이트할 수 있다.

히스토리 데이터는 그래프 형태로 표시하는 것이 가장 좋다. 이를 위해 다음과 같이 historygraph라는 웹 리소스를 가리키는 img 태그를 생성한다.

```
if (perSecond.Count > 1)
{
  resp.Write ("<h2>Second Precision</h2>");
  resp.Write ("<table><tr><td>");
  resp.Write ("<img src='historygraph?p=temp&base=sec&");
  resp.Write ("w=350&h=250' width='480' height='320'/></td>");
  resp.Write ("<td style='width:20px'/><td>");
  resp.Write ("<img src='historygraph?p=light&base=sec&");
  resp.Write ("w=350&h=250' width='480' height='320'/></td>");
  resp.Write ("<td style='width:20px'/><td>");
  resp.Write ("<img src='historygraph?p=motion&base=sec&");
  resp.Write ("w=350&h=250' width='480' height='320'/></td>");
  resp.Write ("</tr></table>");
```

코드를 보면 historygraph로 그릴 그래프에 대한 정보를 쿼리 파라미터로 전달하는 것을 볼 수 있다. p 파라미터로 파라미터 종류를 지정하고, base 파라미터로 시간 단위를 지정하고, 표시할 그래프의 너비와 높이는 w와 h 파라미터로 지정했다. 분, 시, 일, 월에 대한 값도 이와 비슷한 방법으로 base 쿼리 파라미터에 min, h, day, month에 대해 값을 할당하는 방식으로 지정할 수 있다.

이제 클라이언트에게 HTML 문서를 보낼 수 있도록, `if` 문을 닫고 HTML 문서를 마무리한다.

```
  }
  resp.Write ("</body><html>");
```

동적으로 그래프 생성

요청에 대한 응답 페이지가 제대로 표시되려면, 앞에서 HTML 페이지에 추가한 그래프 이미지를 실제로 생성하는 historygraph 리소스에 대한 코드도 작성해야 한다. 이 메소드도 앞에서 작성한 메소드와 동일한 패턴으로 작성한다.

```
private static void HttpGetHistoryGraph (HttpServerResponse resp,
  HttpServerRequest req)
{
  networkLed.High ();
  try
  {
  }
  finally
  {
    networkLed.Low ();
  }
}
```

`HttpGetHistoryGraph` 메소드의 `try` 구문은 요청과 함께 전달된 쿼리 파라미터를 파싱하는 부분부터 먼저 작성한다. 요청에 수정할 수 없거나 무시할 수 없는 에러가 있다면, `HttpException` 예외를 발생해야 한다. 이렇게 예외를 만들 때 `HTTPStatusCode` 값을 적절히 지정하고 발견한 에러를 파라미터를 통해 표시한다. 이렇게 해야 에러에 대한 응답을 클라이언트에게 제대로 보낼 수 있다. 이제 방금 설명한 예외 처리를 반영해 메소드에서 생성할 그래프 이미지의 너비와 높이를 파싱하는 코드를 작성해보자.

```
int Width, Height;
if (!req.Query.TryGetValue ("w", out s) ||
  !int.TryParse (s, out Width) || Width <= 0 || Width > 2048)
```

```
        throw new HttpException(HttpStatusCode.ClientError_BadRequest);
    if (!req.Query.TryGetValue ("h", out s) ||
       !int.TryParse (s, out Height) || Height <= 0 || Height > 2048)
          throw new HttpException(HttpStatusCode.ClientError_BadRequest);
```

그런 다음 그래프를 그리는 데 필요한 파라미터 값을 추출한다. 이 값은 전달된 쿼리 파라미터 중 p 파라미터에 저장되어 있다. 이렇게 추출한 파라미터 값(s)을 이용해 Record 클래스에서 이 파라미터에 대한 속성 이름(ParameterName)과, 그래프의 제목으로 표시할 값(ValueAxis)을 알아낸다. 이를 위해 추출한 값을 저장할 변수를 다음과 같이 정의한다.

```
string ValueAxis;
string ParameterName;
string s;
```

이제 p 파라미터에서 값을 추출한다.

```
if (!req.Query.TryGetValue ("p", out s))
    throw new HttpException (HttpStatusCode.ClientError_BadRequest);
```

이렇게 추출한 p 파라미터 값을 보고 Record의 속성 이름(ParameterName)과 그래프에 표시할 제목(ValueAxis)을 적절히 지정한다.

```
switch (s) {
  case "temp":
    ParameterName = "TemperatureC";
    ValueAxis = "Temperature (C)";
    break;
  case "light":
    ParameterName = "LightPercent";
    ValueAxis = "Light (%)";
    break;
  case "motion":
    ParameterName = "Motion";
    ValueAxis = "Motion";
    break;
  default:
    throw new HttpException
      (HttpStatusCode.ClientError_BadRequest);
}
```

그래프를 그릴 때 적용할 시간 단위를 알아내기 위해 base 쿼리 파라미터 값을 추출한다.

```
if (!req.Query.TryGetValue ("base", out s))
    throw new HttpException (HttpStatusCode.ClientError_BadRequest);
```

Clayster.Library.Math 라이브러리에서 제공하는 여러 가지 기능을 활용하면 그래프를 쉽게 그릴 수 있다. 코드에서 이 라이브러리를 직접 호출하는 방식으로 활용해도 되지만, 이번에는 그래프를 좀 더 쉽게 그리기 위해 라이브러리에서 제공하는 스크립트를 사용해보자. 스크립트에서 사용하는 변수는 Variables 컬렉션에 정의해야 한다. 이를 위해 다음과 같이 컬렉션을 선언하는 코드를 작성한다.

```
Variables v = new Variables();
```

클라이언트에게 그래프의 유효 기간과 만료 시점도 알려줘야 한다. 이를 위해 다음과 같이 현재 날짜와 시각을 구한다.

```
DateTime Now = DateTime.Now;
```

히스토리 데이터에 접근하는 코드는 반드시 크리티컬 섹션critical section 안에 작성해야 한다. 그렇지 않으면 여러 스레드가 동시에 접근하는 과정에서 데이터가 꼬일 수 있다. 이러한 크리티컬 섹션은 다음과 같이 앞에서 사용했던 동기화 오브젝트를 다시 활용하여 lock 구문으로 작성한다.

```
lock (synchObject)
{
}
```

이렇게 작성한 크리티컬 섹션 안에서는 히스토리 데이터를 안전하게 접근할 수 있다. 참고로 크리티컬 섹션을 통해 보호하려는 오브젝트는 Records가 아닌, perSecond와 같은 List<T> 오브젝트다. 히스토리 데이터에 접근하는 코드는 다음과 같이 switch 구문으로 처리한다. Variables 컬렉션을 ToArray() 메소드에서 리턴한 배열로 채웠다면 곧바로 lock 구문을 빠져나온다.

```
switch (s) {
  case "sec":
    v ["Records"] = perSecond.ToArray ();
    resp.Expires = Now;
    break;
  case "min":
    v ["Records"] = perMinute.ToArray ();
    resp.Expires = new DateTime (Now.Year, Now.Month,
    Now.Day, Now.Hour, Now.Minute, 0).AddMinutes (1);
    break;
```

시(h), 일(day), 월(month)에 대한 값도 이와 비슷한 방식으로 처리한다. 잘못 들어온 요청에 대해 제대로 대응하도록 default 구문을 통해 HTTP 에러를 리턴하는 코드도 반드시 작성한다.

```
default:
  throw new HttpException (
    HttpStatusCode.ClientError_BadRequest);
}
```

이제 Variables 컬렉션에 Records라는 변수가 저장된다. 이 변수는 그래프에 그릴 Record 오브젝트에 대한 배열을 담고 있다. 그리고 그래프에 그릴 값에 대한 속성 이름은 ParameterName 변수에 저장되어 있다. 각 Record 오브젝트마다 가지고 있는 Timestamp 속성은 시간 축에 대한 값을 담고 있다. 이제 그래프를 그리는데 필요한 작업은 다 끝났다. 그래프의 종류만 결정하면 된다.

모션 디텍터로 감지한 정보는 불리언 값으로 표현한다. 모션 디텍터로 측정한 값을 주기적으로 표시하면, 움직임이 있을 때는 1로만 표시되고, 움직임이 없을 때는 0으로만 표시되기 때문에, 그래프를 직선이나 곡선으로 그리면 불규칙한 톱니 모양으로 지저분하게 표시된다. 이런 값은 스캐터scatter 그래프로 표시하는 것이 좋다. 스캐터 그래프를 사용하면 측정한 값을 직경 5픽셀 정도의 조그만 원에 컬러를 넣어 표시할 수 있다. 여기에서는 false 값인 0을 파란색(Blue)의 표시하고, true 값인 1은 빨간색(Red)으로 표시하도록 코드를 작성한다.

이 과정을 클레이스터 스크립트로 표현하면 다음과 같이 작성할 수 있다.

```
scatter2d(Records.Timestamp,
  if (Values:=Records.Motion) then 1 else 0,5,
  if Values then 'Red' else 'Blue', '', 'Motion')
```

나머지 두 속성은 단순히 직선으로 그려도 되기 때문에, 코드는 다음과 같이 간단히 작성할 수 있다.

```
line2d(Records.Timestamp, Records.Property, 'Value Axis')
```

클레이스터 스크립트로 작성한 표현식은 Expression 클래스로 파싱하여 값을 구할 수 있다. 이 클래스는 표현식을 파싱하기 위한 용도로 Parse()와 ParseCached()라는 두 개의 정적 메소드를 제공한다. 표현식에 담긴 내용이 고정되어 있다면 ParseCached()를 사용하면 된다. 이 메소드는 파싱한 표현식을 기억해두기 때문에 동일한 표현식에 대해 한 번만 파싱한다. 표현식에 담긴 내용이 상황에 따라 바뀐다면 Parse()를 사용하는 것이 좋다. 이런 표현식은 파싱할 때마다 매번 형태가 달라지기 때문에 ParseCached()를 사용하면 서버에 있는 메모리를 다 차지해버릴 수 있다.

파싱한 표현식은 Evaluate() 메소드로 계산한다. 이 메소드는 표현식을 계산하는 데 필요한 변수를 Variables 컬렉션 타입의 인자로 받는다. 그래프를 그리는 함수는 모두 결과를 Graph 오브젝트로 리턴한다. 이 오브젝트를 이용해 우리가 최종적으로 리턴할 그래프 이미지를 생성한다. 먼저 스크립트로 계산한 값을 저장할 Graph 변수를 선언한다.

```
Graph Result;
```

그리고 다음과 같이 스크립트를 작성하고, 이를 파싱하여 값을 계산하는 코드를 작성한다.

```
if (ParameterName == "Motion")
  Result = Expression.ParseCached ("scatter2d("+
    "Records.Timestamp, "+
    "if (Values:=Records.Motion) then 1 else 0,5, "+
    "if Values then 'Red' else 'Blue','','Motion')").
    Evaluate (v) as Graph;
```

```
else
  Result = Expression.ParseCached ("line2d("+
    "Records.Timestamp,Records." + ParameterName +
    ",'','" + ValueAxis + "')").Evaluate (v)as Graph;
```

이로서 그래프를 생성하는 작업은 모두 끝났다. 이제 이렇게 생성한 그래프를 비트맵 이미지로 만들어서 클라이언트로 리턴하기만 하면 된다. 비트맵 이미지를 만드는 코드는 다음과 같이 작성한다.

```
Image Img = Result.GetImage (Width, Height);
```

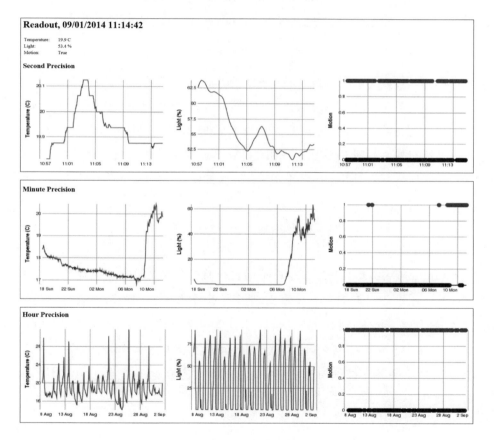

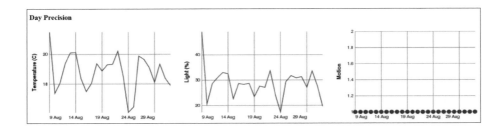

생성한 이미지를 HTTP로 클라이언트에게 전송하려면 적절히 인코딩해야 한다. 따라서 그래프 이미지를 MIME_{Multi-Purpose Internet Mail Extensions} 타입으로 인코딩한 다. 이 작업에 대한 코드는 다음과 같이 MimeUtilities로 작성할 수 있다.

```
byte[] Data = MimeUtilities.Encode (Img, out s);
```

MimeUtilities에서 제공하는 Encode() 메소드는 인코딩한 오브젝트를 바이트 배열로 리턴한다. 또한 오브젝트를 인코딩할 때 적용한 인터넷 미디어 타입(콘텐트 타입)도 리턴한다. 클라이언트에게 응답을 보낼 때 요청이 성공적으로 처리됐다는 메시지와 함께 이렇게 리턴받은 콘텐트 타입도 함께 알려준다. 마지막으로 그래프 이미지를 담은 바이너리 데이터를 리턴하는 코드를 작성한다.

```
resp.ContentType = s;
resp.ReturnCode = HttpStatusCode.Successful_OK;
resp.WriteBinary (Data);
```

이제 /html 페이지를 띄워보면 상단에 실시간 데이터가 표시되고, 아래쪽에는 센서에서 측정한 값이 그래프를 통해 초, 분, 시, 일, 월 단위로 표시되는 것을 확인할 수 있다. 물론 센서로 데이터를 수집한 기간에 따라 그래프에 표시되는 데이터의 양이 달라진다. 아직은 데이터에 대한 영속성을 보장해주지 못하기 때문에, 시스템을 끄거나 측정한 값을 저장한 변수를 초기화하면 그 동안 측정한 데이터는 사라진다.

센서 데이터에 대한 웹 리소스 생성

지금까지는 센서로 측정한 데이터를 사람이 읽기 좋은 형태로 표시하는 인터페이스를 만들었다. 이렇게 작성한 인터페이스는 사람뿐만 아니라 기계에게 데이터를 제공할 때도 얼마든지 활용할 수 있다. 앞에서(73쪽) 웹 서버에 리소스를 등록할 때 루트(/)와 HTML 페이지(/html)와 히스토리 데이터(/historygraph)와 함께, 센서 데이터를 네 가지 포맷으로 외부에 제공할 수 있도록 /xml, /json, /turtle, /rdf라는 리소스도 함께 등록했다. 센서 데이터를 이러한 네 가지 포맷으로 외부에 내보내는 메소드는 처음부터 직접 작성하지 않아도 된다. Clayster.Library. IoT 라이브러리에서 ISensorDataExport 인터페이스를 통해 다양한 포맷으로 센서 데이터를 외부로 내보내는 기능을 제공해주기 때문에, 네 가지 포맷에 대한 메소드는 어렵지 않게 작성할 수 있다.

먼저 각 포맷마다 웹 리소스를 하나씩 생성한다. 먼저 XML 포맷에 대한 리소스부터 작성해보자.

```
private static void HttpGetXml (HttpServerResponse resp,
  HttpServerRequest req)
{
  HttpGetSensorData (resp, req, "text/xml",
    new SensorDataXmlExport (resp.TextWriter));
}
```

다른 포맷의 코드는 XML 코드에서 다음에 나온 표를 참고해 메소드 이름과 콘텐트 타입과 익스포트 클래스 이름만 적절히 바꿔주면 된다.

포맷	메소드	콘텐트 타입	익스포트 클래스
XML	HttpGetXml	text/xml	SensorDataXmlExport
JSON	HttpGetJson	application/json	SensorDataJsonExport
TURTLE	HttpGetTurtle	text/turtle	SensorDataTurtleExport
RDF	HttpGetRdf	application/rdf+xml	SensorDataRdfExport

리드아웃 요청 처리

`Clayster.Library.IoT` 라이브러리에서는 시스템의 종류에 관계 없이 누구나 센서 데이터를 요청하는 쿼리를 해석하여 쿼리 파라미터를 알아낼 수 있도록 상호운용성을 보장하는 기능을 제공한다. 이렇게 파라미터 값을 읽는 기능은 이 라이브러리에서 제공하는 `ReadoutRequest` 클래스를 사용하면 다음과 같이 간단히 표현할 수 있다.

```
private static void HttpGetSensorData (HttpServerResponse resp,
  HttpServerRequest req,string ContentType, ISensorDataExport
  ExportModule)
{
  ReadoutRequest Request = new ReadoutRequest (req);
  HttpGetSensorData (resp, ContentType, ExportModule, Request);
}
```

이 책에서 작성하는 예제를 비롯한 상당수의 센서나 계측기에서는 엄청난 양의 데이터를 쏟아낸다. 따라서 이러한 장치에 대해 요청이 들어올 때마다 그 동안 쌓인 데이터를 전부 리턴하는 것은 바람직하지 않다. 참고로 예제에서는 히스토리 데이터로 최대 5,000개의 레코드만 저장하도록 제한했다. 특히 히스토리 데이터가 아닌 특정한 시점에 측정한 값만 확인하기 위해 요청할 때마저 히스토리 데이터로 응답할 이유는 전혀 없다. `Clayster.Library.IoT.SensorData` 네임스페이스에서 제공하는 `ReadoutRequest` 클래스는 상호운용성을 보장하는 형태로 센서 데이터를 요청하는 쿼리를 파싱하는 기능을 제공한다. 따라서 시스템의 종류에 관계 없이 누구나 쉽게 요청에 대한 쿼리를 파싱할 수 있다. 이 클래스로 파싱하면 어떤 종류의 데이터를 요청했는지도 쉽게 알아낼 수 있을 뿐만 아니라, 데이터를 전달하기 위해 노드마다 사용하는 필드 이름도 쉽게 알아낼 수 있다. 또한 데이터를 전달할 때 특정한 리드아웃readout 타입으로만 표현하거나 특정한 시간 간격 동안에 측정된 값만 전달하도록 제한하는 기능도 제공한다. 여기에 그치지 않고 분산 트랜잭션에 필요한 모든 외부 자격증명credential을 제공하기도 한다. `ReadoutRequest` 클래스에서 사용하는 쿼리 파라미터에 대해서는 부록 B, '센서 데이터에 대한 쿼리 파라미터' 절에서 자세히 설명한다.

센서 데이터를 외부에 제공하는 기능 테스트

센서 데이터에 대한 요청에 응답하는 부분은 다 만들었다. 이제 센서로 수집한 값이 다양한 포맷으로 제대로 표시되는지 테스트해보자. 먼저 XML 포맷에 대해 데이터가 제대로 표현되는지 확인해보자. 이를 위해 URL을 다음과 같이 작성하여 요청해보자.[3]

http://192.168.0.29/xml?Momentary=1&HistoricalDay=1&Temperature=1

여기에서는 센서에서 측정한 온도에 대해 순간 값과 하루 동안 측정한 히스토리 값만 읽어오도록 요청했다. 데이터 자체에는 특정한 포맷을 적용하지 않았지만, 브라우저로 표시할 때는 XML이나 JSON 등과 같은 포맷을 사용하도록 설정했다. XML 대신 JSON로 받아오려면 다음과 같이 /json 리소스를 요청하도록 URL을 수정한다.

http://192.168.0.29/json?Momentary=1&HistoricalDay=1&Temperature=1

응답으로 받은 데이터를 온라인 JSON 포맷팅 툴로 보면 리턴된 데이터의 전체 구조를 볼 수 있다. TURTLE과 RDF로 데이터를 받아올 때도, 다음과 같이 URL에서 데이터 포맷을 나타내는 리소스 부분만 살짝 바꿔주면 된다.

http://192.168.0.29/turtle?Momentary=1&HistoricalDay=1&Temperature=1

http://192.168.0.29/rdf?Momentary=1&HistoricalDay=1&Temperature=1

 HTTPS로 설정했다면 URI 스킴을 http 대신 https로 지정해야 한다.

사용자 인증

센서와 같은 장치를 아무런 보호 장치 없이 인터넷에 그대로 노출하면 위험하다. 이 장치에 접근하는 사람이나 사물 중에는 악의적인 의도를 갖고 있을 수 있기 때

---

3 예제에서 사용한 라즈베리 파이는 IP 주소가 192.168.0.29로 설정되어 있다. 이 책과 다르게 설정했다면 자신이 사용하는 라즈베리 파이의 IP에 맞게 주소를 적절히 변경한다.

문이다. 따라서 허용된 사용자만 장치에 접근할 수 있도록 권한을 적절히 제어하려면 사용자를 인증하는 기능을 추가해야 한다.

 앞에서 HTTP에 대해 소개할 때 설명한 바와 같이, 사용자 인증을 구현하는 방법에는 여러 가지가 있다. 보호해야 할 대상 중 가장 중요한 부분은 HTTPS로 접근하게 하고, 이때 서버 인증서만 사용하지 말고 클라이언트 인증서도 함께 사용하도록 구성하는 것이 좋다. 이 책에서는 이 정도까지 보호해야 할 데이터는 다루지 않지만, 최소한 서버 인증서는 사용하도록 구현했다.

인증 과정은 다음과 같이 두 가지 방식으로 구성할 수 있다.

● HTTP 프로토콜에서 제공하는 www 인증 메커니즘을 사용한다. 사람이 아닌 머신끼리 인증할 때 자동화하기 쉽다는 장점이 있다.

● 웹 애플리케이션에 로그인 과정을 추가해도 된다. 이렇게 하면 사용자에 대한 로그인 자격증명credential을 유지하도록 세션을 사용한다.

이러한 두 가지 방식으로 인증 기능을 구현하는 방법에 대해서는 부록 B, 'HTTP에서 제공하는 인증 방법'에서 자세히 설명한다.

네트워크 성능 향상을 위해 이벤트 사용하기

앞에서 센서를 HTTP 서버로 구성할 때의 장점과 단점에 대해 살펴본 바 있다. 센서를 HTTP 서버로 구현하면 누구나 원하는 시점에 센서 데이터를 쉽게 가져올 수 있어서 좋다. 그러나 이렇게 하면 반대로 센서에서 다른 장치로 먼저 연락하는 기능을 구현하기는 쉽지 않다. 반대로 센서가 HTTP 서버가 아닌 HTTP 클라이언트로 동작하도록 구현하면 센서에서 먼저 연락하기는 쉬울지 몰라도, 센서에서 수집한 값을 원하는 시점에 가져오게 만들기는 어렵다는 문제는 여전히 남는다.

예제에서는 센서를 HTTP 서버로 구현했기 때문에, 센서 데이터에 관심 있는 이들이 지속적으로 폴링하지 않고도 센서에서 특정한 이벤트가 발생할 때 이를 알려줄 수 있어야 한다. 이렇게 만들기 위한 방법에 대해서는 부록 B, 'HTTP에서 이벤트 구독 메커니즘 구현' 절에서 자세히 설명한다. 여기에서는 구독 패턴을 이용한 솔루션을 제시하고 있는데, 이 패턴을 사용하면 자신이 원하는 이벤트만 구독하게 할 수 있다. 이러한 이벤트를 위해 만든 이벤트 리소스는 나중에 컨트롤러에서 센서의 상태를 감시하기 위해 센서를 항상 폴링하지 않고도 중요한 이벤트가 발생했다는 것을 알아내는 기능을 구현할 때도 그대로 활용할 수 있다.

액추에이터 프로젝트에 HTTP 기능 추가기

자동화 관점에서 보면, 단순히 웹 인터페이스를 제공하는데 그치지 않고 가능하면 상호운용성을 보장해주는 인터페이스로 제어할 수 있도록 구현해야 한다. 이를 위한 가장 쉬운 방법은 웹 서비스로 구현하는 것이다. 이 절에서는 SOAP 방식과 REST 방식으로 애플리케이션에 웹 서비스를 추가하는 방법에 대해 살펴본다.

웹 서비스에 대한 웹 리소스 만들기

웹 서비스에 대한 리소스는 동기식 웹 리소스의 특수한 형태로 볼 수 있다. 웹 서비스 리소스에 대한 쿼리 스트링을 파싱하거나, 응답 데이터를 디코딩하는 작업은 웹 서비스 엔진이 알아서 처리해주기 때문에, 여기에 대한 코드는 따로 작성하지 않아도 된다. 따라서 원하는 메소드를 작성하고 이에 대한 문서만 추가하면, SOAP이나 REST 방식으로 메소드를 외부에 제공하는데 필요한 나머지 작업은 웹 서비스 엔진이 다 처리해준다. 예제에 웹 서비스를 추가하기 위해 애플리케이션 코드에서 `System.Web`과 `System.Web.Services`를 참조할 수 있도록, 코드 상단에 다음과 같이 네임스페이스를 추가하는 문장을 작성한다.

```
using System.Web.Services;
```

웹 서비스에 대한 리소스는 정의하는 클래스는 `HttpServerWebService`를 상속하여 작성한다. 이러한 웹 서비스 리소스에 대한 경로를 지정할 때는 HTTP 서버의 로컬에서 사용할 경로뿐만 아니라, 웹 서비스에 대한 네임스페이스도 정의해야 한다. 이러한 네임스페이스를 통해 웹 서비스에 대한 인터페이스를 정의할 뿐만 아니라, 네임스페이스가 같은 웹 서비스는 서로 다른 서버에서 구동하더라도 상호운용성을 보장해줄 수 있다. 이 과정을 코드로 표현하면 다음과 같다.

```
private class WebServiceAPI : HttpServerWebService
{
  private WebServiceAPI ()
  : base ("/ws")
  {
  }
  public override string Namespace
  {
    get
    {
      return "http://clayster.com/learniot/actuator/ws/1.0/";
    }
  }
}
```

웹 서비스 엔진에서는 작성한 웹 서비스를 쉽게 테스트해볼 수 있도록 각 서비스에 대해 테스트 폼을 생성하는 기능을 제공한다. 보통 이러한 테스트 폼은 같은 머신에서 제공되는 웹 서비스에 접근할 때만 사용할 수 있다. 예제에서는 원격에 있는 컴퓨터에서 라즈베리 파이 보드로 접속하여 작업하고 있기 때문에, 원격 요청에 대해서도 테스트 폼을 사용할 수 있도록 설정해야 한다. 이때 주의할 점은, 테스트가 끝나는 즉시 원격 머신에서 테스트 폼에 접근할 수 없도록 다시 설정을 바꿔줘야 한다. 테스트 폼을 활성화하려면 다음과 같이 프로퍼티를 오버라이드한다.

```
public override bool CanShowTestFormOnRemoteComputers
{
  get
  {
    return true;
  }
}
```

예제에서는 웹 서비스를 제어 용도로 사용하기 때문에, 악의적인 의도를 가진 사용자가 접근하게 되면 문제가 발생할 수 있다. 이렇게 민감한 리소스에 접근할 때는 반드시 인증을 거치도록 설정해야 한다. 특히 테스트 폼을 활성화한 후라면 더더욱 인증을 거치도록 설정해야 한다. 이렇게 인증을 사용하도록 설정하여 웹 서비스에 대한 리소스를 등록하는 코드는 다음과 같다.

```
HttpServer.Register (new WebServiceAPI (), true);
```

디지털 출력 하나씩 다루기

이제 웹 서비스로 제공할 메소드를 작성해보자. 먼저 디지털 출력 값을 하나씩 제어하는 메소드부터 작성한다. 가령 웹 서비스를 통해 특정한 번호의 디지털 출력에 대한 값을 가져오는 메소드는 다음과 같이 작성할 수 있다.

```
[WebMethod]
[WebMethodDocumentation
  ("Returns the current status of the digital output.")]
public bool GetDigitalOutput
  ([WebMethodParameterDocumentation
  ("Digital Output Number. Possible values are 1 to 8.")]int Nr)
{
  if (Nr >= 1 && Nr <= 8)
    return digitalOutputs [Nr - 1].Value;
  else
    return false;
}
```

여기서 WebMethod 어트리뷰트를 통해 웹 서비스 엔진에게 이 메소드를 외부에 제공하며, 웹 서비스를 통해서 이 메소드에 접근할 수 있다는 것을 알려준다. 사용자에게 이러한 웹 서비스를 사용하는 방법에 대해 알려주도록, 웹 서비스의 동작에 대한 문서도 제공해야 한다. 이러한 문서는 각 메소드마다 WebMethodDocumentation 어트리뷰트를 추가하고, 입력 파라미터마다 WebMethodParameterDocumentation 어트리뷰트를 추가하는 방식으로 제공할 수 있다. 그러면 테스트 폼과, 웹 서비스에 대한 설명을 담은 WSDL 문서에 이렇게 추가한 내용이 표시된다.

또한 특정한 디지털 출력 값을 설정하는 웹 서비스도 다음과 같이 작성할 수 있다.

```
[WebMethod]
[WebMethodDocumentation
  ("Sets the value of a specific digital output.")]
public void SetDigitalOutput (
  [WebMethodParameterDocumentation (
  "Digital Output Number. Possible values are 1 to 8.")]
  int Nr,

  [WebMethodParameterDocumentation ("Output State to set.")]
  bool Value)
{
  if (Nr >= 1 && Nr <= 8)
  {
    digitalOutputs [Nr - 1].Value = Value;
    state.SetDO (Nr, Value);
    state.UpdateIfModified ();
  }
}
```

디지털 출력 한꺼번에 다루기

모든 디지털 출력 값을 한 번에 설정하거나 가져오도록 만들 수도 있다. 이를 위해
모든 디지털 출력을 한 바이트로 인코딩하고, 각각의 출력 값은 한 비트(DO1=비트
0, …, DO8=비트 7)로 표현한다. 이렇게 전체 출력 값을 한 번에 가져오거나 설정하
는 메소드를 다음과 같은 형태로 앞에서 본 것과 같은 방식으로 작성한다.

```
public byte GetDigitalOutputs ();
public void SetDigitalOutputs (byte Values);
```

알람 출력 다루기

알람 출력에 대한 상태를 설정하거나 확인하는 메소드도 다음과 같은 형태로 앞에
서 설명한 것과 같은 방식으로 작성한다.

```
public bool GetAlarmOutput ();
public void SetAlarmOutput ();
```

테스트 폼

웹 서비스에 대한 테스트 폼에 접근하려면 브라우저의 주소 창에 각 테스트 폼에 대한 리소스를 입력하면 된다. 예제에서는 웹 서비스에 대한 경로를 /ws로 정의했으므로, 라즈베리 파이의 IP가 192.168.0.23일 경우, 브라우저 주소 창에 http://192.168.0.23/ws와 같이 입력하면 다음과 같이 화면에 표시된다.

Actuator.MainClass+WebServiceAPI

- GetDigitalOutput
- SetDigitalOutput
- GetDigitalOutputs
- SetDigitalOutputs
- GetAlarmOutput
- SetAlarmOutput

웹 서비스에 대한 메인 페이지를 보면 이 서비스에서 제공하는 모든 메소드에 대한 링크가 나와 있다. 이 중 하나를 클릭하면, 해당 웹 메소드에 대한 테스트 폼이 별도의 탭에 열릴 것이다. 예를 들어 SetDigitalOutput 메소드에 대한 링크를 클릭하면 다음과 같은 테스트 폼이 나타난다.

Actuator.MainClass+WebServiceAPI

```
Void SetDigitalOutput(
    Int32 Nr,        // Digital Output Number. Possible values are 1 to 8.
    Boolean Value   // Output State to set.
);
```

Sets the value of a specific digital output.

Nr*:

[   ]

☐ Value*

[Execute]

이때 테스트 폼을 표시할 때, 앞에서 메소드를 정의할 때 추가한 웹 서비스의 메소드와 파라미터에 대한 문서도 함께 표시되는 것을 볼 수 있다. 어트리뷰트로 파라미터에 대해 디폴트 값을 지정하지 않았기 때문에, 테스트 폼을 입력할 때 모든 파라미터에 대해 반드시 값을 입력해야 한다. 화면에서는 파라미터 옆에 빨간색 별표(*)를 표시하여, 반드시 값을 입력해야 된다는 것을 알려주고 있다. 참고로 파라미터에 대한 디폴트 값은 `WebMethodParameterDefault*` 어트리뷰트로 지정할 수 있다.

Execute 버튼을 클릭하면 해당 메소드가 실행되면서, 새로운 탭을 통해 메소드를 호출한 결과 값을 표시한다. 리턴 타입이 `void`인 메소드를 호출했다면, 탭에 빈 페이지만 표시된다. 리턴 타입을 특정한 타입으로 지정했다면 XML로 인코딩 한 SOAP 메시지로 결과가 표시될 것이다.

WSDL 문서 보기

SOAP 방식의 웹 서비스 인터페이스에 대한 설명은 WSDLWeb Service Definition Language 문서로 표현한다. 이 문서는 웹 서비스 엔진을 통해 자동으로 생성된다. 이 문서를 보려면 테스트 폼에 접근할 때 사용한 URL 뒤에 `?wsdl`만 추가하면 된다. 예를 들어, http://192.168.0.23/ws?wsdl와 같이 입력한다.

WSDL을 사용하면 자신이 작성한 웹 서비스에 접근하는 코드를 개발 도구를 통해 자동으로 생성할 수 있다. SoapUI와 같은 웹 서비스 테스트 도구를 사용하면, 자신이 작성한 웹 서비스를 테스트하는 코드를 자동으로 생성할 수 있다. SoapUI는 http://www.soapui.org/에서 다운로드할 수 있다.

REST 방식 웹 서비스 만들기

앞에서 작성한 웹 서비스를 REST 방식으로 만들 수도 있다. 웹 서비스 리소스에 대해 HTTP GET 연산을 사용하고, 파라미터를 URL의 쿼리 파라미터로 인코딩하기만 하면 된다. 이때 op라는 특수한 용도의 쿼리 파라미터를 사용해 메소드를 구분한다. 예를 들어, 디지털 출력 5번의 값을 설정하려면, 다음과 같이 HTTP GET 연산을 수행하는 URL을 작성하기만 하면 된다.

http://192.168.0.23/ws?op=SetDigitalOutput&Nr=5&Value=1

웹 서비스에 옵션 파라미터가 있다면, 이러한 파라미터에 대해서는 디폴트 값이 설정되어 있기 때문에, URL에 따로 넣어주지 않아도 된다. 이렇게 URL로 지정하지 않은 값에 대해서는 코드에 설정된 디폴트 값을 사용하게 된다.

 클라이언트나 프록시에서 결과를 캐시에 저장할 경우에는, 이렇게 HTTP GET으로 제어하는 방식이 제대로 동작하지 않을 수도 있다. 특히 짧은 시간에 여러 번 요청할 때 이러한 현상이 두드러진다. 캐시에 저장하지 않도록 응답에 명시하더라도, 클라이언트나 프록시에서 이렇게 전달된 HTTP GET 연산을 모두 중복해서 호출한 것으로 취급해버려, 결과적으로 여러 번 호출한 것을 한 번만 호출할 수도 있다. 이런 문제가 발생할 가능성이 있다면 반드시 POST 메소드를 사용해야 한다. 특히 'Set to'처럼 절대 값으로 지정하지 않고, 'Increase By'와 같이 상대적인 값으로 인자를 지정할 경우에는 POST로 처리해야 한다. 물론 서비스를 테스트하고 사용하기에는 GET 메소드로 작성하는 것이 가장 간편하다.

컨트롤러 프로젝트에 HTTP 기능 추가

이제 센서와 액추에이터는 HTTP로 동작하도록 만들었다. 그렇다면 이들을 서로 엮어주는 컨트롤러도 HTTP로 통신할 수 있도록 만들어야 한다. 지금까지 살펴본 예제 애플리케이션은 모두 HTTP 서버로 동작하도록 만들었지만, 여기서 컨트롤러에 HTTP 기능을 추가할 때는 클라이언트로 동작하도록 만들 것이다. 따라서 센서에서 제공하는 웹 리소스에 접근할 때 HttpSocketClient 클래스를 사용하도록 코드를 작성한다. 컨트롤러에서 센서에 접근하는 코드는 다음과 같다.

```
HttpSocketClient HttpClient;
HttpClient = new HttpSocketClient ("192.168.0.29", 80,
  new DigestAuthentication ("Peter", "Waher"));
HttpClient.ReceiveTimeout = 30000;
HttpClient.Open ();
```

여기에 HTTP의 다이제스트 인증을 구현하기 위해 Clayster.Library.Internet.HTTP.ClientCredentials에서 제공하는 클라이언트 버전의 인증 기능을 활용하여 코드를 작성한다. 또한 센서에서 데이터를 가져오는 부분을 이벤트 구독 메커니즘으로 구현하기 때문에 타임아웃 값을 30,000ms로 지정한다.

센서에서 데이터를 가져오는 코드는 간단하다. GET 메소드로 XML 문서로 데이터를 받아와서, XML을 파싱해서 필요한 제어 동작을 설정하도록 XML 문서를 앞에서 작성한 UpdateFields() 메소드에 인자로 전달하고 호출하기만 하면 된다.

```
HttpResponse Response = HttpClient.GET (Resource);
Xml = Response.Xml;
if (UpdateFields (Xml))
{
  hasValues = true;
  CheckControlRules ();
}
```

컨트롤러를 실행한 후 처음으로 센서에 접근할 때는 다음과 같은 URL로 센서 데이터를 가져온다.

```
Resource = "/xml?Momentary=1&Light=1&Motion=1";
```

이벤트 구독

이제 센서에서 값을 가져오는 부분은 만들었으니, 센서에서 제공하는 데이터 중에서 제어 상태를 판단하는 데 필요한 값만 가져오는 부분만 작성하면 된다. 이때 앞에서 등록한 센서 데이터에 대한 리소스로 수시로 요청을 보내는 폴링 방식으로 구현하지 말고, 센서에서 게시하는 이벤트를 구독하는 방식으로 코드를 작성할 것이다. 이벤트를 구독하는 방법에 대해서는 부록 B, 'HTTP에서 이벤트 구독 메커니즘 구현' 절에서 자세히 설명한다. 컨트롤러에서는 제어 상태를 아홉 가지로 나눠서 관리한다. 그리고 현재 상태를 알아내서 이러한 아홉 가지 값 중에서 다음에 변하게 될 상태와 시점을 계산한다.

LED 상태가 변하거나, 움직임을 감지하거나, 밝기가 20% 이하로 떨어지면 제어 상태가 바뀌게 된다. 따라서 빛의 양을 측정해서, LED가 한 개 더 켜야 하는 상태와, 이전에 켜진 LED 중 하나를 꺼야 하는 상태와, 밝기가 20%인 상태 중에서 어느 상태에 더 가까운지 계산해야 한다. 이를 코드로 표현하면 다음과 같다.

```
int NrLeds = (int)System.Math.Round ((8 * lightPercent) / 100);
```

```
double LightNextStepDown = 100 * (NrLeds - 0.1) / 8;
double LightNextStepUp = 100 * (NrLeds + 1) / 8;
double DistDown = System.Math.Abs
  (lightPercent - LightNextStepDown);
double DistUp = System.Math.Abs (LightNextStepUp - lightPercent);
double Dist20 = System.Math.Abs (20 - lightPercent);
double MinDist = System.Math.Min
  (System.Math.Min (DistDown, DistUp), Dist20);
```

상태가 변하는 전환점에 거의 다다를 경우에 이 값이 1보다 훨씬 작은 값이 나올 수 있으므로, 다음과 같이 최소 값을 1로 설정한다.

```
if (MinDist < 1)
  MinDist = 1;
```

그런 다음, 센서에서 발생하는 이벤트 중에서 구독하려는 이벤트에 대한 리소스를 표현하는 문자열을 생성하는 코드를 다음과 같이 작성한다.

```
StringBuilder sb = new StringBuilder ();
sb.Append ("/event/xml?Light=");
sb.Append (XmlUtilities.DoubleToString (lightPercent, 1));
sb.Append ("&LightDiff=");
sb.Append (XmlUtilities.DoubleToString (MinDist, 1));
sb.Append ("&Motion=");
sb.Append (motion ? "1" : "0");
sb.Append ("&Timeout=25");
Resource = sb.ToString ();
```

센서에서 발생하는 이벤트 중에서 여기서 생성한 문자열이 가리키는 이벤트를 지속적으로 구독하도록, 방금 작성한 코드를 메인 루프 안에 추가한다. 이렇게 센서에서 요청해두면, 센서는 해당 이벤트가 발생하거나 요청할 때 지정한 타임아웃 시간(25)이 만료될 때까지 그냥 기다린다. 이벤트 구독 시간이 만료되면, 컨트롤러가 센서로부터 아무런 이벤트를 받지 못하더라도 가장 최근에 센서에서 측정한 순간 값을 받게 되며, 다음 번 이벤트 구독 신청을 보낼 때 이 값을 활용한다.

클라이언트는 응답이 올 때까지 기다려야 할 시간을 Timeout 파라미터에 초 단위로 지정된 값을 통해 전달 받게 된다. TCP에서는 일정한 시간 동안 아무런 통신이 발생하지 않으면 연결을 끊어버리기 때문에, 이렇게 타임아웃으로 지정한 시간 동안 아무런 이벤트가 발생하지 않으면 빈 응답이라도 보내야 연결 상태를 계속 유지할 수 있다. 이러한 타임아웃 시간은 클라이언트와 서버 사이를 연결하는 네트워크와 라우터의 상태를 고려하여 적절한 값으로 지정해야 한다. 클라이언트는 이렇게 전달 받은 시간 동안 기다려봐도 아무런 이벤트도 발생하지 않고 단순히 연결을 유지하기 위한 껍데기 응답만 받게 되면, 곧바로 이전에 보낸 것과 비슷한 형태로 요청을 새로 만들어서 보내서 이벤트 구독 상태를 유지한다.

제어용 스레드 만들기

센서와 통신하는 데 방해되지 않도록 액추에이터를 제어하는 작업은 별도 스레드로 처리한다. 이를 위해 메인 스레드에서 제어용 스레드를 생성하는 코드를 다음과 같이 작성한다.

```
Thread ControlThread;
ControlThread = new Thread (ControlHttp);
ControlThread.Name = "Control HTTP";
ControlThread.Priority = ThreadPriority.Normal;
ControlThread.Start ();
```

애플리케이션을 종료할 때는 Abort()를 호출해 그냥 스레드를 중단시키면 된다.

```
ControlThread.Abort ();
ControlThread = null;
```

제어용 스레드는 굉장히 단순하게 구성했다. 앞서 정의한 두 개의 AutoResetEvent 타입 오브젝트인 updateLeds와 updateAlarm에 대해 이벤트가 발생하기만 기다린다.

```
private static void ControlHttp ()
{
  try
  {
    WaitHandle[] Handles = new WaitHandle[]
      {updateLeds, updateAlarm };
```

```
    while (true)
    {
      try
      {
        switch (WaitHandle.WaitAny (Handles, 1000))
        {
        }
      }
      catch (Exception ex)
      {
        Log.Exception (ex);
      }
    }
  }
  catch (ThreadAbortException)
  {
    Thread.ResetAbort ();
  }
  catch (Exception ex)
  {
    Log.Exception (ex);
  }
}
```

정적 메소드인 `WaitHandle.WaitAny()`는 배열에 담긴 이벤트 오브젝트 중에서 어느 하나에 대해 이벤트가 발생하길 기다린다. 이벤트가 발생하면 해당 오브젝트에 대한 0부터 매겨진 인덱스 값을 리턴하고, 연산에 대한 대기 시간이 만료되면 마이너스 값을 리턴한다. 한 번에 하나의 이벤트 오브젝트에 대해서만 이벤트가 발생할 수 있다. 게다가 `AutoResetEvent` 오브젝트는, 그 이름에서 의미하는 바와 같이 스레드에서 이벤트가 발생하면 값을 자동으로 리셋한다. 이 말은 다른 스레드에서 값을 새로 설정하여 이벤트를 새로 발생시킬 수도 있다는 것을 의미한다.

액추에이터 제어

첫 번째 이벤트 오브젝트는 `updateLeds`다. 액추에이터에 있는 LED 상태를 변경해야 할 때 이 오브젝트를 설정한다. 이렇게 새로 변경해야 할 LED 상태는

lastLedMask 변수로 표현한다. 여기에서는 앞에서 정의한 REST 기반의 웹 서비스로 LED를 제어한다.

```
case 0:// LED 상태 변경하기
  int i;
  lock (synchObject)
  {
    i = lastLedMask;
  }
  HttpUtilities.GET ("http://Peter:Waher@192.168.0.23/ws/?" +
  "op=SetDigitalOutputs&Values=" + i.ToString ());
  break;
```

이 코드에서 GET 메소드를 호출하는 부분을 보면 URL로 사용자 자격증명을 어떻게 전달하는지 알 수 있다. HTTP로 연결하고 사용자를 인증하는 작업은 HttpUtilities에서 처리하고, GET 메소드를 통해 해당 리소스로부터 원하는 콘텐츠를 가져온다.

두 번째 이벤트 오브젝트로 updateAlarm를 지정했다. 이 오브젝트는 알람 출력 상태를 변경할 때 사용한다. 새로 변경할 알람 출력 상태는 lastAlarm 변수로 표현한다. LED 상태를 변경하는 코드와 마찬가지로, 알람 상태도 앞에서 액추에이터 프로젝트에서 정의한 REST 기반 웹 서비스로 제어한다.

```
case 1:// 알람 상태 변경하기
  bool b;
  lock (synchObject)
  {
    b = lastAlarm.Value;
  }
  HttpUtilities.GET (http://Peter:Waher@192.168.0.23/ws/?
    + "op=SetAlarmOutput&Value=" + (b ? "true" : "false"));
  break;
```

정리

2장에서는 웹이 기본 개념과 웹의 기반을 이루는 프로토콜과 구성 요소에 대해 간략히 살펴봤다. 그리고 예제를 통해 센서와 액추에이터, 컨트롤러 프로젝트에 HTTP 기능을 추가하는 방법도 소개했다. 이 과정에서 HTTP를 사용할 때 좋은 점과 HTTP 기반 통신에서 부족한 부분을 보완하기 위한 방법에 대해서도 알아봤다. 요청/응답 패턴과 응답 미루는 기법을 활용하여 이벤트 알림 기능을 흉내 내는 방법도 소개했다. 사용자를 인증하고 세션을 유지하는 방법을 통해 기초적인 보안 기능을 제공해보기도 했다. 마지막으로 웹 서비스를 통해 상호운용성을 보장하는 형태로 IoT 장치의 동작을 자동화하는 방법도 살펴봤다.

3장에서는 IoT 장치와 서비스를 자동으로 찾고 이벤트 알림을 제공하기 위해, HTTP를 확장한 프로토콜 UPnPUniversal Plug and Play를 활용하는 방법에 대해 알아본다.

3

UPnP

UPnPUniversal Plug and Play는 여러 프로토콜을 활용해 애드혹 IP 네트워크에 있는 장치를 검색하고, 이러한 장치에서 제공하는 서비스를 알아내고, 원하는 동작을 실행하거나, 이벤트를 발생하는 기능을 제공하는 프로토콜이자 아키텍처다. 애드혹 네트워크ad hoc network란 토폴로지나 설정을 미리 정해두지 않은 네트워크로서, 여기에 속한 장치는 현재 환경을 스스로 알아내서 적응하는 방식으로 동작한다. UPnP는 가전 제품이나 사무용 전자 기기에서 주로 활용된다. 이 장에서는 UPnP에 대해 다음과 같은 주제를 중심으로 설명한다.

- UPnP 장치의 기본 아키텍처
- UPnP 장치와 서비스 설명서 생성 방법
- UPnP 서비스를 구현하는 방법
- 장치를 찾고, 여기서 발생하는 이벤트를 구독하는 방법

이 책에서 소개하는 모든 예제에 대한 소스 코드는 웹에서 다운로드할 수 있다. 이 장의 예제에 대한 소스 코드는 아래 주소에서 다운로드할 수 있다.

https://github.com/Clayster/Learning-IoT-UPnP

UPnP

UPnP는 일상 생활에서 흔히 사용되는 프로토콜이다. 집이나 사무실에서 네트워크를 사용하는 거의 모든 전자 기기에서 이 프로토콜을 사용하고 있으며, DLNA_{Digital Living Network Alliance}의 핵심 기능을 담당하고 있다. UPnP의 표준은 UPnP Forum(upnp.org)에서 담당하고 있다. UPnP는 대부분 클라이언트와 서버로 동작하는 HTTP 애플리케이션을 기반으로 구성된다. 이때 HTTP를 그대로 활용하지 않고 TCP뿐만 아니라 UDP도 사용할 수 있도록 확장하여 유니캐스트 HTTPU와 멀티캐스트HTTPMU 방식으로 주소를 지정할 수 있도록 지원하고 있다.

네트워크에서 장치를 찾을 때는 UDP 방식의 HTTP를 사용하는 SSDP_{Simple Service Discovery Protocol}로 처리하고, 이벤트를 구독하거나 알려줄 때는 GENA_{General Event Notification Architecture}를 사용한다. SSDP와 GENA에서는 이벤트를 찾거나, 알려주거나, 구독하거나, 구독을 해지하는 기능을 제공하도록 HTTP 메소드를 새로 정의했다. UPnP 장치가 네트워크에 연결되어 있고, 이를 통해 제공하는 서비스에 대한 정보를 멀티캐스트 방식으로 알려주는 방식으로 장치를 검색한다. 물론 원하는 종류의 장치와 서비스를 멀티캐스트 방식으로 네트워크에서 검색할 수도 있다. 이렇게 찾은 서비스에 원하는 동작을 요청할 때는 SOAP 방식의 웹 서비스를 호출한다.

서비스 아키텍처 구성

UPnP에서는 UPnP를 지원하는 장치에 대한 오브젝트 계층 구조를 별도로 정의하고 있다. 각 장치마다 루트 장치root device를 하나씩 갖고 있다. 이러한 루트 장치는 서비스와 임베디드 장치를 여러 개 가지고 있을 수도 있고, 하나도 없을 수도 있다. 루트 장치에 포함된 임베디드 장치도 자체적으로 서비스와 임베디드 장치를 가질 수 있다. 또한 장치에서 제공하는 서비스는 네트워크를 통해 장치에서 수행할 수 있는 동작(액션action)과 장치의 상태(상태 변수state variable)를 알려준다. 서비스에서 제공하는 액션은 SOAP 방식의 웹 서비스 메소드로 구현하여, 다른 장치에서 이를 호출하는 방식으로 특정한 액션을 실행시킬 수 있다. 이렇게 액션을 호출할 때 여러 가지 인자를 전달할 수 있으며, 이때 인자는 이름과 (입력이나 출력을 표시하는) 방향, 상태 변수에 대한 레퍼런스 등과 같은 형태로 구성한다. 액션에 대한 호출을 받은 쪽에서는 이렇게 전달된 레퍼런스를 통해 인자의 데이터 타입을 알아낸다. 상태 변수는 서비스의 현재 상태를 표현하며, 각 변수는 이름과 데이터 타입, 변수 값 등으로 구성된다. 이러한 상태 변수는 단순히 상태만 표시할 수도 있고, 이벤트와 멀티캐스트 이벤트를 표현할 수도 있다. 이벤트에 대한 상태 변수의 값이 변경되면, 이 값을 이벤트 메시지에 담아서 네트워크로 보낸다. 이때 메시지를 기존 HTTP 방식을 사용해 이벤트를 구독하는 장치에게만 전달한다. 반면 멀티캐스트 이벤트에 대한 상태 변수는 SSDP 멀티캐스트 주소를 사용해 멀티캐스트 HTTPMU NOTIFY 메시지로 전달하기 때문에 이벤트 메시지를 멀티캐스트 방식으로 전달할 수 있다. 이때 포트는 기본적으로 사용하는 번호(1900)와 다른 번호(7900)를 사용한다. 일반 이벤트 상태 변수와 달리 멀티캐스트 이벤트에 대한 상태 변수는 따로 구독하지 않아도 항상 최신 값을 알 수 있다.

장치 설명서와 서비스 설명서

UPnP 호환 장치는 장치 설명서DDD, Device Description Document라는 XML 문서로 장치에 대한 설명을 제공한다. 따라서 장치가 네트워크에 존재한다는 것을 알릴 때마다 항상 자신에 대한 정보를 담은 장치 설명서(DDD)가 있는 위치도 함께 제공한다. 이 장치에 관심 있는 이들은 이러한 DDD 문서를 다운로드해서 여기에 담긴 정보와 참고 문헌을 보고, 이 장치가 어떤 종류의 장치인지, 이 장치를 어떻게 사용해야 하는지 등을 파악하게 된다. DDD는 장치에 대한 기본 정보를 기계가 이해하기 쉬운 형태뿐만 아니라, 사람이 읽기 좋은 형태로도 제공한다. 또한 장치에 대한 기본 정보뿐만 아니라 이 장치에서 제공하는 임베디드 장치와 이러한 임베디드 장치에서 제공하는 서비스에 대한 정보도 담고 있다.

장치에서 제공하는 서비스에 대한 정보는 SCPD_{Service Control Protocol Description}라는 별도의 포맷으로 표현한다. 이 문서 역시 XML로 표현하며 장치에서 자체적으로 가지고 있다. UPnP 호환 장치에 대한 서비스를 구현할 때 SOAP 방식으로 사용하지만, 기존 웹 서비스와 달리 기능을 대폭 축소했다. SOAP과 WSDL 표준에 명시된 사항을 UPnP 장치에 그대로 적용하기에는 옵션이 너무 많기 때문에, UPnP 장치 사이의 상호운용성을 보장하기 힘들어질 수 있기 때문이다. 따라서 원래 표준에서 제시한 것보다 훨씬 간결한 형태로 서비스 아키텍처를 정의했다. 또한 서비스 메소드에 대한 설명을 WSDL로 제공하지 않고, scpd.xml 문서에 직접 담아서 제공한다.

UPnP에 대해서는 부록 C, 'UPnP의 기초' 절에서 자세히 설명한다.

 특정한 프로토콜을 사용하는 애플리케이션을 개발하고 테스트할 때는, 이 프로토콜에 관련된 기능을 제공하는 도구를 활용하는 것이 좋다. UPnP을 사용하는 애플리케이션을 개발할 때는 'Developer Tools for UPnP technologies'라는 오픈 소스 프로젝트에서 제공하는 여러 가지 도구를 활용할 수 있다. 그 중에서도 Device Spy 애플리케이션을 사용하면 현재 네트워크에 있는 UPnP 호환 장치를 쉽게 다룰 수 있다. Device Spy는 http://opentools.homeip.net/dev-tools-for-upnp에서 다운로드할 수 있다.

장치 설명서 만들기

예제로 만든 카메라 프로젝트에 UPnP를 지원하도록 만들어보자. 먼저 프로젝트 폴더 아래에 UPnP에 관련된 모든 파일을 담을 폴더 UPnP를 만든다. 여기에 담길 파일의 빌드 작업_{Build Action} 속성을 모두 Embedded Resource로 설정해 임베디드 리소스로 만든다. 이렇게 하면 프로젝트를 빌드할 때 컴파일러에서 이 파일을 실행 파일에 포함한다. 가장 먼저 루트 장치에 대한 DDD인 CameraDevice.xml 파일부터 프로젝트에 추가한다. 우리가 만들 프로젝트에서는 한 개의 루트 장치로

만 구성한다. 이 문서는 일종의 XML 파일이므로, 다음과 같이 UPnP 버전을 명시하는 문장으로 시작한다.

```
<?xml version="1.0" encoding="utf-8"?>
<root xmlns="urn:schemas-upnp-org:device-1-0">
  <specVersion>
    <major>1</major>
    <minor>0</minor>
  </specVersion>
```

그런 다음 문서의 기본 URL을 지정하는 엘리먼트가 나온다. 이 문서에 담을 모든 레퍼런스는 여기서 지정한 기본 URL에 대한 상대적인 위치로 표현한다. 지금 단계에서는 카메라에서 사용할 IP 주소와 포트 번호를 모르기 때문에, 카메라가 작동할 때 실제 값을 집어 넣을 수 있도록 이 값이 들어갈 자리만 만들어둔다.

```
<URLBase>http://{IP}:{PORT}</URLBase>
```

장치 종류 지정

이제 본격적으로 장치에 대한 설명을 담아보자. 먼저 장치의 종류부터 지정한다. 장치의 종류는 보통 다음과 같이 URN 포맷으로 표현한다.

```
urn:DOMAIN:device:NAME
```

여기서 DOMAIN이라고 표시한 부분은 인터페이스를 생성하는 장치의 도메인 네임으로 교체되고(이때 점은 하이픈으로 바꾼다), NAME이라고 표시한 부분은 장치의 종류를 표현하는 고유한 이름을 도메인의 하위 네임스페이스로 적는다. UPnP 포럼 (http://upnp.org/sdcps-and-certification/standards/sdcps/)에서는 표준 장치 종류에 대한 목록을 정의해두고 있다. 이 중에서 http://upnp.org/specs/ha/UPnP-ha-DigitalSecurityCamera-v1-Device.pdf를 보면, 디지털 보안 카메라에 대해 DigitalSecurityCamera:1라는 인터페이스가 정의되어 있다. 이 장치의 종류를 표현하는 URN은 urn:schemas-upnp-org:device:DigitalSecurityCamera:1 다. 이 값을 그대로 사용하려면 UPnP 포럼에서 파일을 다운로드해서 프로젝트에 복사하기만 하면 된다.

그런데 이 문서를 자세히 살펴보면, 우리가 만들 프로젝트에는 적합하지 않은 항목이 몇 가지 들어 있다. 가령 예제에서 사용할 카메라에서는 비디오를 지원하지 않기 때문에, 비디오 서비스 인터페이스는 필요 없다. 그리고 예제 카메라에 대한 설정은 모두 자동으로 처리하기 때문에, 카메라를 설정하는 인터페이스도 없어도 된다. 예제에서는 카메라로 찍은 사진을 웹에 게시하기만 하면 되기 때문에 Digital SecurityCameraStillImage:1 인터페이스만 사용한다.

표준에서 정의한 장치 종류를 이용해 새로운 장치 종류를 정의하려면, 장치 종류를 표현하는 URN을 직접 정의해야 한다. 그리고 이러한 URN에 적을 도메인 네임은 우리가 직접 제어할 수 있는 도메인 네임으로 지정해야 한다. 장치의 종류에 대한 이름도 정해야 한다. 예제에서는 카메라 이름을 learningIoTCamera라고 정하고, 버전을 1로 지정한다. 이러한 사항을 다음과 같이 장치 설명서(DDD)에 표현하면 다음과 같다.

```
<deviceType>urn:clayster-com:device:learningIoTCamera:1</deviceType>
```

사람도 읽기 좋게 표현하기

URN은 머신이 읽기 좋게 표현한 것이라 사람이 읽기엔 불편하다. 따라서 사람이 쉽게 읽을 수 있는 형태의 이름도 함께 지어 주는 것이 좋다.

```
<friendlyName>Learning-IoT Camera ({IP})</friendlyName>
```

장치 제조사 정보도 추가한다.

```
<manufacturer>Clayster</manufacturer>
<manufacturerURL>http://clayster.com/</marufacturerURL>
```

이어서 장치의 모델 정보도 다음과 같이 추가한다.

```
<modelDescription>UPnP Camera sample from the Learning-IoT book.
</modelDescription>
<modelName>Learning-IoT Camera</modelName>
<modelNumber>CAM1</modelNumber>
<modelURL>http://clayster.com/learning-iot</modelURL>
```

장치 ID 지정

UDNUnique Device Name도 지정해야 한다. 이 값은 각 장치를 가리키는 고유한 숫자 값으로 지정해야 하므로, 예제에서는 초기 설정 과정에 생성된 GUID를 UDN으로 사용한다. 따라서 장치와 통신할 때 이 값으로 원하는 장치를 가리킨다. 이 값은 장치를 껐다 켜도 변하지 않아야 한다. 지금 단계에서는 ID를 모르기 때문에, 나중에 바꿔 넣을 수 있도록 이 값이 들어갈 자리만 다음과 같이 만들어둔다.

```
<UDN>uuid:{UDN}</UDN>
```

UPCUniversal Product Code가 있다면 이 값도 파일에 지정한다. 없다면 다음과 같이 빈 태그만 적는다.

```
<UPC/>
```

아이콘 추가

GUI를 만들 때 직접 만든 아이콘을 달아주면 더 보기 좋다. 아이콘에 대한 이미지를 여러 가지 해상도로 만들어 두면, GUI에서 현재 네트워크에 있는 장치를 표시할 때 가장 적합한 해상도로 아이콘을 표시할 수 있다. 예제에서는 http://www.iconarchive.com/show/the-bourne-ultimatum-icons-by-leoyue/Camera-icon.html에서 무료로 제공하는 LeoYue가 제작한 카메라 아이콘을 사용한다.

이 아이콘은 일곱 가지 해상도(16x16, 24x24, 32x32, 48x48, 64x64, 128x128, 256x256)에 대해 PNG 포맷으로 제공된다. 일곱 개의 파일을 모두 다운로드해서, 예제 프로젝트에 생성한 UPnP 폴더에 저장한다. 그리고 이 파일을 임베디드 리소스로 지정해서 다음과 같이 장치 설명서에 아이콘 항목으로 추가한다. 여기에서는 첫 번째 아이콘(16x16)에 대한 코드만 보여주고 있지만, 다른 아이콘도 이와 같은 방식으로 작성하면 되기 때문에 (...)로만 표시하고 자세한 코드는 생략했다.

```
<iconList>
  <icon>
    <mimetype>image/png</mimetype>
    <width>16</width>
```

```
      <height>16</height>
      <depth>32</depth>
      <url>/Icon/16x16.png</url>
    </icon>
    …
</iconList>
```

아직 아이콘을 웹에 게시하지 않았지만, 각 아이콘에 대한 URL을 상대 경로로 지정해야 한다. 아이콘이 웹 페이지에서 제대로 표시되려면 여기서 지정한 경로와 실제 이미지가 담긴 경로가 서로 일치해야 한다.

서비스 정보 지정

아이콘을 설정한 다음, 장치에서 제공하는 서비스 목록을 지정한다. 우리가 만들 예제에서는 UPnP 포럼(http://upnp.org/specs/ha/UPnP-ha-StillImage-v1-Service.pdf)에서 정의한 DigitalSecurityCameraStillImage:1이라는 서비스 한 개만 사용한다. 서비스 종류를 가리키는 URN과 이 서비스에 대한 ID를 표시하는 URN을 다음과 같이 추가한다.

```
<serviceType>urn:schemas-upnp-org:service:
   DigitalSecurityCameraStillImage:1</serviceType>
<serviceId>urn:upnp-org:serviceId:
   DigitalSecurityCameraStillImage</serviceId>
```

 여기에서는 보기 좋도록 URN을 두 줄로 나눠서 표시했다. 실제로 코드를 작성할 때는 중간에 공백이 없도록 한 줄로 이어서 적는다.

이제 SCPD 문서에 상대 경로로 표현한 URL을 적어준다.

```
<SCPDURL>
   /StillImageService.xml
</SCPDURL>
```

이벤트 구독과 서비스에 대한 액션을 실행시켜 장치를 제어하기 위한 용도로 사용할 URL도 상대 경로로 지정한다. 예제에서는 다음과 같이 하나의 웹 리소스를 두 가지 용도로 사용하도록 작성한다.

```
<controlURL>/StillImage</controlURL>
<eventSubURL>/StillImage</eventSubURL>
```

웹에 표현할 페이지의 URL 지정

마지막으로 장치를 웹에 표시할 때 사용할 HTML 페이지에 대한 URL만 추가하면 장치 설명서가 완성된다. 이를 위해 다음과 같이 /html라는 웹 리소스를 지정한다.

```
<presentationURL>/html</presentationURL>
```

서비스 설명서 만들기

예제에서는 서비스를 한 개만 만들며, 인터페이스를 UPnP 포럼링크9에서 정의한 DigitalSecurityCameraStillImage:1로 지정했다. 이 서비스에 대한 XML 설명서도 UPnP 포럼에서 제공하고 있지만, 예제에서는 SCPD 문서로도 제공하기 때문에 이 파일도 만들어야 한다. 이 파일을 StillImageService.xml라는 이름으로 만들고, UPnP 폴더에 추가한다. 이 파일도 프로젝트의 임베디드 리소스로 지정한다.

(링크9: http://upnp.org/specs/ha/UPnP-ha-StillImage-v1-Service.pdf)

서비스 파일은 UPnP 버전을 표시하는 부분으로 시작한다.

```
<?xml version="1.0" encoding="utf-8"?>
  <scpd xmlns="urn:schemas-upnp-org:service-1-0">
    <specVersion>
      <major>1</major>
      <minor>0</minor>
    </specVersion>
```

액션 추가

버전을 표시하는 코드 바로 뒤에는 서비스에서 제공하는 액션 리스트를 작성한다. 액션은 이름과 인자 리스트로 구성된다. 이때 인자도 이름과 방향, 내부 상태와 참조하려는 데이터 타입을 정의하는 상태 변수에 대한 레퍼런스로 구성된다. 예제에서는 첫 번째 액션을 다음과 같이 정의한다.

```xml
<actionList>
  <action>
    <name>GetAvailableEncodings</name>
    <argumentList>
      <argument>
        <name>RetAvailableEncodings</name>
        <direction>out</direction>
        <relatedStateVariable>AvailableEncodings
          </relatedStateVariable>
      </argument>
    </argumentList>
  </action>
</actionList>
```

 여기에서는 읽기 좋도록 relatedStateVariable 엘리먼트를 두 줄에 걸쳐 작성했다.

상태 변수 추가

필요한 액션을 다 작성했다면, 이에 대한 상태 변수를 적어준다. 이러한 변수는 이벤트를 보내는 변수와 그렇지 않은 변수로 구분할 수 있다. 예제에서 사용하는 상태 변수를 정의하는 코드는 다음과 같다. 책에서는 처음 나온 두 개의 상태 변수만 보여주고 있다.

```xml
<serviceStateTable>
  <stateVariable sendEvents="no">
    <name>AvailableEncodings</name>
    <dataType>string</dataType>
  </stateVariable>
  <stateVariable sendEvents="yes">
```

```
    <name>DefaultEncoding</name>
    <dataType>string</dataType>
  </stateVariable>
</serviceStateTable>
```

상태 변수를 다 작성했다면 다음과 같이 서비스 문서를 닫는다.

```
</scpd>
```

UPnP에서 지원하는 데이터 타입에 대해서는 부록 C, 'UPnP에서 지원하는 데이터 타입' 절을 참고하기 바란다.

고유 장치 이름 지정

장치에 대한 고유 ID를 UDN으로 지정해야 한다. 이를 위해 `DefaultSettings` 클래스에 udn 프로퍼티를 추가한다. 이 프로퍼티는 애플리케이션을 최초로 실행할 때 생성되는 GUID로 지정한다.

```
private string udn = Guid.NewGuid().ToString();
```

이 프로퍼티에 대한 공용public 인터페이스는 다음과 같이 정의한다.

```
[DBShortStringClipped (false)]
public string UDN
{
  get
  {
    return this.udn;
  }
  set
  {
    if(this.udn != value)
    {
      this.udn = value;
      this.Modified = true;
    }
  }
}
```

웹 인터페이스 만들기

카메라 프로젝트에서는 브라우저를 통해 카메라를 제어할 수 있도록 웹 인터페이스를 제공한다. 이 인터페이스를 통해 카메라를 테스트할 수 있을 뿐만 아니라, UPnP 인터페이스에 대한 링크도 제공할 수 있다. 여기에서는 이러한 웹 인터페이스를 만드는 방법에 대해 개략적으로만 설명하고, 구체적인 제작 방법은 부록 C, '카메라 웹 인터페이스' 절에서 자세히 설명한다.

웹 인터페이스는 /html와 /camera라는 두 개의 리소스로 구성된다. /html 리소스는 카메라에 대한 정보를 담은 HTML을 리턴한다. /camera는 카메라로 찍은 이미지를 리턴한다. 둘 다 쿼리 파라미터로 값을 지정할 수 있다. Encoding 파라미터로 이미지를 인코딩하는 방식을 지정할 수 있다. 이 값은 인터넷 미디어 타입으로 지정한다. Compression 파라미터는 압축비compression ratio를 지정한다. 이 값은 0에서 255사이의 값으로 지정한다. Resolution 파라미터는 이미지의 해상도를 지정하며, 160×120, 320×240, 640×480 중 하나로 설정한다. /html와 /camera에 대해 보호 장치를 적용한 버전과 보호 장치를 적용하지 않은 버전을 각각 하나씩 만든다. 보호 장치를 적용한 버전은 웹 인터페이스로 사용하며, 카메라를 통해 이미지를 보려면 먼저 로그인해서 세션을 생성해야 한다. 보호 장치를 적용하지 않은 버전은 UPnP 인터페이스로 사용하며, 로컬 네트워크에서만 사용하기 때문에 사용자 인증 과정을 거치지 않아도 된다.

UPnP 인터페이스 만들기

UPnP는 UDP로 동작하도록 수정된 HTTP를 사용한다. 앞에서 설명한 바와 같이, UPnP는 원래 방화벽을 사용하지 않아도 되는, 인터넷과 분리된 로컬 네트워크에서 사용하도록 설계된 것이다. 이러한 장치를 인터넷에도 연결하려면, 보호 장치가 필요한 인터넷에 사용할 HTTP 인터페이스와 보호 장치가 필요 없는 로컬 네트워크를 위한 HTTP 인터페이스를 따로 만들어야 한다. 예제에서는 보호 장치가 필요한 네트워크를 위한 인터페이스는 표준 HTTP의 80포트로 접속하고, 보호 장치가 필요 없는 UPnP용 인터페이스는 8080포트를 사용하도록 설정했다. 포트 번호는 표준에서 따로 지정하지 않기 때문에, 얼마든지 원하는 값으로 지정할 수 있다. 포트 번호를 1024 이하로 사용하려면, 애플리케이션을 슈퍼유저 권한으로 실행해야 한다. 장치가 존재한다는 정보는 멀티캐스트 UDP로 알려주기 때문에, 이 장치와 통신하는 데 필요한 IP와 포트 번호를 누구나 알 수 있다. 먼저 UPnP에 사용할 HTTP 서버에 대한 변수를 선언한다.

```
private static HttpServer upnpServer;
```

그리고 예전에 웹 인터페이스를 제공하기 위해 HTTP 서버를 만들 때와 비슷한 방식으로 UPnP용 HTTP 서버를 생성한다.

```
upnpServer = new HttpServer(8080, 10, true, true, 1);
Log.Information("UPnP Server receiving requests on port " +
    upnpServer.Port.ToString ());
```

UPnP 인터페이스를 통해 다음과 같은 웹 리소스를 게시한다. 이번에는 별도의 보호 장치를 적용하지 않도록 설정한다.

```
upnpServer.Register("/", HttpGetRootUnprotected,
    HttpPostRoot, false);
```

애플리케이션을 종료할 때 스레드가 모두 종료하도록 다음과 같이 Dispose()를 호출하여 서버에 대한 리소스를 해제한다. 이렇게 하지 않으면 애플리케이션이 제대로 종료되지 않는다.

```
upnpServer.Dispose();
```

UPnP 리소스 등록

이제 장치 설명서와 서비스 설명서를 웹에 게시한다. 이 문서는 실행 파일을 빌드할 때 임베디드 리소스로 포함된다. 이러한 임베디드 리소스의 이름을 정할 때 프로젝트의 네임스페이스를 활용하면 고유한 값으로 지정할 수 있다. 예제에서는 Camera와 임베디드 파일에 대한 경로를 점(.)으로 연결한 형태로 이름을 정했다.

이때 디렉토리를 표시하는 기호인 /나 \는 점으로 바뀐다. 서비스 설명서는 변경하지 않고 그대로 리턴한다. 그러나 앞에서 장치 설명서를 작성할 때, 추가할 정보를 빈 칸으로 남겨뒀기 때문에, 이 자리에 실제로 사용할 값을 지정해야 한다. 따라서 장치에 대한 리소스를 요청할 때 장치 설명서를 수정하는 메소드를 등록한다. 코드는 다음과 같다.

```
upnpServer.Register("/CameraDevice.xml",
  HttpGetCameraDevice, false);
upnpServer.Register(new HttpServerEmbeddedResource
  ("/StillImageService.xml",
  "Camera.UPnP.StillImageService.xml"));
```

 예제처럼 서비스 파일 확장자를 보고 컨텐트 타입을 직접 지정하면, 리소스를 요청한 측에서 텍스트 파일을 바이너리로 처리해버릴 가능성이 있다. 따라서 이 파일을 저장할 때 바이트 순서 표시가 담기지 않도록 주의해야 한다. 또는 인코딩 문제가 발생하지 않도록 경고 문구를 적어두는 것도 좋다. 웹에서 제공하는 텍스트 인코딩 방식에 대해서는 부록 C, '텍스트 인코딩 관련 주의 사항' 절에서 자세히 설명한다.

아이콘에 대한 경로도 이와 비슷한 방식으로 등록한다. 16×16 아이콘을 등록하는 코드는 다음과 같다. 24×24, 32×32, 48×48, 64×64, 128×128, 256×256 등에 대해서도 이와 비슷한 방식으로 등록한다.

```
("/Icon/16x16.png", "Camera.UPnP.16x16.png"));
```

 윈도우의 .NET 환경에서는, 아이콘 이름처럼 숫자로 시작하는 파일 이름을 리소스 이름으로 사용할 때 언더스코어(_)를 붙인다. MONO에서 구동할 때는 이렇게 작성하지 않는다. 윈도우에서 애플리케이션을 구동할 때만, 아이콘에 대한 리소스 이름을 Camera. UPnP._16x16.png와 같이 표현한다.

빈 칸 채우기

앞에서 장치 설명서(DDD)를 작성할 때 빈 칸 세 개를 남겨뒀다. 애플리케이션을 실행할 때 이 부분을 실제 값으로 채워야 한다. {IP}에는 외부에서 이 장치에 접근할 때 사용할 IP 주소를 채워야 하고, {PORT}에는 이 장치와 통신할 때 사용할 포트 번호를, {UDN}에는 장치 인스턴스에 대해 생성된 고유 장치 이름을 적어줘야 한다. 이러한 작업을 처리하는 메소드를 다음과 같이 작성한다.

```
private static void HttpGetCameraDevice (HttpServerResponse resp,
  HttpServerRequest req)
{
  networkLed.High();
  try
  {
```

메소드를 선언한 다음 임베디드 리소스에 있는 XML 파일을 수정하도록 문자열 값으로 불러온다.

```
    string Xml;
    byte[] Data;
    int c;

    using (Stream stream = Assembly.GetExecutingAssembly
().GetManifestResourceStream ("Camera.UPnP.CameraDevice.xml"))
    {
      c = (int)stream.Length;
      Data = new byte[c];
      stream.Position = 0;
      stream.Read(Data, 0, c);
      Xml = TextDecoder.DecodeString (Data,
        System.Text.Encoding.UTF8);
    }
```

이제 리턴할 장치 IP 주소를 알아낸다. 이 주소는 요청 받은 시점에 장치의 네트워크 인터페이스에 설정된 값과 현재 사용하는 프로토콜 버전(가령 IPv4나 IPv6)에 따라 결정된다. 예제에서는 네트워크 인터페이스가 한 개만 장착된 라즈베리 파이에서 구동하며 요청에서 지정한 프로토콜 버전에 따라 IP 주소가 지정되어 있다고 가정한다.

```
string HostName = System.Net.Dns.GetHostName ();
System.Net.IPHostEntry HostEntry =
  System.Net.Dns.GetHostEntry (HostName);

foreach(System.Net.IPAddress Address in HostEntry.AddressList)
{
  if(Address.AddressFamily == req.ClientEndPoint.AddressFamily)
  {
    Xml = Xml.Replace("{IP}", Address.ToString());
    break;
  }
}
```

포트 번호와 고유 장치 이름을 설정하는 작업은 간단하다. 포트 번호는 원하는 값
으로 정하면 되고, 장치 이름은 애플리케이션을 처음 구동할 때 이미 생성했다. 이
값은 defaultSettings 오브젝트에 담겨 있다.

```
Xml = Xml.Replace("{PORT}", upnpServer.Port.ToString ());
Xml = Xml.Replace("{UDN}", defaultSettings.UDN);
```

이제 완성된 XML을 다음과 같이 리턴한다.

```
    resp.ContentType = "text/xml";
    resp.Encoding = System.Text.Encoding.UTF8;
    resp.ReturnCode = HttpStatusCode.Successful_OK;
    resp.Write(Xml);
  }
  finally
  {
    networkLed.Low();
  }
}
```

SSDP 지원 기능 만들기

SSDP를 지원하려면 SSDP 클라이언트도 추가해야 한다. 이를 위해 Clayster.
Library.Internet.SSDP 라이브러리를 이용해 main 클래스에 다음과 같이 SSDP
클라이언트에 대한 변수를 선언한다.

```
private static SsdpClient ssdpClient;
```

그다음 UPnP HTTP 서버를 생성한 후에 클라이언트에 대한 인스턴스를 만든다.

```
ssdpClient = new SsdpClient(upnpServer, 10,
  true, true, false, false, false, 30);
```

클라이언트 생성자의 첫 번째 파라미터를 통해 SSDP 클라이언트를 UPnP 용도로 생성한 HTTP 서버에 연결한다. 두 번째 인자를 통해 멀티캐스트 메시지에 대한 TTLtime-to-live을 10홉으로 지정한다. 그리고 세 번째와 네 번째 인자로 true를 설정하여 IPv4 UPnP 멀티캐스트 주소와 IPv6에 대한 링크-로컬link-local UPnP 멀티캐스트 주소를 사용하도록 설정하고, 다섯 번째부터 일곱 번째까지 인자를 false로 설정하여 IPv6 사이트-로컬site-local 주소와 조직-로컬organizational-local 주소와 전역 멀티캐스팅 주소는 사용하지 않도록 설정한다. 마지막 인자로 30초마다 네트워크에서 새로운 장치를 검색하도록 설정한다.

애플리케이션이 종료하면 SSDP 클라이언트에 대한 스레드도 함께 종료하도록 다음과 같이 SSDP 클라이언트에 대한 리소스를 제거해야 한다. 그렇지 않으면 애플리케이션이 제대로 종료되지 않는다.

```
ssdpClient.Dispose();
```

SSDP 클라이언트에 이벤트 핸들러를 지정한다. 검색이 끝나면 OnNotify 이벤트를 발생하며, 이 이벤트를 통해 장치에 접근할 때 사용할 인터페이스를 네트워크에 알릴 수 있다. 검색 요청을 받으면 OnDiscovery 이벤트가 발생한다.

```
ssdpClient.OnNotify += OnSsdpNotify;
ssdpClient.OnDiscovery += OnSsdpDiscovery;
```

난수 발생기로 세션 관리에 필요한 지연 시간을 구한다.

```
private static Random gen = new Random ();
```

네트워크에 장치 알리기

네트워크에 멀티캐스트 방식으로 NOTIFY 메시지를 보내면, 장치의 존재와 장치에서 제공하는 서비스를 네트워크에 알릴 수 있다. SSDP 클라이언트가 네트워크에서 장치를 검색하게 되면, OnNotify 이벤트가 발생하는데, 이를 통해 NOTIFY 메시지를 보내게 된다. 참고로 앞에서 30초마다 검색을 하도록 설정했다. 네트워크를 통해 게시할 인터페이스는 두 개뿐이다. 먼저 루트 장치에 대한 인터페이스를 게시하는 코드부터 작성한다.

```
private static void OnSsdpNotify(object Sender,
  SsdpNotifyEventArgs e)
{
  e.SendNotification(DateTime.Now.AddMinutes (30),
    "/CameraDevice.xml", SsdpClient.UpnpRootDevice,
    "uuid:" + defaultSettings.UDN + "::upnp:rootdevice");
```

첫 번째 파라미터는 인터페이스의 사용 기간을 지정한다. 여기서 30으로 지정했기 때문에 클라이언트는 앞으로 30분 동안은 인터페이스에 대한 문서를 새로 가져오지 않아도 된다. 그런 다음 두 번째 파라미터로 장치 설명서를 지정하고, 세번째와 네 번째 파라미터로 루트 장치와 여기서 제공하는 고유 장치 이름을 네트워크에 알린다. 장치 인터페이스를 게시했다면, 이제 서비스 인터페이스를 게시하는 코드를 작성한다.

```
  e.SendNotification(DateTime.Now.AddMinutes (30),
    "/StillImageService.xml", "urn:schemas-upnp-" +
    "org:service:DigitalSecurityCameraStillImage:1",
    "uuid:" + defaultSettings.UDN +
    ":service:DigitalSecurityCameraStillImage:1");
}
```

서비스 인터페이스에 대한 유효 기간도 30분으로 설정했다. 그리고 서비스 설명서를 지정하고, DigitalSecurityCameraStillImage:1 서비스와 여기서 제공하는 고유 서비스 이름을 네트워크에 알린다.

검색에 응답하기

네트워크에 검색 요청을 보낼 때 멀티캐스트 방식으로 보낸다. 따라서 멀티캐스트 주소에 속한 장치라면 누구나 검색 요청을 받게 된다. 네트워크의 규모가 클 경우에는 이렇게 멀티캐스트로 보내면 스팸처럼 마구 잡이로 메시지가 돌아다녀서 패킷이 손실되는 일이 많이 발생할 수 있다. 이러한 부작용을 최소화하도록 클라이언트가 검색 요청에 응답할 때 랜덤으로 지정한 시간이 흐른 뒤, 최대 응답 시간이 만료되기 전에 응답을 보내도록 제한한다. 또한 엉뚱한 장치로부터 응답을 받지 않도록, 검색 대상이 되는 장치의 종류와 서비스 종류를 제한한다. 검색 요청에 대해 응답하는 과정은 네트워크에 인터페이스를 알리는 과정과 비슷하다. 해당 인터페이스가 원하는 것인지 확인해야 하고, 지정된 시간 내에 응답을 유니캐스트로 보내야 한다는 점만 다를 뿐이다. 여러 개의 알림 메시지를 보낼 경우에는, 메시지가 한꺼번에 전달되지 않도록 할당된 시간 내에 고르게 나눠서 보내는 것이 좋다.

우선 검색 요청을 분석해서, 장치에서 제공하는 인터페이스 중에서 요청하는 것이 있는지, 그렇다면 몇 개고, 어느 인터페이스가 적합한 지를 알아내는 부분부터 작성해보자.

```
private static void OnSsdpDiscovery(object Sender,
  SsdpDiscoveryEventArgs e)
{
  int i, c = 0;
  bool ReportDevice = false;
  bool ReportService = false;

  if (e.ReportInterface(SsdpClient.UpnpRootDevice) ||
    e.ReportInterface("urn:clayster:device:learningIotCamera:1"))
  {
    ReportDevice = true;
    c++;
  }

  if (e.ReportInterface("urn:schemas-upnp-org:service:" +
    "DigitalSecurityCameraStillImage:1"))
  {
```

```
    ReportService = true;
    c++;
  }
```

그다음 응답에 허용된 최대 시간 동안, 각각의 응답을 보낼 시점을 0과 1사이의 난수로 결정한다.

```
double[] k = new double[c];
lock (lastAccessBySessionId)
{
  for (i = 0; i < c; i++)
    k[i] = gen.NextDouble ();
}
```

난수 발생기는 스레드에 안전하지 않다. 따라서 한 번에 한 스레드만 접근하도록 작성한다. 세션 관리를 위해 난수를 발생할 때와 같은 방식으로 lastAccessBySessionId에 대해 락을 걸도록 코드를 작성한다.

항상 같은 순서로 인터페이스가 표시되도록, 앞에서 난수로 생성한 시점을 순서대로 정렬한다.

```
Array.Sort (k);
i = 0;
```

장치 설명서에 대한 요청을 받았다면, 앞에서 생성한 첫 번째 난수 값을 응답으로 허용된 초 단위 시간만큼 변환하여 타이머에 설정해서, 이 시간에 도달할 때까지 응답을 보내도록 코드를 작성한다. 이때 타이머는 한 번씩만 작동한다.

```
if(ReportDevice)
{
  System.Timers.Timer t = new System.Timers.Timer (
    e.MaximumWaitTime * 1000 * k[i++] + 1);
  t.AutoReset = false;
  t.Elapsed += (o2, e2) =>
  {
    e.SendResponse (DateTime.Now.AddMinutes (30),
      "/CameraDevice.xml", SsdpClient.UpnpRootDevice, "uuid:" +
      defaultSettings.UDN + "::upnp:rootdevice");
  };
```

```
  t.Start ();
}
```

서비스 인터페이스에 대해서도 이와 비슷하게 설정한다.

```
if(ReportService)
{
  System.Timers.Timer t = new System.Timers.Timer (
    e.MaximumWaitTime * 1000 * k[i++] + 1);
  t.AutoReset = false;
  t.Elapsed += (o2, e2) =>
  {
    e.SendResponse (DateTime.Now.AddMinutes (30),
      "/StillImageService.xml",
      "urn:schemas-upnp-org:service:" +
      "DigitalSecurityCameraStillImage:1",
      "uuid:" + defaultSettings.UDN +
      ":service:" +
      "DigitalSecurityCameraStillImage:1");
  };
  t.Start ();
}
```

카메라로 찍은 사진을 제공하는 서비스 만들기

지금까지 설명한 바와 같이, UPnP 서비스는 액추에이터의 액션을 SOAP 방식 웹
서비스로 제공한다. 그리고 서비스를 호출하는 방법은 WSDL 대신 SCPDService
Control Protocol Description 문서로 제공한다. UPnP용 웹 서비스 규격을 정할 때, 기존
웹 서비스에서 제공하는 기능을 축소하기만 하지 않고, GENA 타입 이벤트를 처
리하고 구독하는 기능을 추가했다. 이 기능은 기존 웹 서비스에서는 제공되지 않
는 것이다. 여기에서는 Clayster.Library.Internet.UPnP 네임스페이스에서 제
공하는 UPnPWebService 클래스를 상속하는 방식으로 UPnP 웹 서비스를 구현한
다. 이 클래스는 HttpServerWebService 클래스를 상속해서 웹 서비스에 이벤트
처리와 구독 기능을 추가한 것이다.

```
public class DigitalSecurityCameraStillImage : UPnPWebService
{
  public DigitalSecurityCameraStillImage()
    : base("/StillImage")
  {
```

이벤트 상태 변수의 초기화

웹 서비스를 생성하는 시점에선 아직 아무도 서비스에서 외부로 게시하는 상태 변수를 구독하지 않는다. 따라서 생성자에서는 이러한 상태 변수를 외부로 제공하지 않고, NotifySubscribers 메소드를 통해 기존 상태 변수에 대한 초기 값만 지정한다. 이를 코드로 표현하면 다음과 같다.

```
this.NotifySubscribers (
  new KeyValuePair<string, string> ("DefaultResolution",
    MainClass.defaultSettings.Resolution.ToString ().
    Substring (1)),
  new KeyValuePair<string, string> (
    "DefaultCompressionLevel",
    MainClass.defaultSettings.CompressionLevel.
    ToString ()),
  new KeyValuePair<string, string> ("DefaultEncoding",
    MainClass.defaultSettings.ImageEncoding));
```

웹 서비스의 프로퍼티를 제공하는 메소드 정의

웹 서비스를 게시하기 전에, 이에 대한 프로퍼티를 제공하는 부분을 작성해야 한다. 먼저 SOAP 네임스페이스를 제공하는 메소드부터 작성한다. 이 프로퍼티에 대한 값으로 UPnP의 서비스 종류를 표현하는 URN을 제공한다.

```
public override string Namespace
{
  get
  {
    return "urn:schemas-upnp-org:service:" +
      "DigitalSecurityCameraStillImage:1";
  }
}
```

126

UPnP 서비스 ID를 제공하는 메소드도 작성한다.

```
public override string ServiceID
{
  get
  {
    return "urn:upnp-org:serviceId:" +
      "DigitalSecurityCameraStillImage";
  }
}
```

테스트 폼을 통해 웹 서비스를 테스트할 수 있게 원격에서 접근할 수 있도록 설정
한다.

```
public override bool CanShowTestFormOnRemoteComputers
{
  get
  {
    return true;
  }
}
```

서비스 프로퍼티 추가

외부에서 서비스에 대한 이벤트 상태 변수에 접근할 수 있도록, 이러한 이벤트
상태 변수를 서비스 프로퍼티로 정의하고, 이 값이 변경될 때 구독자에게 알려
준다. 이렇게 상태 변수를 서비스 프로퍼티로 표현하면, 애플리케이션을 실행하
는 동안 이렇게 표현된 상태 변수가 제대로 작동하도록 보장해줄 수 있다. 먼저
DefaultResolution 상태 변수부터 정의한다. 이 변수로 표현할 값은 정적 데이
터베이스 오브젝트인 defaultSettings에 저장되어 있다.

```
public LinkSpriteJpegColorCamera.ImageSize DefaultResolution
{
  get
  {
    return MainClass.defaultSettings.Resolution;
  }
```

```
  set
  {
    if(value != MainClass.defaultSettings.Resolution)
    {
      MainClass.defaultSettings.Resolution = value;
      MainClass.defaultSettings.UpdateIfModified ();
      this.NotifySubscribers ("DefaultResolution",
        MainClass.defaultSettings.Resolution.ToString().Substring(1));
    }
  }
}
```

DefaultCompressionLevel과 DefaultEncoding 상태 변수도 이와 비슷한 방식
으로 서비스 프로퍼티 형태로 작성한다.

액션 추가

지금까지 설명한 방법대로 코드를 작성하는 데 문제가 없다면 http://upnp.org/
specs/ha/UPnP-ha-StillImage-v1-Service.pdf에 나온 서비스 정의에 따라 액
션을 쉽게 추가할 수 있다. 액션은 일반 웹 메소드로 구현한다. 따라서 입력 파라
미터도 일반 메소드 파라미터처럼 지정하고, 출력 파라미터를 out 키워드로 정의
한다. 액션에 대한 메소드를 작성하는 방법은 따로 설명할 필요가 없기 때문에, 여
기에서는 이러한 메소드에 대한 선언만 보여주고 넘어간다.

```
public void GetDefaultEncoding(out string RetEncoding);
public void SetDefaultEncoding(string ReqEncoding);
public void GetAvailableEncodings(out string
  RetAvailableEncodings);
```

DefaultCompressionLevel과 DefaultResolution 상태 변수에 대한 메소드도
이와 비슷한 방식으로 구현한다.

웹 메소드에서 UPnP 에러를 리턴할 때, HttpException 대신 UPnPException 타입의 예외를 발생한다. 어떤 경우에 UPnP 에러를 발생해야 하는 지에 대해서는 일반적으로 UPnP 서비스 설명서에 명시한다.

카메라로 찍은 이미지(/camera)와 카메라에 대한 정보를 담은 웹 페이지(/html)에 대한 URL에 쿼리 파라미터를 적절히 지정하여 리턴하는 액션을 추가하는 과정도 어렵지 않다. 이러한 웹 메소드에 대한 선언문은 다음과 같다.

```
public void GetImageURL(HttpServerRequest Request,
    string ReqEncoding, string ReqCompression,
    string ReqResolution, out string RetImageURL);

public void GetDefaultImageURL(HttpServerRequest Request,
    out string RetImageURL);

public void GetImagePresentationURL(HttpServerRequest Request,
    string ReqEncoding, string ReqCompression,
    string ReqResolution, out string RetImagePresentationURL);

public void GetDefaultImagePresentationURL(HttpServerRequest
    Request, out string RetImagePresentationURL);
```

카메라

카메라 프로젝트에서 UPnP를 지원하는 데 필요한 기능을 다 만들었다. 이제 프로젝트를 실행시킨 다음, 브라우저를 통해 카메라의 웹 인터페이스에 접속해보고, UPnP Developer Tools 프로젝트에서 제공하는 Device Spy와 같은 애플리케이션을 사용해 카메라 서비스를 테스트할 수 있다. 이 절에서는 컨트롤러 애플리케이션과 같은 다른 애플리케이션에서 카메라를 사용하는 방법에 대해 소개한다.

컨트롤러에 UPnP 설정

카메라 프로젝트에서 했던 방식대로 컨트롤러에도 UPnP 인터페이스를 생성해야
한다. 이를 위해 다음과 같이 HTTP 서버와 SSDP 클라이어트를 선언한다.

```
private static HttpServer upnpServer;
private static SsdpClient ssdpClient;
```

먼저 HTTP 서버를 설정한다. 구현 방법은 카메라 프로젝트와 같다.

```
upnpServer = new HttpServer (8080, 10, true, true, 1);
Log.Information ("UPnP Server receiving requests on port " +
  upnpServer.Port.ToString ());
```

SSDP 클라이언트도 같은 방법으로 설정한다.

```
ssdpClient = new SsdpClient (upnpServer, 10,
  true, true, false, false, false, 30);
```

애플리케이션을 종료할 때, 앞에서 만든 두 오프젝트에 대한 스레드도 모두 종료
하도록 각 오브젝트에 대한 리소스를 제거해야 한다. 그렇지 않으면 애플리케이션
이 제대로 종료되지 않는다.

```
ssdpClient.Dispose();
upnpServer.Dispose();
```

장치와 서비스 찾기

컨트롤러 애플리케이션은 인터페이스를 별도로 만들어서 외부에 게시하지 않고,
카메라로부터 알림 메시지가 전달되기를 기다린다. 현재 네트워크에서 발견된 장
치와 인터페이스에 대한 목록은 SSDP 클라이언트에서 관리해주기 때문에, 컨트
롤러에서는 이 목록이 변할 때만 적절히 대응하면 된다. 이를 위해 다음과 같이
OnUpdated 이벤트에 대한 핸들러를 추가한다.

```
ssdpClient.OnUpdated += NetworkUpdated;
```

OnUpdated 이벤트 핸들러는 SSDP 클라이언트의 Devices 프로퍼티 값을 통해 네
트워크에서 발견한 장치 목록을 가져온다.

```
private static void NetworkUpdated (object Sender, EventArgs e)
{
  IUPnPDevice[] Devices = ssdpClient.Devices;
```

그다음 이 목록에 대해 루프를 돌면서 카메라 서비스가 있는지 검색한다.

```
foreach (IUPnPDevice Device in Devices)
{
  foreach (IUPnPService Service in Device.Services)
  {
    if(Service.ServiceType == "urn:schemas-" + "upnp-org:service:"
      + "DigitalSecurityCameraStillImage:1")
    {
```

이벤트 구독

UPnP 서비스에 대한 이벤트를 구독하는 것은 쉽다. 로컬 머신에 이벤트를 받을
리소스에 대한 콜백 URL을 생성해서, 다음과 같이 SubscribeToEvents() 메소드
를 호출해주기만 하면 된다.

```
int TimeoutSec = 5 * 60;
string Sid = Service.SubscribeToEvents (Callback, ref TimeoutSec);
```

이 메소드를 호출할 때 콜백 URL과 타임아웃 파라미터를 지정했다. 서비스에
서는 이렇게 전달된 타임아웃 파라미터를 통해 구독 정보를 업데이트하는데 허
용된 시간(초)을 알 수 있다. 아무 작업도 하지 않고 이 시간이 지나버리면 구
독이 만료된다. 이때 서비스에서 원한다면 타임아웃 시간을 갱신할 수 있다.
SubscribeToEvents 메소드는 SID_Subscription Identity_를 리턴하며, 나중에 구독 정보
를 참조할 때 이 값을 사용한다. 현재 구독하고 있는 이벤트가 만료되기 전에 업데
이트하려면, 타임아웃 이벤트가 발생하기 전에 다음과 같이 호출해야 한다.

```
TimeoutSec = 5 * 60;
Service.UpdateSubscription (Sid, ref TimeoutSec);
```

이벤트 받기

앞에서 설명한 바와 같이, 카메라에서 발생한 이벤트는 콜백 URL로 전달된다. 물론 이 서비스에서 발생하는 이벤트를 구독하고 있어야 한다. Clayster.Library.Internet.UPnP 네임스페이스에서 제공하는 웹 리소스 클래스인 UPnPEvents를 사용하면 이벤트를 받는 부분을 쉽게 작성할 수 있다. 이 클래스는 POST 요청을 받고 이를 통해 전달된 데이터를 해석한다. 먼저 리소스에 대한 변수를 다음과 같이 정적 멤버로 선언한다.

```
private static UPnPEvents events;
```

그다음 /events 리소스에 대한 인스턴스를 생성해서 이를 UPnP용 HTTP 서버에 등록한다.

```
events = new UPnPEvents ("/events");
upnpServer.Register (events);
```

그리고 이 리소스로 이벤트가 전달될 때마다 적절한 작업을 수행할 수 있도록 OnEventsReceived 이벤트에 대한 핸들러를 등록한다.

```
events.OnEventsReceived += EventsReceived;
```

EventsReceived 핸들러는 인자로 전달된 이벤트의 PropertySet이라는 프로퍼티 값을 통해 이벤트 메시지로 전달된 상태 변수를 가져온다. URL에서 /events 뒤에 나오는 부분은 SubItem 프로퍼티를 통해 확인할 수 있다.

```
private static void
  EventsReceived(object Sender, UPnPPropertySetEventArgs e)
{
  string SubPath = e.SubItem;
  Dictionary<string,string> Variables =
    new Dictionary<string,string>();

  foreach(KeyValuePair<string,string> Var in e.PropertySet)
    Variables [Var.Key] = Var.Value;
```

컨트롤러 애플리케이션에서 네트워크에 있는 카메라를 관리하고 이벤트 구독을 관리하는 방법에 대해서는 부록 C, '카메라 관리' 절에서 자세히 설명한다.

액션 실행

이제 네트워크를 통해 제공되는 카메라를 알아내고, 이러한 카메라에서 제공하는 상태 변수를 확인해봤다. 이번에는 이러한 기능을 활용하여 실제로 카메라를 통해 사진을 찍는 부분을 작성해보자. 카메라로 사진을 찍으려면, 카메라에서 제공하는 사진찍기 서비스에 대한 액션을 호출하면 된다. 가령 GetDefaultImageURL을 호출하여 사진을 찍고 이미지를 다운로드하기 위한 URL을 가져올 수 있다. UPnP 액션을 호출하는 방법은 간단하다. 가령 Service라는 변수의 타입이 IUPnPService 인터페이스를 구현한 클래스로 정의되어 있다면, 먼저 이 변수를 통해 호출할 액션에 대한 레퍼런스를 가져온다. 사진찍기 서비스 인터페이스를 이미 지원하고 있기 때문에, 다음과 같이 곧바로 GetDefaultImageURL 액션을 구한다.

```
UPnPAction GetDefaultImageURL = Service ["GetDefaultImageURL"];
```

액션을 호출할 때 입력 파라미터를 Clayster.Library.Math에서 제공하는 Variables 컬렉션에 담아서 전달한다. 호출한 결과도 이 컬렉션을 통해 전달된다. 예제에서는 입력 파라미터는 따로 지정하지 않고, 카메라로 찍은 사진 이미지에 대한 출력 파라미터 하나만 사용한다. 액션을 호출하는 코드는 다음과 같이 작성한다.

```
Variables v = new Variables ();
GetDefaultImageURL.Execute (v);
string ImageURL = (string)v ["RetImageURL"];
```

이렇게 전달된 URL은 카메라로 찍은 사진에 대한 경로를 담고 있기 때문에, 액션을 호출한 결과로 전달된 URL로 이미지를 다운로드하기만 하면 된다. 부록 C, '카메라로 찍은 사진을 메일로 보내기' 절에서는 네트워크를 통해 제공되는 카메라에서 찍은 사진 이미지를 다운로드하고, 이를 HTML에 담아 이메일로 보내는 방법에 대해 설명한다.

이제 모든 시스템이 완성됐다. 다음 그림은 이 시스템을 통해 밤중에 사무실에 누군가 침입했을 때 카메라로 사진을 찍어서 메일로 전달된 결과를 보여주고 있다.

Motion detected

Motion has been detected while the light is turned off.

Camera Photos

정리

3장에서는 UPnP에 대해 간략히 소개하고, IoT 애플리케이션에서 UPnP를 활용하는 방법에 대해 살펴봤다. 이제 요청/응답 패턴과 웹 서비스를 활용하는 방법뿐만 아니라, 로컬 네트워크에 존재하는 장치를 검색하고, 장치의 상태 변화를 감지하는 이벤트를 구독하는 방법도 알게 됐다. 또한 이러한 서비스에 대한 문서를 장치 간의 상호운용성을 보장하는 형태로 제공하는 방법과, 이러한 문서를 활용하여 다양한 솔루션을 만드는 방법에 대해서도 알아봤다.

4장에서는 리소스가 한정된 장치와 네트워크 환경에서 알맞게 HTTP의 복잡도를 줄인 CoAP 프로토콜에 대해 소개한다.

4
CoAP

지금까지 살펴본 바와 같이 HTTP는 IoT를 비롯한 다양한 분야에서 활용할 수 있다. 이러한 용도에 맞게 HTTP를 구성하기 위해 3장, 'UPnP'에서는 TCP 대신 UDP를 사용하도록 HTTP를 변경해보기도 했다. HTTPU를 사용하더라도 리소스가 귀한 소형 장치 입장에서는 너무 많은 리소스와 대역폭을 차지해서 IP로 통신하기 위해 실전에서 HTTPU를 적용하기엔 여전히 부담스럽다. IPv6Internet Protocol Version 6 최신 버전에서 제공하는 무선 네트워킹 프로토콜인 6LoWPANIPv6 over Low power Wireless Personal Area Networks처럼 데이터그램의 크기를 제한하는 네트워크 환경에서 사용할 때 더욱 그렇다. 이러한 한계를 극복하기 위해 CoAPConstrained Application Protocol가 등장했다. 4장에서는 앞에서 만든 센서와 액추에이터, 컨트롤러 프로젝트에서 CoAP을 지원하는 기능을 직접 추가해보면서, IoT 환경에서 CoAP를 활용하는 방법에 대해 소개한다.

이 장에서 다루는 내용은 다음과 같다.

- CoAP에서 제공하는 기본 연산

- CoAP 리소스를 게시하는 방법

- CoAP 이벤트를 구독하는 방법

- 블록을 사용해 크기가 큰 콘텐츠를 전송하는 방법

- 현재 사용 가능한 CoAP 리소스 찾는 방법

- CoAP 리소스를 테스트하는 방법

 이 책에서 소개하는 소스 코드는 모두 웹에서 다운로드할 수 있다. 특히 이 장에 대한 예제는 https://github.com/Clayster/Learning-IoT-CoAP에서 다운로드할 수 있다.

HTTP 바이너리 만들기

CoAP와 HTTPU의 대표적인 차이점은 헤더에 있다. CoAP는 HTTPU 헤더에서 지정할 수 있는 옵션의 수를 줄여서 텍스트 대신 바이너리로 간결하게 표현한다. 따라서 HTTPU보다 CoAP 메시지를 훨씬 쉽게 인코딩하고 파싱할 수 있다. CoAP에서는 GET, POST, PUT, DELETE와 같은 네 개의 메소드만 사용할 수 있도록 메소드의 수도 크게 줄였다. 또한 메소드를 확인형confirmable 메시지 서비스와 비확인형nonconfirmable 메시지 서비스를 통해 호출할 수 있다. 수신자가 메시지를 확인형 메시지로 받으면, 항상 확인 메시지를 보내야 한다. 메시지를 보낸 쪽에서 지정된 시간 내에 확인 메시지를 받지 못하면, 메시지를 다시 보낸다. 구현의 부담을 덜기 위해 응답 코드의 수도 줄였다. 그리고 HTTP나 다른 프로토콜처럼 콘텐츠의 종류를 인터넷 미디어 타입으로 표현하지 않고 단순히 숫자만으로 콘텐츠를 식별하도록 Content-Format이라는 간소화된 포맷을 사용한다. CoAP에서 사용하는 옵션과 메소드, 상태 코드, Content-Format에 할당된 숫자에 대한 자세한 사항은 http://www.iana.org/assignments/core-parameters/를 참고하기 바란다.

CoAP에서는 메소드와 옵션의 수를 대폭 줄이기만 한 것은 아니다. CoAP을 위해 새로운 기능도 추가하기도 했다. HTTPU와 마찬가지로 CoAP도 멀티캐스팅을 지원한다. 3장, 'UPnP'에서 본 것처럼, 이러한 멀티캐스팅을 통해 장치를 찾거나 방화벽을 건너뛸 수 있다. 여기에 몇 가지 유용한 기능도 추가했다. 그 중 하나가 블록 전송 알고리즘인데, 이를 사용하면 대용량의 데이터를 전송할 수 있다(여기서 대용량이라 표현했지만 리소스와 대역폭이 제한된 네트워크 입장에서 대용량이라는 의미이지, 사무실이나 가정에서 사용하는 기존 IP 네트워크에서 볼 때 여전히 작다). 또한 이벤트 구독과 알림 기능도 추가했다. 이를 통해 이벤트가 발생할 때 알림 메시지를 제공하는 리소스에 구독할 수도 있다. CoAP에서는 유니캐스트로 동작할 때 DTLSDatagram Transport Layer Security를 통해 데이터를 암호화할 수 있다. 암호화를 사용하지 않는 CoAP에 대한 프로토콜 스택을 그림으로 표현하면 다음과 같다.

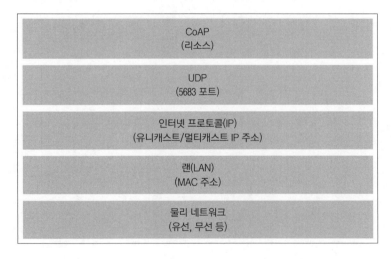

CoAP 관련 개발 도구

CoAP는 비교적 최근에 나온 프로토콜이므로, 이를 지원하는 개발 도구가 그리 많지 않다. 파이어폭스 부가 기능add-on 중에서 CoAP 리소스를 보여주고 조작할 수 있는 Copper(Cu)라는 것이 있으며, https://addons.mozilla.org/en-US/firefox/addon/copper-270430/에서 다운로드할 수 있다. 웹 기반 CoAP 테스트 도구(http://coap.me/)와 CoAP 상호운용성 서버(http://vs0.inf.ethz.ch/)도 제공되
된다.

 http://coap.technology/에 가보면 CoAP에 관련된 유용한 자료를 볼 수 있다.

센서 프로젝트에 CoAP 기능 추가

CoAP은 매우 가벼운 형태의 프로토콜이기 때문에, 센서에 CoAP로 통신하는 기능
을 구현하는 것은 어렵지 않다. 먼저 CoAP 엔드포인트를 설정한다(여기서 엔드포인
트는 HTTP의 클라이언트와 서버에 해당하는 역할을 모두 수행한다). 엔드포인트를 만들 때
Clayster.Library.Internet.CoAP 네임스페이스에서 제공하는 CoapEndpoint를
사용한다. 메인 루프에 들어가기 전에, 다음과 같은 코드를 작성한다.

```
CoapEndpoint CoapEndpoint = new CoapEndpoint ();
Log.Information ("CoAP endpoint receiving requests on port " +
  CoapEndpoint.Port.ToString ());
```

 CoAP 엔드포인트를 통해 통신이 어떻게 이루어지는지 살펴보려면, LineListener를 다음
과 같이 등록해서 모든 동작을 콘솔에 표시해보면 된다.

```
CoapEndpoint.RegisterLineListener
  (new ConsoleOutLineListenerSink
    (BinaryFormat.Hexadecimal, true));
```

이 외에도 Clayster.Library.Internet.LineListeners 네임스페이스에서는 다양한 종류의 라
인 리스너를 제공하고 있다. 자신이 원하는 형태로 LineListener 인터페이스를 새로 정의
할 수도 있다.

첫 CoAP 리소스 만들기

가장 먼저 현재 온도를 일반 텍스트 포맷으로 제공하는 temp/txt라는 리소스부터
만들어보자. 코드는 다음과 같다.

```
CoapEndpont.RegisterResource ("temp/txt",
  "Current Temperature, as text.",
  CoapBlockSize.BlockLimit_64Bytes, false, 30, true,
  (Request, Payload) =>
  {
    return FieldNumeric.Format (temperatureC, "C", 1);
  });
```

CoAP 엔드포인트에 대한 리소스를 등록할 때 CoapResource를 상속하는 클래스를 사용해 엔드포인트를 따로 정의해도 되지만, 예제에서는 리소스에 대해 구현할 기능이 많지 않기 때문에 이 부분을 람다lambda 함수 형태로 작성한다. 코드를 보면 첫 번째 파라미터로 리소스의 이름(temp/txt)을 지정했다. 장치의 IP 주소가 192.168.0.29라면 coap://192.168.0.29/temp/txt라는 URL로 리소스에 접근할 수 있다. 두 번째 파라미터로 리소스에 대한 설명을 지정했다. 이렇게 지정한 텍스트는 엔드포인트에서 제공하는 리소스에 대한 문서를 작성할 때 사용된다. CoAP 리소스에 대한 문서를 작성하는 방법에 대해서는 뒤에서 자세히 설명한다. 세 번째 파라미터로 리소스에 대한 블록에 대한 디폴트 크기를 지정했다. CoAP에서는 전송할 페이로드payload의 크기가 디폴트 블록 크기로 지정한 값보다 크면, 블록 단위로 쪼개서 각각을 별도의 데이터그램으로 보낸다. 네 번째 파라미터는 엔드포인트에서 리소스에 대한 하위 경로(예를 들어, coap://192.168.0.29/temp/txt/example)는 처리하지 않도록 지정했다. 다섯 번째 파라미터에서는 리소스에서 리턴한 콘텐츠에 대한 최대 유효기간age에 대한 디폴트 값을 30초로 지정했다. 여섯 번째 파라미터는 엔드포인트에서 이 리소스를 외부에 공개하도록 지정했다. 이렇게 하면 다른 장치에서 이 리소스를 통해 이벤트를 구독해서, 새로운 값에 대한 알림을 주기적으로 받을 수 있다. 이러한 알림은 콘텐츠에 대한 최대 유효기간이 만료될 때 발생하거나, 리소스가 직접 알림을 발생할 때 전달된다. 마지막으로 GET, POST, PUT, DELETE와 같은 메소드로 들어오는 요청을 처리하는 메소드(델리게이트delegate)를 지정한다. 여기에서는 GET 메소드에 대한 델리게이트 람다 함수 형태로 하나만 정의했다. 그리고 현재 온도를 '23.1 C'와 같이 표시하도록, 현재 온도를 표시하는 10진수 값 뒤에 한 칸 띄우고 섭씨를 가리키는 C라는 문자를 붙인 문자열을 리턴하도록 본문을 작성했다.

라이트 센서에 대해서도 이와 비슷한 방식으로, 빛의 밝기를 퍼센트 단위로 리턴하는 리소스를 정의한다. 리소스 이름은 `light/txt`라고 지정하고 최대 유효기간을 2초로 설정한다.

```
CoapEndpoint.RegisterResource
  ("light/txt", "Current Light Density, as text.",
  CoapBlockSize.BlockLimit_64Bytes, false, 2, true,
  (Request, Payload) =>
  {
    return FieldNumeric.Format (lightPercent, "%", 1);
  });
```

이벤트 알림 직접 발생하기

앞에서 작성한 온도와 라이트 센서에 대한 리소스는 최대 유효기간에 도달한 시점에만 이벤트 구독자에게 알림을 보낸다. 이렇게 미리 지정한 시점이 아닌, 이벤트가 발생할 때마다 곧바로 알림을 보내려면, CoAP 리소스를 직접 접근할 수 있는 형태로 만들어야 한다. 예제에서는 리소스로 따로 선언하지 않고 람다 함수 형태로 내부적으로 생성하기 때문에, 이렇게 생성된 리소스에 대한 오브젝트를 어딘가 저장해둬야 나중에 이 리소스에 직접 접근할 수 있다. 움직임이 감지되면 이러한 이벤트를 구독자에게 알려줄 수 있도록, 모션 리소스에 대한 오브젝트를 저장할 정적 변수를 다음과 같이 정의한다.

```
private static CoapResource motionTxt = null;
```

그리고 모션에 대한 리소스도 온도와 라이트 센서에 대한 리소스를 작성할 때와 같은 방식으로 등록한다. 다만 이번에는 생성한 리소스 오브젝트를 `motionTxt`라는 변수에 저장했다.

```
motionTxt = CoapEndpoint.RegisterResource ("motion/txt",
  "Motion detection, as text.", CoapBlockSize.BlockLimit_64Bytes,
  false, 10, true,
  (Request, Payload) =>
  {
```

```
    return motionDetected ? "1" : "0";
  });
```

코드를 보면 움직임의 감지 여부에 따라 1이나 0을 리턴하는데, 이때 값을 일반 텍스트로 리턴한다. 현재는 10초마다 구독자에게 현재 상태를 알려주기만 하지만, 이렇게 이벤트에 대한 알림을 네트워크에 주기적으로 네트워크에 스팸 메시지처럼 뿌리지 않고, 이벤트가 발생할 때마다 즉시 보내는 기능도 추가해보자. 이를 위해 직접 이벤트를 발생하는 기능을 작성한다.

PIR 센서의 상태를 검사기 위해 루프를 도는 부분에 센서의 상태가 변했는지 검사하는 코드도 추가한다. 변화를 감지하자 마자 곧바로 구독자에게 알려주는 부분은 다음과 같이 간단히 NotifySubscribers() 메소드만 호출하는 형태로 작성한다.

```
if (MotionChanged && motionTxt != null)
  motionTxt.NotifySubscribers ();
```

데이터 리드아웃 리소스 등록

앞에서 작성한 것처럼 CoAP 리소스에서 조그만 순간 값만 제공하지 말고, XML, JSON, TURTLE, RDF와 같은 포맷으로도 보내는 기능을 만들어보자. 이러한 포맷으로 보내는 데이터는 크기가 크기 때문에, CoAP에서 제공하는 블록 전송 알고리즘을 사용해 콘텐츠를 여러 패킷으로 쪼개야 한다. 이러한 블록 전송 알고리즘은 CoapEndpoint 클래스에 구현되어 있으므로, 리소스를 등록할 때 블록을 쪼개는 기준을 바이트 단위로 지정해주기만 하면 된다. 예제에서는 다양한 크기로 쪼갤 수 있도록 CoapBlockSize 열거형에서 정의하는 CoAP 블록 크기를 모두 사용할 수 있도록 지정했다. 따라서 블록을 16, 32, 64, 128, 256, 512, 1024바이트로 구성할 수 있다. CoapBlockSize 열거형은 16바이트/블록을 가리키는 0부터 1024바이트/블록을 가리키는 6까지 지정되어 있다. 이러한 열거형에 담긴 각 요소에 대해 루프를 돌면서 각 블록 크기별로 리소스를 등록한다. 이때 블록으로 쪼개서 전송하지 않고 하나의 데이터그램으로 전송하도록 BlockLimit_Datagram 옵션으로 지정되어 있다면 다음 요소로 건너 뛴다.

```
foreach (CoapBlockSize BlockSize in
  Enum.GetValues(typeof(CoapBlockSize)))
{
  if (BlockSize == CoapBlockSize.BlockLimit_Datagram)
    continue;

  string Bytes = (1 << (4 + (int)BlockSize)).ToString ();
```

이제 지정된 블록 크기로 XML 리소스를 등록한다.

```
CoapEndpoint.RegisterResource ("xml/" + Bytes,
  "Complete sensor readout, in XML. Control content using " +
  "query parameters. Block size=" + Bytes + " bytes.",
  BlockSize, false, 30, false, CoapGetXml);
```

JSON, TURTLE, RDF 리소스도 이와 비슷한 방식으로 다음과 같이 리소스 이름과
제목, 리소스 메소드만 바꿔서 등록한다.

```
CoapEndpoint.RegisterResource ("json/" + Bytes,
  "Complete sensor readout, in JSON. Control content using " +
  "query parameters. Block size=" + Bytes + " bytes.",
  BlockSize, false, 30, false, CoapGetJson);

CoapEndpoint.RegisterResource ("turtle/" + Bytes,
  "Complete sensor readout, in TURTLE. Control content " +
  "using query parameters. Block size=" + Bytes + " bytes.",
  BlockSize, false, 30, false, CoapGetTurtle);

CoapEndpoint.RegisterResource ("rdf/" + Bytes,
  "Complete sensor readout, in RDF. Control content using " +
  "query parameters. Block size=" + Bytes + " bytes.",
  BlockSize, false, 30, false, CoapGetRdf);
```

XML 리턴

CoAP 리소스에서 리턴하는 XML을 XmlDocument 오브젝트로 표현한다. 이렇게
하면 CoapEndpoint에서 응답을 정확히 인코딩할 수 있다. 그냥 string 값으로
리턴하면, XML이 아닌 일반 텍스트로 인코딩하게 된다. 앞에서 정의한 메소드로

XML로 인코딩해서, 이를 XmlDocument 오브젝트로 불러온 뒤 이 값을 리턴하는 코드를 작성한다.

```
private static object CoapGetXml (CoapRequest Request,
  object Payload)
{
  StringBuilder sb = new StringBuilder ();
  ISensorDataExport SensorDataExport =
    new SensorDataXmlExport (sb, false, true);
  ExportSensorData (SensorDataExport,
    new ReadoutRequest (Request.ToHttpRequest ()));

  XmlDocument Xml = new XmlDocument ();
  Xml.LoadXml (sb.ToString ());
  return Xml;
}
```

URL 쿼리 옵션을 파싱하는 ReadoutRequest 클래스의 생성자는 HttpServerRequest 오브젝트를 인자로 받는다. 이 오브젝트를 통해 쿼리 파라미터를 전달한다. CoapRequest 오브젝트를 HTTPRequest 오브젝트로 변환할 때는, CoapRequest 오브젝트에서 제공하는 ToHttpRequest() 메소드를 호출한다. CoAP는 HTTP와 매우 유사하기 때문에, HTTP 기반으로 사용하던 로직을 그대로 적용한다.

이 책을 집필하는 시점엔 CoAP의 Content-Format에 RDF에 대한 부분이 없었다. 그래서 그나마 가장 비슷한 XML 데이터로 리턴하도록 구현했다.

```
private static object CoapGetRdf (CoapRequest Request,
  object Payload)
{
  StringBuilder sb = new StringBuilder ();
  HttpServerRequest HttpRequest = Request.ToHttpRequest ();
  ISensorDataExport SensorDataExport =
    new SensorDataRdfExport (sb, HttpRequest);
  ExportSensorData (SensorDataExport,
    new ReadoutRequest (HttpRequest));

  XmlDocument Xml = new XmlDocument ();
```

```
    Xml.LoadXml (sb.ToString ());
    return Xml;
}
```

JSON 리턴

CoAP 메소드로 JSON을 리턴할 때 결과가 배열로 되어 있다면 배열 오브젝트를 리턴하고, 결과가 그냥 오브젝트로 되어 있으면 SortedDictionary<string,object>로 리턴한다. 플러그인 형태로 제공되는 CoAP Content-Format 인코더에서는 이러한 클래스를 인식할 수 있다. 여기서는 앞서 정의한 메소드로 JSON을 생성하고, JsonUtilities 클래스로 파싱한 뒤에, 적절한 타입으로 오브젝트를 리턴한다.

```
private static object CoapGetJson (CoapRequest Request,
  object Payload)
  {
    StringBuilder sb = new StringBuilder ();
    ISensorDataExport SensorDataExport =
      new SensorDataJsonExport (sb);
    ExportSensorData (SensorDataExport,
      new ReadoutRequest (Request.ToHttpRequest ()));
    return JsonUtilities.Parse (sb.ToString ());
}
```

일반 텍스트 리턴

앞서 설명한 바와 같이 CoAP 리소스 메소드에서 값을 string으로 리턴하기만 하면 일반 텍스트를 리턴할 수 있다. 이 책을 집필하는 시점에선 CoAP Content-Format에서 TURTLE을 지원하지 않기 때문에, 그냥 일반 텍스트로 리턴했다. TURTLE은 다음과 같이 앞서 정의한 메소드로 생성했다.

```
  private static object CoapGetTurtle (CoapRequest Request,
    object Payload)
  {
    StringBuilder sb = new StringBuilder ();
    HttpServerRequest HttpRequest = Request.ToHttpRequest ();
    ISensorDataExport SensorDataExport =
      new SensorDataTurtleExport (sb, HttpRequest);
```

```
ExportSensorData (SensorDataExport,
    new ReadoutRequest (HttpRequest));
return sb.ToString ();
}
```

 CoAP 인코딩과 디코딩 모듈을 직접 작성하는 건 어렵지 않다. Clayster.Library.Internet.
CoAP.Encoding에서 제공하는 ICoapEncoder나 ICoapDecoder 인터페이스를 구현하기
만 하면 된다. 이렇게 구현한 클래스는 따로 등록하지 않아도 된다. 클래스에 (아무런 파라
미터도 받지 않는) public 디폴트 생성자만 정의되어 있다면, 프레임워크에서 자동으로 찾
는다.

CoAP 리소스 찾기

CoAP 엔드포인트는 .well-known/core라는 이름의 리소스를 별도로 등록한다.
여기에서는 이 리소스로 CoREConstrained RESTful Environments 링크 포맷Link Format 문
서를 게시한다. 이 문서에는 엔드포인트에서 제공하는 리소스 목록과 각 문서에
대한 기본적인 정보를 담고 있다. 어떻게 보면 이 문서는 웹 서비스의 WSDL 문서
와 비슷하다. WSDL보다 간단하다는 점만 다르다. 링크 포맷 문서에는 리소스에
대한 목록과 함께 각 리소스에 대한 속성도 표시한다.

 링크 포맷 문서는 자동으로 생성된다. 여기에는 리소스와 제목, 외부에서 볼 수 있는 상
태 등이 작성된다. 이 밖에 다른 정보도 추가하려면, CoAPResource 클래스에 있는
AppendLinkFormatResourceOptions 메소드를 오버라이드해서 원하는 리소스 속성을
문서에 추가해주면 된다. 이 문서에 대한 포맷은 RFC 6690(http://tools.ietf.org/html/
rfc6690)에서 자세히 설명한다.

장치에서 어떤 리소스를 제공하는지 요청하면 .well-known/core 리소스를 통해
링크 문서를 받게 된다. 실제로 이렇게 동작하는지 확인하려면, 앞서 제작한 센서
를 구동하고 파이어폭스 플러그인인 Cu로 확인해볼 수 있다. Discover 버튼을 클
릭하면, 문서를 다운로드해서 왼쪽에 있는 트리 뷰에 해당 리소스에 대한 정보를
표시한다.

CoAP 리소스 테스트

이제 발견된 리소스 중에서 원하는 것을 선택해서 이 리소스에 대한 인터페이스에 나온 메소드를 실행시켜보자. 리소스에서 제공하는 값을 가져오려면 GET 버튼을 클릭하면 된다. 결과는 Incoming 탭을 통해 확인할 수 있다. 리소스의 값이 시간에 따라 변하는 것을 관찰하려면, GET 버튼 대신 Observe 버튼을 클릭한다. GET 쿼리를 보낼 때 리소스 상태가 변할 때 알림을 보내주도록 옵션을 지정하여 요청을 보낸다. 리소스에 데이터를 보내도록 PUT이나 POST 메소드로 요청을 보내려면 Outgoing 탭에 페이로드를 지정해야 한다. 이때 쿼리 파라미터는 기존 방식대로 모두 URL로 표현한다. 다음 그림은 TURTLE 리소스에 대해 GET 메소드를 호출하는 것을 보여주고 있다.

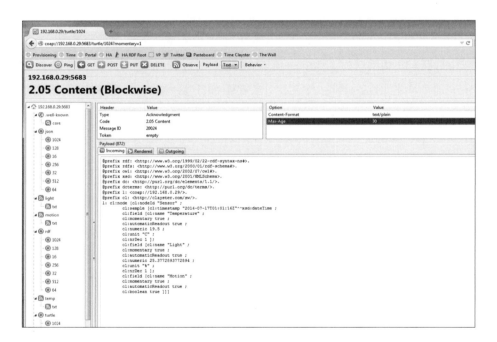

146

액추에이터 프로젝트에 CoAP 기능 추가

액추에이터에 CoAP 기능을 추가하는 과정은 센서와 비슷하다. 가장 큰 차이점은 데이터 리드아웃에 대한 리소스 대신 컨트롤 리소스를 사용한다는 점이다. 따라서 액추에이터에 데이터를 보낼 때는 GET 대신 POST 메소드를 사용한다. 우선 다음과 같이 액추에이터에 CoAP 엔드포인트를 추가한다.

```
CoapEndpoint CoapEndpoint = new CoapEndpoint ();
Log.Information ("CoAP endpoint receiving requests on port " +
  CoapEndpoint.Port.ToString ());
```

컨트롤 리소스 정의

먼저 컨트롤 리소스를 doN/txt라는 이름으로 여러 개 만든다. 이 리소스는 디지털 출력의 상태를 읽을 때뿐만 아니라, GET과 POST 메소드를 통해 간단히 일반 텍스트 값으로 상태를 변경할 때 사용한다. 리소스 이름에서 N으로 표시한 부분에 디지털 출력의 번호를 지정한다. 컨트롤 리소스를 등록할 때 두 개의 델리게이트를 추가하는데, 하나는 GET 메소드 호출을 처리하고 다른 하나는 POST 메소드 호출을 처리한다. 코드는 다음과 같이 작성한다.

```
for(i = 1; i <= 8; i++)
{
  CoapEndpoint.RegisterResource("do" + i.ToString() + "/txt",
    "Digital Output " + i.ToString() + ", as text.",
    CoapBlockSize.BlockLimit_64Bytes, false, 30, false,
    CoapGetDigitalOutputTxt, CoapSetDigitalOutputTxt);
}
```

그리고 모든 출력을 하나의 연산으로 처리하는 do/txt라는 리소스도 정의한다.

```
CoapEndpoint.RegisterResource("do/txt",
  "Digital Outputs, as a number 0-255 as text.",
  CoapBlockSize.BlockLimit_64Bytes, false, 30, false,
  CoapGetDigitalOutputsTxt, CoapSetDigitalOutputsTxt);
```

알람에 대한 리소스도 다음과 같이 alarm/txt라는 이름으로 정의한다.

```
CoapEndpoint.RegisterResource("alarm/txt",
  "Alarm Output " + i.ToString () + ", as text.",
  CoapBlockSize.BlockLimit_64Bytes, false, 30, false,
  CoapGetAlarmOutputTxt, CoapSetAlarmOutputTxt);
```

 액추에이터 프로젝트에 대한 소스 코드를 보면, 센서 데이터 리드아웃(readout)을 제공하는 리소스도 정의되어 있다. 이 리소스는 센서 프로젝트에서 했던 것과 같은 방식으로 구현했다.

CoAP에서 URL 파싱

CoapGetDigitalOutputTxt 메소드는 URL을 보고 어느 디지털 출력을 참조하는지 알아낸다. CoAP에서는 요청에 대한 정보를 URL 문자열에 담지 않기 때문에, URL을 파싱하지 않아도 된다. 대신 URL로 표시할 각 부분을 모두 요청의 옵션으로 담아서 보낸다. 먼저 현재 디지털 출력 상태를 리턴하는 GET 메소드를 다음과 같이 정의한다.

```
private static object CoapGetDigitalOutputTxt
  (CoapRequest Request, object DecodedPayload)
{
  int Index;

  if(!GetDigitalOutputIndex(Request, out Index))
    throw new CoapException
    (CoapResponseCode.ClientError_NotFound);
    return digitalOutputs [Index - 1].Value ? "1" : "0";
}
```

따라서 디지털 출력을 찾을 때 CoAP 요청에 담긴 옵션에 대해 루프를 돌면서 (Clayster.Library.Internet.CoAP.Options 네임스페이스의 CoapOptionUriPath 클래스에 정의된) URI Path 옵션을 골라낸 다음, 이 옵션에서 인덱스 값을 추출하는 방식으로 찾는다. 경로의 각 부분은 UriPath 옵션으로 표현한다. 따라서 do1/txt라는 리소스는 do1과 txt에 대한 두 개의 URI 경로 옵션으로 구성된다. 이 과정을 코드로 표현하면 다음과 같다.

```
private static bool GetDigitalOutputIndex (CoapRequest Request,
  out int Index)
{
  CoapOptionUriPath Path;
  Index = 0;
  foreach (CoapOption Option in Request.Options)
  {
    if ((Path = Option as CoapOptionUriPath) != null &&
      Path.Value.StartsWith ("do"))
    {
      if (int.TryParse (Path.Value.Substring (2),
        out Index))
        return true;
    }
  }
  return false;
}
```

 여기서 설명한 옵션 말고도 여러 가지 유용한 옵션을 제공하고 있다. CoapOptionAccept 라는 옵션을 사용하면 클라이언트에서 원하는 콘텐트 타입을 서버에게 알려줄 수 있다. CoapOptionUriQuery 옵션을 사용하면 파라미터(p)와 값(v)을 p=v 형태로 표현하여 하나의 쿼리 문장으로 구성할 수 있다.

CoAP로 출력 제어

앞 절에서 정의한 CoapGetDigitalOutputTxt 메소드는 디지털 출력이 high 상태면 1을, low 상태면 0을 문자열에 담아 리턴한다. 이제 이렇게 표현된 텍스트 페이로드로 출력을 제어하는 POST 메소드를 작성해보자. 코드는 다음과 같이 작성한다.

```
private static object CoapDigitalOutputTxt
  (CoapRequest Request, object DecodedPayload)
{
```

```
  int Index;
  if(!GetDigitalOutputIndex (Request, out Index))
    throw new CoapException
      (CoapResponseCode.ClientError_NotFound);
```

POST 메소드를 호출할 때 전달된 데이터는 `DecodedPayload` 파라미터에 담겨 있다. 이 값의 타입은 호출할 때 적용한 인코딩 방식에 따라 달라진다. 먼저 이 값이 일반 텍스트 문자열로 인코딩됐는지 확인한다.

```
string s = DecodedPayload as string;
```

메소드를 호출할 때 `Content-Format` 정보가 빠져 있다면, 페이로드를 디코드한 방법을 알 수 없다. 이럴 때는 페이로드를 단순히 바이트 배열로 처리한다. 상호운용성을 보장하기 위해 이렇게 타입이 명시되지 않을 경우에는 기본적으로 데이터를 문자열로 변환하도록 다음과 같이 코드를 작성한다.

```
if(s == null && DecodedPayload is byte[])
  s = System.Text.Encoding.UTF8.GetString
    ((byte[])DecodedPayload);
```

그리고 나서 이 문자열을 파싱한다. 파싱하는 과정에서 문제가 발생하면 다음과 같이 잘못된 요청이라는 에러를 리턴한다.

```
bool b;
if(s == null || !XmlUtilities.TryParseBoolean (s, out b))
  throw new CoapException
    (CoapResponseCode.ClientError_BadRequest);
```

이제 HTTP에서 했던 것과 같은 방식으로 실제 제어 작업을 수행하는 코드를 작성한다. 제어 작업이 성공적으로 끝나면 다음과 같이 정상적으로 수행됐다는 응답 코드를 리턴한다.

```
  return CoapResponseCode.Success_Changed;
}
```

여기서 콘텐츠를 리턴할 때 반드시 오브젝트를 통째로 리턴해야 한다. 그래야 이 오브젝트를 인코딩할 CoAP 인코더가 할당된다. 예제 코드를 실행하면 메시지의 응답 코드가 자동으로 Success_Content로 설정된다. 콘텐츠는 보내지 않고 응답 코드만 리턴하려면, CoapResponseCode 열거형 값만 리턴한다.

다른 컨트롤 메소드도 이와 비슷한 방식으로 작성한다. 구체적인 내용은 액추에이터Actuator 프로젝트의 소스 코드를 참고한다.

컨트롤러에 CoAP 기능 추가

센서와 액추에이터와 마찬가지로 컨트롤러도 CoAP로 통신할 수 있도록 CoAP 엔드포인트를 추가한다.

```
private static void MonitorCoap()
{
  CoapEndpoint Endpoint = new CoapEndpoint();
```

리소스 모니터링

예제에서는 센서 프로젝트에서 만든 라이트 센서와 모션 디텍터를 모니터링하기 위한 리소스를 각각 하나씩 만들어야 한다. 이러한 리소스를 만들기 위한 가장 쉬운 방법은 아래 코드와 같이 CoapObserver 클래스를 사용하는 것이다. 이 클래스를 이용하면 리소스에 대한 이벤트 구독 요청을 보내고, 구독한 이벤트에 대한 값이 지속적으로 전달되도록 보장하는 기능을 쉽게 작성할 수 있다. 전달된 이벤트 값이 도중에 사라졌거나 이벤트를 제공하는 리소스가 리셋되어 일정한 시간 동안 아무런 값도 오지 않는다면, 이벤트 구독 요청을 새로 보낸다.

```
CoapObserver LightObserver = new CoapObserver
  (Endpoint, true, "192.168.0.15", CoapEndpoint.DefaultCoapPort,
  "light/txt", string.Empty, 2 * 5);
CoapObserver MotionObserver = new CoapObserver
  (Endpoint, true, "192.168.0.15", CoapEndpoint.DefaultCoapPort,
  "motion/txt", string.Empty, 10 * 5);
```

CoapObserver 생성자의 첫 번째 파라미터에 통신을 담당할 CoAP 엔드포인트를 지정한다. 두 번째 파라미터는 불리언 타입의 값을 받는데, 이를 통해 옵저버가 확인형confirmable 메시지를 사용할지, 아니면 비확인형nonconfirmable 메시지를 사용할지를 지정한다. 확인형 메시지를 사용하면 메시지가 제대로 전달되면 반드시 확인 메시지가 오기 때문에, 중간에 메시지가 사라지는 등의 이유로 확인 메시지가 오지 않더라도 보낸 측에서 메시지가 확실히 전달되도록 다시 전송한다.

세 번째 파라미터는 리소스를 호스팅하는 머신의 IP 주소나 호스트네임을 지정한다. 네 번째 파라미터는 CoAP에서 통신할 때 사용할 포트 번호를 지정한다. 다섯 번째 파라미터는 리소스의 이름을 지정한다. (여기서는 사용하지 않았지만) 쿼리 파라미터를 지정할 수도 있고, 일정한 시간 동안 알림 메시지를 받지 못하면 구독 요청을 새로 보내기는데 기준이 되는 시간을 초 단위로 설정하는 파라미터도 지정할 수 있다. 여기서는 리소스의 최대 유효기간age의 다섯 배에 해당하는 시간 동안 알림을 기다리도록 지정한다. 따라서 이 시간이 지나면 구독 요청을 새로 보낸다.

알림 받기

CoapObserver 클래스는 OnDataReceived와 OnError라는 이벤트를 받을 수 있다. OnDataReceived는 새로운 알림을 받을 때 발생하고, OnError는 에러 메시지를 받거나 타임아웃 이벤트가 발생할 때 받게 된다. 이러한 두 이벤트를 이용해 애플리케이션의 동작을 제어할 수 있다. 먼저 다음과 같이 두 개의 로컬 변수를 선언한다.

```
bool HasLightValue = false;
bool HasMotionValue = false;
```

OnDataReceived는 빛의 양에 관련된 알림이 들어올 때 처리할 작업을 수행할 때 활용한다.

```
LightObserver.OnDataReceived += (o, e) =>
{
```

리소스에서 보낸 알림 메시지는 문자열로 구성되어 있으며, Response 프로퍼티에서 확인할 수 있다. 이 값을 가져와서 포맷이 제대로 되어 있는지, 그리고 숫자 값이 담겨 있는지 확인한다.

```
string s = e.Response as string;
double d;

if(!string.IsNullOrEmpty(s) && s.EndsWith(" %") &&
  XmlUtilities.TryParseDouble(s.Substring(0, s.Length - 2),
  out d))
{
```

숫자 값이 담겨 있다면, 이 값을 제어용 변수에 저장한다.

```
lightPercent = d;
if(!HasLightValue)
{
  HasLightValue = true;
  if(HasMotionValue)
    hasValues = true;
}
```

이 작업이 끝나면 앞에서 정의한 CheckControlRules 메소드를 호출한다. 이 메소드는 메시지로 전달된 값에 해당하는 액션을 찾아서 실행시킨다.

```
    CheckControlRules();
  }
};
```

모션 디텍터에 대한 알림을 처리하는 부분도 이와 비슷한 방식으로 작성한다.

제어 동작 수행

마지막으로 실제로 액추에이터로 동작을 수행하도록, 이에 대해 액추에이터에서 제공하는 리소스를 호출하는 코드를 작성해야 한다. 수행해야 할 제어 동작은 컨트롤러에서 모니터링하는 이벤트 오브젝트를 통해 전달된다. 앞 장에서 라이트 센서로 전달된 값에 따라 액추에이터의 LED를 적절히 설정할 때 HTTP 리소스를 호출했던 방식과 달리, 이번에는 CoAP로 확인형 POST 메시지를 보내는 방식으로 작성한다. 이때 각 LED의 상태는 변수 i를 통해 0에서 255 사이의 값으로 지정한다.

```
Endpoint.StartPOST(true, "192.168.0.23",
  CoapEndpoint.DefaultCoapPort, "do/txt", string.Empty,
  i.ToString(), CoapBlockSize.BlockLimit_64Bytes, null, null);
```

여기서는 응답을 기다릴 필요 없이 커맨드를 보내기만 해도 되기 때문에, 동기식 POST() 메소드 대신 비동기식 StartPOST() 메소드를 사용했다. (첫 번째 파라미터를 통해) 확인형 메시지를 사용하도록 설정했기 때문에, CoAP 엔드포인트가 액추에이터로부터 아무런 확인 메시지를 받지 못하면 메시지를 다시 전송한다. 두 번째 파라미터로 리소스를 호스팅하는 머신의 도메인 네임이나 IP 주소를 지정하고, 세 번째 파라미터로 CoAP에서 사용할 포트 번호를 지정했다. 네 번째 파라미터로 실제로 제어할 리소스를 지정하고, 다섯 번째 파라미터에는 쿼리 파라미터를 지정한다(여기서는 쿼리 파라미터를 지정하지 않았다). 여섯 번째 파라미터는 메시지에 대한 실제 페이로드를 지정하는데, 여기서는 디지털 출력 상태를 표시하는 바이트 값으로만 간단히 지정했다. 페이로드를 지정하는 파라미터 뒤에는 메시지에 대한 최대 블록 크기를 지정했다. 마지막으로 메시지가 전달됐거나 전달에 실패했을 때 사용할 콜백 메소드와 이러한 콜백 메소드에 전달할 상태 파라미터를 지정한다. 여기에서는 메시지가 제대로 전달됐는지 여부에 관심없기 때문에, 두 파라미터를 null로 지정했다. 알람 출력을 제어하기 위한 커맨드를 보내는 부분도 이와 비슷하게 작성한다.

이제 센서와 액추에이터, 컨트롤러 프로젝트에 CoAP을 지원하는데 필요한 기능을 모두 추가했다. 전체 소스 코드를 보려면 앞서 언급한 링크에서 예제 프로젝트 소스를 다운로드하기 바란다.

라인 리스너와 와이어샤크(WireShark) 같은 스니핑 도구로 센서와 컨트롤러, 액추에이터 사이에 주고 받는 메시지를 살펴보기 바란다. 먼저 HTTP 버전으로 만든 예제부터 살펴본 다음, 이 장에서 만든 CoAP 버전 애플리케이션을 살펴본다. 이렇게 하면 HTTP와 CoAP 이 구체적으로 어떻게 다른지 살펴볼 수 있다.

정리

4장에서는 CoAP 프로토콜에 대한 기본적인 구조를 소개하고, 장점과 단점에 대해 간략히 살펴봤다. 센서와 액추에이터와 컨트롤러 프로젝트에 CoAP을 지원하는 기능을 직접 구현해보면서, CoAP를 통해 IoT 애플리케이션을 손쉽게 만들 수 있다는 것도 확인할 수 있었다.

5장에서는 게시/구독 패턴에 대해 소개하면서 메시지 중개자를 통해 통신하는 방법에 대해 알아본다.

5
MQTT

HTTP나 UPnP, CoAP 프로토콜을 사용할 때 직면하는 대표적인 문제 중 하나는 바로 방화벽을 뛰어넘는 것이다. 방화벽을 사용하면 들어오는 접속 시도를 차단할 뿐만 아니라 집이나 사무실에 구성된 네트워크를 하나의 IP 주소로만 표현하여 내부에 연결된 장치를 숨겨버린다. 방화벽에서 밖으로 나가는 연결까지 차단하도록 설정되어 있지 않고, 방화벽 안에 있는 모든 엔드포인트가 클라이언트 역할을 하여 방화벽 밖에 있는 메시지 중개자broker를 통해 통신한다면, 모든 이와 통신하도록 방화벽을 뛰어 넘을 수 있다. 메시지 중개자는 서버로 구성하지만, 클라이언트 사이의 메시지를 단순히 전달하는 역할만 한다. 이러한 메시지 중개자를 위해 개발된 프로토콜이 바로 MQTTMessage Queue Telemetry Transport다.

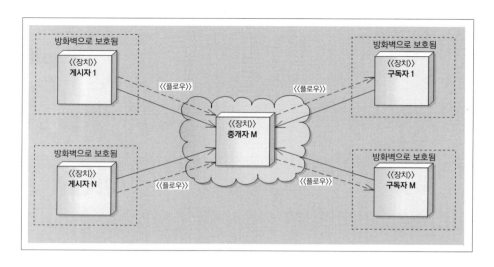

이 장에서 배울 내용은 다음과 같다.

- MQTT의 기본 구조와 동작
- 데이터를 MQTT 토픽으로 게시하는 방법
- MQTT 토픽을 구독하는 방법
- 센서와 액추에이터, 컨트롤러에서 MQTT 사용하는 방법

 이 책에서 소개하는 모든 예제에 대한 소스 코드는 다운로드할 수 있다. 특히 이 장의 소스 코드는 https://github.com/Clayster/Learning-IoT-MQTT에서 다운로드할 수 있다.

게시하고 구독하기

MQTT 프로토콜은 지금까지 살펴본 요청/응답 패턴이나 이벤트 구독 패턴 대신, 게시publish/구독subscribe 패턴을 기반으로 동작한다. 게시/구독 패턴은 다음과 같은 세 가지 개체로 구성된다.

- 게시자Publisher: 메시지 중개자에 연결하여 콘텐츠를 게시한다.

- 구독자Subscriber: 게시자처럼 메시지 브로커에 접속하여 원하는 콘텐츠를 구독한다.

- 메시지 중개자Message broker: 게시된 콘텐츠를 구독자에게 전달한다.

MQTT를 통해 게시하고 구독하는 콘텐츠는 토픽topic으로 식별한다. 콘텐츠를 게시할 때, 게시자는 이 콘텐츠를 서버에 남겨둘지 여부를 결정할 수 있다. 서버에 남겨두면, 구독을 신청하자마자 최신 게시물을 받을 수 있다. 이러한 토픽은 파일 시스템처럼 트리 구조로 정렬할 수도 있다. 토픽에 대한 경로를 표현할 때 구분자delimeter로 슬래시 문자(/)를 사용한다. 콘텐츠에 구독할 때 원하는 토픽을 구체적인 경로로 지정하거나, 와일드카드 문자로 해시 기호(#)를 사용해 특정한 토픽에 속한 모든 토픽을 통째로 지정할 수 있다. 와일드카드 문자로 플러스 기호(+)를 사용하면, 트리에서 한 층에 대한 토픽만 지정할 수 있다. 이렇게 토픽을 지정하는 방법에 대한 이해를 돕기 위해, 앞 장에서 만든 센서에서 측정한 온도를 Clayster/LearningIoT/Sensor/Temperature라는 토픽으로 게시하도록 만들어 보자. 그리고 나서 Clayster/+/Sensor/#를 구독하도록 요청하면 Clayster/의 두 단계 아래가 Sensor인 토픽의 모든 하위 브랜치를 구독하게 된다.

MQTT 프로토콜은 다음과 같은 구조로 구성된다.

MQTT에서는 콘텐츠를 게시할 때 QoS 수준을 세 단계로 지정할 수 있다. 가장 낮은 단계인 비확인 서비스unacknowledged service로 지정하면 메시지를 구독자에게 최대한 한 번만 보낸다. 두 번째 단계인 확인 서비스acknowledged service로 지정하면 게시된 정보를 받았다는 확인 메시지를 받는다. 구독자로부터 확인 메시지를 받지 못하면 다시 보낸다. 이렇게 하면 게시된 정보가 구독자에게 최소한 한 번은 보내도록 할 수 있다. 가장 높은 단계인 보증 서비스assured service로 지정하면 먼저 전송한 뒤에 전달하는 두 단계를 거치는 방식으로 정보를 보낸다. 이때 각 단계마다 확인 메시지를 받는다. 이렇게 하면 모든 구독자가 콘텐츠를 정확히 한 번만 전달할 수 있다.

 MQTT에서는 사용자 인증에 대한 기능이 부족하다. 유저네임과 패스워드를 일반 텍스트로 입력하는 방식으로만 인증하기 때문에, 보안 기능을 갖추지 않은 네트워크에 서버를 설치하면 위험할 수 있다. 이를 보완하기 위해 MQTT에서 암호화된 통신을 하기 위해 SSL/TLS를 사용할 수도 있다. 이때 클라이언트는 반드시 서버 인증서를 검사하여 서버에 대한 자격증명이 손상되지 않았는지 확인해야 한다.

MQTT에서 직접 제공하는 유저네임과 패스워드를 이용한 인증 방법 대신, 클라이언트 인증서를 사용하거나 미리 공유된 키로 클라이언트를 식별하게 할 수도 있다. 상용 솔루션으로 콘텐츠를 암호화하여 적합한 자격증명을 가진 수신자만 콘텐츠를 복호화할 수 있도록 구성해도 된다. 이렇게 하면 보안의 취약점은 줄일 수 있지만, 상호운용성이 다소 떨어지게 될 뿐만 아니라 각 장치마다 처리해야 하는 작업이 늘어나게 되어, MQTT가 추구하는 바와 상충되는 결과를 초래하게 된다.

MQTT에서 자체적으로 보안 기능을 제공하지 않기 때문에, MQTT로 구현하는 개발자가 직접 보안 기능을 제공해야 한다. 사용자 자격증명을 관리하는 기능도 개발자가 직접 구현하거나 상용 솔루션을 활용하여 제공해야 한다.

센서 프로젝트에 MQTT 기능 추가

센서에 MQTT로 통신하는 기능을 지원하는 코드는 `Clayster.Library.Internet.MQTT` 네임스페이스에서 정의하는 `MqttClient` 클래스로 작성한다.

먼저 코드에서 이 라이브러리에 대한 네임스페이스를 참조하도록 다음과 같이 using 문장을 작성한다.

```
using Clayster.Library.Internet.MQTT;
```

예제에서 MQTT 서버와 통신하는 부분은 별도 스레드로 동작하도록 작성한다. 이 렇게 하면 센서에서 값을 측정하는 작업이 지연되지 않게 해줄 수 있다. 새로운 값이 들어오면, AutoResetEvent 오브젝트로 플래그를 설정하여 MQTT 스레드에게이 사실을 알려준다. 이를 위해 다음과 같이 정적 변수를 정의한다.

```
private static Thread mqttThread = null;
private static AutoResetEvent mqttNewTemp =
  new AutoResetEvent(false);
private static AutoResetEvent mqttNewLight =
  new AutoResetEvent(false);
private static AutoResetEvent mqttNewMotion =
  new AutoResetEvent(false);
```

그리고 뭔가 중요한 이벤트가 발생하거나, 마지막으로 게시한 후 일정한 시간이 지날 때, MQTT 토픽에 새로운 값을 게시하는 기능도 구현해야 한다. 이를 위해 마지막으로 게시한 값과, 마지막으로 게시한 시점을 저장하는 변수를 다음과 같이 정의한다.

```
private static double mqttLastTemp = 0;
private static double mqttLastLight = 0;
private static bool mqttLastMotion = false;
private static DateTime mqttLastTempPublished = DateTime.MinValue;
private static DateTime mqttLastLightPublished =
  DateTime.MinValue;
private static DateTime mqttLastMotionPublished =
  DateTime.MinValue;
```

스레드의 라이프 사이클 관리

메인 루프로 들어가기 전에, 일반적으로 스레드를 실행시키는 방식대로 MQTT 스레드를 시작한다. 이때 메인 코드에 영향을 주지 않게 스레드 우선순위를 BelowNormal로 설정한다.

```
mqttThread = new Thread (MqttThread);
mqttThread.Name = "MQTT";
mqttThread.Priority = ThreadPriority.BelowNormal;
mqttThread.Start ();
```

 스레드를 생성할 때, 우선순위를 중간보다 한 단계 낮은 BelowNormal로 설정했다. 이렇게 하면 CPU 사용량이 100%에 도달해도 메인 스레드에 영향을 주지 않는다. CPU 사용률이 100%보다 낮으면 메인 스레드와 비슷하게 동작한다. 이러한 상황에선 일반적으로 통신이 일어나지 않기 때문에, 실제 기능에는 영향을 주지 않는다.

애플리케이션을 종료할 때 반드시 스레드도 Abort() 메소드로 종료시켜야 한다.

```
if(mqttThread != null)
{
  mqttThread.Abort ();
  mqttThread = null;
}
```

중요한 이벤트에 대한 플래그 설정

SampleSensorValues()에서 주기적으로 센서 값을 샘플링하는 동안 중요한 이벤트가 발생했다면 이에 대해 MQTT 스레드로 처리하도록 코드를 작성해야 한다. 먼저 모션 디텍터에 이 기능을 추가해보자. CoAP 구독자에게 알림을 보낸 뒤에, MQTT 스레드에게도 움직임을 감지했다는 것을 표시하는 불리언 값이 변경됐다고 알린다.

```
if (MotionChanged)
{
  if (motionTxt != null)
    motionTxt.NotifySubscribers ();

  mqttNewMotion.Set ();
  mqttLastMotionPublished = Now;
  mqttLastMotion = motionDetected;
```

일정한 시간 동안 새로운 값이 게시되지 않았을 때도, 값을 다시 게시해야 한다. 이를 위해 다음과 같이 코드를 추가한다.

```
}
else if((Now - mqttLastMotionPublished).TotalMinutes >= 10)
{
  mqttNewMotion.Set ();
  mqttLastMotionPublished = Now;
  mqttLastMotion = motionDetected;
}
```

불리언 값에 대해 발생할 중요한 이벤트를 정의하는 코드는 쉽게 작성할 수 있다. 숫자 값에 대해 일어난 변화 중 어떤 것을 이벤트로 표현할 지만 결정하면 된다. 예제에서는 온도가 0.5도 이상 변했거나 10분 이상 지난 시점을 중요한 이벤트로 정의했다. 여기서 중요하다고 판단하는 기준은 측정하려는 온도의 종류에 따라 달라지며, 문맥에 따라 기준을 적절히 변경하면 된다.

라이트 센서에 대해서도 비슷한 방식으로 중요한 이벤트를 정의한다. 이 센서에서는 값이 1% 이상 변했을 때와, 마지막으로 게시한 후 10분이 지날 때 중 먼저 발생하는 시점을 중요한 이벤트로 정의했다.

```
if ((Now - mqttLastLightPublished).TotalMinutes >= 10 ||
  System.Math.Abs (lightPercent - mqttLastLight) >= 1.0)
{
  mqttNewLight.Set ();
  mqttLastLightPublished = Now;
  mqttLastLight = lightPercent;
}
```

 MQTT에서는 (요청을 보내는 토픽을 별도로 만들어야 하므로) 요청/응답 패턴을 구현하는 것이 쉽지 않다. 따라서 구독자에게 센서가 죽지 않고 잘 동작하고 있다는 사실을 알려주거나 센서로 측정한 값을 알려주려면 별도의 방법을 써야 한다. 한 가지 방법은, 마지막으로 게시한 값에 변화가 없거나 변화량이 미미하더라도, 현재 상태를 일정한 주기로 게시하는 방식으로 구현할 수 있다.

MQTT 서버에 연결

MQTT 스레드에서 서버와 통신하는 부분은 `MqttClient` 클래스를 이용해 작성한다.

```
MqttClient Client = null;
```

예제에서는 `MqttClient` 생성자의 첫 번째 파라미터를 통해 eclipse.org에서 호스팅하는 공용 MQTT 서버를 사용하도록 설정했다. 이 서버는 누구나 접속해서 정보를 게시할 수 있는 형태로 제공되기 때문에, 패스워드 없이 유저네임만 지정해도 된다. 생성자의 마지막 파라미터는 SSL/TLS 암호화를 적용할지 여부를 불리언 값으로 지정한다. 여기에서는 어차피 데이터가 인터넷 상에 공개되기 때문에, 암호화는 적용하지 않도록 지정했다.

```
if (Client == null)
{
  Client = new MqttClient ("iot.eclipse.org",
    MqttClient.DefaultPort, "LearningIoTSensor", string.Empty,
    false);
```

 통신이 일어나는 과정을 살펴보려면, 다음과 같이 MQTT 클라이언트에 LineListener를 등록한다.

```
Client.RegisterLineListener (
  new ConsoleOutLineListenerSink (
    BinaryFormat.Hexadecimal));
```

이제 서버에 연결하고 로그인하는 부분을 작성한다. CONNECT() 메소드를 호출할 때, 연결 유지(keepalive) 시간을 20초로 지정하고, 클린 커넥션clean connection 방식으로 연결하도록 두 번째 인자를 true로 지정한다. 이렇게 클린 커넥션 방식으로 지정하면, 서버에 저장된 아직 보내지 않은 알림은 모두 무시한다. 서버에 다시 접속할 때, 클린 커넥션 방식으로 연결하지 않도록 선택할 수 있다. 그러면 연결되지 않은 동안에도 현재 세션이 만료되거나 삭제되지 않으면, 지금까지 저장된 알림 메시지를 서버가 모두 보내준다.

```
Client.Open ();
Client.CONNECT (20, true);
```

마지막으로, MQTT 연결이 활성화된 상태라는 것을 알려주도록 이벤트 로그를 남긴다.

```
Log.Information ("Publishing via MQTT to " +
   "Clayster/LearningIoT/Sensor @ ", EventLevel.Minor,
   Client.Host + ":" + Client.PortNumber.ToString ());
}
```

 원하면 MQTT 메시지 중개자를 별도로 설치해서 운영해도 된다. https://github.com/mqtt/mqtt.github.io/wiki/servers를 보면 다양한 중개자가 나와 있는데, 이 중에서 원하는 것을 골라 쓰면 된다.

콘텐츠 게시

애플리케이션에서는 중요한 이벤트가 발생했다는 것을 알리는 플래그를 이벤트 오브젝트를 통해 설정한다. 먼저 모니터링할 이벤트를 담을 배열을 다음과 같이 생성한다.

```
WaitHandle[] Events = new WaitHandle[]
{
   mqttNewTemp, mqttNewLight, mqttNewMotion
};
```

무한 루프를 돌면서 여기서 지정한 이벤트 중 어느 하나라도 발생할 때까지 기다린다.

```
switch (WaitHandle.WaitAny (Events, 1000))
{
}
```

먼저 온도에 대한 이벤트가 감지될 때 현재 온도를 게시하는 부분부터 작성한다. 여기에서는 이 값을 확인 서비스 방식으로 게시한다. 현재 온도에 대한 값은 한 개의 십진수 값 뒤에 공백으로 띄우고 마지막에 섭씨를 의미하는 C라는 문자를 붙인 문자열로 표현한다.

```
case 0: // 온도 값이 새로 들어온 경우
  Client.PUBLISH("Clayster/LearningIoT/Sensor/Temperature",
  FieldNumeric.Format (temperatureC, "C", 1),
  MqttQoS.QoS1_Acknowledged, true);
  break;
```

 MQTT는 바이너리 프로토콜이므로, 콘텐츠를 인코딩하거나 디코딩하는 기능은 제공하지 않는다. 따라서 인코딩과 디코딩은 직접 알아서 처리해야 한다. MqttClient 라이브러리에서 제공하는 PUBLISH() 메소드를 사용하면, 바이너리 콘텐츠를 게시할 수 있다. UTF-8로 인코딩한 텍스트와 XML 콘텐츠를 게시하도록 이 메소드를 오버라이드한 메소드도 제공하고 있다.

라이트 센서 값도 이와 비슷한 방식으로 게시한다. 이 값은 빛의 양을 표시하는 십진수 뒤에 한 칸 띄우고 퍼센트 문자(%)를 붙인 문자열로 표현한다.

```
case 1://라이트 센서 값이 새로 들어온 경우
  Client.PUBLISH ("Clayster/LearningIoT/Sensor/Light",
  FieldNumeric.Format (lightPercent, "%", 1),
  MqttQoS.QoS1_Acknowledged, true);
  break;
```

모션 디텍터는 불리언 값 하나만 갖는다. 움직임을 감지했을 경우에는 숫자 1을, 그렇지 않을 때는 숫자 0을 문자열로 표현하여 게시한다.

```
case 2:// 움직임을 감지한 경우
  Client.PUBLISH ("Clayster/LearningIoT/Sensor/Motion",
  motionDetected ? "1" : "0", MqttQoS.QoS1_Acknowledged, true);
  break;
```

 MQTT의 장점 중 하나는 대용량의 데이터를 하나의 메시지로 하나의 토픽에 전송할 수 있다는 점이다. MQTT에서 토픽 콘텐츠의 크기는 256MB로 제한한다. 따라서 멀티미디어 데이터를 여러 세그먼트로 나누거나 스트리밍 방식으로 전송하지 않고도 그대로 게시할 수 있다.

액추에이터에 MQTT 기능 추가

MQTT 네트워크에서 액추에이터는 구독자로 동작한다. 즉 액추에이터는 수행할 명령을 게시한 토픽을 구독하다가 명령에 대한 이벤트가 발생할 때 이를 수행한다. 앞에서 센서에 코드를 추가할 때와 같은 방식으로, 메인 루프에 들어가기 전에 MQTT 클라이언트로 연결하는 부분을 작성한다.

```
MqttClient MqttClient = new MqttClient("iot.eclipse.org",
  MqttClient.DefaultPort, "LearningIotActuator", string.Empty,
  false);
MqttClient.Open();
MqttClient.CONNECT(20, true);
```

토픽 콘텐츠 초기화

기왕이면 현재 (또는 기존에 저장된) 액추에이터의 출력 상태를, 구독하려는 토픽에 게시해두는 것이 좋다. 이렇게 하면 실제 출력 상태와 토픽 콘텐츠 사이의 일관성을 유지할 수 있다. 이를 코드로 표현하면 다음과 같다.

```
MqttClient.PUBLISH("Clayster/LearningIoT/Actuator/ao",
  state.Alarm ? "1" : "0", MqttQoS.QoS1_Acknowledged, true);
MqttClient.PUBLISH("Clayster/LearningIoT/Actuator/do",
  wsApi.GetDigitalOutputs().ToString(),
  MqttQoS.QoS1_Acknowledged, true);

for (i = 1; i <= 8; i++)
  MqttClient.PUBLISH
    ("Clayster/LearningIoT/Actuator/do" + i.ToString (),
    wsApi.GetDigitalOutput (i) ? "1" : "0",
    MqttQoS.QoS1_Acknowledged, true);
```

여기서 Actuator 토픽 아래에 아날로그 출력을 제어하는 용도로 ao라는 토픽과, 디지털 출력을 개별적으로 제어하기 위한 do1부터 do8까지 토픽과, 여덟 개의 디지털 출력을 한꺼번에 제어하기 위한 do라는 토픽을 게시했다.

토픽 구독

MQTT에서 이벤트를 구독하는 방법은 간단하다. SUBSCRIBE() 메소드에 구독하려는 토픽과, 이에 대한 QoS 레벨을 인자로 지정해 호출하기만 하면 된다. 이때 구독하려는 토픽을 와일드카드로 표현해도 된다. 예제에서는 토픽 트리에서 한 브랜치만 구독하도록 설정했다.

```
MqttClient.SUBSCRIBE (new KeyValuePair<string, MqttQoS>
    ("Clayster/LearningIoT/Actuator/#", MqttQoS.QoS1_Acknowledged));
```

 현재 구독하고 있는 토픽에 대한 구독을 해지하려면, 해지하려는 토픽을 UNSUBSCRIBE() 메소드의 인자로 지정하여 호출하면 된다.

Clayster/LearningIoT/Actuator/ 아래에 있는 토픽에 데이터가 게시될 때마다, MQTT 클라이언트 오브젝트에 OnDataPublished 이벤트가 발생하게 된다. 이 이벤트에 대한 핸들러를 다음과 같이 지정한다.

```
MqttClient.OnDataPublished += OnMqttDataPublished;
```

그리고 지금부터 액추에이터가 MQTT로 명령을 받는다는 것을 표현하는 이벤트를 로그에 남긴다.

```
Log.Information ("Receiving commands via MQTT from " +
    "Clayster/LearningIoT/Actuator @ ", EventLevel.Minor,
    MqttClient.Host + ":" + MqttClient.PortNumber.ToString ());
```

 특정한 토픽을 구독하기 전에, 반드시 이벤트 핸들러를 지정해야 한다. 그렇지 않으면 구독을 신청하는 순간에 중개자가 보낸 정보를 놓칠 수 있다.

게시된 콘텐츠 받기

이벤트의 인자에는 구독하는 토픽뿐만 아니라, 여기에 대해 게시된 모든 콘텐츠에 대한 바이너리 데이터도 담겨 있다. 이렇게 전달된 바이너리 데이터는 직접 디코딩해야 한다. 예제에서는 문자열로 표현된 콘텐츠만 받기 때문에, 이벤트 핸들러를 다음과 같이 작성한다.

```
private static void OnMqttDataPublished (object Sender,
  DataPublishedEventArgs e)
{
  string Topic = e.Topic;
  if (!Topic.StartsWith ("Clayster/LearningIoT/Actuator/"))
    return;
  string s = System.Text.Encoding.UTF8.GetString (e.Data);
  Topic = Topic.Substring (30);
  switch (Topic)
  {
    // 토픽 데이터를 여기서 처리한다.
  }
}
```

switch 구문에 들어오는 시점에 Topic 변수를 보면 새로 게시된 값에 대한 토픽 이름과 실제 값을 나타내는 문자열인 s가 담겨 있다.

콘텐츠 디코딩하고 파싱하기

들어온 콘텐츠를 처리하는 과정은 단순하다. 명령에 대한 정보를 콘텐츠 페이로드에 따로 인코딩해두지 않으면 누가 명령을 보냈는지 알 수 없기 때문에, 항상 게시된 콘텐츠의 포맷이 정확한지 검사해서 에러가 있는 게시물은 무시해야 한다. 여덟 개의 디지털 출력을 한 큐에 제어하는 do라는 토픽에 대해 발생한 이벤트를 처리하는 코드는 다음과 같이 작성한다.

```
case "do":
  int IntValue;
  if(int.TryParse(s, out IntValue) && IntValue >= 0 &&
    IntValue <= 255)
  {
    int i;
    bool b;
    for(i = 0; i < 8; i++)
    {
```

```
      b = (IntValue & 1) != 0;
      digitalOutputs [i].Value = b;
      state.SetDO(i, b);
      IntValue >>= 1;
    }
    state.UpdateIfModified();
  }
  break;
```

불리언 값으로 표현되는 알람 출력을 제어하는 코드도 이와 비슷한 방식으로 작성한다.

```
case "ao":
  bool BoolValue;
  if(XmlUtilities.TryParseBoolean(s, out BoolValue))
  {
    if(BoolValue)
    {
      AlarmOn();
      state.Alarm = true;
    }
    else
    {
      AlarmOff();
      state.Alarm = false;
    }
    state.UpdateIfModified();
  }
  break;
```

디지털 출력을 개별적으로 제어할 때는 해당 출력 번호에 대한 토픽으로 제어한다. 이를 위해 토픽과 콘텐츠를 다음과 같이 파싱한다.

```
default:
  if (Topic.StartsWith("do") &&
    int.TryParse(Topic.Substring(2), out IntValue) &&
    IntValue >= 1 && IntValue <= 8 &&
    XmlUtilities.TryParseBoolean(s, out BoolValue))
  {
    digitalOutputs [IntValue - 1].Value = BoolValue;
```

```
      state.SetDO(IntValue - 1, BoolValue);
      state.UpdateIfModified();
   }
   break;
```

컨트롤러에 MQTT 기능 추가

지금까지 살펴본 바와 같이 MQTT의 모든 엔드포인트는 MQTT 클라이언트에서
했던 것과 같은 방식으로 중개자에 연결한다. 따라서 컨트롤러도 같은 방식으로,
센서에서 게시한 정보를 구독하고 액추에이터에 지시할 명령을 게시하도록 다음
과 같이 코드를 작성한다.

```
Client = new MqttClient ("iot.eclipse.org",
   MqttClient.DefaultPort, "LearningIoTController",
   string.Empty, false);
Client.Open ();
Client.CONNECT (20, true);
```

센서에서 발생한 이벤트 처리

센서에서 발생한 이벤트를 처리하려면 액추에이터에서 했던 것과 같은 방법으로
이벤트 핸들러를 등록해야 한다. 이번에는 코드를 좀 더 간결하게 작성하기 위해
람다 함수 형태로 등록한다. 따라서 핸들러 메소드를 따로 작성할 때와 달리, 핸들
러를 등록하는 부분을 작성할 때 실제로 수행할 코드도 동시에 작성해야 한다.

```
Client.OnDataPublished += (Sender, e) =>
{
   string Topic = e.Topic;
   if(!Topic.StartsWith ("Clayster/LearningIoT/Sensor/"))
      return;

   string s = System.Text.Encoding.UTF8.GetString(e.Data);
   PhysicalMagnitude Magnitude;
   bool b;
   Topic = Topic.Substring(28);
```

```
    switch(Topic)
    {
        // 여기서 토픽 데이터를 처리한다.
    }
};
```

센서 값 디코딩하고 파싱하기

앞 장에서 다른 프로토콜에서 했던 것처럼, 라이트 센서에 값이 새로 들어오면 이 값을 파싱하고 이벤트 플래그를 설정한다. 물리 단위가 붙은 숫자 값을 쉽게 파싱하도록, 다음과 같이 `Clayster.Library.Math`에서 제공하는 `PhysicalMagnitude` 클래스를 사용한다.

```
    case "Light":
        if(PhysicalMagnitude.TryParse (s, out Magnitude) &&
            Magnitude.Unit == "%" && Magnitude.Value >= 0 &&
            Magnitude.Value <= 100)
        {
            lightPercent = Magnitude.Value;
            if(!HasLightValue)
            {
                HasLightValue = true;
                if(HasMotionValue)
                    hasValues = true;
            }
            CheckControlRules();
        }
        break;
```

모션 디텍터에 새로 들어온 값도 이와 비슷한 방식으로 파싱해서 내부의 제어 로직에 전달한다.

```
    case "Motion":
        if(!string.IsNullOrEmpty(s) &&
            XmlUtilities.TryParseBoolean(s, out b))
        {
            motion = b;
            if(!HasMotionValue)
```

```
    {
      HasMotionValue = true;
      if(HasLightValue)
        hasValues = true;
    }
    CheckControlRules();
  }
  break;
```

센서 이벤트 구독

센서에서 게시한 이벤트를 구독하는 코드는 다음과 같이 작성한다. 액추에이터가
컨트롤러의 명령을 구독하는 코드와 비슷하다.

```
Client.SUBSCRIBE(new KeyValuePair<string, MqttQoS>
  <"Clayster/LearningIoT/Sensor/#", MqttQoS.QoS1_Acknowledged));
Log.Information("Listening on MQTT topic " +
  "Clayster/LearningIoT/Sensor @ ", EventLevel.Minor, Client.Host +
  ":" + Client.PortNumber.ToString());
```

액추에이터 제어

센서 데이터를 받아서 이에 대한 제어 동작을 판단하는 코드는 모두 준비됐다. 이
제 컨트롤러에서 액추에이터가 구독할 명령을 토픽에 게시하기만 하면 된다. 앞에
서 MQTT는 바이너리 데이터를 사용하며 인코딩과 디코딩 작업을 직접 구현해야
한다고 설명한 바 있다. 따라서 다음과 같이 바이트 순서 표시를 별도로 붙이지 않
고 문자열을 바이너리 포맷으로 인코딩하도록 다음과 같이 UTF-8 인코더를 정의
한다.

```
UTF8Encoding Encoder = new UTF8Encoding (false);
```

LED 출력 제어

마지막으로 명령이 게시되면 문자열로 된 명령을 바이너리로 인코딩하여 해당 토
픽에 게시하는 부분을 작성해야 한다. 먼저 액추에이터에 있는 모든 LED를 업데

이트하는 명령을 게시하는 부분부터 작성한다.

```
switch(WaitHandle.WaitAny(Handles, 1000))
{
  case 0:// 모든 LED를 업데이트한다.
    int i;
    lock(synchObject)
    {
      i = lastLedMask;
    }
    Client.PUBLISH("Clayster/LearningIoT/Actuator/do",
      Encoder.GetBytes(i.ToString ()),
      MqttQoS.QoS1_Acknowledged, true);
```

당장 필요하지 않지만 LED를 개별적으로 제어하는 명령도 게시해둔다. 콘텐츠가
메시지 중개자에 남아 있기 때문에, 액추에이터를 다시 부팅해서 중개자로부터 최
근 명령을 받더라도 토픽에 담긴 콘텐츠와 일관성이 유지된다. do 토픽에 do1부터
do8에 대한 토픽을 표현하는 비트가 담겨 있으므로, do를 구성하는 비트에 대해
루프를 돌면서 do1부터 do8 토픽에 해당하는 명령을 게시한다. 이를 코드로 표현
하면 다음과 같다.

```
for (int j = 1; j <= 8; j++)
{
  Client.PUBLISH("Clayster/LearningIoT/Actuator/do" +
    j.ToString (), Encoder.GetBytes ((i & 1).ToString ()),
    MqttQoS.QoS1_Acknowledged, true);
  i >>= 1;
}
break;
```

알람 출력 제어

알람 출력을 제어하는 코드도 앞에서 LED를 제어할 때와 같은 방식으로 작성한
다. 이벤트가 발생할 때까지 기다리다가, 발생한 이벤트에 해당하는 제어 명령을
해당 토픽에 게시한다.

```
case 1:// 알람 업데이트
  bool b;
```

```
lock(synchObject)
{
  b = lastAlarm.Value;
}
Client.PUBLISH("Clayster/LearningIoT/Actuator/ao",
  Encoder.GetBytes (b ? "1" : "0"),
  MqttQoS.QoS1_Acknowledged, true);
```

제어 명령를 게시한 뒤에 알람이 울리면 SendAlarmMail 스레드를 시작해야 한다.

```
if(b)
{
  Thread T = new Thread (SendAlarmMail);
  T.Priority = ThreadPriority.BelowNormal;
  T.Name = "SendAlarmMail";
  T.Start ();
}
break;
```

마지막으로 UPnP 네트워크로 관리하고 있던 카메라에 대한 구독 정보도 잊지 말고 업데이트한다.

```
default:// 타임아웃
  CheckSubscriptions (30);
  break;
}
```

이제 센서와 액추에이터와 함께 컨트롤러도 MQTT로 동작하도록 만들었다. 이러한 세 가지 구성 요소는 각각 방화벽이 설치된 별도의 네트워크에 설치되어 있더라도 문제 없이 실행될 수 있다. 네트워크 토폴로지와 관련하여 단 한 가지 제약 사항이 있다면, 컨트롤러에서 사용하는 카메라가 모두 컨트롤러와 동일한 로컬 네트워크에 속해야 한다.

MQTT 토픽을 시각화해주는 도구를 사용하면 장치의 동작을 모니터링할 수 있다. 이러한 용도로 사용할 수 있는 도구나 애플리케이션에 대해서는 https://github.com/mqtt/mqtt.github.io/wiki/tools를 참고하기 바란다.

다음 그림은 Clayster Management Tool로 토픽 트리를 시각화한 모습을 보여주고 있다. 토픽 트리에서 각 토픽을 노드로 표현했다. 이 책의 인쇄 버전에서는 잘 나타나지 않을 수 있지만, 불리언 프로퍼티를 게시하는 토픽은 1에 대해서는 빨간색으로 표시하고, 0에 대해서는 초록색으로 표시했다. 라이트 센서에 대한 숫자 값으로 구성된 토픽은, 빛의 양에 따라 검정색과 흰색 사이의 색으로 표시했다. 그러나 온도에 대해서는 (섭씨 15도 이하로) 추울 때는 파란색으로 표시하고, (섭씨 20도 정도로) 따뜻할 경우에는 색을 좀 섞어서 초록색으로 표시하고, (섭씨 25도 정도로) 더울 경우에는 빨간색으로 표시했다. 예제에서는 실내 온도만 측정한다고 가정하고 이를 기준으로 색깔을 표시했다. 이 트리에 대한 컬러 버전을 보려면 팩트 출판사 웹사이트에서 제공하는 이미지 파일을 다운로드하기 바란다.

토픽 트리는 다음과 같다.

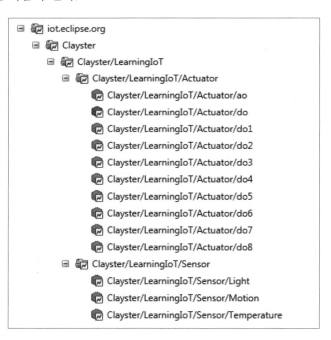

정리

5장에서는 MQTT의 기본 구조와 동작뿐만 아니라, 이 프로토콜의 장점과 단점에 대해 알아봤다. 그리고 센서와 액추에이터, 컨트롤러 프로젝트에서 이 프로토콜을 이용해 방화벽을 뛰어넘는 방법도 간단히 살펴봤다.

6장에서는 XMPP 프로토콜에 대해 설명하면서 페더레이션, 글로벌 아이덴티티, 프레즌스, 프렌드십, 인증, 신뢰 위임, 프로비저닝 등 새로운 통신 패턴에 대해 소개할 것이다. 그리고 이런 패턴을 이용해 IoT를 위한 보안 아키텍처를 구축하는 방법도 알아본다.

6

XMPP

앞 장에서는 메시지 중개자로 방화벽을 뛰어넘는 방법에 대해 살펴봤다. MQTT 프로토콜은 게시/구독 패턴으로만 통신한다는 제약이 있다. 데이터를 일정한 포 맷으로 표현하고, 게시해 둔 데이터를 여러 장치에서 가져가고, 이렇게 게시된 데 이터의 대부분이 실제로 사용되는 환경에서는 이 패턴이 유용하다. 그러나 각 장 치마다 메시지나 순간 값을 다른 포맷으로 표현하거나, 실시간 또는 양방향 통신 을 해야 하거나, 데이터를 업데이트하는 빈도에 비해 잘 사용하지 않을 경우에는 다른 통신 패턴을 사용하는 것이 좋다.

이 장에서는 XMPPExtensible Messaging and Presence Protocol에 대해 소개한다. XMPP 프로토콜에서도 방화벽을 뛰어넘기 위해 메시지 중개자를 사용한다. 그러나 게시/구독 패턴뿐만 아니라, 점대점point-to-point 요청/응답과 비동기 메시징 asynchronous messaging과 같은 통신 패턴도 제공하므로, 좀 더 다양한 방식으로 통신 할 수 있다. 이 장에서는 다루는 내용은 다음과 같다.

- XMPP의 기본 구조와 동작

- 장치에 XMPP를 지원하도록 코드를 작성하는 방법

- 장치에 대한 보안 기능을 추가하도록 프로비저닝하는 방법

- XMPP로 장치끼리 통신하는 방법

- 프로비저닝 서버를 사용하도록 네트워크를 설정하는 방법

 이 책에서 소개하는 모든 예제에 대한 소스 코드는 웹에서 다운로드할 수 있다. 특히 6장에 나오는 예제에 대한 소스 코드는 https://github.com/Clayster/Learning-IoT-XMPP에서 다운로드할 수 있다.

XMPP의 기본 구조와 동작

XMPP는, 원래 인스턴트 메시징 애플리케이션(일명 채팅 프로그램, 메신저)을 위해 설계된 프로토콜로서, HTTP나 CoAP처럼 IETF_{Internet Engineering Task Force} 표준으로 정의하고 있다. 원래 메신저를 위해 개발된 것이지만, 다양한 통신 패턴을 제공하여 여러 가지 용도로 활용할 수 있기 때문에, IoT와 같은 다른 응용 분야에도 충분히 활용할 수 있다. 예제에서 XMPP를 사용하기 전에, 먼저 XMPP에 대해 간략히 알아보기로 하자.

페더레이션으로 무한대로 확장하기

XMPP는 성공적으로 자리 잡았을 뿐만 아니라 확장성도 뛰어난 인터넷 응용 프로토콜인 SMTP_{Simple Mail Transfer Protocol}를 기반으로 설계됐다. XMPP는 실시간 통신을 지원하기 위해 메시지를 작은 크기로 빠르게 전송한다는 점이 SMTP와 다르다.

XMPP는 서로 다른 네트워크에 존재하는 XMPP 서버를 메시지 중개자를 통해 하나의 네트워크로 연동하기 때문에, 방화벽이 설치된 다른 네트워크에 있는 클라이언트와 통신할 수 있다. 이때 자체적으로 도메인을 관리하면서 해당 도메인에 속

한 사용자를 인증한다. 이처럼 XMPP에서는 여러 네트워크에 퍼져 있는 서버를 하나로 엮는 페더레이션federation 기능을 통해 각 서버를 안전하게 연결하여 메시지를 주고 받을 수 있기 때문에, 서로 다른 도메인에 속한 클라이언트끼리 통신할 수 있을 뿐만 아니라 XMPP 네트워크를 무한대로 확장할 수 있다 . 페더레이션으로 연동하는데 필요한 작업은 모두 서버에서 처리하기 때문에, 클라이언트는 서버에 대한 연결을 유지하는 부분 외에는 따로 신경 쓰지 않고도 페더레이션으로 연결된 다른 네트워크에 있는 클라이언트와 마음껏 메시지를 주고 받을 수 있다. 이러한 페더레이션을 통해 XMPP가 뛰어난 확장성을 가질 수 있으며, 수 많은 장치가 하나의 네트워크에 있는 것처럼 통신할 수 있다.

아래 그림은 방화벽이 설치된 별도의 네트워크에 있는 클라이언트(C1, C2, C3)가 페더레이션으로 연동된 서버(S1, S2, S3)를 통해 서로 메시지를 주고 받는 구조를 보여주고 있다.

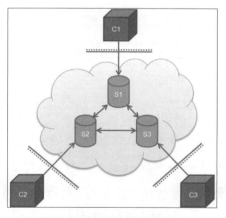

페더레이션으로 연결된 XMPP 네트워크

글로벌 ID

XMPP 서버는 클라이언트끼리 보내는 메시지를 중계하는 기능뿐만 아니라, 클라이언트를 인증하는 기능도 제공한다. 페더레이션으로 연동된 네트워크에 있는 XMPP 서버 중에서 공용public 서버가 글로벌 IDglobal identity 역할을 한다. 따라서 이러한 공용 서버는 연결하려는 클라이언트에게 유저네임과 패스워드로 표현된 자격증명credential을 요구해서 적합한 클라이언트인지 인증한다. 이러한 인증 과정은 SASLSimple Authentication and Security Layer을 기반으로 안전하게 처리되며, 클라이언트와 서버가 암호화된 메시지를 주고 받도록 TLSTransport Layer Security로 연결할 수도 있다. 이때 사용되는 클라이언트의 ID를 XMPP 주소, 또는 JIDJabber ID라고 부른다.

 XMPP는 원래 재버(Jabber) 프로젝트에서 개발한 것이기 때문에, 프로토콜 용어 중에 이 이름이 여러 군데 남아 있다.

서버와 클라이언트는 특정한 리소스를 기준으로 연결된다. 이러한 리소스는 보통 임의로 생성한 문자열로 표현한다. 풀 JID는 유저네임, 도메인, 리소스로 구성되며, 이 중 유저네임과 도메인만 적은 것을 베어 JID라 부른다.

$$\overbrace{\underbrace{user \quad @ \quad domain}_{\text{베어 JID}} \; / \; resource}^{\text{풀 JID}}$$

통신 권한 검사

서버를 별도로 사용하지 않는 P2Ppeer-to-peer 기술 대신 XMPP 서버로 통신하는 이유는, 적합한 권한을 가진 클라이언트에 대한 통신만 중계하기 위해서다. 이러한 기능은 특히 컴퓨팅 자원이 부족한 조그만 장치끼리 통신할 때 유용하다. 이 방식으로 여러 장치나 각 장치에서 실행되는 애플리케이션끼리 통신하려면 베어 JID 대신 풀 JID를 사용해야 한다. 이렇게 하는 데는 다음과 같은 두 가지 이유가 있다.

- 첫 번째 이유는 여러 클라이언트가 하나의 계정을 동시에 사용할 수 있기 때문이다. 따라서 XMPP 서버가 메시지를 어디로 전달할 지 정확히 알려면 풀 JID의 리소스 부분을 참조해야 한다. 이렇게 연결해야만 메시지를 받을 수 있으며, 클라이언트끼리 직접 통신할 수 있게 된다.

- 두 번째 이유는 장치나 애플리케이션을 서로 연결한 뒤에, 신뢰할 수 있는 상대만 리소스 부분에 접근할 수 있기 때문이다. 따라서 리소스 부분을 추측하기 힘든 형태로 길게 만들어서, 이 값을 외부에 공개하지 않고 숨겨두는 방식으로 친구 관계에 있는 이들만 메시지를 주고 받을 수 있다.

온라인 상태에 있는지 확인

상대방 클라이언트의 리소스 부분을 알아내려면, 베어 JID로 프레즌스presence 구독 요청을 보내야 한다. 원격에 있는 클라이언트가 이러한 구독 요청을 허용하면, 상대방의 상태가 변경될 때마다 프레즌스 메시지를 받기 때문에 상대방이 온라인 상태인지, 오프라인에 있는지, 자리를 비운 상태인지, 다른 일로 바쁜 상태인지 알 수 있다. 이때 프레즌스 메시지에 상대방에 대한 풀 JID도 담겨 있다. 이렇게 보낸 프레즌스 구독 요청을 상대방이 허용하고 나서 반대로 프레즌스 구독 요청을 보내올 수도 있는데, 이를 허용하거나 거부할 수 있다. 프레즌스 구독 요청을 양쪽 다 허용하면, 서로 친구friend 관계를 맺게 된다.

> XMPP에서 여러 클라이언트가 동일한 베어 JID를 사용할 수도 있다. 이럴 때는 각각의 베어 JID에 대해 전달된 모든 풀 JID를 추적해야 한다. 이 책에서 소개하는 예제에서는 장치마다 서로 다르게 지정된 JID만 사용한다고 가정했다.
>
> 개발하는 과정에서 현재 장치에서 사용하는 계정을 다른 클라이언트에서 사용해 연결하면, 이 계정과 친구 관계에 있는 모든 이에게 프레즌스 메시지를 다시 보내기 때문에, 친구 관계가 엇갈리게 되어 원래 연결한 장치가 아닌 최근에 임시로 사용한 클라이언트와 통신하도록 연결 설정이 변경될 수 있다. 이렇게 될 경우에는 애플리케이션이 종료하고 친구 관계에 있는 이들에게 원래 통신하려는 장치로 다시 설정하도록 리셋해야 한다.

XMPP 서버는 각 계정에 대한 연락처와 프레즌스 구독 상태에 대한 목록을 관리한다. 이러한 목록을 로스터roster라 부른다. 클라이언트는 서버에 연결해서 이러한 로스터만 받으면 된다. 이러한 기능을 통해 장치마다 일일이 연락처 정보를 저장하지 않고도 애플리케이션이 마음껏 여러 물리 장치를 옮겨 다닐 수 있다.

XML 사용

XMPP는 XML 문서에 대한 스트림을 양방향으로 주고 받는 방식으로 통신한다. 다른 바이너리 포맷과 달리 XML을 사용하면 메시지 크기가 커져서 이를 활용해야 하는 지에 대해 많은 논쟁이 있었지만, 다음과 같은 점에서 XML을 사용하는 것이 좋다.

- 포맷이 일정하기 때문에 데이터를 주고 받거나 재사용하는 과정이 간단하다.
- 인코딩하고, 디코딩하고, 파싱하기 쉬우며, 데이터를 정확히 정의할 수 있다.
- 텍스트 기반의 포맷이기 때문에 사람이 읽기 좋고 문서화나 디버깅하기 쉽다.
- 문서의 유효성을 검사하고 다른 형태로 변환하기 위한 표준 도구가 제공되고 있기 때문에, 메시지 포맷에 대한 사전 지식 없이 고급 연산이나 분석 작업을 수행할 수 있다.
- 네임스페이스를 통해 메시지를 프로토콜 확장 기능과 버전에 따라 구분할 수 있다.

 메시지의 크기가 문제가 된다면 EXI(Efficient XML Interchange)로 XML을 좀 더 가벼운 바이너리 메시지로 압축할 수 있다.

통신 패턴

XMPP에서는 다양한 통신 패턴을 사용할 수 있다. 이러한 패턴은 스탄자stanza라 부르는 세 가지 통신 기본 요소를 통해 제공된다. 그 중 하나인 프레즌스 스탄자에 대해서는 이미 앞에서 살펴봤다. 이 스탄자를 사용하면 자신에게 관심을 갖고 있는 상대방 중에서 적절한 권한을 가진 이에게 상태 정보를 보낼 수 있다. 두 번째로 메시지 스탄자가 있는데, 상대방에게 비동기 메시지를 전달할 때 활용한다. 마지막으로 IQ(information/query) 스탄자는 요청을 받으면, 응답이나 에러를 리턴하는 요청/응답 패턴을 구현할 때 사용된다.

스탄자에 대한 수신자는 대화 상대peer와 서버와 연락처contact로 구분할 수 있다. 대화 상대와 통신할 때는 스탄자의 목적지 주소로 상대방의 풀 JID를 제공해야 한다. 서버와 직접 통신하려면 서버의 도메인 네임을 목적지 주소로 지정해야 한다. 서버는 특정한 형태의 서버 컴포넌트로 구동될 수 있다. 이러한 컴포넌트는 내부 모듈로 제공될 수도 있고 별도 애플리케이션를 통해 외부 모듈 형태로 제공될 수도 있다. 이러한 컴포넌트는 컴포넌트가 속한 도메인의 이름을 주소로 사용해 직접 지정하거나, 서버에 간단히 요청을 보내서 동적으로 찾아낼 수도 있다. 연락처와 통신하는 과정은 내 서버(송신자 서버)와 연락처를 제공하는 서버 사이에서 내부적으로 처리되며, 메시지의 종류에 따라 연락처의 베어 JID를 주소로 사용해야 한다.

원하는 통신 패턴을 사용하려면 이를 지원하는 서버 컴포넌트를 XML 서버에 설치해야 한다. 예를 들어, 데이터를 구독자에게 뿌리는 방식인 게시/구독 패턴도 사용할 수도 있고, 방안에 있는 멤버에게 실시간으로 메시지를 전달하는 멀티캐스트 패턴(XMPP 용어로 멀티유저 채팅)도 사용할 수 있다.

XMPP 확장 기능

XMPP는 XML을 통해 누구나 사용하기 쉽고 확장하기 좋은 유연한 구조를 갖추게 됐다. 따라서 다양한 확장 기능extension이 나와 있다. 이러한 XMPP 확장 기능은 상용 제품 형태로 제공할 수도 있지만, XSFxMPP Standards Foundation라는 오픈 포럼에서는 공개적으로 리뷰와 토론을 거친 다양한 확장 기능을 누구나 무료로 사용할 수 있도록 제공하고 있다. 이렇게 XSF에서 제공하는 확장 기능을 XEPxMPP Extension Protocol라 부른다. XSF에서는 상호 운용성을 보장하기 위해 이렇게 확장 기능을 공개하고 있다. 누구나 XSF의 회원으로 가입하여 새로운 확장 기능을 개발하거나 기존 확장 기능을 개선하는 활동에 참여할 수 있다.

XSF에서는 이러한 확장 기능뿐만 아니라, 서버 소프트웨어와 클라이언트 소프트웨어, 클라이언트 라이브러리 등도 함께 제공한다. 자세한 사항은 XSF 홈페이지(http://xmpp.org)에서 확인할 수 있다. XMPP 확장 기능에 대해 좀 더 알고 싶다면 http://xmpp.org/extensions/를 참고한다.

확장 기능은 세 단계의 승인을 거쳐 최종적으로 공개된다. 첫 번째는 실험 단계experimental stage로서, 제안한 확장 기능에 대한 활용 범위에 대해서는 인정했지만, 토론을 통해 많은 수정 작업을 거칠 수 있는 것을 의미한다. 두 번째 단계는 드래프트 단계draft stage로 확장 기능에 대해 보다 심도 있는 토론과 기술적인 검토를 거치는 단계를 의미한다. 이 단계에서 최대한 하위 호환성을 보장하는 형태로 확장 기능을 수정해야 한다. 마지막 단계는 더 이상 변경 사항이 없는 최종 단계final stage다.

이 책을 집필하는 동안 XSF에서 IoT와 관련된 실험 단계에 있는 확장 기능을 몇 가지 발표했다. 이 책에서는 예제를 통해 이러한 확장 기능을 직접 활용해볼 것이다. 상호운용성을 위해, 이러한 확장 기능에 대한 소스 코드를 `Clayster.Library.IoT` 라이브러리에 추가했다. 이러한 확장 기능을 사용해 센서로부터 데이터를 받고, 액추에이터를 제어하고, 구독자의 조건에 맞게 이벤트를 비동기식으로 보내는 기능을 만들 수 있다. 또한 장치를 안전하게 등록하고 서비스를 네트워크에 프로비저닝하기 위한 확장 기능도 라이브러리에서 제공한다. 예제에서는 보안에 민감한 정보를 어느 한 곳에서만 저장하지 않고, 특별히 허용된 이가 요청할 때만 데이터를 제공하도록 작성했다.

서버에 연결하기

XMPP 서버는 다양한 방식으로 연결할 수 있다. 그 중에서도 일반 TCP 소켓을 통해 연결하는 방식을 가장 많이 사용한다. 이때 DNS-SRV 레코드에 접근할 수 있다면 xmpp-client 서비스로 연결하고, 그렇지 않다면 5222번 포트를 사용한다.

이 책의 예제에서도 이 방식으로 작성했다. XML 프래그먼트는 RFC 6120부터 6122에서 정의한 것처럼, 양방향으로 전달된다.

 서버에 EXI 압축 기능을 지원한다면, 서버에 연결할 때 이 방식으로 XML 메시지를 압축 하도록 설정할 수 있다. EXI로 압축하는 XML을 사용하도록 전환하는 작업이 번거롭다면, xmpp-bclient 서비스에 직접 연결해도 된다.

XMPP 서버에 연결하기 위한 또 다른 방법으로 BOSHBidirectional streams Over Synchronous HTTP를 사용할 수 있다. 이 방식을 사용하면, HTTP만 사용할 수 있는 클라이언트도 XMPP를 사용할 수 있다. 어떤 서버는 웹 소켓 인터페이스를 통해 XMPP를 제공하기도 한다. 이렇게 하면 웹 브라우저로 XMPP 네트워크에 접근할 수 있다.

XMPP 서버는 다른 XMPP 서버로부터 연결 요청을 받을 수도 있다. 이 기능은 XMPP의 페더레이션의 일부로서 제공된다. 이때 서버는 DNS-SRV 레코드가 존재할 경우 xmpp-server 서비스를 통해 연결하고, 그렇지 않은 경우에는 5269번 포트로 연결한다.

마지막으로 연결 방식을 하나만 더 소개하면, 서버 컴포넌트가 연결할 수 있는 특수한 포트(5275)로 연결하는 방법도 있다. 이 포트는 인터넷에 공개되지 않아야 하며, XMPP 서버의 기능을 확장하는 용도로 사용한다. XMPP 서버에서 제공하는 기능을 인터넷 프로토콜의 구조를 기준으로 표현하면 다음과 같다.

클라이언트	클라이언트	클라이언트	서버	컴포넌트
XMPP (JID)	XMPP/EXI (JID)	XMPP/BOSH (JID)	XMPP/s2s (JID)	서버 컴포넌트 (JID)
TCP (xmpp-client/522)	TCP (xmpp-bclient)	TCP (80번 포트)	TCP (xmpp-server/5269)	TCP (5275번 포트)
인터넷 프로토콜(IP) 유니캐스트 IP 주소				
랜(LAN) MAC 주소				
물리 네트워크 (유선, 무선 등)				

보안을 적용하여 프로비저닝하기

6장에서는 IoT 장치가 통신하는 데 적합한 몇 가지 통신 패턴을 추가로 소개한다. 이와 관련하여 네트워크에서 사용할 장치 ID를 장치에서 직접 생성하는 기법도 소개한다. 이렇게 장치에서 ID를 생성한 뒤에, 장치를 등록하고, 검색하고, 사용권을 요청 하는 방법도 소개한다. 이렇게 사용권에 대한 요청을 받으면, 프로비저닝 확장 기능을 통해 신뢰할 수 있는 서드 파티 프로비저닝 서버에게 권한을 위임해서, 누가 장치에 연결할 수 있고 어떤 일을 할 수 있는 지를 제어하는 작업을 이러한 프로비저닝 서버로 제어하도록 만들어볼 것이다.

장치를 검색하고 프로비저닝하는 작업은 서버 컴포넌트에서 처리한다. 따라서 이러한 컴포넌트를 사용할 수 있도록 서버를 설정해야 한다. 예제에서는 thingk.me에서 제공하는 XMPP 서버를 사용한다. 이 서버는 http://thingk.me/라는 주소로 웹 인터페이스도 제공하는데, 이를 통해 웹에서 사용자에게 허가된 장치를 제어할 수 있다.

XMPP 지원

이제 이 책에서 예제에 XMPP를 지원하는 기능을 추가해보자. 먼저 센서부터 작업한다. 예제 프로젝트마다 XMPP를 지원하는 데 필요한 작업은 거의 비슷하다. 따라서 한 프로젝트에 대해 작성한 코드를 다른 프로젝트에 그대로 활용할 수 있다. 특정한 장치에 종속적인 인터페이스에 대해서는 뒤에서 따로 설명한다. `Clayster.Library.Internet.XMPP` 네임스페이스에 정의된 `XmppClient`는 XMPP 기본 요소로 통신하는 데 필요한 기능과, 직접 정의한 메시지 핸들러와 IQ 핸들러를 등록하는 기능을 제공한다.

XMPP 네트워크에 연결

XMPP 네트워크에 연결하려면 먼저 `XmppClient`에 대한 인스턴스를 생성해야 한다. 이때 생성자에 JID와 패스워드, XMPP 서버 이름과 포트 번호, 기본 설정 언어에 대한 ISO 코드를 지정한다.

```
xmppClient = new XmppClient (xmppSettings.Jid,
    xmppSettings.Password, xmppSettings.Host,
    xmppSettings.Port, "en");
```

서버에서 계정을 자동으로 생성해줄 경우에는, 악의적인 용도로 계정이 생성되지 않도록 서명하는 과정을 추가해야 한다. 이를 위해 키와 시크릿도 지정한다. 이러한 키와 시크릿은 서버를 제공하는 서비스 프로바이더(예제의 경우 thingk.me)로부터 받는다. 이 기능을 지원하지 않으려면, 아래 코드는 생략해도 된다.

```
xmppClient.SignatureKey = xmppSettings.ManufacturerKey;
xmppClient.SignatureSecret = xmppSettings.ManufactureSecret;
```

 계정 자동 생성 기능은 XEP-0077: In-band Registration에 정의되어 있다. 계정 생성 과정에서 서명을 요청하는 기능은 XEP-0348: Signing Forms에 정의되어 있다.

XMPP 서버에 연결할 때, 클라이언트는 서버에서 제공된 인증서를 검사해서 도메인이 일치하는지 확인한다. 기본적으로 설정된 동작에 의하면, 이 과정에 문제가 발생하면 연결 시도를 중단한다. 인증서로 도메인을 검증하지 못하는 서버에 연결하거나 자체 서명된 인증서를 사용하는 경우에는, 인증서를 검사하는 과정을 건너 뛰도록 다음과 같이 코드를 작성한다.

```
xmppClient.TrustCertificates = true;
```

 라즈베리 파이에서 인증서를 제대로 검사하려면, 라즈베리 파이에 CA 인증서를 설치해야 한다. 자세한 사항은 부록 D의 '인증서' 절을 참고한다.

내부적으로 통신이 일어나는 과정을 살펴보려면, 앞 장에서 다른 프로토콜에서 했던 것처럼 클라이언트에 라인 리스너를 등록한다.

```
xmppClient.RegisterLineListener (
    new ConsoleOutLineListenerSink (BinaryFormat.ByteCount));
```

마지막으로 다음과 같이 본격적으로 연결한다. Open 메소드의 파라미터를 다음과 같이 true로 지정하여, 서버에서 계정을 찾을 수 없다면 클라이언트에서 계정을 새로 생성하게 한다. 계정이 생성되면, 앞서 지정한 자격증명으로 연결된다.

```
xmppClient.Open (true);
```

애플리케이션을 종료할 때, XmppClient 클래스에서 제공하는 정적 메소드인 Terminate를 호출해야 한다. 그래야 아무런 통신이 일어나지 않더라도 연결을 유지해주는 스레드가 정상적으로 종료할 수 있다.

```
XmppClient.Terminate ();
```

연결 상태 모니터링

XMPP는 모든 연산을 비동기식으로 처리한다. 방금 소개한 Open 메소드도 연결 프로세스를 시작하기만 할 뿐, 결과를 기다리지 않는다. 따라서 상태가 변하거나 연산이 성공하거나 실패하는 등의 결과는, 각각에 대해 발생한 이벤트를 통해 알려준다. XmppClient는 다양한 이벤트에 대해 핸들러를 지정하는 기능을 제공한다. 애플리케이션에서 이러한 핸들러를 적절히 지정하여 연결 상태와 진행 과정을 추적할 수 있다.

계정이 제대로 생성됐는지 확인하려면 OnAccountRegistrationSuccessful 이벤트에 대해 핸들러를 등록한다. 마찬가지로 계정을 찾을 수 없거나, 새로 생성하지 못했을 때 이벤트를 받으려면 OnAccountRegistrationFailed 이벤트에 대한 핸들러를 등록한다.

```
xmppClient.OnAccountRegistrationFailed += (Client, Form) =>
{
  xmppPermanentFailure = true;
  Client.Close ();
};
```

 OnStateChange 이벤트 핸들러를 통해 클라이언트를 시작해서 종료될 때까지 Offline, Connecting, Authenticating, Connected, Error 등의 상태로 변화는 과정을 모니터링할 수 있다.

친구에게 알림 보내기

서버에서 성공적으로 클라이언트를 인증했다면(또는 계정을 생성했다면), OnConnected 이벤트가 발생한다. 이때 가장 먼저 클라이언트의 연결 상태(프레즌스)를 적절히 설정해야 한다. 이렇게 설정한 상태는 이에 대한 알림 이벤트에 구독하는 모든 친구들에게 전달한다. 또한 방금 연결한 애플리케이션과 통신할 수 있도록 현재 연결에 할당된 리소스 정보도 알려준다. 코드는 다음과 같다.

```
xmppClient.OnConnected += (Client) =>
{
  Client.SetPresence (PresenceStatus.Online);
```

XMPP를 통해 들어온 HTTP 요청 처리

앞 장에서 예제를 작성할 때 여러 가지 HTTP 리소스를 정의한 바 있다. 이러한 리소스에 대해 XMPP 연결을 통해 전달된 HTTP 요청에 웹 서버가 응답하도록 설정할 수도 있다. 이를 위해 애플리케이션을 초기화할 때 다음과 같이 메소드를 호출하여 기존 방식대로 장치의 IP로 들어온 HTTP 요청뿐만 아니라 XMPP 네트워크에서 친구들이 보낸 HTTP 요청도 처리하도록 설정한다.

```
HttpServer.RegisterHttpOverXmppSupport (6000, 1024 * 1024);
```

첫 번째 파라미터는 하나의 메시지로 보낼 수 있는 최대 바이트 수를 지정한다. 이때 메시지가 스탄자에서 최대로 허용하는 값(10000 바이트)보다 작은 크기로 전달되야 한다. 응답의 크기가 이보다 크면, 청크 서비스chunked service로 응답을 청크 단위로 쪼개서 순서대로 보낸다. 이때 각 청크는 base64로 인코딩하기 때문에 6000바이트가 8000바이트로 인코딩되고, 청크를 담을 XML을 위한 공간을 남겨두게 된다. 두 번째 파라미터는 청크 서비스로 보낼 수 있는 최대 청크 크기를 지정한다. 이 값을 넘어가는 메시지는 스트림 형태로 보내야 한다. 예제에서는 카메라 장치에서 찍은 사진을 가져오기 위해 HTTP 요청을 보낼 때 XMPP를 사용한다. 카메라 이미지를 요청할 때 사용할 HTTP 리소스는 앞에서 이미 만들어뒀다. 따라서 XMPP로 요청할 때도 앞에서 작성한 메소드로 가져올 수 있는지 예제를 통해 확인해볼 것이다.

 XMPP로 HTTP를 사용하는 것에 대해서는 XEP-0332: HTTP over XMPP transport에서 정의하고 있다.

보안 기능 추가

이제 친구 관계로 맺은 이와 통신하는데 필요한 최소한의 기능은 모두 만들었다. 그렇다면 누구와 친구 관계를 맺어야 하는지, 읽거나 제어하기 위해 어떤 권한을 허용해야 하는지, 그리고 이러한 것을 미리 프로그래밍 해둬야 하는지, 그렇다면 다른 채팅 클라이언트와 같은 XMPP 클라이언트로 수동으로 설정해야 하는지, 아니면 원격에서 설정할 수 있도록 로직을 마련해야 하는지 등과 같은 사항을 결정해야 한다. 아무나 함부로 장치에 접속해서 시스템을 망치지 않도록 하기 위해서는 프로젝트를 설계하는 단계에서 이러한 사항을 반드시 고려해야 한다.

IoT 장치를 인터넷에 연결할 때는, 사람이 직접 관리하는 서버에 연결할 때와 다른 방식으로 접근해야 한다. 대표적인 차이점만 몇 가지 나열하면 다음과 같다.

- 사람의 개입 없이 모든 사항을 장치에서 직접 결정해야 한다.
- PC에서 소프트웨어를 업그레이드할 때보다, 장치의 펌웨어를 업데이트하기가 훨씬 까다롭다.
- 여러 장치가 동시에 협력하는 방식으로 동작하여, 더 큰 생태계를 구성할 수도 있다. 하나의 장치에 대해 설정하는 작업은 어렵지 않지만, 이렇게 인터넷에 수많은 장치가 연결되어 하나의 시스템처럼 동작하면 이를 설정하고 관리하기가 쉽지 않다. 각 장치마다 하나씩 로그인해서 직접 설정하는 것은 거의 불가능에 가깝다.

프로비저닝의 기본 구조와 동작

앞에서 언급한 사항을 장치를 하나씩 생성할 때마다 모두 한꺼번에 처리하도록 구현하지 말고, 믿을 만한 프로비저닝 서버에 권한을 위임해서 이 서버가 각 장치에게 허용할 권한과 동작을 지정하게 만들 것이다. 이렇게 장치를 생성할 때마다 직접 보안 설정을 하지 않고 신뢰할 수 있는 제3자에게 권한을 위임하면, 구현하기 쉬울 뿐만 아니라 보안 관련 기능을 제공하는데 좀 더 유리하다. 게다가 장치 사용자가 각 장치에 적용할 설정과 규칙을 모두 한 곳에서 쉽게 관리할 수 있다는 장점도 있다. 이러한 프로비저닝 서버는 장치 사용자에 대한 민감한 데이터를 직접 직접 다루지 않고, 허용할 대상과 동작에 대한 규칙만 저장하기 때문에 프라이버시를 침해하거나 데이터의 무결성을 해칠 염려도 없다.

원리는 간단하다. 누군가 장치에 원하는 작업을 수행하도록 지시하면 이 장치는 요청된 작업을 처리해도 되는지, 그렇다면 어느 수준까지 허용해야 할 지를 프로비저닝 서버에게 물어본다. 프로비저닝 서버로부터 이에 대한 응답을 받으면, 장치는 다시 원래 요청한 측에 응답한다. 새로운 작업에 대한 요청이 들어오면, 프로비저닝 서버는 장치 사용자에게 새로운 솔루션을 설치해야 한다고 알린다. 이에 대해 소유자로부터 응답이 오면, 프로비저닝 서버는 이를 기억했다가 나중에 비슷한 요청이 들어올 때 활용한다.

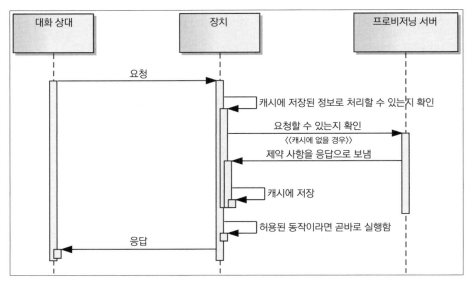

신뢰할 수 있는 프로비저닝 서버에 권한을 위임한 방식으로 동작하는 과정

 프로비저닝 서버로 수많은 요청이 한꺼번에 몰려 들어오지 않도록, 새로운 종류의 요청을 받을 때만 프로비저닝 서버에게 물어보고, 이에 대한 응답을 기억해둔다. 만약 프로비저닝 서버에서 관리하던 보안 규칙이 변경되면 각 장치에서도 새로운 규칙을 적용하도록 앞서 저장해둔 응답을 삭제하도록 요청한다. 프로비저닝 프로토콜의 구조와 동작에 대해서는 XEP-0324:IoT-Provisioning에 자세히 나와 있다.

주어진 요청에 대해 프로비저닝 서버가 제대로 응답하려면, 요청한 장치가 실제로 어떤 어느 것인지, 이 장치의 소유자는 누구인지 알아야 한다. 이러한 장치 ID와 각 장치에 대한 소유자 정보는 Thing Registry에서 관리한다. 따라서 장치는 먼저 장치에 대한 정보와 메타데이터를 등록하여 ID를 새로 만들어야 한다.

그러면 이렇게 등록된 메타데이터를 장치 소유자에게 전달하게 된다. 이 책의 예제에서는 이러한 메타데이터를 QR 코드로 인코딩하여 제공한다. 따라서 이러한 QR를 읽을 수 있고 이를 최초로 레지스트리에 등록한 이가 장치 소유자라고 가정한다. 따라서 QR 코드를 스캔해서 레지스트리에 장치에 대한 사용 권한을 요청하면 이 장치에 대한 사용을 허용해도 된다고 판단되면 요청한 장치에 대한 JID를 전달받게 된다. 이때 레지스트리는 장치에 대한 사용 권한이 승인되었으며, 장치의 소유자가 누구인지도 알려준다.

 QR 코드에 대해서는 부록 D, 'QR 코드' 절에서 자세히 설명한다. Thing Registry를 등록하고 검색하는 방법에 대해서는 XEP-0347: IoT-Discovery를 참고한다.

이렇게 장치에 대한 사용 권한을 승인 받으면, 프로비저닝 서버는 이 장치에 대한 사용 권한을 물어보는 요청을 받을 때 이렇게 승인된 장치 소유자에게 물어본다.

Thing Registry 인터페이스 초기화

예제에서는 우리가 사용하려는 Thing Registry 인터페이스의 주소를 알고 있다고 가정한다. 이 주소를 xmppSettings.ThingRegistry에 저장해둔다. 따라서 XMPP로 연결하기 전에 주소 값이 지정되어 있느지 확인해서, 이 값이 있다면 Thing Registry 인터페이스를 초기화하는 작업을 수행하는 메소드를 호출한다.

```
if (!string.IsNullOrEmpty (xmppSettings.ThingRegistry))
   SetupThingRegistry ();
```

Clayster.Library.IoT.Provisioning 네임스페이스에 정의된 ThingRegistry 라는 클래스를 사용하면 Thing Registry와 통신하는 기능을 쉽게 구현할 수 있다.

이 클래스를 통해 OnClaimed와 OnRemoved와 OnDisowned라는 세 가지 이벤트에 대해 핸들러를 등록할 수 있다. OnClaimed 이벤트는 장치 소유자가 장치에 대한 사용 권한을 요청할 때 발생한다. OnRemoved 이벤트는 소유자가 장치에 대한 사용 권한은 계속 유지한 상태에서 장치에 대한 정보만 레지스트리 데이터베이스에서 삭제할 때 발생한다. OnDisowned는 소유자가 장치에 대한 사용 권한을 포기할 때 발생한다. 이렇게 소유자가 장치에 대한 권한을 포기하면, 새로운 소유자가 장치에 대한 사용권을 요청할 수 있다. 이 과정을 코드로 표현하면 다음과 같다.

```
private static void SetupThingRegistry ()
{
  xmppRegistry = new ThingRegistry (xmppClient,
    xmppSettings.ThingRegistry);
  xmppRegistry.OnClaimed += OnClaimed;
  xmppRegistry.OnRemoved += OnRemoved;
  xmppRegistry.OnDisowned += OnDisowned;
}
```

장치 등록

코드의 다른 부분에서도 장치를 등록할 수 있도록, 장치를 등록하는 작업을 처리하는 메소드를 따로 만든다. Thing Registry는 두 가지 용도로 사용된다. 하나는 장치에 대한 소유자를 검색할 때 사용하고, 다른 하나는 공용 장치를 게시하는 용도로 사용한다. 여기서 공용 장치public thing란 누구나 사용할 수 있도록 소유자가 허용한 장치를 가리킨다. 이러한 공용 장치는 위치 정보와 같이 장치에서 제공하는 태그를 통해 검색할 수 있다. 따라서 아직 소유자가 지정되지 않은 장치를 등록하는 작업과 기존에 소유자가 지정된 장치를 공용 장치로 변경하여 등록하는 작업을 구분해서 처리해야 한다. 코드는 다음과 같이 소유자가 지정되지 않은 장치를 등록하는 작업부터 작성한다.

```
private static void RegisterDevice ()
{
  if (xmppRegistry != null)
  {
    if (string.IsNullOrEmpty (xmppSettings.Owner))
    {
```

이제 장치를 등록하는 코드를 작성한다. 장치를 등록하는 과정은 간단하다. 장치에 대한 메타데이터를 담은 태그만 등록하면 된다. 이렇게 하면 태그에 대한 송신자의 JID가 레지스트리에 저장된다. 태그는 이름과 값으로 구성되며, 값은 문자열이나 숫자로 지정할 수 있다. Register 메소드의 첫 번째 파라미터는 레지스트리에서 장치에 대한 소유자 정보를 장치 자신으로 기록할 지 여부를 지정한다. 장치를 등록하는 과정을 코드로 표현하면 다음과 같다.

```
xmppRegistry.Register (false,
  new StringTag ("MAN", "clayster.com"),
  new StringTag ("MODEL", "LearningIoT-Sensor"),
  new StringTag ("KEY", xmppSettings.Key));
```

KEY라는 태그는 특별한 용도로 사용되며 아무에게도 표시되지 않을 뿐만 아니라 검색할 수도 없다. 장치에 대한 소유자가 결정되면 이 태그는 레지스트리에서 삭제된다. 이 태그는 GUID처럼 장치에 대한 고유 ID 값을 제공하기 위한 목적으로 사용된다. 모든 태그에 접근해야만 장치에 대한 소유권을 획득할 수 있다.

태그 이름은 마음대로 정할 수 있다. 다만 상호운용성을 보장하기 위해 XEP-0347(http://xmpp.org/extensions/xep-0347.html#tags)에서 정한 값을 사용하는 것이 좋다.

아직 소유자가 지정되지 않은 장치만 등록할 수 있다. 이미 사용 권한이 부여된 장치에 대해 요청이 들어오면 레지스트리는 이를 무시하고, 현재 소유자의 JID에 대해 OnClaimed 이벤트를 발생한다.

성공적으로 등록되면, 레지스트리에 저장된 송신자의 JID에 대한 메타데이터를 모두 삭제한다.

공용 장치 업데이트

장치에 대한 소유자가 이미 지정되어 있고 공용으로 설정되어 있다면, 앞에서 설명한 것과 비슷한 방식으로 새로운 메타데이터를 등록할 수 있다. 그러면 기존 메타데이터는 새 값으로 바뀌고 요청에서 사용할 수 없는 태그는 기존 상태대로 유지된다. 아래 코드에서 보는 바와 같이 KEY 태그는 사용하지 않는다.

```
  }
  else if (xmppSettings.Public)
  {
    xmppRegistry.Update (
      new StringTag ("MAN", "clayster.com"),
      new StringTag ("MODEL", "LearningIoT-Sensor"),
      new NumericalTag ("LAT", -32.976425),
      new NumericalTag ("LON", -71.531690));
  }
}
```

장치에 대한 사용 권한 요청

장치에 사용 권한을 요청하면 OnClaimed 이벤트가 발생한다. 이렇게 발생한 이벤트에는 소유자가 누구인지, 소유자가 장치를 공용 장치로 사용하도록 레지스트리에 게시했는지에 대한 정보가 담겨 있다. 이 값을 보고 내부 설정 값을 업데이트한 뒤, RegisterDevice 메소드를 호출하여 레지스트리에 있는 메타데이터도 변경한다. 코드는 다음과 같이 작성한다.

```
private static void OnClaimed (object Sender, ClaimedEventArgs e)
{
  xmppSettings.Owner = e.Owner;
  xmppSettings.Public = e.Public;
  xmppSettings.UpdateIfModified ();

  RegisterDevice ();
}
```

레지스트리에서 장치 삭제

소유자(또는 장치)는 Thing Registry에서 장치 정보를 삭제해서 사설 장치로 전환할 수 있다. 이렇게 레지스트리에서 장치를 삭제하면 OnRemoved 이벤트가 발생한다. 이렇게 사설 장치로 변경하면, 더 이상 레지스트리에 메타데이터 정보를 업데이트할 필요가 없다. 이렇게 변경하는 과정을 코드로 표현하면 다음과 같다.

```
private static void OnRemoved
  (object Sender, NodeReferenceEventArgs e)
{
  xmppSettings.Public = false;
  xmppSettings.UpdateIfModified ();
}
```

장치에 대한 사용 권한 포기

장치에 대한 소유권을 다른 이에게 넘기거나 그냥 포기하려면, 먼저 장치에 대한 소유권을 포기한다는 사실을 프로비저닝 서버에 알려줘야 한다. 이렇게 하면 OnDisowned 이벤트가 발생한다.

```
private static void OnDisowned
  (object Sender, NodeReferenceEventArgs e)
{
  xmppSettings.Owner = string.Empty;
  xmppSettings.Public = false;
  xmppSettings.UpdateIfModified ();
```

이벤트가 발생할 때, 로스터에 기록된 소유자 정보도 삭제한다. 이렇게 해야 새로운 소유자의 허락 없이 기존 소유자가 장치에 접근할 수 없게 된다. 코드는 다음과 같다.

```
string Jid = XMPPSettings.Owner;
if (!string.IsNullOrEmpty (Jid))
{
  XmppContact Contact = xmppClient.GetLocalContact (Jid);
  if (Contact != null)
    xmppClient.DeleteContact (Contact);
}
```

이 이벤트가 발생할 때 장치에 대한 소유권 요청을 새로 받을 수 있도록 다시 등록하는 작업도 처리해야 한다. 또한 새로운 소유자가 이 장치를 검색해서 사용 권한을 요청할 수 있도록 QR 코드도 다시 표시한다. 이 과정을 코드로 작성하면 다음과 같다.

```
    RegisterDevice ();
    if (xmppSettings.QRCode != null)
      DisplayQRCode ();
}
```

 QR 코드에 대해서는 부록 D, 'QR 코드' 절에서 자세히 설명한다.

프로비저닝 서버 인터페이스의 초기화

프로비저닝 서버에 대한 주소를 지정했다면, Thing Registry 인터페이스를 만들
때와 같은 방식으로 프로비저닝 서버 인터페이스를 설정한다. 이렇게 설정하는 코
드는 다음과 같이 XMPP로 연결하기 전에 작성한다.

```
if (!string.IsNullOrEmpty (xmppSettings.ProvisioningServer))
  SetupProvisioningServer ();
```

`Clayster.Library.IoT.Provisioning` 네임스페이스에 있는 `ProvisioningServer`
클래스는 프로비저닝 서버와 통신하는데 필요한 기능을 제공한다. 이 클래스의 생
성자는 XMPP 클라이언트에 대한 레퍼런스와 프로비저닝 서버 주소에 대한 파라
미터뿐만 아니라, 세 번째 파라미터로 프로비저닝 캐시에 답변을 저장할 (중복되
지 않은) 질문의 개수를 지정할 수 있다. 여기서 질문으로 친구 관계 요청과 리드아
웃 요청, 제어 요청 등이 들어올 수 있다. 이 값은 프로비저닝 서버 입장에서 빈번
하게 들어오는 요청에 대한 평균 질문의 수를 적절히 추산한 값으로 지정한다. 스
팸처럼 취급하지 않을 보이지 않는 수준의 정상적인 동작에서 받을 수 있는 평균
쿼리 숫자로 지정한다. 이렇게 캐시를 사용하면, 서버의 규칙을 변경하지 않는 한,
새로운 질문에 대한 요청을 한 번만 프로비저닝 서버로 보내게 된다. 코드는 다음
과 같다.

```
private static void SetupProvisioningServer ()
{
  xmppProvisioningServer = new ProvisioningServer
    (xmppClient, xmppSettings.ProvisioningServer, 1000);
```

프로비저닝 서버 인터페이스에서는 OnFriend와 OnUnfriend라는 두 가지 이벤트에 대해 핸들러를 지정해야 한다. OnFriend 이벤트는 프로비저닝 서버가 새로운 친구 관계를 맺을 때 발생하고, OnUnfriend 이벤트는 기존 친구 관계를 삭제할 때 발생한다. 코드는 다음과 같다.

```
xmppProvisioningServer.OnFriend += OnFriend;
xmppProvisioningServer.OnUnfriend += OnUnfriend;
```

친구 요청 처리

OnFriend 이벤트가 발생하면, 요청된 친구 관계에 대한 JID를 받게 된다. 친구 관계를 맺으려면 먼저 이에 대한 연결 상태(프레즌스)에 대한 구독 요청을 보내야 한다. 이러한 프레즌스 구독 요청을 받은 연락처는 이를 허용할지 아니면 거부할 지를 결정한다. 들어온 프레즌스 구독 요청을 허용할 경우에는, 송신자에게 다시 프레즌스 구독 요청을 보내게 된다. 양쪽 다 상대방의 프레즌스 구독을 수락했다면, 친구 관계를 맺게 된다.

```
private static void OnFriend (object Sender, JidEventArgs e)
{
  xmppClient.RequestPresenceSubscription (e.Jid);
}
```

친구 관계를 끊기

프로비저닝 서버에서 기존 친구 관계를 삭제하면 OnUnfriend 이벤트가 발생한다. 코드를 작성할 때는 다음과 같이 로스터에서 삭제하려는 친구에 대한 연락처만 간단히 삭제해주면 된다.

```
private static void OnUnfriend (object Sender, JidEventArgs e)
{
  XmppContact Contact = xmppClient.GetLocalContact (e.Jid);
  if (Contact != null)
    xmppClient.DeleteContact (Contact);
}
```

프로비저닝 서버 찾기

지금까지는 Thing Registry나 프로비저닝 서버의 주소가 이미 지정되어 있다고 가정하고 구현했다. 그러나 예제와 달리 이러한 주소가 지정되어 있지 않다면 코드에서 따로 설정하거나 XMPP 서버의 도메인을 보고 추측해야 한다. 이 값이 JID나 서버 컴포넌트 주소로 지정되어 있을 수도 있다. Thing Registry나 프로비저닝 서버가 현재 XMPP 서버의 컴포넌트 형태로 설치되어 있다면, 게시된 컴포넌트를 모두 찾아보고 각각의 기능을 파악하여 주소를 동적으로 찾아낼 수 있다. 여기에서는 Thing Registry와 프로비저닝 서버가 컴포넌트로 포함된 thingk.me에서 제공하는 XMPP 서버를 사용하고 있으므로, 주소를 동적으로 검색하는 방식으로 코드를 작성한다.

서버에서 컴포넌트를 찾으려면, 먼저 서버에 표준 서비스 검색 요청을 보내야 한다. 아직 Thing Registry나 프로비저닝 서버를 초기화하지 않았다면, 프레즌스 상태를 설정한 직후에, OnConnected 이벤트 핸들러를 통해 검색 요청을 보낸다.

```
if (xmppRegistry == null || xmppProvisioningServer == null)
  Client.RequestServiceDiscovery (string.Empty,
    XmppServiceDiscoveryResponse, null);
```

이 쿼리에 대한 응답에는 여러 가지 기능에 대한 정보가 담겨 있다. 현재 사용할 수 있는 컴포넌트는 아이템으로 표시된다. 따라서 서버에서 이 아이템(기능)을 지원하는지 확인하고, 지원된다면 이러한 서비스 아이템을 검색하는 요청을 서버로 보내야 한다. 코드는 다음과 같다.

```
private static void XmppServiceDiscoveryResponse (
  XmppClient Client, XmppServiceDiscoveryEventArgs e)
{
  if (Array.IndexOf<string> (e.Features,
    XmppClient.NamespaceDiscoveryItems) >= 0)
  Client.RequestServiceDiscoveryItems (Client.Domain,
    XmppServiceDiscoveryItemsResponse, null);
}
```

검색 요청으로 전달된 응답에는 아이템 목록이 담겨 있다. 이 목록에 대해 루프를 돌면서, 각 아이템에 대해 JID가 지정되어 있다면 서비스 검색 요청을 보내서 구체적으로 어떤 기능을 제공하는지 확인한다. 이 과정을 코드로 표현하면 다음과 같다.

```
private static void XmppServiceDiscoveryItemsResponse
  (XmppClient Client, XmppServiceDiscoveryItemsEventArgs e)
{
  foreach (XmppServiceDiscoveryItem Item in e.Items)
  {
    if (!string.IsNullOrEmpty (Item.Jid))
      Client.RequestServiceDiscovery (Item.Jid, Item.Node,
        XmppServiceDiscoveryItemResponse, Item);
  }
}
```

이렇게 아이템마다 보낸 요청에 대해 응답을 받을 때마다 Features 배열을 검사해서 urn:Xmpp:iot:discovery 네임스페이스가 존재하는지 확인한다. 이 네임스페이스가 있다면, 이 아이템에 지정된 Jid가 Thing Registry에 대한 주소다.

```
private static void XmppServiceDiscoveryItemResponse
  (XmppClient Client, XmppServiceDiscoveryEventArgs e)
{
  XmppServiceDiscoveryItem Item =
    (XMPPServiceDiscoveryItem)e.State;
  if (Array.IndexOf<string>
    (e.Features, "urn:xmpp:iot:discovery") >= 0)
  {
    XmppSettings.ThingRegistry = Item.Jid;
    SetupThingRegistry ();
  }
```

비슷한 방식으로 urn:xmpp:iot:provisioning 네임스페이스가 담겨 있는지도 검사한다. 이 네임스페이스가 존재한다면, 이 아이템에 대한 JID가 프로비저닝 서버에 대한 주소다.

```
  if (Array.IndexOf<string> (e.Features,
    "urn:xmpp:iot:provisioning") >= 0)
  {
```

```
    xmppSettings.ProvisioningServer = Item.Jid;
    SetupProvisioningServer ();
}
```

레지스트리 정보 제공

이제 이렇게 찾은 정보로 설정을 업데이트한다. Thing Registry를 찾았다면, 소유
자에 대한 QR 코드가 표시되는지 확인한다. 제대로 표시되지 않으면 QR 코드를
새로 요청한다. 마지막으로 레지스트리에 장치를 등록한다. 코드는 다음과 같다.

```
xmppSettings.UpdateIfModified ();
if (!string.IsNullOrEmpty (xmppSettings.ThingRegistry))
{
  if (xmppSettings.QRCode == null)
    RequestQRCode ();
  else if (string.IsNullOrEmpty (xmppSettings.Owner))
    DisplayQRCode ();

  RegisterDevice ();
}
}
```

Thing Registry와 프로비저닝 서버의 주소가 이미 설정된 상태에서 아직 서비스
검색 요청을 보내지 않았다면, OnConnected 이벤트 핸들러의 끝 부분에 이에 대
한 로직을 구현한다.

이제 장치에 대한 사용 권한을 요청하는 데 필요한 정보가 충분히 설정됐다.

 QR 코드에 대해서는 부록 D, 'QR 코드' 절에서 자세히 설명한다.

연결 유지

장치에서 요청을 받으려면 항상 연결된 상태를 유지해야 한다. 네트워크에서는 다
양한 일이 발생할 수 있다. 서버와 네트워크가 모두 다운되기도 하고, 서비스를 업

데이트해야 할 수도 있고, 정전이 발생할 수도 있다. 이렇게 되면 연결이 끊기게 된다. 따라서 이러한 상황이 발생하면 다시 접속하여 연결 상태를 유지하는 기능을 제공해야 한다. 이를 위해 가장 먼저 연결이 끊겼을 때 다시 연결하는 기능부터 작성한다. 치명적인 에러로 끊어진 게 아니라면, OnClosed 이벤트가 발생할 때 다시 연결하도록 코드를 작성한다.

이렇게 해도 연결되지 않을 수도 있다. 이럴 때는 임의의 간격으로 연결이 가능한지 주기적으로 검사한다. 예제에서는 연결이 끊기지 않았는지, 클라이언트가 Error나 Offline 상태에 있지 않은지를 매 분 확인하도록 작성했다. 그래서 연결이 끊겨 있다면, 기존 연결을 닫고 다시 열어준다.

친구 관계 맺기

XMPP에서는 두 대화 상대peer가 서로 상대방의 연결 상태(프레즌스)를 구독하면 친구 관계를 맺게 된다. 이렇게 친구 관계를 맺는 과정에서 특별한 타입의 프레즌스 스탄자를 주고 받는다. 이때 각 장치에 대한 XMPP 서버는 베어 JID를 활용한다. 아래 그림은 두 대화 상대가 친구 관계를 맺는 과정을 간략히 표현한 것이다. 그림에서는 내부적으로 일어나는 서버 간 통신 과정은 최대한 생략하고, 양쪽 대화 상대 사이에서 수행하는 동작을 중심으로 간단히 표현했다.

앞에서 언급한 특별한 타입의 프레즌스로는 Subscribe, Subscribed, Unsubscribe, Unsubscribed 등이 있다. 누군가에 대한 프레즌스를 구독하거나, 친구 관계를 맺고자 하는 요청을 보낼 때는, 베어 JID로 Subscribe 프레즌스 스탄자를 보낸다. 이러한 요청을 받아들일 때는 Subscribed 프레즌스 스탄자로 응답하고, 그렇지 않을 때는 Unsubscribed 프레즌스 스탄자로 응답한다. 현재 구독하고 있는 프레즌스에 대한 구독을 해지하려면, Unsubscribe 프레즌스 스탄자를 보낸다. 이렇게 요청한다고 해서 곧바로 친구 관계가 끊어지는 것은 아니다. 상대방은 여전히 내 프레즌스를 구독하고 있기 때문이다. 친구 관계를 끊으려면, 곧바로 로스터에서 연락처를 삭제하면 된다. 아래 그림은 이러한 친구 맺기 과정을 간략히 표현한 것이다.

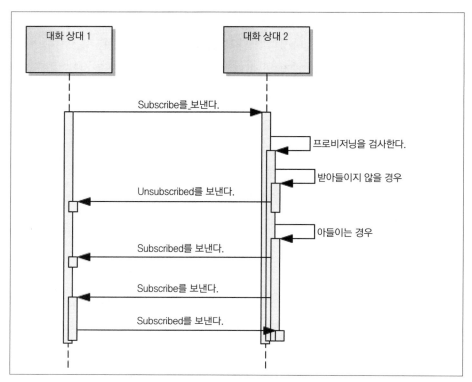

대화 상대 1 | 대화 상대 2

Subscribe를 보낸다.

프로비저닝을 검사한다.

받아들이지 않을 경우

Unsubscribed를 보낸다.

아들이는 경우

Subscribed를 보낸다.

Subscribe를 보낸다.

Subscribed를 보낸다.

간략히 표현한 친구 맺는 과정

프레즌스 구독 요청 처리

앞 절에서 설명한 과정을 구현하기 위해 OnPresenceReceived 이벤트에 대한 핸들러를 다음과 같이 작성한다.

```
xmppClient.OnPresenceReceived += (Client, Presence) =>
{
  switch (Presence.Type)
  {
```

먼저 프레즌스 구독 요청을 보낸다. 연결 대상을 결정하는데 참조할 프로비저닝 서버가 연결되어 있지 않다면, 들어오는 모든 요청을 거부한다.

```
    case PresenceType.Subscribe:
      if (xmppProvisioningServer == null)
        Client.RefusePresenceSubscription (Presence.From);
```

프로비저닝 서버를 발견했다면 구독을 요청한 상대와 친구 관계를 맺어도 되는지
물어본다.

```
else
{
  xmppProvisioningServer.IsFriend (Presence.From, e =>
  {
```

프로비저닝 서버에서 친구 관계를 맺도록 승인하면, 프레즌스 구독 요청을 받아들
이고 요청한 상대방에 대한 새로운 프레즌스 구독 요청을 보낸다. 이때 상대방의
도메인 또는 서브 도메인 주소뿐만 아니라 JID도 갖고 있어야 한다. 이렇게 요청을
보내는 코드는 다음과 같이 작성한다.

```
if (e.Result)
{
  Client.AcceptPresenceSubscription (Presence.From);
  if (Presence.From.IndexOf ('@') > 0)
    Client.RequestPresenceSubscription (Presence.From);
```

프로비저닝 서버에서 친구 관계에 대해 승인하지 않으면, 구독 요청을 거절하고
연락처를 삭제한다.

```
}
else
{
  Client.RefusePresenceSubscription (Presence.From);
  XmppContact Contact = xmppClient.GetLocalContact
    (Presence.From);
  if (Contact != null)
    xmppClient.DeleteContact (Contact);
}
}, null);
}
break;
```

상대방이 내 장치에 대한 프레즌스 구독을 해지하는 요청을 보내면, 이를 그대로
승인한다.

```
case PresenceType.Unsubscribe:
  Client.AcceptPresenceUnsubscription (Presence.From);
  break;
```

Subscribed와 Unsubscribed 타입의 프레즌스 스탄자를 받으면, 우리가 보낸 요청을 상대방이 처리했다는 것을 의미한다. 예제에서는 이 부분은 구현하지 않는다.

중단된 친구 맺기 과정 계속 진행하기

친구 맺기 과정은 여러 개의 비동기 메시지로 처리하기 때문에, 이 과정을 수행하는 도중에 어느 한 쪽이라도 연결이 끊기거나 중단되면 문제가 발생할 수 있다. 따라서 언제든지 이런 일이 발생할 수 있다는 것을 항상 염두에 두고 대비해야 한다. 그나마 다행인 건, 이렇게 중단된 상태를 복구하는 것이 어렵지 않다는 것이다. 클라이언트에서 연결할 때, 클라이언트의 로스터를 서버에 전달한다. 이러한 로스터에는 모든 JID에 대한 연락처와 이에 대한 프레즌스 구독 상태를 담고 있다. XMPP 클라이언트가 서버에 연결될 때 로스터를 받게 되며, 이때 OnRosterReceived 이벤트가 발생한다.

중단된 친구 맺기 과정을 재개하려면, 이러한 이벤트를 처리하는 핸들러를 추가하고, 전달된 모든 연락처에 대해 루프를 돌면서 제대로 끝내지 못한 친구 맺기 과정이 있는지 확인한다. 각 연락처에 대한 Ask 프로퍼티가 Subscribe로 설정되어 있다면, 해당 연락처에 대한 상대방이 나에 대한 프레즌스를 구독하려고 요청한다는 것을 의미한다. 따라서 이렇게 설정된 것을 새로 들어온 친구 맺기 요청으로 처리하면 된다.

상대방이 나에 대한 프레즌스를 구독하도록 처리됐지만, 반대로 나는 아직 상대방의 프레즌스에 구독하지 않았다. 각 연락처의 Subscription 프로퍼티를 보면, 누가 누구를 구독하는지 알 수 있다.친구 관계에 있다면, 이 값이 Both로 설정된다. 만약 이 값이 To나 From으로 설정됐다면, 어느 한쪽만 구독하고 있다는 뜻이다. 여기서 From은 나의 프레즌스에 대한 연락처에서 프레즌스 구독 요청을 했다는 것을 의미한다. 이 상태는 친구 관계를 맺는 도중일 수도 있고, 친구 관계를 끊는 과

정일 수도 있다. 이럴 때는 프로비저닝 서버에게 물어봐서 서버가 허용하면, 상대
방으로부터 들어온 프레즌스 구독 요청을 처리하고, 그렇지 않을 때는 로스터에서
상대방 연락처를 삭제한다.

센서에 XMPP기능 추가

이제 장치를 XMPP 네트워크에 연결했으니, 센서 인터페이스는 쉽게 추가할 수 있
다. `Clayster.Library.IoT.XmppInterfaces` 네임스페이스에서 제공하는 클래
스를 사용하면, 우리가 원하는 인터페이스를 대부분 처리할 수 있다.

센서 서버 인터페이스 추가

`XEP-0323: IoT - Sensor Data`에서는 XMPP 네트워크에서 센서 데이터를 주고
받는 방법을 정의하고 있다. 여기에서는 앞 장에서 소개한 요청/응답 패턴을 사용
해, 클라이언트가 서버에게 센서 데이터를 요청하는 방식으로 작성한다. 따라서
XMPP 클라이언트를 생성하고 프로비저닝 서버를 정의했다면 곧바로 우리가 만
든 센서에 대한 `XmppSensorServer` 오브젝트를 생성한다. 누군가 데이터를 보내
면 `OnReadout` 이벤트가 발생한다. 원래 요청의 제한 여부를 결정하는 것을 비롯
한 프로비저닝 서버와 합의하는 과정에서 발생하는 모든 작업은 앞에서 이미 처리
했다. 지금까지 설명한 과정을 코드로 표현하면 다음과 같다.

```
xmppSensorServer = new XmppSensorServer (xmppClient,
  xmppProvisioningServer);
xmppSensorServer.OnReadout += OnReadout;
```

실제로 센서를 읽는 과정은 간단하다. 앞 장에서 다른 프로토콜에 대해 작성했
던 센서 데이터 익스포트 코드를 그대로 사용하면 된다. 따라서 앞 장에서 정의한
`ExportSensorData` 메소드를 호출하는 코드를 작성한다.

 채팅 인터페이스로 센서 값을 읽는 방법에 대해서는 부록 D, '채팅 인터페이스' 절에서 자
세히 설명한다.

이벤트 구독 업데이트

XmppSensorServer 클래스는 ProtoXEP : IoT - Events에서 정의한 방식대로 이벤트에 대한 구독을 처리하는 기능도 제공한다. 이를 통해 클라이언트가 조건이 변할 때 센서에게 데이터를 요청하는 기능을 만들 수 있다. 모든 구독 요청이 제대로 처리되도록, 센서로부터 순간 값이 들어올 때마다 센서 서버 인터페이스에게 알려줘야 한다. 코드는 다음과 같다.

```
if (xmppSensorServer != null)
{
  xmppSensorServer.MomentaryValuesUpdated (
    new KeyValuePair<string, double> (
      "Temperature", temperatureC),
    new KeyValuePair<string, double> (
      "Light", lightPercent),
    new KeyValuePair<string, double> (
      "Motion", motionDetected ? 1 : 0));
}
```

 이 책을 출간되는 시점에선 아직 XSF에서 이 확장 기능이 승인하지 않은 상태였다. 그렇다 해도, 여기에 나온 방식에 따라 조건이 붙은 센서 데이터에 대한 이벤트를 구독하는 기능을 구현할 수 있다. 이 확장 기능에 대한 진행 상황은 http://xmpp.org/extensions/inbox/iot-events.html에서 확인할 수 있다.

contract 게시

장치를 서로 연결하려면 먼저 상대방이 어떤 기능을 제공하는지 살펴봐야 한다. 이를 위한 한 가지 방법으로, XMPP 서비스 검색 쿼리로 상대방이 가진 기능을 알아낼 수 있다. 누군가 센서로 쿼리를 보내면, 이 장치는 센서로 구성되어 있으며 값을 측정할 수 있다는 것을 알 수 있다. 이때 값을 어떤 형태로 제공하는지도 알아야 한다. 가장 쉬운 방법은 일단 값을 읽어보는 것이다. 그러나 이렇게 하면 들어온 데이터를 자세히 분석해야 하는데, 데이터의 내용과 형태가 다양해서 알아내기 쉽지 않을 수 있다. 또 다른 방법으로, ProtoXEP: IoT - Interoperability

에서 정의한 상호운용성 인터페이스나 contract 목록을 가져와서 알아낼 수 있다. 아래 코드에서 보는 바와 같이, 목록에 나온 레퍼런스는 contract를 가리키고 있으며, 송신자는 이러한 contract에 따라 동작하게 된다.

```
xmppInteroperabilityServer = new XmppInteroperabilityServer (
    xmppClient,
    "XMPP.IoT.Sensor.Temperature",
    "XMPP.IoT.Sensor.Temperature.History",
    "Clayster.LearningIoT.Sensor.Light",
    "Clayster.LearningIoT.Sensor.Light.History",
    "Clayster.LearningIoT.Sensor.Motion",
    "Clayster.LearningIoT.Sensor.Motion.History");
```

모든 contracts는 트리 구조로 정렬되어 있다. XMPP.IoT로 시작하는 contract 는 ProtoXEP에 정의되어 있다. 물론 원하는 contract를 직접 정의해도 된다. 예제에서는 센서에 관심 있는 이에게 이 센서가 온도를 측정하며 히스토리 값을 제공한다는 것을 알려준다. 그리고 라이트 센서와 모션 센서에 대한 contract를 History로 정의한다. 이 값은 나중에 컨트롤러에서 현재 연결된 상대방이 원래 찾으려고 했던 센서인지 검사할 때 활용한다.

 이 확장 기능은 아직 XSF에 제출되지 않았기 때문에, 승인되지도 않았을 뿐만 아니라 XSF에 게시되어 있지도 않다. 그렇다 해도 이러한 방식에 따라 장치끼리 contract에 대한 레퍼런스를 주고 받는 기능을 구현할 수 있다. 이 확장 기능에 대한 진행 상태는 http://htmlpreview.github.io/?https://github.com/joachimlindborg/XMPP-IoT/blob/master/xep-0000-IoT-Interoperability.html에서 확인할 수 있다.

액추에이터에 XMPP 기능 추가

센서 프로젝트와 마찬가지로, 액추에이터에 대한 인터페이스도 쉽게 추가할 수 있다. 이번에는 장치를 LearningIoT-Sensor가 아닌 LearningIoT-Actuator로 등록한다. 액추에이터에 센서 서버 인터페이스를 액추에이터에 등록하는 과정은 앞에서 센서에 대한 코드를 작성할 때와 거의 비슷하다. 단지 이름과 필드의 타입, 순간 값만 다를 뿐이다. 여기서는 액추에이터에서 다르게 작성하는 부분만 소개한다.

액추에이터에서 사용할 contract는 다음과 같다.

```
xmppInteroperabilityServer = new XmppInteroperabilityServer (
    xmppClient,
    "XMPP.IoT.Actuator.DigitalOutputs",
    "XMPP.IoT.Security.Alarm",
    "Clayster.LearningIoT.Actuator.DO1-8");
```

컨트롤러 서버 인터페이스 추가

XEP-0325: IoT - Control에서는 IoT에서 XMPP 프로토콜로 제어 연산을 수행하는 방법을 정의하고 있다. 이 확장 기능에서는 클라이언트가 서버로 제어 명령을 보낼 때 사용할 비동기 메시징 모델과 요청/응답 모델도 정의한다. 또한 클라이언트는 제어용 파라미터를 사용할 수 있는 지를 서버에 요청할 수 있다. 이러한 확장 기능에서 정의하는 기능은 XmppControlServer 클래스에 구현되어 있으며, 이를 활용하여 코드를 작성하면 된다.

먼저 액추에이터 프로젝트에서 XMPP 클라이언트를 생성하고 프로비저닝 서버를 정의한 뒤에, XmppControlServer 클래스에 대한 인스턴스를 생성한다. 이를 위해 생성자를 호출할 때 인터페이스를 통해 제어할 파라미터를 지정해야 한다. 이때 지정하는 파라미터는 센서 서버 인터페이스로 읽을 수 있는 필드와 일치해야 한다. 제어 파라미터는 다음과 같은 값으로 정의한다.

- 내부적으로 사용하는 값에 대한 데이터 타입

- 제어 파라미터의 이름

- 현재 값

- 파라미터를 읽을 때 호출될 콜백 메소드에 대한 델리게이트

- 파라미터를 설정할 때 호출될 콜백 메소드에 대한 델리게이트

- 제목으로 표시할 문자열

- 툴팁으로 표시할 문자열

- 가능한 범위

이러한 파라미터 중 일부는 파라미터에 대한 제어용 폼을 생성하는데 사용된다. 이렇게 만든 제어용 폼은 최종 사용자가 직접 입력하거나 입력 폼을 통해 전달된 값을 검사하기 위한 용도로 사용된다. `Clayster.Library.IoT.XmppInterfaces.` `ControlParameters` 네임스페이스에서는 XEP-0325에서 지원하는 여러 가지 타입의 제어용 파라미터에 대한 클래스를 제공하고 있다. 예제에서는 컨트롤 서버를 다음과 같이 작성한다. 반복되는 파라미터는 ("...")로 표시하고 생략했다.

```
xmppControlServer = new XmppControlServer (
  xmppClient, xmppProvisioningServer,
  new BooleanControlParameter ("Digital Output 1",
    () => wsApi.GetDigitalOutput (1),
    (v) => wsApi.SetDigitalOutput (1, v),
    "Digital Output 1:", "State of digital output 1."),
  …,
  new BooleanControlParameter ("Digital Output 8",
    () => wsApi.GetDigitalOutput (8),
    (v) => wsApi.SetDigitalOutput (8, v),
    "Digital Output 8:", "State of digital output 8."),
  new BooleanControlParameter ("State",
    () => wsApi.GetAlarmOutput (),
    (v) => wsApi.SetAlarmOutput (v),
    "Alarm Output:", "State of the alarm output."),
  new Int32ControlParameter ("Digital Outputs",
    () => (int)wsApi.GetDigitalOutputs (),
    (v) => wsApi.SetDigitalOutputs ((byte)v),
    "Digital Outputs:", "State of all digital outputs.",
    0, 255));
```

카메라에 XMPP 기능 추가

카메라에서 XMPP 기능을 추가하는 코드도 쉽게 작성할 수 있다. 카메라를 `LearningIoT-Sensor`가 아닌 `LearningIoT-Camera`로 등록하기만 하면 된다. 앞에서 UPnP로 만들 때는 카메라를 로컬 네트워크에서만 사용하도록 구성했다. UPnP는 HTTP를 기반으로 동작하기 때문에, XMPP에서 HTTP를 사용하도록 설정하기만 하면 XMPP로 카메라 이미지를 받아올 수 있다.

그리고 센서 인터페이스에 이벤트 기능도 추가해야 한다. 작성 방법은 UPnP에서 했던 것과 비슷하다. 가장 쉬운 방법은 카메라를 센서로 변환하고, 카메라 파라미터를 센서 데이터 필드로 리포팅하는 것이다. 센서 데이터 모델에서는 이벤트를 지원하기 때문에, UPnP에서 로컬 HTTP로 처리할 때처럼 XMPP로도 똑같이 만들 수 있다. 구현 과정은 앞에서 센서 프로젝트를 만들 때와 거의 같기 때문에, 여기서는 따로 설명하지 않고 소스 코드를 참조하기 바란다.

컨트롤러에 XMPP 기능 추가

컨트롤러 프로젝트는 센서와 액추에이터와 카메라 프로젝트에 대해 클라이언트 역할을 한다는 점에서, 앞서 살펴본 프로젝트와 다르다. 물론 컨트롤러도 (LearningIoT-Controller라는 이름으로) Thing Registry에 등록하고 프로비저닝 서버로 누구와 친구 관계를 맺어야 할 지를 결정하는 방식으로 장치를 연결하도록 구현해야 한다.

센서 클라이언트 인터페이스 만들기

센서에 대한 JID를 갖고 있다면, XmppSensorClient 클래스를 통해 센서에 데이터를 요청하거나 센서에서 제공하는 데이터를 구독하도록 신청할 수 있다.

```
xmppSensorClient = new XmppSensorClient (xmppClient);
```

센서 데이터 구독

센서 인터페이스에 대한 초기화 과정에서 센서의 Light와 Motion 필드 값에 대한 구독 요청을 보내는 코드를 작성한다. 그리고 라이트 센서로 읽은 값이 1%만큼 변하거나 모션 디텍터의 상태가 true에서 false로(1이 0으로) 변경될 때 보낼 정보도 지정한다.

214

```
private static void InitSensor (string Jid)
{
  xmppSensorClient.SubscribeData (-1, Jid,
    ReadoutType.MomentaryValues, null, new FieldCondition[]
  {
    FieldCondition.IfChanged ("Light", 1),
      FieldCondition.IfChanged ("Motion", 1)
  },
  null, null, new Duration (0, 0, 0, 0, 1, 0), true,
    string.Empty, string.Empty, string.Empty, NewSensorData, null);
}
```

구독 요청을 보내는 메소드는 다음과 같은 파라미터를 받는다.

- 구독에 대해 식별할 때 사용할 시퀀스 번호(-1)
- 센서에 대한 Jid
- 원하는 필드의 타입
- 값을 읽을 내부 노드(센서는 집중자concentrator가 아니므로, 여기에서는 null로 지정함)
- 구독할 조건에 대한 필드
- 구독할 히스토리 데이터에 대한 최대 유효 기간age. 여기에서는 히스토리 데이터를 구독하지 않으므로, null로 지정함
- 메시지의 최저 전송 속도를 설정하는 시간 간격interval time(null)
- 메시지를 받기까지 최대로 허용된 시간 간격(1분)
- 즉시 요청해야 하는 지를 나타내는 값(true). 이 값을 true로 지정하면, 구독을 승인하자마자 곧바로 센서 데이터를 받게 된다.
- 서비스와 장치와 단위의 세 값으로 구성된 시큐리티 토큰. 프로비저닝 서버로 인증을 처리하거나, 외부에서 요청자의 ID와 함께 구독 요청이 들어올 때 이 값을 활용한다. 예제에서는 컨트롤러에서 직접 구독 요청을 하므로, 이 값을 공백 문자열로 지정한다.
- 구독의 결과로 센서 데이터를 받을 때 호출할 콜백 메소드
- 콜백 메소드에 전달할 상태 오브젝트

데이터를 한 번만 받을 때는 SubscribeData 메소드 대신 RequestData 메소드를 사용해
도 된다. 파라미터는 SubscribeData와 비슷하다.

들어온 센서 데이터 처리

센서 데이터는 먼저 정확히 파싱한 다음, 지정한 콜백 메소드로 전달된다. 아래 코
드에서 보는 바와 같이 이 값은 이벤트 인자를 통해 제공된다.

```
private static void NewSensorData
   (object Sender, SensorDataEventArgs e)
{
   FieldNumeric Num;
   FieldBoolean Bool;
```

센서 데이터는 센서가 필드 값과 알려줄 값의 양을 읽고 처리하는 방법에 따라, 메
시지 시퀀스 형태로 전달할 수 있다. 이렇게 메시지를 보낼 때마다 콜백 메소드가
호출된다. Done 프로퍼티를 통해 현재 메시지가 시퀀스에서 마지막 메시지인지
표시한다. 최근 전달된 메시지의 필드 값은 RecentFields 프로퍼티에서 확인할
수 있으며, 센서로 읽은 모든 필드 값에 대한 합은 TotalFields 프로퍼티에서 확
인할 수 있다. 예제에서는 가장 최근에 받은 메시지의 필드에 대해서만 루프를 돌
면서 처리하면 된다.

```
if (e.HasRecentFields)
{
   foreach (Field Field  in e.RecentFields)
   {
```

전달된 필드 값을 확인하는 과정은 간단하다.

```
if (Field.FieldName == "Light" &&
   (Num = Field as FieldNumeric) != null &&
   Num.Unit == "%" && Num.Value >= 0 && Num.Value <= 100)
      lightPercent = Num.Value;
else if (Field as FieldBoolean) != null)
   (Bool = Field as FieldBoolean) != null)
      motion = Bool.Value;
```

216

마지막으로 시스템 상태가 변했는지 확인하도록 다음과 같이 제어 규칙을 검사한다.

```
    }
    hasValues = true;
    CheckControlRules ();
  }
}
```

컨트롤러 클라이언트 인터페이스 만들기

액추에이터와 통신하는 부분은 컨트롤러 인터페이스와 함께 XmppControlClient 클래스로 간단히 처리할 수 있다.

```
xmppControlClient = new XmppControlClient (xmppClient);
```

파라미터 값은 제어용 폼을 사용하거나 파라미터마다 set 연산을 실행하는 방식으로 제어할 수 있다. 제어용 폼에는 제어할 수 있는 모든 파라미터가 담겨 있으며, 파라미터가 존재하는지, 어떤 타입으로 제공되는지, 경계 값은 어떤 값으로 지정되어 있는 지를 알아낼 때 활용하기도 한다. 또한 파라미터 전체를 한 큐에 설정할 때도 사용할 수 있다.

액추에이터 인터페이스를 초기화할 때, 다음과 같이 제어용 폼을 요청한다.

```
private static void InitActuator (string Jid)
{
  xmppControlClient.GetForm (Jid, ControlFormResponse, Jid);
}
```

이에 대한 응답은 다음과 같은 방식으로 처리한다. 이벤트 인자의 Form 프로퍼티 값이 null이면, 에러를 발생한다.

```
private static void ControlFormResponse (object Sender,
  ControlFormEventArgs e)
{
  string Jid = (string)e.State;
  if (e.Form != null)
  {
```

```
      …
    }
    else
      Log.Error (e.ErrorMessage, EventLevel.Major, Jid);
}
```

이 폼은 주로 액추에이터에서 어떤 사용할 수 있는 파라미터를 알아내서, 각각에 대해 set 연산을 적용하여 제어하기 위한 용도로 사용된다. 이렇게 개별적으로 set 연산을 적용할 때뿐만 아니라, 파라미터 전체에 대해 set 연산을 적용할 때도 제어용 폼을 사용하며, 이때 XmppControlClient 클래스의 Set을 오버로드한 버전으로 처리한다. 오버로드 버전의 구체적인 형태는 전달된 파라미터의 데이터 타입에 따라 달라진다. 정수 타입의 제어 파라미터로 디지털 출력을 설정하는 과정은 다음과 같다.

```
if (i >= 0 && xmppControlForm.ContainsField ("Digital Outputs"))
  xmppControlClient.Set (Jid, "Digital Outputs", i);
```

불리언 타입으로 표현하는 알람에 대한 State 파라미터는 다음과 같이 설정한다.

```
if (b.HasValue && xmppControlForm.ContainsField ("State"))
  xmppControlClient.Set (Jid, "State", b.Value);
```

카메라 클라이언트 인터페이스 만들기

XMPP로 UPnP 이벤트 구독 모델을 구현하기 위해 카메라를 센서로 변환했다. 따라서 카메라 인터페이스를 초기화 할 때, 카메라 이미지의 URL 필드뿐만 아니라 이미지의 Width 및 Height 필드 프로퍼티도 구독해야 한다. 이러한 값을 서로 구분하기 위해 시퀀스 번호를 (-2)로 설정하는 부분을 제외하면, 센서에서 했던 것과 같은 방식으로 처리한다. 코드는 다음과 같다.

```
private static void InitCamera (string Jid)
{
  xmppSensorClient.SubscribeData (-2, Jid, ReadoutType.Identity,
    null, new FieldCondition []
  {
    FieldCondition.Report ("URL"),
    FieldCondition.IfChanged ("Width", 1),
```

```
      FieldCondition.IfChanged ("Height", 1)
   },
   null, null, new Duration (0, 0, 0, 0, 1, 0), true,
   string.Empty, string.Empty, string.Empty,
   NewCameraData, null);
}
```

파싱하는 과정은 센서 프로젝트에서 할 때와 같다.

XMPP로 카메라 이미지 가져오기

카메라에서 제공한 URL은 보통 UPnP에서 사용하는 URL과 달리, httpx URI 스킴을 사용한다. 예제에서는 카메라 이미지의 URL을 httpx://camera.learningiot@thingk.me/camera와 같은 형태로 구성한다. httpx URI 스킴을 사용하려면, 이러한 방식을 사용할 XMPP 클라이언트를 지정해야 한다. 코드에서는 다음과 같이 `Clayster.Library.Internet.URIs` 네임스페이스에서 정의하는 `HttpxUriScheme` 클래스로 클라이언트를 등록한다.

```
   HttpxUriScheme.Register (xmppClient);
```

XMPP 클라이언트를 등록하면, 시스템에서 httpx URI 스킴을 http나 https와 같은 URI 스킴처럼 처리하게 된다. 이미지를 가져올 때 정적 메소드인 `HttpSocketClient.GetResource`에 URL을 지정하고 호출하기만 하면, 나머지 작업을 알아서 처리한다. UPnP에서 이미지를 가져올 때와 같은 방식으로 다음과 같이 응답할 내용을 넣어준다.

```
   Response = HttpSocketClient.GetResource(Url);
   Msg.EmbedObject ("cam1img" + j.ToString (),
      Response.Header.ContentType, Response.Data);
```

상대방이 제공하는 기능 확인

컨트롤러에 장치를 연결할 때, 각 장치에서 제공하는 기능과 장치에 게시된 상호운용성 관련 contract를 알아내야, 그 장치가 어떤 것인지 파악할 수 있다. 라이브러리에서 상호운용성 관련 서버 클래스가 제공되므로, 당연히 클라이언트도 존재한다. 다음과 같이 이 클라이언트를 사용하도록 코드를 작성한다.

```
xmppInteroperabilityClient = new XmppInteroperabilityClient (
    xmppClient);
```

상호운용성 인터페이스나 contract를 요청하여 Jid로 표현한 대상이 뭔지 알아
내는 메소드를 작성한다. 코드는 다음과 같다.

```
private static void CheckInterfaces (string Jid)
{
    xmppInteroperabilityClient.RequestInterfaces (Jid,
        (Interfaces, State) =>
        {
            ...
            xmppSettings.UpdateIfModified ();
        }, Jid);
}
```

여기서 "..."으로 표시한 부분에, 장치에서 알려준 인터페이스 목록을 검사하는 코
드를 작성한다. 아직 센서에 연결되어 있지 않건, 라이트와 모션 인터페이스를 사
용할 수 있는 새로운 장치가 발견됐다면, 이에 대한 Jid를 기억해둔다. 아래 코드
에서 보는 바와 같이 이 값은 State 파라미터를 통해 전달된다.

```
if (string.IsNullOrEmpty (xmppSettings.Sensor) &&
    Array.IndexOf<string> (Interfaces,
    "Clayster.LearningIoT.Sensor.Light") >= 0 &&
    Array.IndexOf<string> (Interfaces,
    "Clayster.LearningIoT.Sensor.Motion") >= 0)
{
    xmppSettings.Sensor = (string)State;
    InitSensor (xmppSettings.Sensor);
}
```

액추에이터와 카메라에 대해서도 이와 비슷한 방식으로 식별한다.

상대방 상태 확인하기

상대방이 누군지 식별하는 메소드를 만들었으니, 이제 이 메소드가 호출되도록 해보자. 상대방과 통신하려면, 베어 JID뿐만 아니라 친구 맺기 과정에서 알아낸 풀 JID가 필요하다. 풀 JID는 장치가 온라인 상태라고 알려주는 프레즌스 메시지를 받을 때 필요하다. 장치가 온라인 상태로 전환될 때마다 매번 메소드가 호출되지 않도록, 새로 친구로 등록한 상대방에 대한 목록을 내부적으로 관리하고 있어야 한다. 코드는 다음과 같이 작성한다.

```
Dictionary<string, bool> NewlyAdded =
  new Dictionary<string, bool> ();
```

Subscribed 프레즌스 스탄자를 받아서 새로 친구 관계를 맺었다는 것을 알려줄 때, 베어 JID를 잘라낸 값을 저장하도록 OnPresenceReceived 이벤트 핸들러에 다음과 같이 코드를 작성한다.

```
case PresenceType.Subscribed:
  lock (NewlyAdded)
  {
    NewlyAdded [XmppClient.StripResource (
      Presence.From).ToLower ()] = true;
  }
  break;
```

Subscribe, Subscribed, Unsubscribe, Unsubscribed가 아닌 다른 타입의 프레즌스 스탄자가 들어올 때 처리할 작업을 다음과 같이 default 구문에 작성한다. 오프라인 상태가 아니라면, 상대방이 곧 온라인 상태로 전환된다고 간주한다.

```
default:
  string s = XmppClient.StripResource
    (Presence.From).ToLower ();
  if (Presence.Status != PresenceStatus.Offline)
  {
```

먼저 이 장치가 컨트롤러에서 이미 사용하고 있는 것은 아닌지 검사한다. 이미 사용하던 장치라면 구독 정보를 다시 초기화하고 액추에이터로부터 제어용 폼을 새로 받아온다. 오프라인에 있는 동안 제어용 폼이 변경됐을 수도 있기 때문이다. 코드는 다음과 같이 작성한다.

```
if (!string.IsNullOrEmpty (xmppSettings.Sensor) &&
  XmppClient.CompareJid (xmppSettings.Sensor, Presence.From))
    InitSensor (Presence.From);
else if (!string.IsNullOrEmpty (xmppSettings.Actuator) &&
  XmppClient.CompareJid (xmppSettings.Actuator, Presence.From))
    InitActuator (Presence.From);
else if (!string.IsNullOrEmpty (xmppSettings.Camera) &&
  XmppClient.CompareJid (xmppSettings.Camera, Presence.From))
    InitCamera (Presence.From);
```

처음 등록하는 장치라면, 다음과 같이 장치에서 제공하는 기능을 살펴볼 필요가 있는지 검사한다. 컨트롤러가 이미 이 장치에 대해 알고 있다면, 새로 친구 관계를 맺을 필요는 없다.

```
else if (string.IsNullOrEmpty (xmppSettings.Sensor) ||
  string.IsNullOrEmpty (xmppSettings.Actuator) ||
  string.IsNullOrEmpty (xmppSettings.Camera))
{
  lock (NewlyAdded)
  {
    if (!NewlyAdded.ContainsKey (s))
      break;
    NewlyAdded.Remove (s);
  }
  CheckInterfaces (Presence.From);
}
}
break;
```

규칙이 변경됐는지 확인

네트워크에 연결된 장치의 소유자가 규칙을 변경했다면, 이 규칙을 적용하는 장치에게 이전에 저장했던 프로비저닝 캐시를 비우도록 요청해야 한다. 이 캐시는 이전에 프로비저닝 관련 질문에 대해 응답으로 받은 정보를 로컬에 저장하고 있는데, 이렇게 규칙이 변경되면 캐시에 있는 값을 적용할 수 없다. 캐시를 비우는 작업은 프로비저닝 서버 클래스에서 처리한다. 캐시를 비울 때 이벤트 구독과 제어용 폼과 함께 연결을 다시 초기화하도록, OnClearCache 이벤트가 발생할 때 이러한 작업을 수행하는 핸들러를 등록한다. 이 이벤트를 통해 새로운 규칙이 제대로 적용되게 할 수 있다. 코드는 다음과 같다.

```
xmppProvisioningServer.OnClearCache += (Sender, e) =>
{
  if (!string.IsNullOrEmpty (xmppSettings.Sensor))
    InitSensor (xmppSettings.Sensor);
  if (!string.IsNullOrEmpty (xmppSettings.Actuator))
    InitActuator (xmppSettings.Actuator);
  if (!string.IsNullOrEmpty (xmppSettings.Camera))
    InitCamera (xmppSettings.Camera);
};
```

모두 합치기

이제 XMPP를 지원하기 위한 기능을 다 만들었다. 전체 코드를 보려면, 이 예제 프로젝트에 대한 소스 파일을 다운로드하기 바란다.

예제에서는 ID를 생성하고, 믿을 수 있는 프로비저닝 서버에 권한을 위임하는 범용 보안 모델을 적용했기 때문에, 장치 입장에서는 소유자가 누군지, 누구와 연결하고 통신하는지 알 수 없다. 따라서 예제가 제대로 동작하려면, 프로비저닝 서버를 통해 이러한 정보를 장치에게 알려줘야 한다. http://thingk.me/에서 제공하는 프로비저닝 서버를 사용할 경우에는, 다음과 같이 처리한다.

1. 먼저 Dashboard 페이지에서 계정을 생성한다.

2. Registration Unit 또는 Thing Registrar라 부르는 스마트폰 앱을 다운로드해서 예제에서 사용하는 장치를 등록한다. API 페이지를 보면, 이 과정에 대한 설명이 나와 있다.

3. 앱을 구동하고, XMPP 계정을 생성한다. 계정은 thingk.me에서 제공하는 XMPP 서버에서 생성해도 된다. 앱에서 사용할 장치에 대해 사용 권한을 요청

할 때 여기서 만든 JID를 사용한다. 장치에게 소유자 JID를 보낼 때 이 JID를 사용한다.

4. Registration 페이지에서 registration unit을 추가한다. 이렇게 하면 앱에 계정을 연결할 수 있다. registration unit을 추가할 때, JID를 지정해야 한다. 그러면 서버는 PIN 코드를 담은 메시지를 앱으로 보낸다. 이 값을 이용해 사용자가 이 JID를 사용할 권한이 있는지 검사한다. registration unit을 등록하기 전에 먼저 이 PIN 코드를 받았다는 확인 메시지를 전달해야 한다. 계정마다 여러 개의 registration unit을 사용할 수도 있다.

5. 이제 앱에서 사용하려는 장치의 QR 코드를 사진으로 찍어서 사용 권한을 요청한다. 이렇게 사용 허가를 받은 장치에 대한 목록은 Things 페이지에서 볼 수 있다.

6. 친구 요청이 들어오거나 리드아웃 요청이 들어오거나 제어 요청이 들어오는 것처럼, 장치에 뭔가 새로운 일이 일어나면, 각 요청에 대한 허용 여부를 프로비저닝 서버가 자동으로 알려준다. 이때 이에 대한 이벤트도 받게 된다. Dashboard 페이지에 이렇게 전달된 이벤트를 볼 수 있으며, 사용자가 온라인 상태가 아니라면 이메일로 전달된다. 각 알림에 담긴 설명을 참고해서, 다음에 이와 비슷한 요청이 들어올 때 어떻게 처리할 지를 서버에게 알려준다.

7. Things 페이지를 통해 각 장치에 대한 모든 정보를 볼 수 있을 뿐만 아니라, 장치에 적용할 규칙을 변경하거나, 친구 관계를 추천하거나, 장치에서 값을 읽거나, 장치의 동작을 제어할 수 있다. 컨트롤러의 추천에 따라 새로운 친구 관계를 맺기 위해 컨트롤러를 센서와 액추에이터와 카메라와 연결할 때도 이 페이지에서 처리할 수 있다.

8. 일반 채팅 클라이언트를 사용해 장치에 연결할 수도 있다. 각 장치마다 채팅 인터페이스를 갖추고 있으므로, 직접 한 번 연결해보기 바란다.

9. Contact 페이지에 나온 연락처를 통해 언제든지 thingk.me에 문의할 수 있다.

정리

6장에서는 XMPP 프로토콜의 구조와 동작에 대해 살펴보고, XMPP의 장점과 단점을 분석했다. 센서와 액추에이터, 컨트롤러 프로젝트에서 IoT 애플리케이션을 구현하기 위한 수단으로 XMPP를 사용하는 방법도 살펴봤다. 그리고 XMPP를 통해 신뢰 위임delegated of trust 패턴을 적용해 각 프로젝트에 보안 기능도 추가해봤다.

2장부터 6장까지 IoT에서 사용할 수 있는 여러 가지 프로토콜에 대해 살펴봤다. http://biotic-community.tumblr.com/에 있는 Biotic - Executive Summary 문서를 보면, 각 프로토콜에서 제공하는 기능과 장단점을 한 눈에 비교해볼 수 있도록 테이블 형태로 정리돼 있다.

7장에서는 IoT 플랫폼을 이용해 애플리케이션을 개발하는 방법을 소개하고, 이렇게 플랫폼을 활용할 때 어떤 장점이 있는지 알아본다.

7

IoT 서비스 플랫폼

지금까지는 IoTInternet of Things에서 사용할 만한 여러 가지 통신 프로토콜에 대해 알아봤다. 이 과정에서 여러 가지 예제도 직접 만들어봤는데, 각각 독립적으로 실행시킬 수 있도록 필요한 인터페이스를 예제마다 모두 구현했다. 이 장에서는 IoT 서비스 플랫폼을 기반으로 실행되는 서비스 형태로 애플리케이션을 개발하는 방법에 대해 알아보기로 하자. 이러한 플랫폼은 IoT 서비스에 필요한 하드웨어 추상화 모델과 아키텍처를 제공할 뿐만 아니라, 제작한 서비스를 쉽게 관리하고 모니터링하기 위한 여러 가지 도구와 인터페이스도 제공한다. 이렇게 플랫폼에서 제공하는 다양한 기능을 통해 단순 반복 작업을 크게 줄일 수 있기 때문에, IoT 서비스를 쉽고 빠르게 제작할 수 있다. 또한 개발하는 동안 애플리케이션 로직에 전념할 수 있어서 서비스의 가치를 높이는 데 도움이 된다.

이 장에서 배울 내용은 다음과 같다.

- 클레이스터 IoT 서비스 플랫폼 다운로드하고 설치하기

- 클레이스터 서비스를 작성하고, 실행하고, 디버깅하는 방법

- 클레이스터 관리 도구 사용법

- XMPP 아키텍처를 이용해 개발 환경 꾸미기

- 컨트롤러의 상태를 실시간으로 보여주는 인터페이스 만들기

 이 책에 나온 모든 예제에 대한 소스 코드는 웹에서 다운로드할 수 있다. 그 중에서도 이 장에 나오는 예제에 대한 소스 코드는 https://github.com/Clayster/Learning-IoT-IoTPlatform에서 다운로드할 수 있다.

IoT 플랫폼 고르기

현재 IoT 응용 개발을 위해 당장 다운로드하여 쓸 수 있는 플랫폼으로 여러 가지가 나와 있다. 각 플랫폼마다 제공하는 기능과 개발 관련 지원 범위도 다양하다. http://postscapes.com/internet-of-things-platforms에 가보면, IoT와 M2M을 위한 제공되는 플랫폼으로 어떤 것이 나와 있는지 살펴볼 수 있다. 각 플랫폼에 대한 상세한 정보는 이 페이지에 나온 링크를 따라가 보면 된다.

하지만 현재 나온 모든 플랫폼을 기능 별로 분류하여 각각의 장단점을 한 눈에 비교해보기란 쉽지 않다. 따라서 이 장에서는 일단 클레이스터 플랫폼을 사용해 IoT 애플리케이션을 작성하는 방법부터 소개한다. 이 장과 다음 장에 걸쳐 이 플랫폼으로 예제를 작성해보면서 IoT 응용에 필요한 여러 가지 작업을 얼마나 쉽게 처리할 수 있는지 직접 확인해볼 수 있을 것이다. 이렇게 IoT 플랫폼 중 하나를 직접 써보면 나중에 자신이 개발할 IoT 프로젝트에 가장 적합한 플랫폼을 고르는 안목이 훨씬 높아질 것이다.

클레이스터 플랫폼

7장에서는 앞에서 만든 컨트롤러(Controller) 애플리케이션을 수정하여 Controller2라는 이름의 새로운 애플리케이션을 만들어본다. 앞에서는 독립적으로 실행되는 애플리케이션 형태로 만들었지만, 이번에는 클레이스터Clayster IoT 플랫폼을 이용한 서비스 형태로 만들 것이다. 이를 통해 IoT 플랫폼을 활용하면 응용을 제작하는데 드는 수고를 얼마나 덜 수 있는지, 그리고 같은 노력으로 얼마나 상용 제품에 가까운 형태로 만들 수 있는지 직접 비교해볼 수 있을 것이다.

클레이스터 플랫폼 다운로드

먼저 http://www.clayster.com/downloads에서 클레이스터 플랫폼을 Private 버전으로 다운로드한다.

플랫폼을 다운로드하려면, 몇 가지 개인 신상 정보와 이메일 주소를 입력해야 한다. 이러한 정보를 폼에 입력해서 제출하면, 입력한 이메일 주소로 확인 메일을 받게 된다. 메일에 나온 링크를 클릭하면 서버에서 플랫폼에 입력한 개인 정보를 담아서 배포본을 만든다. 배포본이 완성되면 다운로드할 수 있는 링크를 담은 메일을 다시 받게 된다.

 앞 장에서 소개한 예제 파일을 보면 윈도우 머신에 설치된 클레이스터 플랫폼을 사용한다고 가정하여 설치 경로가 C:\Downloads\ClaysterSmall로 지정되어 있을 것이다. 다른 환경에서 코드를 실행한다면 이 값을 자신의 설치 경로와 OS에 맞게 적절히 수정한다.

클레이스터 플랫폼에 대한 소개와 예제, 튜토리얼을 비롯한 여러 가지 관련 정보는 위키 페이지(https://wiki.clayster.com/)에서 확인할 수 있다.

서비스 프로젝트 만들기

서비스 프로젝트를 만드는 과정은, 앞에서 콘솔 애플리케이션 방식의 프로젝트를 만들 때와 좀 다르다. 참고로 콘솔 애플리케이션을 만드는 방법에 대해서는 부록 A, '콘솔 애플리케이션' 절에서 설명한다. 콘솔 애플리케이션으로 만들 때는 예제를 EXE 파일로 만들었지만, 플랫폼에 대한 서비스를 생성할 때는 플랫폼을 구동하기 위한 EXE 파일이 따로 제공되기 때문에, 작성한 서비스를 DLL_{Dynamic Link} _{Library} 형태의 라이브러리 파일로 만들어야 한다. 이때 라이브러리 프로젝트를 현재 설치한 클레이스터 배포본의 버전에 맞게 만들어야 한다. 참고로 이 책에서는 .NET 3.5를 사용했다. 그러면 클레이스터 플랫폼을 구동하기 위해 플랫폼에 대한 EXE 파일을 실행할 때, 설치 폴더에 있는 클레이스터 모듈로 표시된 DLL 파일을 모두 불러들인다.

레퍼런스 추가

클레이스터 배포본에는 모든 라이브러리가 기본적으로 설치되어 있다. 이 장의 예제에서 사용하는 라이브러리에 대한 레퍼런스를 추가할 때, 앞 장의 예제 프로젝트에 포함된 라이브러리가 아닌, 클레이스터 배포본을 설치한 폴더에 있는 라이브러리 파일을 사용해야 한다. 그래야 예제가 제대로 실행된다. 클레이스터 배포본에서는 앞 장에서 사용해본 라이브러리 외에도 다음과 같은 라이브러리도 제공한다. 이 장에서 예제를 만들 때 이 라이브러리를 활용한다.

- Clayster.AppServer.Infrastructure: 플랫폼에서 제공하는 애플리케이션 엔진에 대한 라이브러리로서, 애플리케이션을 관리하는 기능뿐만 아니라 리포팅 툴, 클러스터 지원, 관리자를 위한 지원 기능 등이 제공된다. 이 라이브러리를 사용하면 IoT에서 사용되는 다양한 데이터에 대한 백업과 임포트, 익스포트, 지역화 등과 같은 작업을 쉽게 처리할 수 있다. 또한 다양한 형태로 GUI를 제작할 수 있는 렌더링 기능도 제공한다.

- Clayster.Library.Abstract: 데이터 추상화 계층을 제공하는 라이브러리로서, 시스템에 존재하는 여러 가지 오브젝트를 효율적으로 관리하는 데 핵심적인 역할을 담당한다.

- Clayster.Library.Installation: 이 라이브러리는 패키지 기능을 제공한다.

- `Clayster.Library.Meters`: 앞에서 사용한 `Clayster.Library.IoT` 라이브러리 대신 사용할 라이브러리로서, 센서나 액추에이터, 컨트롤러, 미터 등과 같은 장치를 추상화하기 위한 모델을 제공한다.

이 장에서 예제 프로젝트를 만들 때, 다음과 같은 서비스 모듈도 사용한다. 이 모듈도 클레이스터 배포본에 포함되어 있다.

- `Clayster.HomeApp.MomentaryValues`: 순간 값을 게이지에 표시하도록 간단히 구성된 서비스로서, 이 장의 예제에서 센서 값을 게이지로 표시할 때 활용한다.

- `Clayster.Metering.Xmpp`: `Clayster.Library.Meters` 네임스페이스에서 정의한 추상 모델을 기반으로 XMPP를 구현한 모듈로서, 앞 장에서 XMPP로 했던 작업에 필요한 모든 기능을 제공한다.

클레이스터 모듈 만들기

클레이스터는 DLL을 무조건 불러오지 않고, 클레이스터 모듈로 표시한 DLL만 불러들인다. 클레이스터 모듈로 사용하려면, 다음과 같이 설정해야 한다.

- CLS에 호환되도록 작성해야 한다.
- 클레이스터 모듈로 표시해야 한다.
- 개발자에 대한 정보를 담은 공인 인증서를 제공해야 한다.

 자체 서명된 인증서는 온라인으로 제공되는 여러 가지 서비스를 통해 만들 수 있다. www.getacert.com도 이러한 서비스를 제공하고 있다.

이렇게 클레이스터 모듈로 설정하는 작업은 모두 AssemblyInfo.cs 파일로 처리한다. 이 파일은 .NET 프로젝트마다 하나씩 제공된다. CLS에 호환되도록 설정하는 작업은 간단하다. 다음과 같이 `CLSCompliant` 어셈블리 어트리뷰트만 추가해주면 된다. 이 어트리뷰트는 `System` 네임스페이스에 정의되어 있다.

```
using System;
[assembly: CLSCompliant (true)]
```

이렇게 설정하면 CLS에 호환되지 않은 구문을 발견할 때마다 컴파일러에서 경고 메시지를 알려준다.

개발자 인증서를 설정하면 클레이스터 모듈이라는 것을 표시할 수 있다. 이 작업은 (자체 서명된) 공인 인증서를 프로젝트의 임베디드 리소스로 추가한 뒤에, 코드에서 이를 참조할 수 있도록 다음과 같이 `Clayster.Library.Installation` 라이브러리에 정의된 `Certificate` 어셈블리 어트리뷰트를 추가하면 된다.

```
[assembly: Certificate("LearningIoT.cer")]
```

 여기서 추가하는 인증서는 ID나 보안 용도로 사용하지 않는다. 인증서를 코드에 내장하면 아무나 쉽게 추출할 수 있기 때문에 ID나 보안 용도로 사용할 인증서를 이렇게 설치하면 위험하다. 예제에서는 단지 이 모듈이 클레이스터 모듈이라는 것을 표시하고 개발자에게 관련 정보를 제공하기 위한 용도로만 인증서를 활용한다. 이렇게 설정하면 모듈에 관련된 데이터를 로컬 폴더에 적절히 저장된다.

서비스 실행

서비스는 다양한 방식으로 실행시킬 수 있다. 웹 서버로 구동할 수도 있고, 윈도우 서비스의 서비스 형태로 실행할 수도 있고, 독립 실행 프로그램 형태의 호스트로 제공할 수도 있다. 정식으로 서비스를 제공할 때는 웹 서버나 윈도우 서비스 형태로 실행하는 것이 모니터링하거나 관리하기 좋다. 그러나 서비스를 개발하는 동안에는 독립 실행 프로그램 형태로 서버에서 실행하는 것이 훨씬 간편하다. 물론 이러한 서비스는 클러스터로 구성된 서버에서 호스팅할 수도 있다.

방금 다운로드한 클레이스터 배포본에는 모노에서 구동할 수 있는 조그만 독립 실행 프로그램 버전의 호스트(`Clayster.AppServer.Mono.Standalone`)를 제공하고 있다. 이 호스트는 터미널 윈도우에서 실행할 수 있으며, 이벤트에 대한 로그도 보여준다. 또한 호스트가 구동될 때 클레이스터 설치 폴더에 있는 모든 클레이스터 모듈을 로드한다. 모듈에 대한 DLL 파일을 클레이스터를 설치한 폴더에 복사하고, 다음과 같이 이러한 스탠드얼론 서버를 구동하면 서비스가 실행된다.

```
Clayster.AppServer.Mono.Standalone
```

리눅스에서 구동할 때는 다음과 같이 실행한다.

```
$ sudo mono Clayster.AppServer.Mono.Standalone.exe
```

패키지 매니페스트 사용

서비스 파일과 콘텐츠 파일을 비롯한 프로젝트 관련 파일을 설치할 때는 각 파일을 직접 복사하지 말고, 패키지를 구성하는 파일을 패키지 매니페스트package manifest 파일에 명시하는 방식으로 처리할 수 있다. 이렇게 하면 서비스를 설치와 배포가 용이한 패키지 형태로 만들 수 있다. 예제에서는 애플리케이션 파일을 한 개만 사용하기 때문에, 매니페스트 파일은 굉장히 간단하게 구성된다. Controller2.packagemanifest라는 이름으로 파일을 만들고 여기에 다음과 같이 작성한다.

```xml
<?xml version="1.0" encoding="utf-8" ?>
<ServicePackageManifest
xmlns="http://clayster.com/schema/ServicePackageManifest/v1.xsd">
  <ApplicationFiles>
    <ApplicationFile file="Controller2.dll"/>
  </ApplicationFiles>
</ServicePackageManifest>
```

 패키지 매니페스트 파일을 작성하는 방법에 대한 자세한 사항은 https://wiki.clayster. com/mediawiki/index.php?title=Service_Package_Manifest_File을 참고한다.

이제 패키지 매니페스트 파일을 생성했으니, 실제로 패키지를 설치하고 다음과 같이 커맨드라인에서 스탠드얼론 서버를 구동한다. 윈도우에서는 다음과 같이 명령을 실행시킨다.

```
Clayster.AppServer.Mono.Standalone -i Controller2.packagemanifest
```

리눅스에서는 다음과 같이 실행시킨다.

```
$ sudo mono Clayster.AppServer.Mono.Standalone.exe -i Controller2.
packagemanifest
```

서버를 구동하여 서비스가 실행되면, 가장 먼저 패키지 매니페스트 파일을 읽어서 필요한 파일을 모두 설치 폴더로 복사한다.

비주얼 스튜디오에서 실행

비주얼 스튜디오 프로페셔널 버전을 사용하면, IDE에서 서비스를 구동할 수 있다. 이렇게 하면 IDE에서 곧바로 코드를 디버깅할 수 있다는 장점도 있다. 먼저 솔루션 탐색기Solution Explorer에서 프로젝트를 마우스 오른쪽 버튼으로 클릭해서 프로퍼티를 열고, **디버그(Debug)** 탭으로 간다. **시작 동작(Start Action)**으로 **외부 프로그램 시작(Start external program)** 옵션을 선택한다. 여기서 Clayster.AppServer.Mono.Standalone.exe 파일을 찾아, 커맨드라인 인자 박스에 -i Controller2.packagemanifest를 입력한다. 이렇게 하면 IDE에서 곧바로 서비스를 구동하고 디버깅할 수 있다.

클레이스터 시스템 설정

클레이스터 시스템은 앞 장에서 직접 수작업으로 처리하던 일을 자동으로 처리해준다. 클레이스터에서는 로컬 오브젝트 데이터베이스를 이용해 웹 서버나 메일을 설정하고, XMPP 서버에 연결하고, 계정을 만들고, Thing Registry와 프로비저닝 서버에 등록하는 등의 작업을 대신 처리해준다. 이렇게 클레이스터가 대신 처리하도록 설정하려면 Clayster.AppServer.Infrastructure.Settings.xml 파일에 이와 관련한 정보를 작성해둬야 한다.

라즈베리 파이에서 다음과 같이 명령을 실행하고 이 파일을 편집한다.

```
$ sudo nano Clayster.AppServer.Infrastructure.Settings.xml
```

파일을 열어보면 XML 문서 골격이 어느 정도 작성되어 있다. 따라서 필요한 설정 값을 표현하는 XML 엘리먼트만 적절히 작성하면 된다. 여기서는 시스템에서 이메일을 보낼 수 있도록 `SmtpSettings` 엘리먼트 값만 입력하면 된다. 이때 `XmppServerSettings` 엘리먼트에 XMPP 서버가 원하는 값으로 설정되어 있는지 확인한다. 참고로 예제에서는 디폴트 XMPP 서버로 thingk.me가 설정되어 있다. `HttpServerSettings`와 `HttpCacheSettings` 엘리먼트에 HTTP 서버도 제대로 지정됐는지 확인한다.

시스템 설정에 대한 자세한 사항은 https://wiki.clayster.com/mediawiki/index.php?title=Clayster_Setting_Up_Index를 참고한다.

CMT

클레이스터 플랫폼에서는 CMT_{Clayster Management Tool}라는 서버 관리 도구도 제공한다. CMT는 http://www.clayster.com/downloads에서 다운로드할 수 있다.

CMT를 사용하면 앞 절에서 설명한 설정뿐만 아니라, 데이터 소스, 오브젝트 데이터베이스, 데이터 소스와, 현재 동작, 통계 정보, 리포트, 이벤트 로그 등과 같은 여러 가지 설정도 관리할 수 있다.

CMT를 구동하면 가장 먼저 연결에 필요한 정보를 묻는 프롬프트가 뜬다. 여기에 연결에 대한 이름과 라즈베리 파이의 IP 주소(로컬에서 실행할 경우에는 `localhost`)를 입력한다. 디폴트 유저네임은 Admin이며, 패스워드는 지정되어 있지 않다. 디폴트 포트 번호도 지정되어 있다.

CMT에서는 패스워드를 사용하도록 권장하기 때문에, 처음 로그인하면 패스워드를 변경하도록 요청한다.

CMT를 구동하면 다음과 같은 로그인 창이 나타난다.

CMT 로그인 창

데이터 소스 살펴보기

클레이스터에서 설정할 수 있는 데이터는 대부분 데이터 소스로 표현한다. 이때 데이터에 대한 오브젝트를 트리 형태로 구성할 수도 있고, 리스트 형태로 일렬로 나열할 수도 있고(플랫 데이터 소스flat data source), 하나의 오브젝트만 표현할 수도 있다(단일 데이터 소스singular data source). 트리 구조로 된 데이터 소스는 오브젝트를 트리의 노드로 표현한다. 주로 트리 구조로 된 데이터 소스를 사용한다. 이러한 데이터 소스는 대부분 XML 파일로 저장하기 때문에 XML 파일을 직접 편집하는 방식으로 오브젝트를 수정할 수도 있고, CMT에서 제공하는 인터페이스를 이용해 간접적으로 수정하거나, 다른 애플리케이션이나 API를 통해 수정할 수도 있다.[1]

CMT를 최초로 구동할 때, Topology 데이터 소스도 열어줘야 한다. 이 데이터 소스는 IoT 장치를 트리의 구조로 표현한다. 따라서 시스템에 연결된 장치가 어떻게

---

1 클레이스터의 데이터 소스에 대해서는 8장, '프로토콜 게이트웨이'의 '편집 가능한 데이터 소스' 절을 참고한다. - 옮긴이주

구성되어 있는지를 한 눈에 볼 수 있다. 여기서 트리의 루트(Root)는 서버 자신을 가리킨다.

아래 그림에 나온 예를 보면, 시스템(Root)이 XMPP 서버에 연결된 것을 볼 수 있다. XMPP 서버에 연결할 때 사용한 계정은 다섯 개의 개체(친구)에 접근할 수 있다. 그 중에서 앞 장에서 만든 센서와 액추에이터, 카메라는 아이콘에 초록색으로 표시되어 온라인 상태라는 것을 알 수 있다. thing registrar 앱도 연결되어 있지만 현재는 온라인 상태가 아니라고 표시되어 있다. 그리고 Thing Registry를 통해 프로비저닝 서비스에도 연결되어 있다. 이렇게 노드를 추가하면 노드에서 제공하는 기능도 시스템에 추가된다.

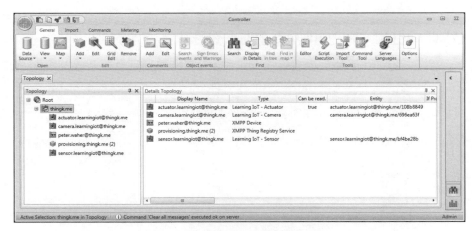

CMT에서 Topology 데이터 소스를 표시한 화면

CMT를 통해 데이터 소스에 담긴 오브젝트를 보거나 수정하거나 삭제하거나 임포트하거나 익스포트할 수 있다. Topology 외에도 다양한 데이터 소스도 제공되고 있다. 이러한 데이터 소스도 한 번 살펴보기 바란다.

XMPP로 장치 다루기

앞서 설명한 바와 같이 XMPP 기능은 `Clayster.Metering.Xmpp` 모듈을 통해 이미 제공되고 있다. 이 모듈은 XMPP를 구성하는 각 개체를 Topology 데이터 소스의 노드로 표현한다. 프로비저닝 서버와 Thing Registry에 연결하는 작업은 이를 담당하는 별도 노드가 알아서 처리한다. 친구 관계를 맺거나 끊는 작업은 자식 노드를 생성하거나 삭제하는 방식으로 처리한다. 이때 친구 관계를 맺는 작업은 상대방으로부터 요청을 받거나 프로비저닝 서버의 추천에 의해 자동으로 처리할 수도 있고, CMT에서 직접 추가할 수도 있다. 이때 기본 클래스에서 제공하는 기능을 오버라이드해서 필요한 기능을 추가해주기만 하면 된다.

센서에 대한 XMPP 인터페이스 클래스 만들기

이 장의 예제를 위해 센서를 관리하는데 사용할 XMPP 클래스를 만들어보자. 이 클래스는 `Clayster.Metering.Xmpp`에 정의된 `XmppSensor` 클래스를 상속하는 방식으로 작성한다. 디폴트 생성자를 다음과 같이 정의한다.

```
public class Sensor : XmppSensor
{
  public Sensor()
  {
  }
```

Topology 데이터 소스에서 사용하는 것을 비롯한 `Clayster.Library.Abstract`에서 관리하는 모든 클래스는 반드시 `TagName`과 `Namespace` 프로퍼티를 정의해야한다. 이러한 프로퍼티는 다음과 같이 임포트하거나 익스포트하는 동안 클래스의 ID를 확인하기 위한 용도로 사용한다.

```
public override string TagName
{
  get { return "IoTSensor"; }
}

public override string Namespace
```

```
{
    get { return "http://www.clayster.com/learningiot/"; }
}
```

사람이 읽기 좋은 형태의 클래스 이름도 정의한다. CMT와 같은 도구에서 클래스에 대한 오브젝트를 화면에 표시할 때 이 값이 표시된다. 코드는 다음과 같다.

```
public override string GetDisplayableTypeName
    (Language UserLanguage)
{
    return "Learning IoT - Sensor";
}
```

가장 적합한 클래스 찾기

시스템에서 새로운 장치를 발견하면, 이 장치를 가장 잘 표현하는 클래스를 찾아내야 한다. 이를 위해 XMPP 장치 클래스마다 주어진 장치에 대해 어느 수준까지 지원하는 지를 알려주는 Supports 메소드를 반드시 구현해야 한다. 이러한 Supports 메소드는 인자로 전달된 XMPP 장치 정보에 담긴 장치의 기능과 상호 운용성 인터페이스를 확인해서 이 클래스가 어느 수준만큼 지원하는 지를 표시하는 값을 리턴한다. 따라서 시스템에서는 각 클래스의 Supports 메소드에서 리턴하는 값을 비교해보고, 가장 높은 수준의 값을 리턴하는 클래스를 골라서 새로운 장치를 처리하도록 설정할 수 있다.

앞 장에서 만든 센서를 발견할 때 이에 대한 지원 수준을 알려주는 Supports 메소드를 다음과 같이 작성한다.

```
public override SupportGrade Supports (
    XmppDeviceInformation DeviceInformation)
{
    if (Array.IndexOf<string> (
        DeviceInformation.InteroperabilityInterfaces,
        "Clayster.LearningIoT.Sensor.Light") >= 0 &&
        Array.IndexOf<string> (
        DeviceInformation.InteroperabilityInterfaces,
```

```
        "Clayster.LearningIoT.Sensor.Motion") >= 0)
      {
        return SupportGrade.Perfect;
      }
    else
      return SupportGrade.NotAtAll;
  }
```

센서 데이터 구독

센서에서 직접 값을 읽어오는 기능은 이미 XmppSensor 클래스에 구현되어 있다. 따라서 CMT로 현재 센서 값을 당장 읽을 수 있다. 이 장에서 만들 예제에서는 이렇게 직접 읽는 것뿐만 아니라, 센서에서 제공하는 데이터를 구독하도록 만들 것이다. 이렇게 구독하도록 설정하는 방법은 애플리케이션마다 다르기 때문에, 예제에서 이 기능을 직접 구현해야 한다. 따라서 센서가 온라인 상태라고 알려주기 위해 이에 대한 프레즌스를 보낼 때마다 구독 요청을 보내도록 코드를 작성한다. 이렇게 하면 XmppSensor 클래스에서 데이터를 받지 못할 때 구독 요청을 다시 보낼 수 있다. 구독에 대한 요청을 보내는 코드는 앞 장에서 설명한 방법대로 작성한다. 코드는 다음과 같다.

```
protected override void OnPresenceChanged (XmppPresence Presence)
{
  if (Presence.Status == PresenceStatus.Online ||
    Presence.Status == PresenceStatus.Chat)
  {
    this.SubscribeData (-1, ReadoutType.MomentaryValues,
      new FieldCondition[] {
        FieldCondition.IfChanged ("Temperature", 0.5),
        FieldCondition.IfChanged ("Light", 1),
        FieldCondition.IfChanged ("Motion", 1)
      }, null, null, new Duration (0, 0, 0, 0, 1, 0), true,
    this.NewSensorData, null);
  }
}
```

가져온 센서 데이터 해석

수집한 센서 데이터는 클레이스터 플랫폼에서 제공하는 기능을 사용해 해석한다.
이 과정은 앞 장에서 `Clayster.Library.IoT` 라이브러리로 했던 것과 비슷하다.
먼저 들어온 필드에 대해 루프를 도는 부분부터 작성한다.

```
private void NewSensorData (object Sender, SensorDataEventArgs e)
{
  FieldNumeric Num;
  FieldBoolean Bool;
  double? LightPercent = null;
  bool? Motion = null;

  if(e.HasRecentFields)
  {
    foreach(Field Field in e.RecentFields)
    {
      switch(Field.FieldName)
      {
```

클레이스터 플랫폼에서 제공하는 기능으로 필드 값을 처리하면 단위를 변환하기
쉽다는 장점이 있다. 온도에 대한 필드 값을 처리하는 부분을 통해 구체적인 예를
살펴보자. 여기에서는 온도를 섭씨Celsius로 변환한다. 제대로 변환됐다면, 이 값을
컨트롤러 애플리케이션에게 알린다. 컨트롤러 코드는 뒤에서 작성할 것이다.

```
        case "Temperature":
          if ((Num = Field as FieldNumeric) != null)
          {
            Num = Num.Convert ("C");
            if (Num.Unit == "C")
              Controller.SetTemperature (Num.Value);
          }
          break;
```

단위 변환 용도로 제공되는 데이터 소스도 있다. 단위 카테고리와 단위를 직접 정의해서, 각 단위 카테고리마다 정의된 참조 단위 평면reference unit plane과 어떤 관계에 있는지 결정할 수 있다. 단위는 항상 이러한 참조 단위 평면을 선형 변환(linear transformation)하는 방식으로 변환해야 한다.

Light과 Motion 값도 이와 비슷한 방식으로 처리한다. 모든 필드를 처리했다면 컨트롤러 애플리케이션을 호출해서 이 값이 제어 규칙에 맞는지 검사한다.

```
    if (LightPercent.HasValue && Motion.HasValue)
      Controller.CheckControlRules (
        LightPercent.Value, Motion.Value);
  }
}
```

이제 Sensor 클래스를 다 만들었다.

액추에이터에 대한 XMPP 인터페이스 클래스 만들기

Sensor 클래스를 작성하는 과정은 간단했다. 액추에이터에 대한 클래스를 작성하는 과정은 이보다 더 간단하다. 액추에이터에 대한 설정은 대부분 XmppActuator 클래스에 이미 설정돼있다. 따라서 XmppActuator 클래스를 상속해서 Actuator 클래스를 정의한다. 여기에 TagName과 Namespace 프로퍼티를 추가한다. 이때 TagName은 IoTActuator를 리턴하고, Namespace는 Sensor 클래스와 같은 네임스페이스를 리턴하도록 작성한다. 또한 화면에 표시할 이름은 Learning IoT - Actuator로 리턴하도록 지정한다. 또한 장치를 발견할 때 여기서 제공하는 상호운용성 인터페이스에 가장 적합한 응답을 리턴하는 Supports 메소드도 작성한다.

제어 연산

Actuator 클래스에 필요한 기능은 거의 다 갖춘 셈이다. XmppActuator 클래스에서는 이미 제어용 폼을 읽거나, 현재 사용할 수 있는 제어 컨트롤 파라미터를 게시하는 기능을 제공하고 있다. 따라서 CMT를 통해 이러한 제어 파리미터를 직접 설정해볼 수 있다.

이번에는 기본적으로 제공하는 기능보다 좀 더 쉽게 액추에이터를 제어하도록 제어 메소드를 수정해보자. 장치에 대한 상호운용성 인터페이스(contract)가 이미 제공되고 있으므로, 이에 대한 파라미터는 이미 존재한다는 것을 알 수 있다. (아니 반드시 존재해야 한다.)

우선 액추에이터에 있는 LED를 업데이트하는 메소드부터 추가한다.

```
public void UpdateLeds(int LedMask)
{
  this.RequestConfiguration ((NodeConfigurationMethod)null,
    "R_Digital Outputs", LedMask, this.Id);
}
```

설정 작업은 RequestConfiguration 메소드로 처리한다. 이 메소드는 Clayster. Library.Meters 네임스페이스에 정의되어 있으며, 시스템에 있는 모든 설정 가능한 노드에 대해 호출할 수 있다. 이 메소드가 호출되면, 해당 노드에서 정의한 컨텍스트에 따라 설정 작업을 처리한다. 이때 XmppActuator 클래스는 이렇게 전달된 설정 사항을 제어 파라미터에 지정된 데이터 타입에 맞게 적절히 집합 연산으로 변환한다.

첫 번째 파라미터는 제어 파라미터에 대한 설정이 끝날 때 호출할 콜백 메소드를 지정한다. 이 메소드는 설정에 실패해도 호출되며, 콜백 메소드가 필요 없다면 이 값을 지정하지 않아도 된다. 예제에서는 콜백 메소드가 필요 없으므로, null 값으로 지정했다. 두 번째 파라미터는 설정할 제어 파라미터 이름을 지정한다. XmppActuator 클래스의 로컬에 있는 설정 파라미터와 달리, 원격에 있는 설정 파라미터 이름에는 R_라는 접두어가 붙는다. 세 번째 파라미터는 앞에서 지정한 제어 파라미터에 설정할 값을 전달한다. 이 값은 제어 파라미터에 대해 정의된 타입으로 지정한다. 마지막 네 번째 파라미터는 여기서 설정하는 제어 파라미터에 대한 로그를 이벤트 로그에 기록할 때 사용할 문자열을 지정한다.

CMT를 통해 현재 노드에서 어떤 제어 파라미터를 설정할 수 있는지 확인할 수 있다.

액추에이터의 알람 상태를 제어하는 메소드도 이와 비슷한 방식으로 추가하면 Actuator 클래스가 완성된다.

카메라에 대한 XMPP 인터페이스 클래스 만들기

Camera 클래스는 Sensor 클래스와 다르지 않다. 프로퍼티 값과 센서 데이터를 구독하는 방법과 필드를 파싱하는 방법만 다를 뿐이다. 구체적인 구현 방법은 예제 소스 코드를 참조한다.

컨트롤러 애플리케이션 만들기

이제 컨트롤러 애플리케이션을 만들어보자. 클레이스터를 이용하면 컨트롤러 애플리케이션을 다음과 같이 다양한 형태로 구현할 수 있다. 몇 가지 예를 들면 다음과 같다.

- 10-foot 인터페이스 애플리케이션: TV나 스마트폰, 태블릿에 적합한 애플리케이션으로, Clayster.AppServer.Infrastructure.Application 클래스를 상속하여 구현한다. TV와 같은 기기로부터 10피트(약 3미터) 이내에서 사용하기에 적합하도록 구성되어 있기 때문에 10-foot이라고 이름을 지었다. 따라서 폰트와 버튼을 크게 표시하고, 윈도우는 사용하지 않는다. 이러한 스타일은 스마트폰이나 터치 디스플레이용 인터페이스를 만들 때도 똑같이 적용한다.

- 웹 애플리케이션: 브라우저를 통해 표시하는데 적합한 애플리케이션으로, Clayster.AppServer.Infrastructure.WebApplication 클래스를 상속하여 구현한다. 클레이스터 플랫폼에서 구동되는 thingk.me 서비스도 이러한 형태로 작성했다.

- 백그라운드 서비스: 이러한 서비스는 Clayster.Library.Installation.

`Interfaces.IPluggableModule` 인터페이스로 구현한다.

- 커스텀 뷰: CMT에 추가할 뷰를 만들 때 사용되며, `Clayster.Library.Layout.CustomView`를 상속해 구현한다.

10-foot 인터페이스와 웹 인터페이스의 가장 대표적인 차이점은 웹 애플리케이션은 스크롤을 할 수 있는 반면, 10-foot 인터페이스 애플리케이션은 고정된 크기의 화면으로만 표시한다는 점이다.

렌더링 이해하기

GUI를 개발할 때 클레이스터 플랫폼에서 제공하는 강력한 렌더링 엔진을 활용할 수 있다. GUI에 대한 클라이언트 코드 전체를 직접 작성하지 않고도 렌더링 엔진을 통해 최종 사용자용 GUI를 동적으로 생성할 수 있다. 게다가 현재 사용자가 쓰고 있는 클라이언트에 적합한 형태로 생성해준다. 이렇게 렌더링 엔진으로 GUI를 제작할 때는 만들려는 GUI에 대한 메타데이터만 전달하면 된다. 나머지 작업은 렌더링 엔진에서 알아서 처리한다. 이 과정은 마치 오브젝트 데이터베이스를 사용할 때 내부에 있는 데이터베이스를 다루는 작업을 오브젝트에 대한 클래스에 지정한 메타데이터만으로 처리하는 것과 비슷하다. 이처럼 렌더링 엔진은 애플리케이션 로직이나 최종 사용자와 구분되는 독립적인 계층에서 GUI를 제공할 수 있게 해준다.

렌더링 파이프라인에서 처리하는 과정을 간략히 정리하면 다음과 같다.

1. 클라이언트가 서버에 연결한다.
2. 서버와 통신할 때 사용할 프로토콜과 클라이언트의 기능을 감안하여, 현재 사용할 수 있는 렌더러 중에서 클라이언트에 가장 적합한 렌더러를 선택한다.이러한 렌더러는 플러그인 형태의 모듈로 구성되어 있다.
3. 시스템에서는 클라이언트에 대한 매크로 레이아웃Macro-layout을 제공한다. 이러한 매크로 레이아웃은 클라이언트에 대한 세부 사항과 구체적인 해상도와 관계 없이, 사용 가능한 공간을 나눠주기만 한다. 매크로 레이아웃 역시 플러그

인 형태의 모듈로 제공할 수 있다. 매크로 레이아웃의 말단 노드에 시스템에서 제공하는 서비스에 대한 레퍼런스를 지정한다. 이렇게 지정된 서비스를 통해 매크로 레이아웃으로 나눈 공간을 좀 더 세부적으로 나누는 마이크로 레이아웃Micro-layout 기능을 제공한다. 마이크로 레이아웃에서는 이렇게 나눈 영역에 제공할 콘텐츠도 지정할 수 있다.

 매크로 레이아웃과 마이크로 레이아웃에 대한 자세한 사항은 https://wiki.clayster.com/mediawiki/index.php?title=Macro_Layout_and_Micro_Layout을 참고한다.

4. 그런 다음, 레이아웃을 구체적으로 렌더링하는 방법을 담은 테마를 제공한다. 이러한 테마도 플러그인 방식의 모듈로 제공될 수 있다.

5. 마지막으로 상호작용에 대한 로직과 푸시 알림에 대한 지원 기능을 담아서 GUI를 생성한 다음, 이를 클라이언트에게 전달한다.

애플리케이션 클래스 정의

10-foot 인터페이스 애플리케이션은 앞 장에서 만든 적이 없으므로, 여기서 하나 만들어줘야 한다. 먼저 클래스를 정의하는 코드부터 작성해보자.

```
public class Controller : Application
{
  public Controller ()
  {
  }
}
```

컨트롤러 초기화

앞 장에서 애플리케이션을 초기화하는 데 수행했던 작업 중 대부분은 클레이스터 플랫폼에서 제공한다. 단, 오브젝트 데이터베이스에 대한 레퍼런스와 메일 설정 클래스는 직접 작성해야 한다. 초기화 작업은 OnLoaded 메소드에서 처리하는 것이 제일 좋다.

```
internal static ObjectDatabase db;
```

```
internal static MailSettings mailSettings;

public override void OnLoaded ()
{
  db = DB.GetDatabaseProxy ("TheController");
  mailSettings = MailSettings.LoadSettings ();

  if (mailSettings == null)
  {
    mailSettings = new MailSettings ();
    mailSettings.From = "Enter address of sender here.";
    mailSettings.Recipient ="Enter recipient of alarm mails here.";
    mailSettings.SaveNew ();
  }
}
```

제어 규칙 추가

여기서 정의할 제어 규칙은 앞 장에서 정의한 것과 동일하다. 이번에는 현재 컨트롤러에 연결된 장치의 종류와 개수를 추적할 필요가 없다는 점만 다르다. 코드를 작성할 때는 다음과 같이 GetObjects를 통해 인자로 지정한 장치 종류에 해당하는 모든 항목을 Topology 데이터 소스로부터 받아오기만 하면 된다.

```
if (!lastAlarm.HasValue || lastAlarm.Value != Alarm)
{
  lastAlarm = Alarm;
  UpdateClients ();

  foreach (Actuator Actuator in Topology.Source.GetObjects(
    typeof(Actuator), User.AllPrivileges))
      Actuator.UpdateAlarm (Alarm);

  if (Alarm)
  {
    Thread T = new Thread (SendAlarmMail);
    T.Priority = ThreadPriority.BelowNormal;
    T.Name = "SendAlarmMail";
    T.Start ();
  }
```

GetObjects를 호출할 때 두 번째로 지정한 파라미터로 사용자 오브젝트를 지정했다. 데이터 소스에 있는 오브젝트에 대한 접근 권한을 제한할 때, 이렇게 사용자마다 지정된 접근 권한을 기준으로 제한할 수 있다. 여기에서는 모든 오브젝트에 다 접근할 수 있도록, 모든 권한을 가진 사용자(User.AllPrivileges)를 지정했다. 또한 UpdateClients 메소드도 호출했는데, 이를 통해 GUI에서 발생한 모든 변경 사항을 현재 사용자에게 푸시 알림으로 전달한다. 이 메소드를 작성하는 과정은 뒤에서 설명하다.

 클레이스터 플랫폼에서는 사용자와 역할, 권한을 각각 별도의 데이터 소스로 정의하고 있다. 따라서 충분한 권한을 가진 사용자라면, CMT를 통해 이러한 사항을 직접 관리할 수 있다. Topology 데이터 소스에 있는 노드에 접근하려면 visible custom 권한이 필요하다. 따라서 해당 노드를 이러한 권한으로 설정한다. 이렇게 하면 Topology를 비롯한 다른 데이터 소스에 담긴 값을 권한에 따라 구분하여 접근하게 할 수 있다.

애플리케이션 레퍼런스 이해하기

시스템에서 제공하는 매크로 레이아웃은 시스템에 있는 애플리케이션을 다양한 방식으로 참조한다.

- 메뉴 레퍼런스: 메뉴 레퍼런스는 애플리케이션에 대한 레퍼런스와 인스턴스 이름에 대한 문자열로 구성된다. 메뉴 레퍼런스의 마이크로 레이아웃은 여기서 가리키는 애플리케이션에 정의된 OnShowMenu 메소드를 호출해 가져온다. 메뉴 레퍼런스에는 다음과 같이 세 종류가 있다.

    ○ 스탠다드 메뉴 레퍼런스: 일반 메뉴처럼 표시된다.

    ○ 커스텀 메뉴 레퍼런스: 커스텀 영역에 원하는 크기로 표시되며, 일종의 위 젯이다. 클레이스터에서는 이러한 위젯을 브리플릿brieflet이라 부른다.

    ○ 다이나믹 셀렉션 레퍼런스: 화면에서 선택한 애플리케이션의 아이템에 대한 자세한 정보를 보여주는 영역이다.

- 다이얼로그 레퍼런스: 다이얼로그 레퍼런스는 애플리케이션에 대한 레퍼런스와 인스턴스 이름에 대한 문자열, 다이얼로그 이름에 대한 문자열로 구성된다. 다이얼로그 레퍼런스에 대한 마이크로 레이아웃은 여기서 가리키는 애플리케이션에 정의된 OnShowDialog 메소드를 호출하여 가져올 수 있다.

브리플릿 정의

이 장의 예제에서는 브리플릿brieflet이라 부르는 커스텀 메뉴 레퍼런스만 사용한다. 따라서 다이얼로그나 내비게이션에 대한 메뉴는 만들지 않아도 된다. 화면에 표시할 요소는 모두 한 화면 안에 표시해야 한다. 우선 애플리케이션이 일반 메뉴에는 나타나지 않도록 지정한다.

```
public override bool IsShownInMenu(IsShownInMenuEventArgs e)
{
  return false;
}
```

애플리케이션에서 스탠다드 메뉴 레퍼런스를 게시하는 작업을 이 메소드로 처리한다. 이제 게시하려는 브리플릿을 정의하는 GetBrieflets 메소드를 정의한다. 코드는 다음과 같다.

```
public override ApplicationBrieflet[] GetBrieflets (
  GetBriefletEventArgs e)
{
  return new ApplicationBrieflet[] {
    new ApplicationBrieflet ("Temperature",
      "Learning IoT - Temperature", 2, 2),
    new ApplicationBrieflet ("Light",
      "Learning IoT - Light", 2, 2),
    new ApplicationBrieflet ("Alarm",
      "Learning IoT - Alarm", 1, 1)
  };
}
```

브리플릿을 정의하는 생성자(ApplicationBrieflet)에서 첫 번째 파라미터는 브리플릿을 식별하기 위한 인스턴스 이름을 지정한다. 두 번째 파라미터는 브리플릿에 대한 목록을 화면에 표시할 때 사용할 문자열을 지정한다. 나머지 두 파라미터는 브리플릿의 크기를 지정한다. 단위는 가상의 격자에 대한 '스퀘어square, 평방' 단위로 지정한다. 가령 터치 메뉴에 대한 메뉴 아이템은 1 x 1 스퀘어로 표시된다.

게이지 표시

여기서 만든 브리플릿은 모두 커스터마이즈 한 메뉴 아이템 이다. 따라서 브리플릿을 통해 뭔가 표시하려면, 이에 대한 마이크로 레이아웃을 리턴하도록 OnShowMenu 메소드를 오버라이드한다. 예제에서는 먼저 온도 브리플렛에 대한 마이크로 레이아웃을 리턴하는 부분부터 작성한다.

```
public override MicroLayout OnShowMenu (ShowEventArgs e)
{
    switch (e.InstanceName)
    {
        case "Temperature":
```

마이크로 레이아웃은 XML로 직접 정의해도 되고, 코드에서 동적으로 생성해도 된다. 이때 각 XML 엘리먼트는 해당 클래스를 가리킨다. 예제에서는 마이크로 레이아웃을 생성하도록 작성한다. 센서 값을 표시하기 위한 게이지를 담은 비트맵 이미지를 빠르게 그릴 수 있도록, 플랫폼에서 제공하는 Clayster.HomeApp.MomentaryValues를 사용한다. 코드는 다음과 같이 작성한다.

```
MicroLayoutElement Value;
System.Drawing.Bitmap Bmp;

if (temperatureC.HasValue)
{
    Bmp = Clayster.HomeApp.MomentaryValues.Graphics.GetGauge
        (15, 25, temperatureC.Value, "oC", GaugeType.GreenToRed);
    Value = new ImageVariable (Bmp);
}
else
    Value = new Label ("N/A");
```

비트맵 콘텐츠는 ImageVariable이나 ImageConstant(또는 이를 상속한 타입)으로 표시할 수 있다. 여기에서는 ImageVariable를 사용했지만, 카메라 이미지를 표시할 땐 ImageConstant를 사용할 것이다.

ImageConstant에서는 이미지를 식별하기 위한 문자열 형태의 ID도 제공한다. 클라이언트 캐시에 이미지를 저장하거나, 캐시에 없는 이미지를 서버에서 가져올 때 이 ID를 사용한다. 이렇게 하면 통신 과정에서 발생하는 오버헤드를 줄일 수 있지만, 캐시에 이미지가 없어서 새 이미지를 불러오는 과정에서 화면이 깜박일 수 있다. 이와 달리 ImageVariable은 매번 업데이트할 때마다 이미지를 새로 가져온다. 그래서 통신 오버헤드는 ImageConstant 보다 크지만, 이미지 데이터가 프레임에 직접 내장되기 때문에 업데이트할 때 화면이 깜박이지 않는다. 두 가지 방식으로 모두 사용해보고 실제로 어떤 차이가 있는지 직접 확인해보기 바란다.

게이지를 받으면(또는 값이 없어서 레이블을 받으면), 이에 대한 마이크로 레이아웃을 리턴한다. 앞서 설명한 것처럼 매크로 레이아웃과 마이크로 레이아웃은 폼에 컨트롤을 배치하지 않고 단순히 사용할 공간을 분할하기만 한다. 여기에서는 높이를 1:3 비율로 구분한 두 개의 행으로 공간을 분할하고, 위에는 헤더를 놓고, 밑에는 게이지나 레이블을 배치한다.

```
return new MicroLayout (new Rows (
  new Row (1, HorizontalAlignment.Center,
    VerticalAlignment.Center,
    Paragraph.Header1 ("Temperature")),
  new Row (3, HorizontalAlignment.Center,
    VerticalAlignment.Center, Value)));
```

라이트 게이지에 대한 브리플릿도 이와 똑같은 방식으로 작성한다.

바이너리 시그널 표시

바이너리 모션과 알람 시그널에 대한 레이아웃도 앞서 작성한 것과 비슷하게 구성한다. 브리플릿의 크기를 1 x 1로만 지정한다는 점만 다르다.

```
case "Motion":
  Value = this.GetAlarmSymbol (motion);
```

```
      return new MicroLayout (new Rows (
        new Row (1, HorizontalAlignment.Center,
          VerticalAlignment.Center,
          Paragraph.Header1 ("Motion")),
        new Row (2, HorizontalAlignment.Center,
          VerticalAlignment.Center, Value)));
```

알람 시그널에 대한 코드도 똑같이 작성한다. 바이너리 시그널은 두 개의 상수 이미지로 표시할 수 있다. 하나는 꺼진 상태인 0을, 다른 하나는 켜진 상태인 1을 표시한다. 각 상태를 표시하는 두 개의 이미지를 Clayster.HomeApp. MomentaryValues 애플리케이션의 임베디드 리소스로 제공하도록 바이너리 브리플릿을 작성한다.

```
private MicroLayoutElement GetAlarmSymbol (bool? Value)
{
  if (Value.HasValue)
  {
    if (Value.Value)
    {
      return new MicroLayout (new ImageMultiResolution (
        new ImageConstantResource (
          "Clayster.HomeApp.MomentaryValues." +
          "Graphics._60x60.Enabled." +
          "blaljus.png", 60, 60),
        new ImageConstantResource (
          "Clayster.HomeApp.MomentaryValues." +
          "Graphics._45x45.Enabled." +
          "blaljus.png", 45, 45)));
    }
    else
    {
      return new MicroLayout (new ImageMultiResolution (
        new ImageConstantResource (
          "Clayster.HomeApp.MomentaryValues." +
          "Graphics._60x60.Disabled." +
          "blaljus.png", 60, 60),
        new ImageConstantResource (
          "Clayster.HomeApp.MomentaryValues." +
```

```
            "Graphics._45x45.Disabled." +
            "blaljus.png", 45, 45)));
      }
    }
  else
    return new Label ("N/A");
}
```

 마이크로 레이아웃에서는 다중 해상도 이미지(multiresolution image) 기능을 지원한다. 따라서 이미지를 여러 해상도로 제공하면, 렌더러가 현재 사용할 수 있는 공간에 가장 적합한 이미지를 선택하여 렌더링할 수 있다.

클라이언트에게 업데이트 알리기

클라이언트에게 업데이트를 알리는 과정은 간단하다. 먼저 푸시 알람을 사용하도록 설정한다. 다음과 같이 애플리케이션에서 이벤트를 사용하도록 설정하기만 하면 된다. 기본 설정에 의하면 이런 이벤트를 사용하지 않도록 설정되어 있다.

```
public override bool SendsEvents
get { return true; }
```

클라이언트마다 위치가 할당된다. 웹 애플리케이션에 대해서는 임시로 사용할 위치가 할당된다. 10-foot 인터페이스는 지리 정보를 기준으로 구성된 Groups 데이터 소스에 있는 Location 오브젝트로 지정한다. 두 방식 모두 위치에 대해 오브젝트 ID(OID)가 할당된다. 변경 사항은 변화가 일어난 위치에 대한 OID를 담은 이벤트를 발생하는 방식으로 클라이언트에게 전달한다. 나머지 작업은 시스템이 알아서 처리한다. 즉 화면에 영향을 미치는 영역을 계산해서 새로운 레이아웃을 렌더링한 다음, 이를 클라이언트에게 전달한다.

애플리케이션과 관련 있는 모든 영역에 대해 클라이언트 화면이 업데이트된다. 여러 개의 브리플릿이 각각 비동기식으로 업데이트되게 하려면, 같은 프로젝트 안에 별도의 애플리케이션을 만들어서 여기에 브리플릿을 담아서 관리하는 것이 좋다. 이렇게 하면 클라이언트에서 불필요하게 업데이트하는 일을 줄일 수 있다. 예제에서는 브리플릿을 세 개의 애플리케이션에 나눠서 관리한다. 하나는 센서 값에 대한 브리플릿을 담고, 다른 하나는 카메라 이미지에 대한 브리플릿을 담고, 나머지 하나는 테스트 버튼에 대한 브리플릿을 담는다.

푸시 알림은 구현하는 과정은 간단하다. 센서 값이 업데이트 되면 애플리케이션을 보는 클라이언트의 위치에 관계없이 모든 클라이언트에게 이를 알려주면 된다. 이를 위해 먼저 어떤 클라이언트가 애플리케이션을 보고 있는 지에 대한 정보를 기록하고 있어야 한다. 이러한 정보는 다음과 같이 Dictionary 클래스로 표현한다.

```
private static Dictionary<string,bool> activeLocations =
  new Dictionary<string, bool> ();
```

이렇게 정의한 Dictionary 오브젝트 애플리케이션을 보고 있는 클라이언트의 위치에 대한 오브젝트 ID(OID) 저장한다.

```
public override void OnEventNotificationRequest
  (Location Location)
{
  lock(activeLocations)
  {
    activeLocations [Location.OID] = true;
  }
}
```

더 이상 애플리케이션을 보지 않는 클라이언트는 삭제한다.

```
public override void OnEventNotificationNoLongerRequested
  (Location Location)
{
  lock (activeLocations)
  {
    activeLocations.Remove (Location.OID);
  }
}
```

현재 애플리케이션을 보고 있는 위치를 담은 배열을 가져올 때는, 이 딕셔너리에 저장된 키 값만 복사한다.

```
public static string[] GetActiveLocations ()
{
  string[] Result;
  lock (activeLocations)
  {
    Result = new string[activeLocations.Count];
    activeLocations.Keys.CopyTo (Result, 0);
  }
  return Result;
}
```

이제 클라이언트를 쉽게 업데이트할 수 있다. 새로운 센서 값을 받을 때마다 UpdateClients 메소드를 호출하면, 현재 애플리케이션을 보고 있는 모든 클라이언트에 전달할 이벤트를 등록된다. 나머지 작업은 플랫폼에서 알아서 처리한다.

```
private static string appName = typeof(Controller).FullName;

private static void UpdateClients ()
{
  foreach (string OID in GetActiveLocations())
    EventManager.RegisterEvent (appName, OID);
}
```

애플리케이션 완성

이 장의 예제에 대한 소스 코드를 다운로드해보면, 두 개의 애플리케이션 클래스 (CamStorage, TestApp)를 통해 몇 가지 브리플릿이 더 정의되어 있는 것을 볼 수 있다. CamStorage 클래스는 카메라에서 찍은 최근 세 개의 이미지에 대한 브리플릿 세 개를 담고 있다. 이 브리플릿은 ImageConstant를 사용해 이미지를 클라이언트에게 보여준다. 또한 클라이언트에게 푸시 알림도 보낸다. 이때 푸시 알림을 보내는 방식은 Controller 클래스와 같다. 그러나 이번에는 브리플릿이 별도의 애플리케이션에 있기 때문에, 카메라로 찍은 이미지나 센서 값이 새로 들어올 때마다 화면 전체를 업데이트하지 않아도 된다.

TestApp 클래스는 두 개의 조그만 브리플릿을 제공한다. 각 브리플릿마다 애플리케이션을 테스트하는 버튼을 하나씩 담고 있다. 센서 값이 변경되면 곧바로 게이지도 변경되므로 센서가 연결돼 작동하면 즉시 표시된다. 액추에이터를 테스트하도록 Test 버튼을 클릭하면 LED와 알람을 테스트해볼 수 있다. 다른 브리플릿에서 제공하는 Snapshot 버튼을 클릭하면, 카메라가 연결된 상태라면 사진을 찍어서 현재 화면에 표시된 카메라 브리플릿을 업데이트한다.

애플리케이션 설정

이제 앞에서 설명한 방법대로 애플리케이션을 실행해보자. 우선 장치끼리 서로 정보를 주고 받을 수 있도록 친구로 등록한다. 방법은 앞 장에서 설명한 것과 같다. 친구 관계를 직접 설정해도 되고, thingk.me를 통해 프로젝트와 서비스에 대한 접근 권한을 설정해도 된다.

이때 애플리케이션에서 직접 JID를 새로 만들어서 프로비저닝 서버에 등록한다. 터미널 창에 표시할 QR 코드에 대한 로그 정보도 이벤트 로그에 남긴다. 이 QR 코드는 컨트롤러에게 사용 권한을 요청할 때 사용된다.

 앞에서 설명한 바와 같이, CMT 애플리케이션을 사용하면, 친구 관계를 맺거나 장치의 값을 읽거나 제어 연산을 수행하는 과정에서 애플리케이션 내부에서 일어나는 일을 들여다볼 수 있다. CMT에서 라인 리스너를 열어 실제로 통신이 일어나는 상태를 모니터링할 수 있다. Topology 데이터 소스에서 XMPP 서버를 나타내는 노드에 대해 마우스 오른쪽 버튼을 클릭하면 된다.

10-foot 인터페이스 애플리케이션으로 서비스 보기

이 장에서 클레이스터 플랫폼에서 구동하도록 작성한 서비스는 여러 가지 방식으로 볼 수 있다. 웹 브라우저로 볼 수도 있고, Clayster View 애플리케이션으로 볼 수도 있다. 가장 간단한 방법은 웹 브라우저를 사용하는 것이다. 가령 컨트롤러의 IP 주소가 192.168.0.12라면, http://192.168.0.12/Default.

ext?ResX=800&ResY=600& HTML5=1&MAC=000000000001&SimDisplay=0 &SkipDelay=1에서 10-foot 인터페이스를 볼 수 있다.]

 10-foot 인터페이스 클라이언트에 대한 URL을 구성하는 방법에 대한 자세한 설명은 https://wiki.clayster.com/mediawiki/index.php?title=Startup_URLs를 참고한다.

클라이언트의 위치 오브젝트 ID는 다양한 값으로 표현할 수 있다. 클라이언트의 IP 주소를 사용할 수도 있고, MAC 주소나 로그인 유저네임, 인증서, XMPP 주소를 사용할 수도 있고, 이러한 값 중 여러 개를 조합한 값으로 지정할 수도 있다.

 Clayster Small에서는 MAC 주소 000000000001을 ID 값으로 사용하는 위치 오브젝트 한 개를 담은 Groups 데이터 소스를 기본적으로 제공한다. 다른 방식으로 ID를 표시하거나, 실제 MAC 주소를 알려주는 애플리케이션을 사용한다면, 이에 맞게 적절히 수정해야 한다. 구체적인 방법은 https://wiki.clayster.com/ mediawiki/index.php?title=Groups_-_ Location을 참고한다.

시스템에서 자동으로 Groups 데이터 소스에 Location 오브젝트를 추가하도록 설정할 수도 있다. 이렇게 하면 새로 발견한 클라이언트 장치를 자동으로 설치할 수 있다.

원하는 방식으로 화면을 설정하려면 Settings 메뉴에서 Layout 메뉴 아이템을 클릭하고, No Menu 5x4 옵션을 선택한다. 이렇게 하면 화면을 지우고 5x4 공간으로 분리된 화면에서 브리플릿을 마음대로 배치해볼 수 있다. 브리플릿이 지정되지 않은 영역에 사용자 정의 레이아웃을 클릭하고, 여기에 표시할 브리플릿을 선택하기만 하면 된다.

브리플릿을 원하는 데로 배치했다면, 화면이 아래 그림과 비슷한 형태로 표시될 것이다. 게이지와 바이너리 시그널, 카메라 이미지는 클라이언트에게 자동으로 푸시된다. 여기 나온 인터페이스를 통해 컨트롤러의 현재 상태를 볼 수 있을 뿐만 아니라, 시스템의 각 기능을 테스트해볼 수 있다.

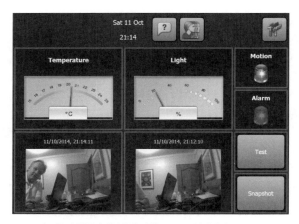

컨트롤러 애플리케이션에 대한 10-foot 인터페이스

 서버를 재구동한 직후에 클라이언트가 서버에 처음 접속하면, 서버의 반응이 좀 느릴 수 있다. 매니지드 코드managed code는 처음 실행될 때 컴파일 되기 때문에 이렇게 실행 속도가 느려진다. 이처럼 클라이언트에서 처음 연결하면, 코드의 상당 부분이 JIT(Just In Time) 방식으로 컴파일된다. 한번 JIT 컴파일하고 나면, 다음부터는 애플리케이션의 실행 속도가 훨씬 빨라진다. 이렇게 JIT로 컴파일 된 코드는 서버 애플리케이션을 종료하거나 재구동하기 전까지 그대로 남아 있다.

정리

7장에서는 IoT 서비스 플랫폼의 개념에 대해 소개하고, 이를 어떤 용도로 활용할 수 있는지 살펴봤다. IoT 플랫폼은 데이터베이스 통신, 최종 사용자를 위한 GUI, 관리 기능, 모니터링, 리포팅, 호스팅, 클러스터링 등을 비롯한 개발 과정에 필요한 여러 가지 기능을 제공한다. 이 장에서는 앞 장에서 만든 컨트롤러를 클레이스터 플랫폼을 사용하도록 수정해봤다. 이를 통해 플랫폼을 사용하지 않을 때에 비해 어떤 장점이 있는지 직접 확인할 수 있었다.

8장에서는 클레이스터 플랫폼에서 제공하는 추상 계층을 통해 프로토콜 게이트웨이를 효율적으로 작성하는 방법에 대해 소개한다.

8

프로토콜 게이트웨이

앞 장에서는 애플리케이션을 만들 때 IoT 플랫폼을 이용하면 어떤 점이 좋은지 살펴봤다. 이번에는 서로 다른 네트워크에 있는 장치와 애플리케이션이 다양한 프로토콜로 통신하면서 동작할 수 있도록, IoT 플랫폼에서 여러 프로토콜에 대한 브릿지 기능을 제공하는 방법에 대해 알아본다. IoT 환경에서 다양한 프로토콜에 대한 브릿지 기능이 필요한 경우를 몇 가지 꼽아보면 다음과 같다.

- 서로 다른 프로토콜을 사용하는 서비스와 장치를 서로 연결해야 할 때
- 다른 프로토콜을 사용하는 영역을 포함하여 시스템과 네트워크를 확장하려고 할 때
- 서드 파티 장치를 사용해 서비스를 구성할 때
- 서드 파티 서비스를 사용하는 장치를 만들 때
- 스마트 빌딩이나 스마트 시티를 위한 개방형 분산 네트워크에 대한 아키텍처를 설계할 때

- IoT를 지원하는 가전 제품을 서로 연결할 때

- 인터넷에서 전반적인 상호운용성을 높이고자 할 때

이 장에서 다루는 내용은 다음과 같다.

- IoT 환경에서 뛰어난 추상 모델을 사용하면 좋은 점

- 이러한 추상 모델로 여러 프로토콜을 통합하는 방법

- 추상 모델을 통해 실시간으로 여러 프로토콜에 대한 브릿지 기능을 제공하는 방법

우선 앞 장에서 소개한 ClaysterSmall 플랫폼에서 제공하는 `Clayster.Metering.CoAP` 모듈의 내부 구조부터 살펴보자. 이를 위해 소스 코드가 무료로 제공되는 `CoapGateway` 프로젝트를 사용한다.

 이 책에서 소개하는 모든 예제 코드는 다운로드할 수 있다. 이 장에 나온 소스 코드는 https://github.com/Clayster/Learning-IoT-Gateway에서 다운로드한다.

프로토콜 브릿지

앞 장에서 살펴본 XMPP와 CoAP 프로토콜을 연결하도록 간단한 브릿지를 만들 때 어떠한 사항을 고려해야 하는지 알아보자. XMPP로 통신하는 장치와 CoAP으로 통신하는 장치가 서로 연동되려면, 두 프로토콜을 연결하는 브릿지가 있어야 한다. 이러한 브릿지는 XMPP로 작성된 요청을 CoAP로 변환해서 보내고, 이에 대해 CoAP로 작성된 응답을 다시 XMPP 응답으로 변환한다. 반대로 CoAP 장치에서 XMPP 장치에게 뭔가를 요청하면, 브릿지는 CoAP로 작성된 요청을 XMPP로 변환해서 보내고, 돌아온 XMPP 형태의 응답을 CoAP 형태로 변환해서 전달한다. 따라서 두 프로토콜에 대해 양방향으로 변환하는 기능이 필요하다.

만약 여기에 MQTT와 같은 제3의 프로토콜을 추가하면 어떻게 될까? 이렇게 되면, CoAP와 XMPP에 대한 변환기와 MQTT와 XMPP에 대한 변환기와 CoAP와 MQTT에 대한 변환기와 같이 총 세 쌍의 변환기를 만들어야 한다. 여기에 MQTT가 추가됨으로써 발생하는 여러 가지 문제도 동시에 고려해야 한다. 프로토콜에서 사용하는 시맨틱스semantics가 서로 다르다면 어떻게 해야 할까? 가령 CoAP와 XMPP는 요청/응답 패턴과 이벤트 구독 패턴을 지원하는 반면, XMPP와 MQTT는 게시/구독 패턴을 지원한다. 이때 MQTT는 요청/응답 패턴과 이벤트 구독 패턴을 지원하는 어떻게 처리해야 할까? 한 가지 해결 방법은 최근에 수집된 값을 게이트웨이 버퍼에 저장하고 있다가, 요청이 들어올 때 즉시 알려줘서 마치 MQTT 장치에서 이러한 패턴을 지원하는 것처럼 구현할 수 있다. 그런데 MQTT에서는 점대점 비동기 메시징 패턴도 지원하지 않고 있다.

 각 프로토콜에서 사용하는 패턴은 서로 비슷하지만 똑같은 것은 아니다. 가령 이벤트 구독 패턴은 클라이언트마다 개별 이벤트 트리거를 사용해 이벤트를 구독한다는 점에서 토픽 구독 패턴과 다르다. 토픽 구독 패턴은 개별 이벤트 트리거를 지원하지 않기 때문에, 애플리케이션에 관계없이 게시자가 정의한 트리거에 구독자가 맞춰야 한다.

HTTP와 CoAP와 MQTT와 XMPP라는 네 가지 프로토콜을 처리하려면, 여섯 쌍의 프로토콜 변환기가 필요하다. 다섯 가지 프로토콜에 대해서는 열 쌍의 프로토콜 변환기가 필요하고, 여섯 가지 프로토콜에 대해서는 열 다섯 쌍의 프로토콜 변환기가 필요하고, 일곱 가지 프로토콜에 대해서는 스물 한 개의 프로토콜 변환기가 필요하다. 이를 공식으로 표현하면, N개의 프로토콜에 대해 N(N-1)/2 쌍의 프로토콜 변환기를 제공해야 한다. 프로토콜을 하나씩 추가할 때마다 복잡도는 급격히 증가한다. 따라서 이런 식으로 처리하는 것은 거의 불가능하다. 이를 그림으로 표현하면 다음과 같다.

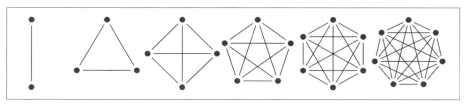

추상 모델을 사용하지 않으면 프로토콜 변환기 쌍의 개수는 O(N²)만큼 증가한다.

추상 모델 사용하기

프로토콜 게이트웨이를 이렇게 프로토콜 변환기를 만드는 방식으로 만들면 구현하고 관리하기가 굉장히 힘들다. 따라서 IoT 문맥에 적합한 공통 추상 모델을 통해 프로토콜 변환 작업을 처리하는 것이 바람직하다. 이렇게 추상 모델을 사용하면, 각 프로토콜마다 추상 모델에 대한 한 가지 변환 작업만 처리하면 된다. 세 종류 이상의 프로토콜을 지원할 때는 이러한 방식을 사용하는 것이 구현이 쉬울 뿐만 아니라 품질을 보장하기에도 훨씬 유리하다. 다른 프로토콜로 변환하는 모듈을 만들 때는, 각 프로토콜마다 공통 추상 모델로 변환하는 부분과 반대로 추상 모델을 해당 프로토콜로 변환하는 부분만 만들면 된다.

좋은 추상 모델을 사용하면 개발 기간을 크게 단축할 수 있을 뿐만 아니라 다음과 같은 여러 가지 장점이 있다. 내부 서비스나 관리 프로세스로 장치를 관리할 때, 각 장치에서 사용하는 프로토콜의 종류에 관계 없이 통신할 수 있다. 이 장에서 CoapGateway 프로젝트를 만들 때, 앞 장에서 소개한 클레이스터 플랫폼에서 제공하는 추상 모델을 이용해 CoAP 프로토콜과 다른 프로토콜을 연결하는 브릿지를 만들 것이다. ClaysterSmall 배포본에서는 XMPP와 MQTT에 대한 지원 기능을 `Clayster.Metering.Xmpp` 모듈과 `Clayster.Metering.Mqtt` 모듈을 통해 이미 제공하고 있으므로, 이 장에서 CoapGateway 프로젝트에서 CoAP와 XMPP, MQTT 프로토콜을 연결하는 브릿지를 만들 때 이러한 모듈을 그대로 활용하면 된다. 추상 모델을 사용할 때의 구조를 그림으로 표현하면 다음과 같다.

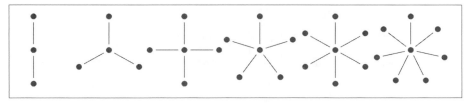

추상 모델을 사용하면 프로토콜 변환기 쌍의 개수는 O(N)만큼 증가한다.

 좋은 추상 모델은 어떻게 만들 수 있을까? 가장 어려운 부분은 너무 구체적이지 않도록 적당히 추상화하는 것이다. 모델을 구체적으로 만들어버리면, 자칫 크게 발목 잡히는 상황에 봉착할 수 있다. 특히 한참 구현하는 과정에서 새로운 기능을 추가하려고 보니 현재 사용하는 모델의 범용성이 떨어져 구현할 수 없는 상태에 도달할 수 있다. 이렇게 되면 이전에 만든 것을 버리고 새로운 모델로 바꿀 수도 없고, 추가 기능을 포기할 수도 없는 난감한 상황에 봉착하게 된다. 물론 실제로 구현하는데 활용하기 어려울 정도로 너무 추상화하지 않은 형태로 추상 모델을 만드는 것도 중요하다.

결국 시간이 지날수록 추상 모델이 뛰어난 IoT 플랫폼만 살아남게 된다. 따라서 처음엔 모르지만 나중에 개발 과정에서 부딪히게 될 이슈를 최대한 반영하여 시간이 지날수록 개발자가 더 많은 일을 할 수 있게 해주는 뛰어난 추상 모델을 제공하는 플랫폼이 좋은 플랫폼이다. 그렇다면 IoT에 가장 적합한 추상 모델은 누가 만들 수 있을까?

클레이스터 IoT 플랫폼은 M2M과 IoT 분야에서 20년 이상 개발한 경험을 토대로 만든 것이다. 따라서 이 플랫폼에 적용된 추상 모델은 오랜 기간에 걸쳐 진화해왔으며, 사용하기 쉬우면서도 기능을 풍부하게 제공할 뿐만 아니라 다양한 유스 케이스를 지원하고 있다. 이 플랫폼에 적용된 추상 모델을 분석해보면, 장기적으로 사용하기에 적합한 플랫폼을 고를 수 있는 안목이 생길 것이다.

클레이스터 추상 모델

CoapGateway 프로젝트에서 CoAP 프로토콜에 대한 브릿지를 만드는 과정을 이해하려면 Clayster.Library.Abstract에 정의된 클레이스터 추상 모델부터 이해하고 있어야 한다. 프로토콜 브릿지를 구현할 때 CoAP와 추상 모델 사이에서 실제로 변환하는 과정만 작성하면 된다. 나머지 작업은 플랫폼이 알아서 처리해준다.

편집 가능한 데이터 소스

앞 장에서 살펴본 바와 같이, 클레이스터는 오브젝트를 오브젝트 데이터베이스에 저장한다. 그러나 여러 서버를 클러스터로 구성한 환경에서 대량의 오브젝트를 관리할 때는 단순히 데이터를 저장하는 기능뿐만 아니라, 여러 서버와 클러스터에 분산되어 있는 오브젝트를 동기화하고 임포트나 익스포트하는 작업도 처리해야 한다.

이러한 이유로 클레이스터에서는 설정 가능한 데이터를 시스템에서 관리하는 방식을 정의하는 데이터 추상 모델을 기반으로 클레이스터의 추상 모델을 만들었다. 이때 데이터는 편집 가능한 데이터 소스_{editable data source}에 저장하며, EditableDataSource를 상속한 클래스로 표현한다. 여기서 '편집 가능'하다는 표현은, 적절한 권한만 있으면 서비스나 관리 도구에서 콘텐츠를 동적으로 관리할 수 있다는 것을 의미한다.

클레이스터에서 사용하는 데이터 소스는 대부분 EditableXmlFileDataSource 를 사용해 편집 가능한 X M L 파일에 저장해서 관리하거나, EditableInMemoryDataSource를 사용해 메모리에서만 관리하도록 구성한다. 물론 필요하다면 이때 사용할 편집 가능한 데이터 소스를 개발자가 원하는 형태로 직접 정의할 수도 있다.

시스템에서는 게시된 데이터 소스(EditableDataSources)를 관리하고 있으며, 이러한 데이터 소스는 외부 도구나 서비스에서 관리할 수 있다. 이렇게 시스템에서 관리하는 데이터 소스는 아래 그림처럼 트리 형태로 구성되며, 각 노드마다 데이터 소스(EditableDataSourceReference)를 참조한다.

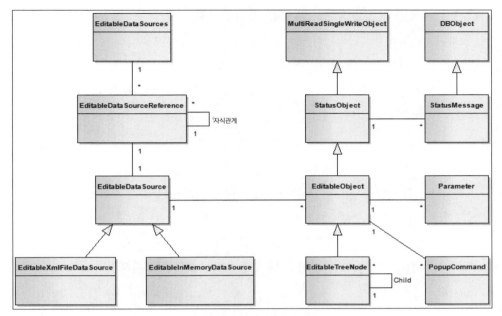

클레이스터의 데이터 추상 모델

편집 가능한 오브젝트

편집 가능한 데이터 소스에 담긴 데이터는 EditableObject라는 편집 가능한 오브젝트editable object로 표현한다. 오브젝트 하나로만 구성된 데이터 소스를 단일 singular 데이터 소스라고 부르고, 여러 오브젝트를 일렬로 정렬한 리스트로 표현하는 데이터 소스를 플랫flat 데이터 소스라 부른다. 대부분 트리 구조로 저장하는데, 이때 각 노드는 특수한 형태의 편집 가능한 오브젝트인 EditableTreeNode로 표현한다.

편집 가능한 오브젝트는 일종의 상태 오브젝트(StatusObject)이기도 하다. 상태 오브젝트란 오브젝트 데이터베이스(DBObject)에 일련의 상태 메시지(StatusMessage)와 상태를 관리하는 오브젝트다. 이때 상태 메시지는 다양한 라이프 사이클과 레벨로 구성되며, 참고informational, 경고warning, 에러error, 예외exception 등과 같은 다양한 타입으로 표현된다. 이러한 상태 메시지는 다양한 연산자로 메시지를 서명할 수 있으며, 필요하다면 서버 클러스터에서 메시지를 동기화시킬 수도 있다.

상태 오브젝트는 멀티스레드와 멀티유저 환경에서 사용할 수 있는 오브젝트 (MultiReadSingleWriteObject)이기도 하다. MultiReadSingleWriteObject 클래스에서 제공하는 메소드를 사용하면, 여러 서비스나 여러 사용자가 동시에 작업하는 환경에서도 데이터를 잃어버리거나 일관성에 문제가 생기지 않도록 안전하게 오브젝트를 관리할 수 있다.

편집 가능한 오브젝트마다 동작을 제어하는 파라미터 집합(Parameter)을 두 개씩 가지고 있다. 이때 파라미터 집합은 비어 있을 수도 있다. 그 중 하나는 플랫폼에서 수행하는 오브젝트의 동작을 정의하며, 이러한 파라미터 집합을 오브젝트 프로퍼티object property라 부른다. 이러한 프로퍼티는 클러스터를 구성하는 모든 서버와 클라이언트 사이에서 동기화된다. 또 다른 파라미터 집합은 오브젝트와 관련된 하드웨어나 백엔드 기능을 설정할 때 사용하며, 이를 설정 파라미터configurable parameter라 부른다.

 플랫폼에서는 다양한 타입의 파라미터를 지원한다. 각 파라미터 타입은 Parameter 클래스를 상속한 별도의 클래스로 관리한다. 플랫폼에서 어떠한 파라미터를 제공하고 있는지는 Clayster.Library.Abstract.ParameterTypes 네임스페이스에서 확인할 수 있다.

편집 가능한 오브젝트는 다양한 타입의 팝업pop-up 명령에 대한 집합을 게시할 수도 있다. 물론 아무 것도 가지고 있지 않을 수도 있다. 이때 지정할 수 있는 명령으로는 파라미터를 사용하지 않는 간단한 명령과 파라미터를 사용하는 일반 명령, 파라미터를 사용하는 쿼리 명령 등이 있다. 이렇게 특정한 문맥 관련된 명령뿐만 아니라, 프로퍼티, 설정 파라미터, 편집 가능한 오브젝트, 데이터 소스 등은 모두 앞 장에서 소개한 CMTClayster Management Tool과 같은 관리 도구를 이용해 다룰 수 있다. 물론 이를 위한 적절한 권한을 갖고 있어야 한다.

공통 데이터 소스

서비스를 개발하기 위해 클레이스터 플랫폼을 단순히 이용할 수 있을 뿐만 아니라, 클레이스터의 기능을 직접 제어할 수도 있다. 이렇게 플랫폼 기능을 제어하려면, 기존 데이터 소스에 대해 편집 가능한 오브젝트 클래스를 새로 정의하면 된다. 프로토콜 게이트웨이를 만들 때도 이 방식을 사용한다. 따라서 클레이스터 플랫폼에서 어떤 데이터 소스를 제공하고 있는지 살펴보고, 이 중에서 프로토콜 게이트웨이를 구현할 때 활용할 만한 것이 있는지 확인해보자. 이 중 일부는 앞 장에서 이미 사용해본 적이 있다.

Users 데이터 소스는 시스템에 로그인 할 수 있는 사용자 계정을 표현하는 User 오브젝트를 담고 있다. Roles 데이터 소스는 사용자마다 지정된 역할을 표현하는 Role 오브젝트를 담고 있다. 이러한 Role 오브젝트마다 여러 가지 권한을 할당할 수 있다. 이때 권한은 Privilege 오브젝트로 표현하며, 여러 개의 권한을 Privileges 데이터 소스에 저장한다. 이 데이터 소스는 Privilege 오브젝트를 트리 구조로 저장하며, 각 브렌치마다 역할을 할당할 수 있다.

장치와 통신하고 센서 데이터를 처리하는데 관련된 데이터 소스는 모두 Metering 카테고리에 속하게 된다. Topology 데이터 소스는 모든 장치에 대한 정보와 이들의 연결 관계를 담고 있다. Unit Conversion 데이터 소스는 단위에 대한 모든 카테고리와 각 카테고리에 있는 단위에 대한 정보뿐만 아니라, 호환되는 단위끼리 변환하는 방법도 담고 있다. Jobs 데이터 소스는 센서 값을 읽거나 리포팅하는 것처럼 한 번씩만 실행되거나 주기적으로 실행하는 작업을 담고 있다. Groups 데이터 소스는 장치에 대한 정보를 논리적인 구성과 지리적인 위치 정보를 기준으로 저장한다. 반면 Topology 데이터 소스는 장치에 대한 물리적인 연결 관계만 표시한다. 센서 데이터(필드)는 Field Processors 데이터 소스에 정의된 프로세서에 의해 처리된다. 이러한 데이터는 그냥 저장할 수도 있고, Field Sinks 데이터 소스에서 정의한 필드 싱크를 통해 처리할 수도 있다. 필드는 Field Imports 데이터 소스에서 정의한 오브젝트를 통해 시스템에 임포트할 수도 있다.

핵심 프로퍼티와 메소드 오버라이드

편집 가능한 오브젝트를 새로 정의하려면 먼저 작성하려는 클래스에서 어느 클래스를 상속할 지부터 결정해야 한다. 연산에 관련된 기능은 대부분 플랫폼에서 제공하고 있기 때문에, 새로 정의할 클래스에 대한 오브젝트를 시스템이 다루는데 필요한 주요 프로퍼티와 메소드만 오버라이드해주면 된다. 이렇게 새로 만든 클래스는 따로 등록할 필요 없다. 클래스를 선언하기만 해도 여기서 지정한 프로퍼티와 메소드를 시스템이 알아서 찾아서 사용한다.

편집 가능한 오브젝트를 정의할 때 주로 사용되는 프로퍼티와 메소드에 대해 간략히 소개하면 다음과 같다.

구조 제어 관련 프로퍼티와 메소드

TagName과 Namespace 프로퍼티는 직렬화 된 오브젝트에 대한 클래스를 식별하기 위해 직렬화serialization하거나 역직렬화deserialization하는 과정에서 사용한다. GetDisplayableTypeName() 메소드는 사람이 읽을 수 있는 형태로 지역화 된 클래스 이름을 제공할 때 사용한다. GetIconResourceName() 메소드는 오브젝트 상태를 표시할 때 사용할 아이콘을 클래스에 지정할 때 사용한다. CanBeAddedTo() 와 CanTakeNewNode() 메소드는 클래스에 대한 오브젝트를 트리 구조에 표시할 때 사용된다.

속성 게시 관련 프로퍼티와 메소드

오브젝트 프로퍼티는 네 가지 메소드를 통해 게시하고 관리한다. 따라서 이러한 네 종류의 메소드만 구현해주면, 시스템에서 제공하는 고급 기능도 자동으로 지원할 수 있다. 이러한 메소드는 수행하는 연산에 관련된 오브젝트에 대해 적절히 락을 걸어줄 때만 호출된다. 따라서 여러 스레드가 오브젝트에 동시에 접근하는 환경에서 이러한 네 종류의 메소드를 호출하더라도, 멀티스레드에 관련된 작업을 따로 처리할 필요 없이 안심하고 사용해도 된다. GetParametersLocked() 메소드는 현재 사용할 수 있는 파라미터 집합을 가져올 때 사용한다. 이러한 파라미터 집합은 속성에 대한 메타 정보를 지역화가 적용된 형태로 담으며, 이러한 정보는 최종 사용자가 속성을 수정할 수 있도록 다이얼로그를 제공할 때 사용된다. GetParameterValueLocked()와 SetParameterLocked() 메소드는 파라미터 값을 개별적으로 가져오거나 설정할 때 사용하고, GetParamterNamesLocked() 메소드는 현재 사용할 수 있는 프로퍼티에 대한 이름만 가져올 때 사용한다.

명령 게시 관련 프로퍼티와 메소드

모든 편집 가능한 오브젝트는 명령을 게시할 수 있다. 이러한 명령은 직접 실행할 수도 있고, 자동으로 실행되게 할 수도 있다. GetPopupCommands() 메소드는 오브젝트에 대해 사용할 수 있는 명령 집합을 리턴한다. 이때 명령을 파라미터를 받지 않는 명령과 파라미터를 받는 일반 명령과 파라미터를 받는 쿼리 명령과 같이 세 종류로 구분할 수 있다. 또한 명령의 종류에 따라 이를 실행하기 위해 호출하는 메소드도 달라진다. 아무 파라미터도 받지 않는 가장 간단한 형태의 명령은 ExecuteSimplePopupCommand() 메소드로 실행한다. 나머지 다른 종류의 명령은 대부분 파라미터를 지정해야 한다. 이러한 파라미터는 GetParametersForCommand() 메소드로 구할 수 있다. 파라미터를 사용하는 일반 명령은 ExecuteParameterPopupCommand() 메소드로 실행한다. 파라미터를 사용하는 쿼리 명령은 ExecuteParameterPopupQuery() 메소드로 실행한다. 이러한 쿼리 명령은 데이터를 클라이언트에 비동기식으로 리턴한다. 이때 이미지나 테이블 형태의 데이터뿐만 아니라 다른 타입의 오브젝트를 리턴할 수도 있다.

장치와 통신하기

Topology 데이터 소스는 Clayster.Library.Meters에 정의된 Node 클래스를 상속한 타입의 편집 가능한 오브젝트 집합을 담고 있다. Node 클래스는 장치를 읽고 설정하는데 주로 사용되는 프로퍼티와 메소드를 정의하고 있다.

장치 읽기

Topology 데이터 소스에 있는 노드의 IsReadable 프로퍼티가 true를 리턴하면, 이 노드가 가리키는 장치를 읽을 수 있다. 따라서 적절한 권한을 가지고 있다면 누구나 이 노드에 대해 RequestReadout() 메소드를 호출하여 읽기 요청을 보낼 수 있다. 실제로 노드를 읽을 때는 ProcessReadoutRequest()를 호출한다. Topology 데이터 소스에 놓인 노드의 위치에 따라, 이 메소드를 호출하는 주체가 달라질 수 있다. 그러나 단순히 리드아웃을 동기식으로 처리하도록 스레드를 하나 할당했고, 이를 통해 리드아웃 요청을 처리한다고 가정해도 된다. ProcessReadoutRequest()를 호출하면 해당 노드가 읽기 상태로 전환되어 어떠한 속성도 변경할 수 없게 된다.

장치 설정

IsWritable 프로퍼티에서 true를 리턴하는 장치만 설정하거나 값을 쓸 수 있다. 이렇게 쓸 수 있는 상태에 있는 장치는 적절한 권한만 있으면 누구나 RequestConfiguration() 메소드를 호출하여 노드에 대한 설정 요청을 보낼 수 있다. 이 장치에 대해 설정 파라미터를 알고 싶다면 GetConfigurableParamtersLocked() 메소드를 호출하면 된다. 특정한 파라미터에 대한 이름과 값이 정확한지 확인할 때는 IsValidConfiguration() 메소드를 호출한다. 마지막으로 적절히 설정한 파라미터를 실제로 장치에 쓰려면 ProcessConfiguration() 메소드를 호출한다. 앞에서 장치를 읽을 때와 마찬가지로, 이 메소드를 호출할 때도 해당 노드가 읽기 상태로 바뀐다. 이때 트리에 놓인 노드의 위치에 따라 스레드 하나를 할당하여 이 메소드를 실행한다.

CoAP 게이트웨이 아키텍처

CoapGateway의 구조는 간단하고 직관적이다. 아래 그림을 보면 이와 관련된 클래스와 각 클래스의 관계를 볼 수 있다. 황백색으로 표시된 클래스는 Clayster.

Library.Abstract에 정의되어 있다. 노란색과 오렌지 색으로 표시된 클래스는 Clayster.Library.Meters에 정의되어 있으며, Topology 데이터 소스에 필요한 기본적인 기능을 제공한다. 파란색으로 표시된 클래스는 Clayster.Library.Internet에 정의되어 있으며, 통신 관련 기능을 제공한다. 앞 장에서 이러한 클래스를 한 번씩 사용해봤다. 초록색과 분홍색 클래스는 CoapGateway 프로젝트에서 정의한 것이다. 여기서 초록색은 구조를 나타내는 노드라는 것을 표시하고, 분홍색은 구체적인 작업을 수행하는 클래스를 표시한다. 이러한 클래스는 다운로드한 소스 코드와 같은 이름을 가진 .cs 파일에 정의되어 있다.

클레이스터 플랫폼에 CoAP에 대한 지원 기능을 추가하려면, Topology 데이터 소스의 루트에 CoapPort 오브젝트부터 추가해야 한다. 이 오브젝트는 실질적인 통신 작업에 관련된 기능을 수행하면서 요청도 받는다. 그리고 CoapTopologyBridge라는 CoAP 리소스를 사용해, 프로토콜에 관계 없이 현재 토폴로지에서 사용 가능한 상태에 있는 노드를 게시한다. 또한 CoAP 프로토콜로 통신할 때 필요한 사용자 계정으로 접근할 수도 있다. 이 클래스는 CoAP 요청을 받으면 앞서 소개한 공통 추상 모델로 변환하고, 이 요청에 대한 응답을 보낼 때 CoAP 응답으로 리턴한다.

CoAP 요청을 보내고 CoAP 응답을 처리하는 반대 방향의 작업은, CoapServer 클래스와 이 클래스의 자식 노드로 추가된 클래스로 처리한다. 이 클래스는 CoapPort에 추가되어 있으며, IP 주소와 포트 번호에 대한 프로퍼티가 정의된 IpNode를 상속한다. IpNode는 노드와 그 노드의 모든 자식 노드에게 실행 컨텍스트를 제공하는 ThreadNode를 상속한다. 그리고 장치에서 사용할 수 있는 리소스를 스캔할 수 있도록 Scan 명령도 게시한다. CoAP 게이트웨이의 아키텍처를 그림으로 표현하면 다음과 같다.

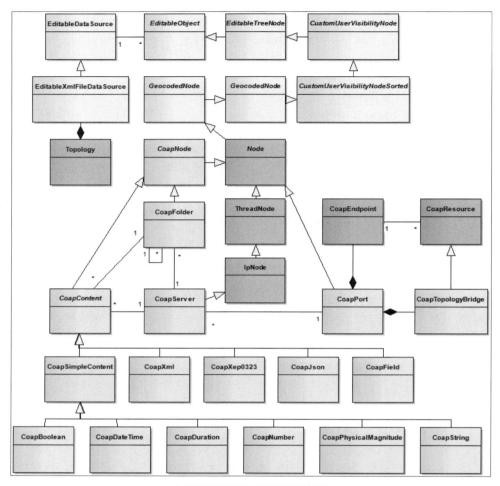

CoAP 게이트웨이 프로젝트의 아키텍처

CoapServer 클래스의 오브젝트는 자식 노드로 CoapFolder 오브젝트를 개수에 제한 없이 얼마든지 가질 수 있다. CoapServer와 CoapFolder 오브젝트는, 읽을 수 있는 리소스를 의미하는 CoapContent를 상속한 오브젝트를 받을 수 있다. 이 때 리소스는 하나의 데이터 필드만 리포트하는 간단한 콘텐츠 리소스일 수도 있고, 여러 필드를 리포트하는 복합 리소스일 수도 있다. 여기에 원하는 콘텐츠 타입에 대한 클래스를 얼마든지 추가할 수 있다.

이 프로젝트에서 제공하는 클래스는 게이트웨이에서 프로토콜을 변환하는 과정을 보여주기 위한 기본적인 기능만 제공한다. 이를 토대로 원하는 형태로 수정하고 확장할 수 있을 것이다. 다음 그림은 4장, 'CoAP'에서 만든 CoAP 센서를 읽기 위한 토폴로지가 어떻게 구성됐는지 보여주고 있다. 서버에서 XMPP도 지원하므로, 여기에 사용되는 모든 장치를 XMPP 네트워크에서도 그대로 사용할 수 있다. 물론 반대로 토폴로지에 나온 XMPP 장치를 CoAP에서 그대로 사용할 수도 있다.

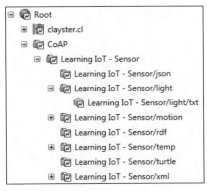

CoAP 센서에 대한 토폴로지 예

정리

8장에서는 IoT 서비스 플랫폼에서 제공하는 추상 모델을 활용해 프로토콜 게이트웨이를 만드는 방법에 대해 살펴봤다. 마지막 9장에서는 IoT에 대한 보안과 상호 운용성에 대해 살펴본다.

9

보안과 상호운용성

지금까지는 IoT_{Internet of Things}에서 사용할 수 있는 여러 가지 기술에 대해 예제와 함께 소개했지만, 보안_{security}과 상호운용성_{interoperability}에 대해서는 깊게 다루지 않았다. 이 장에서는 나중에 발생할 수 있는 여러 가지 문제를 사전에 방지하도록, 시스템 아키텍처를 설계할 때 보안과 상호운용성 관점에서 고려해야 할 사항에 대해 설명한다. 이 장에서 다루는 내용은 다음과 같다.

- IoT 환경에서 발생할 수 있는 문제
- 시스템 공격 유형과 방어 기법
- IoT에서 상호운용성의 중요성

IoT 환경에서 발생할 수 있는 문제

현재 시중에 나와 있는 IoT와 관련된 제품과 솔루션은 대부분 보안에 대해 고려하지 않고 있다. 따라서 어느 정도 지식을 갖춘 사람이라면 어렵지 않게 악의적인 용도로 장치를 해킹할 수 있다. 이처럼 아키텍처 단계부터 보안을 고려하지 않으면, 가정에서 사용하는 장치뿐만 아니라, 자동차나 기차, 공항, 상점, 선박, 물류, 빌딩 자동화, 전기나 수도 계량기, 산업 자동화, 의료용 기기를 비롯한 수많은 장치와 애플리케이션이 위험에 노출될 수 있다. 이미 여러 서방 국가에서는 자동화 애플리케이션에서 발생하는 보안에 대한 위험을, 국가 차원의 위험으로 간주하고 있다. 지금 당장이라도 악의적인 해커가 인터넷에 연결된 기기의 취약점을 악용하여 누군가를 해칠 수도 있다. 인터넷을 통해 사용할 수 있는 제품을 출시한 회사 입장에서, 공격에 악용될 수 있는 취약점이 발견된다면 경제적인 손실을 입을 수도 있다.

두 세대에 걸쳐 웹이 발전하는 동안, 여러 인터넷 회사와 애플리케이션에서 겪은 문제와 여러 가지 실수를 IoT에서 똑같이 반복하지 않도록 하려면 어떻게 해야 할까?

기존 솔루션을 다시 만드는 이유

첫 번째 이유는 앞 절에서 소개한 사항에 대해 관리자와 엔지니어의 관점이 다르기 때문이다. 관리자 입장에서는 기존에 알려진 위험을 관리하는 방법에 대해서는 잘 알고 있지만, IoT와 컴퓨터 통신 분야에서 새롭게 발생할 수 있는 위험에 대해서는 가늠할 수 없다. 이로 인해 엔지니어가 설계한 아키텍처의 문제점을 정확히 파악하지 못하는 경우가 많다. 반대로 엔지니어 입장에서는 기능을 구현하는 데만 관심을 가질 뿐, 보안에는 소홀히 하는 경향이 있다.

두 번째 이유는 IoT 엔지니어는 인터넷에서 애플리케이션을 개발하던 엔지니어가 아니기 때문이다. 전자 공학 엔지니어는 컴퓨터 엔지니어가 수십 년 전에 해결했던 문제를 지금 풀고 있는 경우가 많다. 산업용 자동화와 같은 M2M_{Machine-to-Machine} 분야의 엔지니어라면, 인터넷을 통해 머신끼리 메시지를 교환하는 방식으로 서로 대화할 수 있다는 얘기를 듣는 순간 이미 할 일을 다 했다고 생각할 지도 모른다. 데이터를 IP 프로토콜로 전송하는 점을 제외하면, M2M에서 IoT로 이름만 바뀐 것이기 때문이다. 하지만 인터넷 영역에서는 바로 여기서 여러 가지 문제가 발생하기 시작한다. 전송은 이러한 문제 중 하나 일 뿐이다.

세 번째 이유는 기존에 나온 솔루션이나 예전 경험이 현재 상황에 잘 맞지 않기 때문이다. 인터넷에서 동작하는 웹 애플리케이션을 위해 설계된 통신 패턴은 IoT에 적합하지 않다. 따라서 기존 기술을 다시 만들어도, 원래 모습과는 달라질 수밖에 없다. 기존에는 게시자가 중앙 집중적인 대형 시스템으로 구축하여 인터넷을 통해 서비스를 제공하고, 이를 사용하는 수많은 소비자는 안티바이러스 소프트웨어나 자동으로 업데이트하는 OS를 통해 안전하게 보호되는, 게시자에 비해 가벼운 시스템이 방화벽 뒤에서 보호 받는 분산 된 형태로 연결됐다. IoT 환경에서는 이와 정 반대로 구성된다. 게시자(센서)가 다소 가벼운 시스템이 분산된 형태로 방화벽 뒤에 놓이며, 소비자(서버 애플리케이션)이 중앙 집중식 대형 시스템 형태로 인터넷에 연결된다. 물론 게시자와 소비자 둘 다 저사양의 시스템이 분산된 형태로 방화벽 뒤에 놓여 있을 수도 있다. 이들은 안티바이러스로 보호하거나, 새로 발견된 공격 패턴을 막기 위한 메커니즘을 자동으로 업데이트하지도 않는다. 방화벽이 설치되어 있긴 하나 10년 동안 별다른 수정 없이 그대로 사용할 수도 있다. 웹 애플리케이션에 맞게 개발된 보안 솔루션은 이런 부분을 제대로 해결해주지 못한다.

네 이웃을 알라

새로운 동네로 이사 가면, 항상 이웃부터 알아두는 것이 좋다. M2M 애플리케이션을 IoT에 적용할 때도 마찬가지다. 장치를 케이블에 연결하는 순간, 전 세계에 있는 수백 만 명의 이웃들이 여러분의 장치에 접근하려고 할 것이다.

그렇다면 인터넷에는 어떤 이웃이 있을까? 물론 친절하고 착한 이웃도 많지만, 범죄자나 사기꾼, 변태, 해커, 트롤링, 마약상, 마약 중독자, 강간범, 소아성애자, 도둑, 정치인, 부패한 경찰, 정보 기관, 살인자, 정신 이상자, 적대국 첩보원, 회사에서 짤려 불만이 가득한 사람, 이상한 유머를 즐기는 사춘기 청소년 등 굉장히 다양한 사람들이 존재한다. 이런 사람들이 여러분의 사물이나 여러분의 자녀가 사용하는 사물에 접근하도록 허용할 수 있을까?

당연히 싫을 것이다. 그렇다면 IoT 환경에서 동작할 장치나 애플리케이션을 개발하기 시작할 때부터, 반드시 보안을 고려해야 한다. M2M에서 IoT로 옮겨간다는 것은, 경비원이 상주하고 친절한 이웃만 있던 동네를 떠나, 세상에서 가장 험한 곳으로 이사 가는 것과 같다. 이런 곳에서도 대문을 활짝 열어 놓고 지낼 수 있을까? IoT는 M2M처럼 안전하게 제어되는 네트워크에서 통신할 때와 전혀 다르다. IoT 환경에서 동작하는 애플리케이션은, 실험실 안에만 동작하는 것이 아니며, 애플리케이션을 설치하고 나서 일정한 시간 동안 구동시켜야 한다. 그 동안 아무도 내 시스템을 발견하지 않기를 바라고 있을 수만 없기 때문에, 인터넷에서 머신끼리 서로 대화하는 것 이상의 작업이 더 필요하다.

흔히 볼 수 있는 공격 유형

IoT 환경에서 볼 수 있는 공격 유형에 대해 모두 나열하는 것만으로도 책 한 권을 채우고도 남을 것이다. 여기서는 가장 흔히 볼 수 있는 공격 유형만 추려서 간략히 소개한다. IoT 애플리케이션을 위한 통신 아키텍처를 설계할 때, 항상 이러한 공격 유형을 염두에 두고 설계해야 한다.

서비스 거부

DoSDenial of Service 또는 DDoSDistributed Denial of Service 공격은 주로 인터넷 상에 제공되는 서비스를 다운시키거나 아무런 응답도 하지 못하도록 만들기 위해 사용되며, 간혹 이를 통해 드러난 허점을 악용하기도 한다. 이 공격은 서버의 리소스를 모두 소진할 때까지 반복적으로 요청을 보낸다. 분산 형태인 DDoS 공격은 여러 클라이언트를 통해 동시에 요청을 보내서, 공격 대상에 부하를 증가시킨다. 이러한 공격은 주로 협박이나 정치적인 목적으로 사용된다.

타겟이 한 곳에 집중될 경우에는, 분산된 형태의 정교한 공격 기법을 방어하기 힘들지만, 타겟 자체가 분산되어 있으면 공격의 효과가 떨어진다. 이러한 공격을 막으려면 가급적 분산된 방식으로 솔루션을 만들어야 한다. 분산된 형태로 만들면, 각 타겟에 대한 가치가 떨어지므로 공격의 주목을 덜 받게 된다.

자격증명 추측하기

시스템에 정상적으로 접속할 수 있는 클라이언트의 자격증명credential을 알아내는 방식으로 시스템에 침투할 수도 있다. 이러한 공격을 최대한 막으려면 클라이언트나 장치에서 가급적 긴, (랜덤으로 생성한) 고유한 형태의 자격증명을 사용하는 것이 좋다. 여러 클라이언트나 장치에서 똑같이 사용할 수 있도록 디폴트로 설정된 자격증명은 절대로 사용하지 않는다. 여기에 일정한 횟수 이상으로 인증 시도를 할 수 없도록 제한하면 더 좋다. 허용된 횟수를 초과할 때는, 어떤 자격증명에 대해 어디서 인증을 시도했는지 찾아볼 수 있도록 로그에 기록해둔다. 이렇게 하면 시스템에 침투하려는 공격 패턴을 관리자가 쉽게 찾아낼 수 있다.

저장된 자격증명에 접근하기

다른 곳에 저장된 자격증명을 활용하여 시스템에 침투할 수 있다. 하나의 자격증명을 여러 시스템에서 그대로 사용하는 경우도 많다. 이러한 위험은 여러 가지 방법으로 방지할 수 있다. 한 가지 방법은 다른 장치나 서비스, 애플리케이션에서 자격증명을 재활용하지 않게 하는 것이다. 두 번째 방법은 자격증명을 기억하기 힘들도록 랜덤으로 생성해서, 다른 곳에서 그대로 사용하기 힘들게 하는 것이다. 세 번째 방법은 자격증명 자체를 중앙에 저장하지 않고, 가급적 암호화해서 해시 값만 저장하는 것이다. 실제로 인증 과정을 처리할 때, 자격증명에 대한 해시 값을 계산하는 방식을 많이 사용하고 있다. 게다가 이러한 해시 값은 현재 설치된 버전에 고유한 값을 갖는다. 같은 해시 값에 대한 새로운 스트링이 발견되는 해시 함수의 취약점을 찾더라도, 이 스트링이 원본 자격증명과 일치할 확률은 거의 없다. 해시 값을 설치할 때마다 고유한 값으로 계산해두면, 이 스트링을 다른 곳에서 재활용할 가능성은 희박해진다.

중간자 공격

시스템에 침투할 때 클라이언트 대신, 서버 컴포넌트로 속이는 방법도 있다. 이를 중간자 공격MITM, Man in the middle이라 부른다. 여기서 중간자라 표현하는 이유는, 공격자가 서버의 동작 방식은 모른 채, 실제 클라이언트와 서버가 통신하는 중간에서 단순히 메시지만 포워딩하기 때문이다. 이 과정에서 공격자는 암호화된 통신을 사용하더라도 클라이언트 자격증명과 같은, 메시지에 담긴 비밀 정보를 엿볼 수 있으며, 원하는 내용으로 메시지를 수정할 수도 있다.

이러한 공격을 막으려면, 모든 클라이언트마다 항상 연결할 서버에 대한 ID를 검사해야 한다. 중요한 시스템이라면 보통 인증서를 사용하는데, 이때 인증서는 서버의 도메인을 검사할 때뿐만 아니라, 통신을 암호화하는데 활용된다. 이러한 검사를 정확히 수행하고, 유효 기간이 지났거나, 자기가 서명했거나, 취소된 인증서로 연결할 수 없도록 막아야 한다.

또 한 가지 명심해야 할 점은, 클라이언트가 서버에서 인증할 때, 안전하지 않은 인증 방법을 사용하지 않아야 한다. 서버가 이미 공격 당한 상태라면, 여기에 연결하는 클라이언트에게 보안에 취약한 인증 방식을 사용하도록 유도할 수도 있다. 이런 식으로 클라이언트의 자격증명을 빼내서 다른 곳에서 재활용할 수도 있다. 안전한 인증 방법을 사용하면, 서버가 공격 당하더라도, 인증 과정을 다시 재현하거나 다른 곳에서 사용할 수 없으며, 통신은 단 한 번만 유효하게 된다.

네트워크 통신 스니핑

통신에 암호화를 사용하지 않으면, 여기에 접근할 수 있는 권한만 있으면 와이어샤크Wireshark 같은 간단한 스니핑 애플리케이션만으로도 주고 받는 메시지를 쉽게 읽을 수 있다. 점대점 방식으로 통신할 때는 메시지를 보내는 머신과 이를 받는 머신, 그리고 그 사이에 통과하는 브릿지나 라우터에 있는 모든 애플리케이션에서 통신 내용을 엿들을 수 있다. 스위치 대신 단순한 허브를 사용한다면, 네트워크에 참여한 모든 이들이 도청할 수 있다. UPnP나 CoAP과 같이 멀티캐스트 방식의 메시징 서비스로 통신할 때는, TTLTime to live 파라미터 범위(최대 라우터 홉 수) 내에 있는 모든 이들이 메시지를 엿들을 수 있다.

중요한 데이터를 주고 받을 때는 항상 암호화하는 것이 좋다. 사적인 내용을 전달할 때도, 데이터에 담긴 정보가 중요하지 않은 것처럼 보이더라도 암호화해야 한다. 집안의 온도와 수도 및 전기 사용량, 전등 스위치 사용 횟수 등과 같은 정보 만으로도 집 안에 사람이 있는지를 도둑이 알아낼 수 있기 때문이다. 온도 경보기를 약간만 고치면 사람을 감지하게 만들 수 있다. 전기 에너지 소비량에 변화가 있다면 누군가 요리를 하거나 TV를 본다는 것을 의미한다. 수도 사용량에 변화가 있다면, 누군가 샤워를 하거나 변기에 물을 내린다는 것을 알 수 있다. 수도 사용량에 변화가 없거나, 전기 사용량이 평균치에 머물고 있다면, 도둑은 집에 사람이 없다고 판단하게 된다. 전등 스위치로도 사람이 있는지 알아낼 수 있다. 최근에는 전등을 켰다 끄면서 집에 사람이 있는 것처럼 꾸며주는 애플리케이션도 나와 있긴 하지만, 그래도 여전히 알아낼 방법은 있다.

 아직 한 번도 스니핑을 해 본 경험이 없다면, 와이어샤크와 같은 스니핑 애플리케이션을 다운로드해서 직접 네트워크 트래핑을 엿들어보자. 와이어샤크는 https://www.wireshark. org/download.html에서 다운로드할 수 있다.

포트 스캐닝과 웹 크롤링

포트 스캐닝port scanning은 특정한 범위에 있는 IP 주소와 포트에 대해 기계적으로 검색해서, 열려 있는 포트와 애플리케이션에서 제공하는 서비스를 찾아내는 기법이다. 이 기법을 다른 테스트와 결합하여, 포트 뒤에 있는 애플리케이션을 들여다볼 수 있다. 가령 HTTP 서버를 발견하면, 표준 페이지 이름과 웹 크롤링web crawling 테크닉을 사용해, HTTP 서버에서 제공하는 웹 리소스를 알아낼 수 있다. CoAP에서는 장치에서 흔히 알려진 리소스를 게시하는 경우가 많기 때문에, 더 쉽게 알아낼 수 있다. 이렇게 단순한 무차별brute-force 기법만으로도 인터넷에 연결된 보안에 취약한 시스템에서 제공하는 정보를 쉽게 찾아낼 수 있다.

본의 아니게 사적인 내용을 게시하지 않도록, 항상 들어오는 포트를 모두 막도록 방화벽을 설정한다. 연결에 대한 요청이 직접 들어오는 프로토콜을 사용하지 말고, 방화벽 안에서 연결할 수 있는 프로토콜을 사용한다. 인터넷을 통해 게시한 모든 리소스에 대해 공격용 스크립트나 프로그램에서 접근하지 못하도록 반드시 인증을 거치도록 설정한다.

사소한 정보라도 대량으로 수집하면 의미를 갖게 된다. 이러한 정보는 청소년들이 단순히 장난하기 위해 활용할 수도 있지만, 마케팅 기관이나 도둑, 정부 첩보 기관에서도 탐내는 정보다.

검색 기능과 와일드카드

인터넷에 올려둔 장치를 찾기 힘들거란 착각은 하지 않는 게 좋다. 오히려 쉽게 찾을 수 있다. UPnP나 CoAP와 같이 멀티캐스트 방식으로 통신하는 장치에서 보낸 메시지는 누구나 볼 수 있을 뿐만 아니라, 누가 보내는지도 알아낼 수 있다. HTTP나 CoAP와 같이 싱글캐스트 방식으로 통신하는 장치도 포트 스캐닝을 통해 찾아낼 수 있다. XMPP나 MQTT처럼 방화벽 안에서 메시지 중개자를 사용하는 장치도 와일드카드 검색으로 중개자에서 관리하는 장치를 찾아낼 수 있으며, MQTT를 사용하는 장치에 대해서는 주고 받는 메시지까지 알아낼 수 있다.

따라서 장치는 얼마든지 찾아낼 수 있으며, 누군가는 이를 악용하려고 한다는 점을 항상 염두에 둬야 한다. 그래서 가능하면 외부로부터 요청을 받을 때 항상 인증을 거치도록 장치를 설정해야 한다. 이러한 기능을 어느 정도 제공해주는 프로토콜도 있지만, 어떤 프로토콜은 인증 자체를 직접 사용할 수 없는 것도 있다.

XMPP는 친구가 보낸 메시지만 허용한다. 따라서 장치는 어떤 친구가 보낸 요청을 허용해야 하는 지만 신경 쓰면 된다. 계정에 접근할 수 있는 누군가가 별도로 설정해둘 수도 있고, 장치가 직접 판단할 수 없으면 프로비저닝 서버에게 물어봐도 된다. 클라이언트 인증은 중개자에서 처리하기 때문에, 장치에서는 신경 쓰지 않아도 된다. XMPP 중개자에서는 항상 메시지를 보내는 이에 대한 인증된 ID 전달해준다.

이와 달리 MQTT는 인증 관련 기능을 거의 제공하지 않는다. 프로토콜에서 ID 부분을 잘라내버리기 때문에, 장치에서 제공하는 데이터를 누가 보는지, 누구로부터 요청이 들어온 건지 알 수가 없다. 이를 알아내려면 MQTT 위에 상용 P2P 암호화 계층을 구축하는 방법 밖에 없다. 이렇게 하면 상호운용성이 떨어지게 된다.

HTTP와 CoAP 프로토콜은 XMPP와 MQTT의 중간 정도에 해당하는 인증 기능을 제공한다. 그러나 로컬 클라이언트 인증 정도만 제공될 뿐, ID를 배포하거나 인증하는 기능이 뛰어나진 않다. IoT 환경에서는 일부 로컬 인트라넷에 대해서만이라도 처리해주는 것이 좋다.

암호 깨기

많은 사람들이 데이터를 암호화하면 안전하다고 생각한다. 앞에서 설명한 것처럼, 전혀 그렇지 않다. 암호화는 데이터를 사용하는 엔드 유저 사이에 적용되는 것이 아니라(엔드 투 엔드/종단간 암호화라 부르기도 함), 연결된 대상에 대해서만 적용되는 경우가 많다. 암호화만 적용해도 도청의 위험은 어느 정도 줄일 수 있긴 하다. 그러나 어느 정도 노력만 기울이면 암호화 자체를 깰 수 있다.

암호화는 암호화 알고리즘 자체를 공략하기 보다는, 이를 구현하는 코드에 존재하는 취약점을 이용하는 방식으로 깰 수 있다. 최근 OpenSSL 라이브러리를 기반으로 작성된 코드를 공격한 사례를 보면 이러한 방식을 많이 사용했다. 따라서 이러한 공격으로부터 보호하려면, 장치의 코드를 원격에서 업데이트할 수 있어야 한다. 그러나 항상 이렇게 할 수 있는 것은 아니다.

암호화를 깨는 또 다른 방법으로, 암호화의 작동 과정에 발생하는 불규칙적인 현상을 이용해 암호화된 채널로 통신하는 내용을 알아낼 수 있다. 이렇게 하려면 엄청난 노력이 들 수도 있다. 이런 공격을 막으려면 공격해서 얻을 수 있는 이득보다 많은 노력을 기울이지 않는다는 점을 이용해야 한다. 중요한 데이터를 대량으로 중앙에 저장하거나 한 곳에서 수 많은 장치를 관리한다면, 공격으로 얻을 수 있는 것이 많기 때문에 타겟이 될 가능성이 높다. 반대로 데이터나 컨트롤 로직을 분산시켜두면, 각각의 타겟에 대한 매리트는 줄어들게 된다. 분산 아키텍처는 공격의 피해를 줄일 뿐만 아니라, 공격의 타겟이 될 가능성도 낮출 수 있다. 이렇게 공격의 대상이 늘어나면, 실제로 공격이 일어나는 횟수도 많아지긴 하지만, 타겟이 많아질수록, 각각의 공격에 소모되는 노력은 줄어들 수밖에 없기 때문에, 기본적인 방어 기법만으로 막기 쉬워진다.

보안 관련 도구

아키텍트나 개발자 입장에서 시스템에 대한 공격을 막기 위해 활용할 수 있는 툴은 여러 가지가 있다. 여기에 대한 자료만 보아도 조그만 도서관을 하나 만들 수 있을 정도다. 여기서는 보안뿐만 아니라 상호운용성에 영향을 미치는 몇 가지 기법만 간략히 소개한다.

가상 사설 네트워크, VPN

인터넷에 연결할 대상을 보호할 때 흔히 가상 사설 네트워크VPN, Virtual Private Networks를 많이 사용한다. 로컬 인트라넷에서 잘 동작하던 M2M 솔루션을 인터넷으로 확장할 때, 이러한 VPN을 사용하면 실제 통신은 인터넷을 통해 이루어지지만, 장치는 여전히 로컬 인트라넷에 있는 것처럼 동작할 수 있다.

데이터를 인터넷으로 전송하긴 하지만, 진정한 IoT 애플리케이션이라 보긴 힘들다. 단지 전송 수단으로 인터넷만 사용하는 M2M 솔루션에 가깝다. 전화 교환기에서 인터넷을 통해 장거리 통화를 연결한다고 VoIPVoice over IP가 되는 건 아닌 것과 마찬가지다. VPN으로 솔루션을 어느 정도 보호할 수는 있지만, IoT의 가장 큰 장점인 인터넷을 통해 상대방과 상호운용할 수 있다는 특성은 사라져버린다.

X.509 인증서와 암호화

인터넷상에 중요한 정보를 다룰 때 인증서를 사용한다고 설명한 바 있다. 인증서를 사용하면 ID를 검사할 수 있을 뿐만 아니라, 인증서가 손상되어 발급자가 이를 취소했는지도 알 수 있다. 인증서에서는 암호화를 처리할 수 있도록 PKIPublic Key

Infrastructure 아키텍처도 제공한다. 이러한 인증서는 공개 영역과 사설 영역으로 구분된다. 공개 영역은 자유롭게 배포해서 데이터를 암호화할 때 활용하는 반면, 사설 영역은 인증서의 소유자가 데이터를 복호화할 때만 사용된다.

장치에 인증서를 설치해서 사용하면, 이를 처리하기 위한 오버헤드가 증가한다. 또한 인증서의 유효 기간도 정해져서, 이 기간을 아주 길게 설정하거나, 만료되기 전에 원격으로 업데이트해야 한다. 인증서를 사용하면 이를 검사하기 위한 확장 가능한 인프라스트럭처를 사용해야 한다. 이러한 이유로 중요한 대상을 네트워크를 통해 쉽게 관리하는 경우가 아니라면 인증서를 잘 사용하지 않는다. 보안에 도움이 되긴 하나, 전등이나 온도 센서와 같은 저사양의 장치에서 인증서를 처리하기엔 비용 측면에서 그다지 효율적이지 않다. 물론 이런 장치에서 인증서를 사용할 수는 있다.

ID 인증

인증이란 전달된 ID가 정확한 지를 검사하는 과정이다. 서버에서 제공하는 도메인 인증서를 검사해서, 인증서가 취소되지 않았는지, 연결된 서버에서 사용하는 도메인 네임과 일치하는지만 확인하는 방식으로 간단히 서버를 인증할 수 있다. 클라이언트를 인증하는 과정은 이보다 복잡하다. 클라이언트에서 제공한 자격증명도 검사해야 하기 때문이다. 개발자나 아키텍트는 인증을 처리하기 위해 어떤 기능이 필요하고, 어떻게 처리되는지 잘 알고 있어야, 자신이 개발하는 시스템에서 요구하는 보안 수준을 맞출 수 있다.

HTTP나 XMPP와 같은 프로토콜에서는 표준으로 정한 SASLSimple Authentication and Security Layer를 사용해, 클라이언트가 선택할 수 있는 여러 가지 인증 방법을 제공한다. 이 방법을 사용하면 새로운 인증 방법을 추가할 수 있다는 장점이 있다. 물론 단점도 있다. 클라이언트다 안전하지 않은 인증 메커니즘을 선택하도록 유도해서, 자신도 모르게 자격 증명을 악용하려는 이에게 누설할 수도 있다. 클라이언트가 PLAIN, BASIC, MD5-CRAM, MD5-DIGEST와 같이 안전하지 않거나, 너무 오래된 방법만 사용할 수밖에 없더라도, 이런 방법으로 인증하지 않게 해야 한다. 가급적 SCRAM-SHA-1이나 SCRAM-SHA-1-PLUS 같은 안전한 방법을 사용하거나, 클라이언트 인증서를 사용할 때, EXTERNAL을 사용하거나 아예 아무것도 사용하지 않도록 해야 한다. 그럼에도 불구하고 안전하지 않은 방법을 사용해야 한다면, 이를 악용하는 사람을 찾아내거나 관리자에서 안전하지 않은 방법을 사용한다는 사실을 알리도록, 이벤트 로그에 경고 메시지를 남겨둔다.

다른 프로토콜에서는 안전한 인증 방법을 아예 사용하지 않고 있다. 가령 MQTT의 경우, 사용자에 대한 자격증명을 일반 텍스트(PLAIN)로 보내기 때문에, 사용자 자격증명을 도청당하지 않도록 암호화를 하거나, 클라이언트 인증서나 미리 공유된 키로 인증을 처리해야 한다. HTTP나 XMPP 이외의 프로토콜에서는 인증에 대해 별도의 표준으로 정해두지 않았다. CoAP의 경우, 인증과 같은 보안 기능을 별도로 제공해야 한다. 이렇게 보안 옵션을 표준에 명시하지 않으면, 상호운용성에 좋지 않은 영향을 미치게 된다.

유저네임과 패스워드

인증 과정에서 사용자에 대한 자격증명을 제공할 때, 흔히 유저네임username과 패스워드password를 서버에 전달하는 방식을 많이 사용한다. 사람에게 익숙한 방식이기 때문에, 어떤 솔루션에서는 기계에 적용하기에 좀 더 적합한 PSKpre-shared key 방식을 대신 사용하기도 한다.

유저네임과 패스워드로 인증할 때는, 귀찮다고 다른 장치에서 똑같은 값을 사용하지 않아야 한다. 안전하고 쉽게 알아내기 힘든 유저네임과 패스워드를 생성하려면, 랜덤으로 만들면 된다. 이렇게 하면 PSK 방식에 가깝게 만들 수 있다.

자격증명을 랜덤으로 생성하면, 관리하기 힘들다는 문제가 있다. 서버와 클라이언트 둘 다 이 정보를 알고 있어야 하며, 장치와 통신하는 모든 개체에게 ID를 배포해야 하는 단점도 있다. XMPP에서는 6장, 'XMPP'에서 설명한 방식으로 이러한 문제를 해결했다. 여기서는 장치에서 자체적으로 랜덤 ID를 생성하고, 이를 이용해 XMPP 서버에 계정을 만들어서 안전하게 연결한다. 따라서 최초로 제공할 디폴트 설정이 따로 필요 없다. 이렇게 만든 ID는 소유자가 이를 요청하거나 새로 생성된 ID를 알아낼 수 있도록 Thing Registry나 프로비저닝 서버로 전달한다. 이 방법을 사용하면 자격증명이 누출되거나 손상될 가능성이 없으며, 실제 환경에서 적용할 때 비용이 추가로 발생하지도 않는다.

또한 패스워드는 가급적 일반 텍스트에 담지 않아야 한다. 특히 여러 개의 패스워드를 저장하는 서버에서 주의해야 한다. 일반 텍스트 대신, 패스워드에 대한 해시를 저장하는 것이 좋다. 최근 사용하고 있는 인증 알고리즘에서는 패스워드 해시에 대한 기능을 제공한다. 해시를 저장하면 본의 아니게 패스워드 원문이 드러나 다른 시스템에 침투할 때 악용될 가능성도 줄일 수 있다.

메시지 중개자와 프로비저닝 서버

인증된 ID 정보를 메시지에 담아 전달하는 메시지 중개자를 사용하면, IoT 애플리케이션의 보안을 크게 향상 시킬 수 있을 뿐만 아니라, 인증과 관련된 기능도 간단히 구현할 수 있다.

XMPP에서 페더레이션 된 모든 XMPP 서버는 여기에 연결된 클라이언트뿐만 아니라, 도메인 사이에 메시지를 주고 받을 때, 페더레이션 된 서버에 대해서도 인증한다. 이렇게 하면 모든 서버가 안전하게 인증됐기 때문에, 클라이언트에서 통신하려는 서버마다 일일이 인증해야 하는 부담을 덜 수 있다. 따라서 ID만 안전하게 관리해도 된다. 6장, 'XMPP'에서 설명한 프로비저닝 서버를 사용하면, 이 과정을 더 간단하게 만들 수 있다.

아쉽게도 메시지 중개자를 사용하는 프로토콜이 모두 이러한 보안 기능을 적용할 수 없다. 패킷을 보낸 이에 대한 정보를 제공하지 않는 프로토콜도 있기 때문이다. 대표적인 예가 바로 MQTT다.

중앙 집중형 아키텍처와 분산 아키텍처의 비교

중앙 집중형 아키텍처와 분산 아키텍처를 비교하는 것은 계란을 모두 한 바구니에 담을지, 아니면 조금씩 나눠 담을 지를 비교하는 것과 같다. 분산하면 보안 침해로

인한 피해를 줄일 수 있다. 바구니가 망가져도 그 안에 담긴 몇 개만 깨질 뿐이다. 바구니 수를 늘리면 공격의 위험도 커지지만, 반대로 공격해서 얻을 수 있는 이득도 줄어들게 된다. 이렇게 하면 노력이 많이 드는 공격에 대한 타겟이 될 가능성이 줄어들기 때문에 방어하기 쉬워진다. IoT 아키텍처를 설계할 때, 항상 다음과 같은 사항을 고려해야 한다.

- 가급적 데이터를 중앙에 모아두지 않는다. 여러 개를 서로 엮는데 필요한 데이터만 중앙에 저장한다.

- 제어 로직이나 데이터, 작업 등을 최대한 분산시킨다. 작업을 수행할 때 최대한 네트워크를 통해 멀리서 처리한다. 이렇게 하면 솔루션의 확장성을 높일 수 있을 뿐만 아니라, 기존 리소스를 최대한 활용할 수 있다.

- 인터넷에 데이터를 배포할 때 링크 데이터를 사용하고, 분산된 데이터를 다시 조합할 때는 데이터를 중앙에 중복해서 저장하지 않도록 (SPARQL과 같은) 표준화 된 그리드 기술을 활용한다.

- 모든 장치를 하나의 중개자로 관리하지 말고, 작은 로컬 중개자를 페더레이션 한다. 모든 중개자 프로토콜이 페더레이션을 지원하지 않는다. 가령 XMPP에서는 페더레이션을 지원하지만, MQTT에서는 지원하지 않는다.

- 중앙 집중형 상용 API를 사용하지 말고, 장치끼리 직접 통신해서 데이터를 저장하거나 통신을 처리하게 한다.

- 데이터센터와 같은 중앙 집중형 환경에서 관리하는 대신, 라즈베리 파이와 같이 저렴하면서 전력도 적게 쓰는 마이크로컴퓨터를 활용하는 방법도 고려해 본다.

상호운용성의 중요성

인터넷이 대단한 것은 몇몇 서비스가 뛰어 나서가 아니라, 서로 공존하면서 데이터를 주고 받고, 사용자와 상호 작용을 할 수 있다는 점에 있다. IoT 환경에서 뭔가 개발할 때, 이러한 점을 항상 염두에 둬야 한다. 처음 인터넷 버블이 생겼을 때 저지른 실수를 반복해선 안된다. 한 서비스로 모든 걸 다 할 수는 없다. 인터넷으로 인해 등장한 새로운 경제 체제는 여러 서비스와 사용자끼리 이루어지는 상호 작용과 협업에 기반을 두고 있다.

복잡도 줄이기

새롭게 등장한 IoT에서도 마찬가지다. 사물부터 서비스, 미들웨어와 관리, 앱 등과 같은 모든 밸류 체인을 직접 제어하려고 뛰어드는 회사는 망하기 쉽다. 처음 인터넷 버블이 생겼을 때 이런 회사들이 망했기 때문이다. 상용 프로토콜로 동작하는 장치나 미들웨어, 모바일 애플리케이션으로 사물을 제어하려는 회사도 망하기 쉽다. 왜 그런지 알아보기 위해, 잠시 미래를 상상해보자. 각 가정에 수많은 제조사가 생산한 여러 가지 사물이 수천 개 깔려 있고, 전등을 만든 제조사가 다르다는 이유만으로, 고작 불 하나 켜기 위해 전등마다 별도의 애플리케이션을 사용하는 것은 현실적이지 않다. 반대로 앱 하나로 전부를 제어하려면, 이런 기능을 제공하는 앱이 수 백 개나 나올 것이다. 그렇다면 이 중 자신의 입맛에 맞고 평도 좋은 앱을 어떻게 고를 수 있을까? 힘들게 골랐다 해도, 나중에 바꾸고 싶을 수도 있다. 이러한 것을 가능하게 하려면, 사물이 상호 운용할 수 있도록, 모두가 이해하는 언어로 통신해야 한다.

비용 절감

상호운용성은 설치나 관리의 복잡도를 줄일 수 있을 뿐만 아니라, 솔루션의 가격에도 영향을 미친다. 예를 들어 공장에서 생산 설비를 자동화하고 제어하는 용도로 수천(혹은 수백만) 종류의 장치를 사용할 때, 저렴한 장비를 살 것인가? 아니면 비싼 기기로 구축할 것인가. 상용 솔루션로 구축한 회사에서는 장치를 제어할 때 해당 벤더에서 제공하는 시스템만 사용해야 한다. 따라서 향후 유지 보수를 위해 초기에 투자한 금액이 궁색해질 정도로 많은 비용을 감수해야 한다.

그렇다면 다양한 제조사에서 만든 장치에 대한 상호운용성을 제공하는 솔루션을 판매하는 경쟁자가 나타나도, 이렇게 상용 솔루션을 판매하는 회사들이 살아 남을 수 있을까? 상호운용성은 경쟁을 촉진하고, 경쟁은 가격을 낮추면서 기능과 품질을 높이게 된다. 그래서 상용 솔루션을 판매하는 회사는 자신의 비즈니스 모델을 위협하는 상호운용성에 역행하려고 노력한다. 그러나 이렇게 할수록 상황은 더 나빠진다. 비슷한 상용 솔루션을 제공하는 경쟁사가 새로 등장하면, 비즈니스 모델을 위협하긴 마찬가지기 때문이다. M2M에서 IoT로 변하는 것처럼 패러다임이 전환되는 시기에는, 새로운 패러다임에 빨리 적응하는 회사가 살아남을 확률이 높다.

새로운 서비스로 장치 재활용하기

처음부터 상호 통신할 수 있도록 만들지 않으면 할 수 있는 일이 줄어든다. 미래에 등장할 스마트 시티를 예로 들어보자. 다른 시스템이나 서비스의 일부로 이미 설치된 장치를 재활용하기 위해 새로운 애플리케이션과 서비스가 개발될 것이다. 이러한 애플리케이션은 새로 개발된 서비스를 위해 비슷한 장치 다시 설치하지 않고도, 기존 도시 거주자에게 새로운 가치를 제공한다. 하지만 이렇게 장치를 다양한 용도 사용하려면, 상호운용성을 보장하고 개방된 형태로 통신할 수 있어야 한다. 이런 환경에서는 통신 인프라도 안전해야 하기 때문에, 개방형 환경에서 장치를 설치할 때는 각별한 주의를 기울여야 한다. 스마트 시티를 성공적으로 구축하기 위해서는 안전한 통신 인프라를 제공하는 동시에 상호운용성을 보장하는 기술을 사용해야 한다.

보안과 상호운용성이 공존하기

지금까지 살펴본 바와 같이, 보안과 상호운용성이 서로 상반되는 경우가 많았다. 보안은 배타성을 추구하는 반면, 상호운용성은 이와 반대로 본질적으로 포용성을 추구한다. 어떤 통신 인프라를 선택하느냐에 따라, 보안을 위해 서드 파티에서 장치에 접근하지 못하게 막는 것처럼, 상호운용성에 정면으로 배치되는 보안 메커니즘을 사용해야 할 수도 있다.

본격적으로 구현하기 전에 아키텍처를 설계하는 단계에서는, 어떤 통신 기술을 활용할 수 있는지, 이를 통해 어떤 기능을 제공하고 어떤 것을 제공하지 않아야 하는지에 대해 면밀히 분석해야 한다. 빠진 부분은 언제든지 추가로 구현할 수 있다는 생각에, 이러한 분석 과정을 대수롭지 않게 넘길지도 모른다. 그러나 전혀 가볍게 넘겨버릴 문제가 아니다. 이러한 구현 과정은 본질적으로 독점성을 갖고 있기 때문에, 상호운용성을 제공하기 힘들다. 이렇게 되면 나중에 선택할 수 있는 옵션이 줄어들어, 자신이 만든 솔루션에 대한 매력도 크게 줄어든다.

글로벌 아이덴티티나 인증, 권한 검사, 통신 패턴, 센서 데이터를 주고 받기 위한 공통 언어, 제어 연산과 접근 권한, 프로비저닝 등을 위해 사용하는 기술이 많아질수록, 상호운용성은 높아지게 된다. 이러한 기술에서 보안 인프라도 제공한다면, 별도의 상용 솔루션을 추가로 구현하지 않아도, 보안에도 뛰어나고 상호운용성도 보장하는 솔루션을 개발할 수 있다.

정리

9장에서는 나중에 필요할 때 덧붙이는 방식이 아닌, 프로젝트 초기 단계부터 보안과 상호운용성을 반드시 고려해야 하는 이유에 대해 살펴봤다. 뒤늦게 보완하는 방식으로 추가하게 되면, 시간이 지날수록 솔루션의 효용성과 상호운용성이 떨어질 뿐만 아니라, 자기 자신과 회사와 고객을 위협하는 솔루션을 만들게 되서, 결국 국가 차원의 보안에 위협이 될 수 있다. 이 장에서는 대표적인 공격 유형과 방어 기법에 대해 간략히 소개했다.

책을 마무리하는 9장까지 읽었다면, 재미있으면서 보안과 상호운용성도 제공하는 IoT 솔루션을 개발하는 데 필요한 지식을 어느 정도 갖추게 됐을 것이다. 이 책에서 소개하는 여러 예제를 다시 한 번 살펴보면, 개발 과정에서 부딪히는 여러 가지 문제점에 대한 해결책을 찾아볼 수 있을 것이다. 지금까지 이 책을 읽어준 독자에게 감사하며, 앞으로 하고자 하는 일에서 좋은 성과를 거두길 바란다.

부록 A
프로젝트 개발 환경 및
프로그래밍 기초

콘솔 애플리케이션

여기에서는 이 책의 예제에서 사용하는 콘솔 애플리케이션의 기본 구조에 대해 설명한다.

솔루션과 프로젝트 파일 생성

자마린Xamarin에서 새로운 솔루션을 만들려면 **파일**(File) 메뉴에서 **새로 만들기**(New)를 선택한 뒤에 **솔루션 ...**(Solution ...)을 선택한다. 그러면 **새로운 솔루션**이라는 창이 뜨는데, 여기서 **기타**(Other) 카테고리에서 **빈 솔루션**(Blank Solution)을 선택하거나, C# 카테고리에서 **콘솔 프로젝트**(Console Project)를 선택하면솔루션이 새로 만들어진다. C# 카테고리에서 **콘솔 프로젝트**(Console Project)를 선택하는 방식으로 솔루션을 생성하면 콘솔 프로젝트도 함께 생성된다. 이때 솔루션의 이름과 관련 파일이 저장될 위치를 지정해야 **확인** 버튼이 활성화되어 솔루션을 생성할 수 있다. 생성된 솔루션에 프로젝트를 새로 추가하려면, IDE의 왼쪽에 있는 **솔루션**(Solution) 패널에서 솔루션을 선택한 상태에서, 마우스 오른쪽 버튼을 클릭하고 **추가(Add)**와 **새 프로젝트를 추가...(Add New Project)**를 차례대로 선택해서 나타나는 **새 프로젝트**라는 팝업 창에서 원하는 형태로 추가한다. 이 책의 예제에서 사용하는 클레이스터 라이브러리 중에서 소스 코드도 함께 제공되는 Clayster.Library.IoT와 Clayster.Library.RaspberryPi의 프로젝트를 추가한다. 새 프로젝트를 추가할 때처럼 **솔루션(Solution)** 패널에서 마우스 오른쪽 버튼을 클릭하고 **추가(Add)**를 선택한 다음, 이번에는 **기존 프로젝트를 추가...(Add Existing Project)**를 선택하면 팝업 창이 나타나는데, 여기서 해당 라이브러리 파일이 있는 곳을 선택하면 된다.

프로젝트를 생성했다면, 우리가 작성할 애플리케이션이 구동하는 데 참조할 프로젝트를 컴파일러에게 알려주도록, 프로젝트에서 참조할 항목을 추가해야 한다. 이러한 참조 항목은 다음과 같은 과정에 따라 추가한다. 먼저 **솔루션(Solution)** 패널에서 새로 생성한 프로젝트 아래에 있는 **참조(References)** 폴더에 대해 마우스 오른쪽 버튼을 클릭하고, 이때 나타나는 메뉴에서 **참조 어셈블리 편집(Edit References)**을 선택한다. 그러면 **편집 참조(References)**라는 대화상자가 뜨는데, 여기서 다음과 같은 세 가지 종류의 라이브러리를 추가한다. 먼저 닷넷 라이브러리인 System.Xml과 System.Drawing 라이브러리를 추가한다. 이러한 닷넷 라이브러리는 이 프로젝트는 **편집 참조(References)** 대화상자의 **패키지(Packages)** 탭에서 두 라이브러리에 대해 체크 표시를 하면 된다. 이 라이브러리를 추가하면, XML과 이미지를 손쉽게 다룰 수 있다. 두 번째로 클레이스터 라이브러리 중에서 소스 코드도 함께 제공되는 Clayster.Library.IoT와 Clayster.Library.RaspberryPi 라이브러리에 대한 참조 정보를 추가한다. 이 라이브러리를 참조하도록 설정하는 작업은 **편집 참조(References)** 대화상자의 **프로젝트(Projects)** 탭에서 처리한다. 이 탭에서는 현재 솔루션에 추가된 프로젝트만 보여주기 때문에, 이 라이브러리에 대한 참조를 추가하려면 두 라이브러리에 대한 프로젝트 파일을 솔루션에 미리 추가해둬야 한다. 마지막으로 나머지 클레이스터 라이브러리를 참조하도록 설정한다. 이 작업은 **편집 참조(References)** 대화상자의 **.NET 어셈블리(.NET Assembly)** 탭에서 처리한다. 기존 코드에서 참조하는 라이브러리는 이 탭에서 선택하면 되고, 새로 추가할 라이브러리는 **찾아보기** 버튼을

눌러서 나타나는 창에서 해당 라이브러리를 다운로드한 폴더에 있는 .dll 파일을
추가한다.

애플리케이션의 기본 구조

자마린에서 콘솔 프로젝트를 생성하면 Program.cs라는 이름으로 메인 프로그램
파일이 생성된다. Sensor라는 이름으로 생성한 프로젝트에서 이 파일을 열어보면
코드가 다음과 같이 구성된다는 것을 볼 수 있다.

```
using System;
namespace Sensor
{
  class MainClass
  {
    public static void Main (string[] args)
    {
      Console.WriteLine ("Hello World!");
    }
  }
}
```

이벤트 로그 남기기

이 책에서 소개하는 프로젝트는 모두 다음과 같이 설정한다. 코드를 작성할 때마
다 반복해서 설명하지 않도록 여기서 한 번만 설명한다. 먼저 멀티스레드와 sleep
함수, 그리고 이벤트 로깅을 사용하도록 다음과 같이 using 문을 작성한다.

```
using System.Threading;
using Clayster.Library.EventLog;
using Clayster.Library.EventLog.EventSinks.Misc;
```

이벤트 로그를 사용하면, 여러 개의 이벤트 싱크를 등록할 수 있다. 이렇게 등록한
이벤트 싱크event sink는 이벤트의 흐름을 분석하고, 이벤트를 저장하고, 네트워크
를 통해 이벤트를 보낼 때 사용한다. 애플리케이션을 빌드할 때 이벤트 로그를 남
기도록 설정해두면, 나중에 고급 이벤트 로그 기능을 구현할 때 편리하다. 가령 모

니터링과 분석 작업을 위해 IoT 장치에서 중앙 리포지터리로 이벤트를 보내는 기능도 쉽게 추가할 수 있다. 아직 이 정도로 복잡한 작업은 하지 않으므로 이벤트를 터미널 윈도우에 표시하는 것만으로도 충분하다. 일단 여기에서는 `Main()` 메소드 바로 위에 다음과 같은 문장만 간단히 작성해둔다.

```
Log.Register (new ConsoleOutEventLog (80));
Log.Information ("Initializing application…");
```

정상 종료

이번에는 사용자가 애플리케이션을 종료하기 위해 터미널 윈도우에서 CTRL+C를 누를 때 발생하는 이벤트를 처리하는 핸들러를 작성해보자. CTRL+C를 누르기 전에는 Executing 변수의 값을 true로 유지한다. 코드는 다음과 같다.

```
bool Executing = true;
Console.CancelKeyPress +=
  (object sender, ConsoleCancelEventArgs e) =>
  {
    e.Cancel = true;
    Executing = false;
  };
```

CTRL+C를 누를 때 콘솔 애플리케이션이 정상적으로 종료하도록 이벤트 핸들러를 다음과 같이 작성한다.

```
  Log.Information ("Application started…");
  try
  {
    while (Executing)
    {
      System.Threading.Thread.Sleep (1000);
    }
  }
  catch (Exception ex)
  {
    Log.Exception (ex);
  }
  finally
```

```
{
    Log.Information ("Terminating application.");
    Log.Flush ();
    Log.Terminate ();
}
```

조금이라도 이상한 예외는 모두 잡아서 이벤트 로그에 남기도록 작성했다. 이렇게 하면 나중에 코드를 작성하는 과정에서 발생한 에러를 쉽게 찾아낼 수 있다. 애플리케이션을 종료할 때 이벤트 로그에 대한 스레드도 종료해야 한다. 이를 위해 finally 구문에서 Terminate 메소드를 호출했다. 이렇게 하지 않으면 이벤트 로그에 대한 스레드가 계속 남아 있어서 콘솔 애플리케이션이 종료되지 않는다.

프로젝트 컴파일하고 배치

애플리케이션을 컴파일하면, 실행 파일이 생성되어 프로젝트 폴더의 bin/Debug에 저장된다. 실행할 수 있는 형태로 된 라이브러리에 대한 파일은 .dll이라는 확장자로 생성되고, 애플리케이션에 대한 실행 파일은 .exe라는 확장자로 생성된다. .pdb라는 확장자를 가진 파일은 디버깅용 파일이다. 이 파일을 이용하면 스택 트레이스에 줄 번호가 함께 표시되어 에러가 발생한 지점을 쉽게 찾을 수 있으며, 네트워크를 통해 연결된 다른 머신에서 이 파일을 다운로드해서 원격에서 디버깅 작업을 수행할 수도 있다.

라즈베리 파이에 애플리케이션을 설치하는 방법은 여러 가지가 있다. 이 책의 예제에서는 커맨드 라인에서 SCP_{Secure Copy} 프로토콜로 전송했다. 이 프로토콜은 리눅스에서 라즈베리 파이와 같은 장치에 안전하게 파일을 복사하도록 SSH_{Secure Shell} 프로토콜로 연결한다. 이 책에서 사용하는 터미널 애플리케이션인 Putty에서는 SCP 프로토콜의 커맨드라인 버전인 PSCP.exe를 제공하고 있다.

애플리케이션 설치 과정을 좀 더 간편하게 구성하기 위해, 애플리케이션을 라즈베리 파이에 설치하는 데 필요한 파일을 라즈베리 파이로 복사하는 작업을 CopyToRaspberryPi.bat라는 파일로 표현하여 각 프로젝트마다 이 파일을 하나씩 만들었다. 자마린에서 프로젝트 코드를 컴파일할 때마다 실행 파일이 자동으로 라즈베리 파이에 설치되게 하려면, 해당 프로젝트에 대해 마우스 오른쪽 버튼을 클릭해서 **옵션**(Options)를 선택한다. 그러면 **프로젝트 옵션** 대화상자가 나타나는데 왼쪽에 나온 **빌드**(Build) 항목 아래의 **사용자 명령**(Custom Commands)를 선택한다. 이 화면에 아래의 **프로젝트 작업 선택**이라는 드롭다운 메뉴에서 **빌드 후**(After Build)를 선택하면 **명령**과 **작업 디렉토리**라는 필드가 나타나는데, **명령** 필드의 값을 CopyToRaspberryPi.bat로 지정하고, **작업 디렉토리** 항목 옆에 나온 아래 방향 화살표 버튼을 클릭해서 Project Directory를 선택해 이 명령이 실행될 작업 디렉토리의 값을 ${ProjectDir}로 지정한다. 이렇게 하면 프로젝트가 정상적으로 빌드될 때마다, 여기서 지정한 배치 파일이 실행되어, 애플리케이션을 실행하는 데 필요한 파일을 자동으로 라즈베리 파이에 복사된다. 이 과정을 좀 더 단축하려면 거의 바뀌지 않는 파일은 복사하지 않도록 주석 처리한다. 윈도우 머신에서 애플리케이션 파일을 설치하는 작업을 커맨드 라인으로 처리하려면 다음과 같이 실행한다.

```
"c:\Program Files (x86)\PuTTY\pscp.exe" -pw raspberry
bin/Debug/Sensor.exe pi@192.168.0.29:
```

라즈베리 파이의 터미널 윈도우에서 다음과 같이 명령을 실행하기만 하면 설치한 애플리케이션을 실행시킬 수 있다.

```
$ sudo mono Sensor.exe
```

Sensor.exe는 .NET 애플리케이션이므로, 모노 가상 머신에서 실행시켜야 한다. 이때 애플리케이션의 실행 권한이 적절히 설정해야 한다. 특히 GPIO에 접근하는 코드가 제대로 작동하려면 슈퍼 유저 권한으로 지정해야 한다.

시스템이 부팅될 때 애플리케이션이 자동으로 실행되게 설정

라즈베리 파이가 부팅될 때 센서 애플리케이션이 자동으로 실행되면 편할 것이다. 이렇게 하면 라즈베리 파이를 켜주기만 하면 항상 센서가 작동하게 만들 수 있다. 이렇게 설정하려면 라즈베리 파이에서 터미널 윈도우를 띄우고, 다음과 같이 명령을 실행하여 /etc/rc.local 파일을 수정한다.

```
$ sudo nano /etc/rc.local
```

exit 문장 바로 위에 다음과 같은 명령을 추가한다.

```
cd /
cd home
cd pi
mono Sensor.exe > /dev/null &
```

다 작성했다면 이 파일을 저장하고 라즈베리 파이를 다시 부팅한다. 그러면 부팅이 완료되자마자 센서 애플리케이션이 자동으로 실행되면서 라즈베리 파이에 달린 LED가 켜진다. 브라우저에서 센서 페이지에 접속하여 센서 애플리케이션이 제대로 실행되고 있는지 확인한다.

나중에 애플리케이션을 업데이트할 때는 모노 프로세스부터 먼저 종료한 다음, 애플리케이션을 업데이트하고 테스트해본다. 원하는 결과가 나왔다면 라즈베리 파이를 다시 부팅한다. 그러면 애플리케이션이 자동으로 실행될 때 새로 수정한 코드를 반영하여 실행한다.

샘플링과 히스토리

센서의 기본적인 기능은 측정한 값을 샘플링해서 이 값에 대한 히스토리 레코드를 관리하는 것이다. 센서는 IoT에서 중요한 역할을 담당한다. 이 장에서는 값을 샘플링하고 이 값에 대한 히스토리 레코드를 관리하는 방법에 대해 이 책의 예제로 만든 센서 프로젝트에 직접 적용하면서 자세히 소개한다. 먼저 부록 A, '콘솔 애플리케이션' 절에서 설명한 방법에 따라 프로젝트를 생성하고, 이 장에서 설명하는 대로 하드웨어 인터페이스를 구성한 다음, 샘플링 작업에 필요한 기본 자료 구조를 정의한 다음, 하드웨어를 통해 수집한 값을 샘플링한다. 1장, '실습 환경'에서 설명한 프로토타입 보드에 대한 회로도는 다음과 같다.

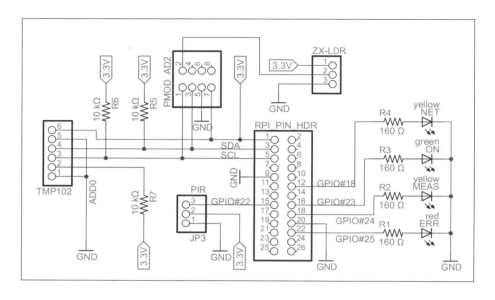

하드웨어 인터페이스 만들기

우선 프로토타입 보드에 있는 하드웨어에 대한 접근할 때 사용할 인터페이스 코드부터 작성한다. GPIO에 대한 인터페이스는 Clayster.Library.RaspberryPi 라이브러리에서 제공하는 기능을 이용해 만든다. 참고로 이 라이브러리는 소스 코드도 함께 제공한다. 우선 코드에서 사용할 라이브러리에 대한 네임스페이스를 참조하는 코드를 다음과 같이 작성한다.

```
using Clayster.Library.RaspberryPi;
using Clayster.Library.RaspberryPi.Devices.Temperature;
using Clayster.Library.RaspberryPi.Devices.ADC;
```

RaspberryPi 네임스페이스에서는 범용 GPIO 클래스를 제공하며, 그 아래 있는 Devices 네임스페이스에서는 특정한 장치와 통신하는데 필요한 클래스를 제공한다. 이제 LED에 대한 인터페이스 역할을 하는 멤버 변수를 다음과 같이 DigitalOutput 클래스 오브젝트로 생성한다. 이 변수는 private static 멤버로 선언한다.

```
private static DigitalOutput executionLed =
  new DigitalOutput (23, true);
private static DigitalOutput measurementLed =
  new DigitalOutput (24, false);
private static DigitalOutput errorLed =
  new DigitalOutput (25, false);
private static DigitalOutput networkLed =
  new DigitalOutput (18, false);
```

부록 A, '콘솔 애플리케이션' 절에서 정의한 Executing 변수를 삭제하고, 그 대신 executionLed.Value를 사용한다. 이 값을 true나 false로 직접 설정하지 말고, High()나 Low() 메소드로 값을 변경한다. 실행 상태를 내부 변수로만 표현하지 않고, 이렇게 LED로 표시하면, 애플리케이션이 실행되고 있는 지를 직접 눈으로 확인할 수 있다.

DigitalOutput 클래스는 출력에 대한 GPIO 핀의 상태를 관리한다. 생성자의 첫 번째 파라미터로 제어할 GPIO 핀 번호를 지정하고, 두 번째 파라미터로 이 핀의 초기 상태를 지정한다. GPIO 22번 핀에 연결한 모션 디텍터에 대해서도 다음과 같이 DigitalOutput 오브젝트를 생성한다.

```
private static DigitalInput motion = new DigitalInput (22);
```

예제에서 사용하는 센서 중 두 개는 I2C 버스에 연결한다. 이때 I2C 버스는 3번 SCLSerial Clock 핀과 2번 SDASerial Data 핀에 연결한다. 라즈베리 파이 R1을 사용할 경우에는 SCL 핀을 3번 대신 1번으로 바꾸고, SDA 핀을 2번 대신 0번으로 변경 해야 한다. 부품 설명서를 보면, 최대 클럭 주파수로 400kHz까지 사용할 수 있다는 것을 알 수 있다. 지금까지 설명한 설정에 맞게 다음과 같이 I2C 버스에 대한 오브젝트를 생성한다.

```
private static I2C i2cBus = new I2C (3, 2, 400000);
```

이제 주소 0에 연결된 TI사의 TMP102 센서에 대한 인터페이스를 추가한다. 클래스 내부에서는 이 값이 I2C 주소 0x48로 변환된다.

```
private static TexasInstrumentsTMP102 tmp102 =
  new TexasInstrumentsTMP102 (0, i2cBus);
```

예제에서 ADC_{Analog/Digital Converter}로 사용하는 디질런트_{Digilent} 사의 Pmod AD2는 내부적으로 아날로그 디바이스_{Analog Devices} 사의 AD7991를 사용한다. AD7991도 TMP102처럼 I2C를 사용해 마이크로컨트롤러와 통신하고, 주소 0에 연결되어 있다. 클래스 내부에서는 I2C 주소 0x28로 변환하기 때문에, 온도 센서와 같은 곳에 연결되어 있다. 예제에서는 A/D 채널 중 단 한 개만 사용한다. 여기에 대한 인터페이스를 다음과 같이 작성한다.

```
private static AD799x adc =
  new AD799x (0, true, false, false, false, i2cBus);
```

하드웨어 리소스 해제

GPIO 핀에 연결한 하드웨어에 대한 리소스는 OS에서 사용하는 다른 리소스와 마찬가지로 애플리케이션이 종료할 때 자동으로 해제되지 않는다. 따라서 항상 애플리케이션이 정상적으로 종료되도록 하드웨어 리소스를 해제하는 코드를 작성해야 한다. 애플리케이션이 어떠한 원인으로 종료되더라도 항상 리소스를 해제하는 코드가 실행되도록 Main 메소드의 마지막 부분에서 있는 finally 구문에 각 하드웨어에 대해 Dispose() 메소드를 호출하는 코드를 작성한다. Dispose() 메소드는 모든 리소스가 확실히 해제되게 해주며, 출력에 사용했던 핀을 모두 입력 핀으로 되돌린다.

```
executionLed.Dispose ();
measurementLed.Dispose ();
errorLed.Dispose ();
networkLed.Dispose ();
motion.Dispose ();
i2cBus.Dispose ();
```

센서로 샘플링한 값을 표현하는 내부 변수 정의

하드웨어에 대한 인터페이스는 다 만들었으니, 이제 센서로 샘플링한 값을 코드에서 표현하는 변수를 만들어야 한다. 모션 디텍터로 측정한 값은 디지털 입력으로 들어온다. 따라서 이 값을 표현하는 변수를 다음과 같이 불리언 타입으로 지정한다.

```
private static bool motionDetected = false;
```

온도 센서는 측정한 값을 16비트의 바이너리 값으로 리턴한다. 이 값의 최상위 바이트(8비트)는 섭씨로 표현한 온도를 표시하고, 최하위 바이트는 온도에 대한 소수점 이하 값을 표현한다 . 음수는 2의 보수two's complement로 표현하므로, C# 코드에서는 부호를 가진 16비트 정수(short)처럼 다뤄야 한다. 사용하기 편하도록 이 값을 double 타입으로 변환한다. 이렇게 하는 이유는 뒤에서 알 게 될 것이다. 온도 값에 대한 변수는 다음과 같이 표현한다.

```
private static double temperatureC;
```

모션 디텍터나 온도 센서와 달리, 라이트 센서는 아날로그 장치로 되어 있으며, 값을 별도의 물리 단위로 보정하지 않는다. AD7991은 0x000부터 0xFFF 사이의 부호가 없는 12비트 값으로 리턴한다. 코드에서는 이 값을 퍼센트 단위의 상대적인 값으로 변환한다. 0%는 센서에서 아무 빛도 측정할 수 없는 상태를 의미하고, 100%는 센서로 측정할 수 있는 최대 값을 측정한 상태를 표시한다. 실제로 밝은 대낮에 햇빛을 받도록 센서를 놔두거나 센서에 손전등을 비추면 100 퍼센트로 측정된다. 이 상태에서 센서를 손바닥으로 덮으면 0 퍼센트로 측정된다. 코드에서는 빛의 양을 다음과 같이 double 값으로 표현한다.

```
private static double lightPercent;
```

센서 값은 여러 스레드에서 동시에 읽을 가능성이 높기 때문에, 애플리케이션이 실행되는 동안 데이터의 일관성을 유지해야 한다. 이를 위해 다음과 같이 동기화 오브젝트를 생성한다. 이 오브젝트는 애플리케이션을 초기화 할 때를 제외한 나머지 실행 시간 동안 애플리케이션이 종료될 때까지 계속 사용된다.

```
private static object synchObject = new object ();
```

샘플링 편차를 줄이도록 평균 값 구하기

예제에서는 센서로 측정한 물리 값을 초 단위로 샘플링한다. 샘플링한 값 중에서 불규칙하게 튀는 값(지터jitter)을 제거하도록, 애버리징 윈도우averaging window를 사용해 최근 샘플링한 열 개의 값에 대한 평균 값을 구한다. 이렇게 하면 센서를 빈

번하게 샘플링 할 때 흔히 발생하는 지터 값을 제거하여 샘플링한 값에 대한 편차를 줄일 수 있다. 이렇게 편차가 줄어들면 에러가 발생할 가능성도 낮아져서 측정 값의 정확도를 높일 수 있다. 이렇게 하면 샘플링에 대한 에러는 줄일 수는 있지만, 센서로 측정한 값과 실제 값에 대한 시간적인 편차가 발생하게 만드는 시스템 에러는 막을 수 없다. 이러한 에러를 제거하려면, 센서를 다시 보정하는 수밖에 없다. 그러나 최근 샘플링한 열 개의 값에 대한 평균만 구해도, 결과 값을 어느 정도 안정적으로 얻을 수 있다. 샘플링한 값에 대한 변화량만 측정한다면, 좀 더 정확하게 측정할 수 있다.

이제 최근 열 개의 샘플 값에 대한 평균을 구하는데 필요한 변수를 다음과 같이 선언한다.

```
private static int[] tempAvgWindow = new int[10];
private static int[] lightAvgWindow = new int[10];
private static int sumTemp, temp;
private static int sumLight, light;
private static int avgPos = 0;
```

avgPos 변수는 애버리징 윈도우의 현재 위치를 저장한다. sumTemp와 sumLight 변수는 애버리징 윈도우에 있는 값을 모두 더한 결과를 저장하고, temp와 light 변수는 가장 최근에 샘플링한 값을 저장한다. 여기서 합을 구할 때 정수 값을 더하는 방식으로 계산했다. 다시 말해 부동 소수점 값을 더하지 않고, 측정된 바이너리 값을 곧바로 더했다. 이렇게 하면 계속해서 측정한 값을 더하다가 반올림 에러가 발생할 가능성을 없앨 수 있다. 그렇지 않으면 계산해야 할 부동 소수점 연산의 수가 엄청나게 많아진다.

온도 센서 설정하고 초기화

애플리케이션에서 센서를 사용하기 전에 먼저 정확한 값으로 초기화해야 한다. 이때 센서 값을 저장할 멤버 변수도 초기화해야 한다. 온도 센서와 이 값을 저장할 변수를 초기화하는 코드는 다음과 같이 작성한다.

```
try
{
  tmp102.Configure (false,
    TexasInstrumentsTMP102.FaultQueue.ConsecutiveFaults_6,
    TexasInstrumentsTMP102.AlertPolarity.AlertActiveLow,
    TexasInstrumentsTMP102.ThermostatMode.ComparatorMode,
    false, TexasInstrumentsTMP102.ConversionRate.Hz_1, false);

  temp = (short)tmp102.ReadTemperatureRegister ();
  temperatureC = temp / 256.0;

  for (int i = 0; i < 10; i++)
    tempAvgWindow [i] = temp;

  sumTemp = temp * 10;
}
catch (Exception ex)
{
  Log.Exception (ex);
  sumTemp = 0;
  temperatureC = 0;
  errorLed.High ();
}
```

첫 번째 문장은 TMP102의 작동 방식을 설정하는 코드로서, 여기서 설정한 값은 TMP102에 대한 문서를 참조한다. 예제에서는 온도를 연속적으로 측정한다. 따라서 온도를 측정할 때만 켰다가 다 측정하면 끄는 원샷one-shot 모드를 사용하지 않도록 첫 번째 파라미터 값을 false로 지정한다. 두 번째 파라미터를 통해 오류가 연달아 여섯 번 발생할 때만 센서 에러를 표시하도록 설정했다. 세 번째 파라미터를 통해 온도 센서의 ALERT 핀이 평상시에는 하이high 상태에 있다가 에러가 발생하면 로우low로 전환되도록 설정했다. 참고로 예제에서는 ALERT 핀을 사용하지 않는다. 네 번째 파라미터는 센서가 인터럽트 모드가 아닌 비교 측정 모드comparator mode로 작동하도록 지정한다. 예제에서는 센서의 인터럽트 핀을 사용하지 않기 때문에, 그냥 비교 측정 모드로 측정하도록 설정했다. 다섯 번째 파라미터를 통해 매 초마다 온도를 샘플링하도록 설정한다. 여섯 번째 파라미터로, 확장 모드를 사용하지 않도록 설정했다. 참고로 확장 모드를 사용하면 정확도를 좀 더 높일 수 있다. 예제에서는 일반 모드로도 충분하기 때문에 이렇게 설정했다.

나머지 부분은 코드만 봐도 쉽게 이해할 수 있다. 온도 센서 값을 읽으면, 이 값으로 애버리징 윈도우를 채운 뒤에 이에 맞게 sumTemp 변수 값을 설정한다. 이렇게 하면 이 다음 샘플링한 값에 대한 평균을 정확하게 계산할 수 있다. 온도 센서를 읽을 수 없어서 예외가 발생하면, 에러를 표시하는 LED를 켜고 변수 값을 0으로 설정한다.

라이트 센서 설정하고 초기화

라이트 센서(좀 더 정확히 표현하면 라이트 센서에서 사용하는 ADC인 AD7991)도 온도 센서와 비슷한 방식으로 설정하고, 이에 대한 변수도 적절한 값으로 초기화한다. 온도 센서와 비교할 때 하드웨어를 초기화하고 순간 값을 계산하는 방법만 다를 뿐, 나머지는 똑같이 처리한다.

```
try
{
  adc.Configure (true, false, false, false, false, false);

  light = adc.ReadRegistersBinary () [0];
  lightPercent = (100.0 * light) / 0x0fff;

  for (int i = 0; i < 10; i++)
    lightAvgWindow [i] = light;

  sumLight = light * 10;
}
catch (Exception ex)
{
  Log.Exception (ex);
  sumLight = 0;
  lightPercent = 0;
  errorLed.High ();
}
```

AD7991는 네 개의 채널로 구성되어 있으므로, 첫 번째부터 네 번째 파라미터를 통해 각 채널의 사용 여부를 지정한다. 예제에서는 첫 번째 채널만 켜도록 설정했다. 다섯 번째 파라미터 값을 통해 입력 채널에 외부 전원을 연결하지 않고 I2C 통신 버스와 같은 전압을 사용하도록 설정했다. 여섯 번째 파라미터는 AD7991이 I2C SCL과 SDA 핀에 있는 필터를 건너뛰지 않도록 지정했다.

샘플링 주기 설정

이제 실제로 샘플링하는 코드를 작성하자. 앞에서 설명한 것처럼 예제에서는 매 초마다 샘플링한다. 따라서 메인 메소드가 처음 시작하는 부분에 다음과 같이 코드를 작성한다.

```
Timer Timer = new Timer (SampleSensorValues, null,
    1000 - DateTime.Now.Millisecond, 1000);
```

이 코드는 System.Threading.Timer 오브젝트를 생성한다. 생성자의 마지막 파라미터를 통해 타이머에 대한 이벤트 핸들러로 지정한 SampleSensorValues 메소드가 1000ms 간격으로 호출되도록 설정했다. 또한 세 번째 파라미터를 통해 이 메소드가 최초로 호출되는 시점을 x.y초가 아닌 x.0과 같이 정확히 초 단위 값이 변경되는 시점으로 설정했다. 생성자에서 상태 오브젝트도 지정할 수 있지만, 예제에서는 사용하지 않기 때문에 두 번째 파라미터를 null로 지정했다. 애플리케이션이 종료될 때 타이머에 대한 리소스도 제대로 해제되도록, 메인 메소드의 마지막 부분에 다음과 같이 타이머 리소스를 해제하는 코드를 작성한다.

```
Timer.Dispose ();
```

샘플링

우선 앞에서 샘플링 타이머에 지정한 이벤트 핸들러인 SampleSensorValues 메소드부터 작성한다. 이 메소드는 object 타입의 값을 파라미터로 받는데, 예제에서는 항상 null로 지정한다. 메소드가 호출되면 가장 먼저 센서의 작동 상태를 표시하는 LED를 켠다. 나중에 샘플링 작업이 다 끝나면 이 LED를 끈다. 예상치 못한 예외가 발생하여 애플리케이션이 비정상적으로 종료되지 않도록, 이벤트 핸들러의 본문을 try-catch-finally 구문으로 작성한다. 실제로 샘플링하는 과정에서 샘플 파라미터에 여러 스레드가 동시에 접근하지 않고 한 번에 한 스레드만 접근하도록 샘플링하는 부분을 lock 구문으로 작성한다. 이전에 호출됐을 때 예외가 발생하여 이를 표시하는 LED가 켜진 상태에 있을 수도 있다. 따라서 샘플링 작업이 문제 없이 끝나면 이 LED를 꺼준다.

```
private static void SampleSensorValues (object State)
{
  measurementLed.High ();
  try
  {
    lock (synchObject)
    {
    }
    errorLed.Low ();
  }
  catch (Exception)
  {
    errorLed.High ();
  }
  finally
  {
    measurementLed.Low ();
  }
}
```

이제 lock 구문에 본격적으로 샘플링하는 코드를 작성하자. 먼저 온도 센서와 라이트 센서로 측정한 값을 읽는다.

```
temp = (short)tmp102.ReadTemperatureRegister ();
light = adc.ReadRegistersBinary () [0];
```

그런 다음, 합을 저장한 변수(sumTemp와 sumLight)에서 애버리징 윈도우에 있는 값 중 가장 오래된 값(tempAvgWindow [avgPos]와 lightAvgWindow [avgPos])을 빼고, 애버리징 윈도우에 담긴 오래된 값을 방금 측정한 새 값(temp와 light)으로 바꾸고, 합을 저장한 변수에 새로 측정한 값을 더한다.

```
sumTemp -= tempAvgWindow [avgPos];
sumLight -= lightAvgWindow [avgPos];
tempAvgWindow [avgPos] = temp;
lightAvgWindow [avgPos] = light;
sumTemp += temp;
sumLight += light;
```

이제 최근 측정한 열 개의 값에 대한 평균을 구해서 이 값을 순간 값에 대한 변수에 할당한다. 그런 다음 애버리징 윈도우에서 두 번째로 오래된 값을 가리키도록 윈도우 위치를 이동한다. 여기에 나온 연산이 모두 끝나면 이 값이 가장 오래된 값이 된다.

```
temperatureC = (sumTemp * 0.1 / 256.0);
lightPercent = (100.0 * 0.1 * sumLight) / 0x0fff;
avgPos = (avgPos + 1) % 10;
```

모션 디텍터의 변수도 현재 측정한 값으로 설정한다.

```
motionDetected = motion.Value;
```

히스토리 레코드

라즈베리 파이와 같은 휴대용 컴퓨터의 장점 중 하나는 히스토리 데이터를 저장하고 처리하기 위한 용도로 사용하기 좋다는 점이다. 이러한 점을 이용해 센서로 측정한 값을 일 분마다, 한 시간마다, 매일마다, 매달마다 저장하는 기능을 만들어보자. 측정한 값을 특정한 시간 주기마다 단순히 저장하기만 하면 문제가 생길 수 있으므로, 각 시간 주기의 전체 기간 동안 발생한 값에 대한 평균을 구한다. 이때 평균은 주기의 마지막 시점에만 필요하기 때문에 애버리징 윈도우로 계산하지 않는다. 바이너리로 표현하는 모션 디텍터 값에 대한 평균을 구할 때는, 특정한 시간 주기 동안 계속 true였다면 평균을 true로 표현하고, 이 기간 동안 한 번이라도 false였던 적이 있었다면 평균 값은 false가 된다.

이러한 계산을 수행하도록, 측정한 값에 대한 정보를 관리하는 클래스를 다음과 같이 작성한다.

```
public class Record
{
  private DateTime timestamp;
  private double temperatureC;
  private double lightPercent;
  private bool motion;
  private byte rank = 0;

  public Record (DateTime Timestamp, double TemperatureC,
    double LightPercent, bool Motion)
  {
    this.timestamp = Timestamp;
    this.temperatureC = TemperatureC;
    this.lightPercent = LightPercent;
    this.motion = Motion;
  }
}
```

여기서 주목할 부분은 rank 필드다. 레코드를 처음 생성할 때는 이 값을 0으로 설정한다. 평균 값을 구하는 단위가 커질 때마다 이 rank 값을 하나씩 증가한다. 가령 초 단위로 샘플링한 값에 대한 일 분간 평균을 계산할 때, rank는 1이 된다. 일 분 단위로 구현 평균으로부터 한 시간 동안 평균 값을 구할 때는 rank는 2가 되고, 이런 식으로 계속 증가 시켜 나간다.

또한 이 클래스의 필드에 대한 get과 set 프로퍼티도 추가한다.

```
public DateTime Timestamp
{
  get { return this.timestamp; }
  set { this.timestamp = value; }
}

public double TemperatureC
{
  get { return this.temperatureC; }
  set { this.temperatureC = value; }
}

public double LightPercent
```

```
  {
    get { return this.motion; }
    set { this.motion = value; }
  }

  public byte Rank
  {
    get {return this.rank; }
    set { this.rank = value; }
  }
```

이제 두 개의 레코드에 대한 합을 구하는 부분을 정의한다. 둘 중 하나가 null이
면, 둘을 합한 결과를 null이 아닌 다른 레코드 값으로 표현한다. 둘 다 null이 아
니라면 다음과 같은 방식으로 두 필드에 대한 합을 구한다. timestamp에 대한 합
은 둘 중 큰 값으로 결정한다. rank의 합도 같은 방식으로 결정한다. temperature
와 light 값에 대한 합은 산술 연산인 덧셈으로 계산한다. motion 프로퍼티에 대
한 합은 논리 연산 OR로 구한다. 이를 코드로 작성하면 다음과 같다.

```
  public static Record operator + (Record Rec1, Record Rec2)
  {
    if (Rec1 == null)
      return Rec2;
    else if (Rec2 == null)
      return Rec1;
    else
    {
      Record Result = new Record (
        Rec1.timestamp > Rec2.timestamp ?
          Rec1.timestamp : Rec2.timestamp,
        Rec1.temperatureC + Rec2.temperatureC,
        Rec1.lightPercent + Rec2.lightPercent,
        Rec1.motion | Rec2.motion);

      Result.rank = Math.Max (Rec1.rank, Rec2.rank);
      return Result;
    }
  }
```

레코드 값을 정수로 나누는 나눗셈 연산도 정의한다. 이 연산은 나중에 평균 값을 구할 때 사용한다. temperature와 light 값은 산술 연산의 나눗셈으로 처리한다. timestamp와 motion 값은 기존 상태 그대로 남겨둔다. rank 값은 앞에서 설명한 것처럼 값을 하나 증가한다. 이를 코드로 표현하면 다음과 같다.

```
public static Record operator / (Record Rec, int N)
{
  Record Result = new Record (Rec.timestamp,
    Rec.temperatureC / N, Rec.lightPercent / N,
    Rec.motion);
  Result.rank = (byte)(Rec.rank + 1);
  return Result;
}
```

히스토리 평균 저장하기

히스토리 평균을 구하려면 이를 계산하는 데 필요한 변수부터 정의해야 한다. 이를 위해 제네릭 리스트 스트럭처를 사용하려면 다음과 같이 System. Collections.Generic을 참조하는 문장을 작성한다.

```
using System.Collections.Generic;
```

그리고 다음과 같이 평균을 계산할 때 사용할 변수를 정적 멤버 변수로 선언한다.

```
private static Record sumSeconds = null;
private static Record sumMinutes = null;
private static Record sumHours = null;
private static Record sumDays = null;
private static int nrSeconds = 0;
private static int nrMinutes = 0;
private static int nrHours = 0;
private static int nrDays = 0;
```

이제 시간 순으로 계산한 히스토리 평균을 저장할 변수를 다음과 같이 정적 멤버로 추가한다.

```
private static List<Record> perSecond = new List<Record> ();
private static List<Record> perMinute = new List<Record> ();
```

```
private static List<Record> perHour = new List<Record> ();
private static List<Record> perDay = new List<Record> ();
private static List<Record> perMonth = new List<Record> ();
```

계산 과정을 간략히 설명하면 다음과 같다. 매번 샘플링한 값은 perSecond에 저장하고, 이 값을 sumSeconds에도 더한다. 60초가 지나면 이렇게 구한 sumSeconds 값을 이용해 분 단위의 평균 값을 계산하고 결과를 perMinute에 저장하고 기존 sumMinutes 값에 이 값을 더한다. 이렇게 60분이 지나면 sumMinutes 값을 이용해 시 단위 평균을 계산한다. 이렇게 구한 평균을 perHour에 저장하고, 기존 sumHours에 이 값을 더한다. 이런 식으로 시 단위 평균과 일 단위 평균과 월 단위 평균을 구한다. 이 값을 구하는 코드를 하나씩 살펴보자. 가장 먼저 센서로 측정한 순간 값에 대한 레코드부터 정의한다. 이 레코드의 rank는 0이다. 순간 값을 계산한 뒤에 이 레코드를 샘플 타이머 메소드에 직접 추가한다.

```
DateTime Now = DateTime.Now;
Record Rec, Rec2;

Rec = new Record (Now, temperatureC,
   lightPercent, motionDetected);
```

이 레코드를 최대 천 개까지 관리할 수 있는 히스토리 레코드에 추가하고, 초 단위의 합을 저장하는 변수에 이 레코드를 더한다. 코드는 다음과 같다.

```
perSecond.Add (Rec);
if (perSecond.Count > 1000)
   perSecond.RemoveAt (0);

sumSeconds += Rec;
nrSeconds++;
```

분이 바뀌는 시점에 1분 간의 평균을 계산해서 히스토리 레코드에 저장한다. 앞서 언급한 바와 같이 이러한 히스토리 레코드는 최대 천 개까지 레코드를 관리할 수 있다. 그리고 이 값을 분 단위의 합을 저장하는 변수에 더하고, 다음 1분에 대한 초 단위 평균을 구하도록 변수 값을 초기화한다. 코드는 다음과 같다.

```
if (Now.Second == 0)
{
  Rec = sumSeconds / nrSeconds; // Rank 1
  perMinute.Add (Rec);

  if (perMinute.Count > 1000)
  {
    Rec2 = perMinute [0];
    perMinute.RemoveAt (0);
  }

  sumMinutes += Rec;
  nrMinutes++;

  sumSeconds = null;
  nrSeconds = 0;
```

시각이 바뀔 때에도 이와 비슷한 방식으로 처리한다. 한 시간에 대한 평균을 계산해서 저장하고, 시간 단위 합을 저장하는 변수 값을 이 값만큼 증가시킨 다음, 새로운 주기에 맞게 초기화한다.

```
if (Now.Minute == 0)
{
  Rec = sumMinutes / nrMinutes;
  perHour.Add (Rec);

  if (perHour.Count > 1000)
  {
    Rec2 = perHour [0];
    perHour.RemoveAt (0);
  }

  sumHours += Rec;
  nrHours++;

  sumMinutes = null;
  nrMinutes = 0;
```

날짜가 바뀔 때에도 비슷하게 계산한다. 하루에 대한 평균을 계산해서 저장한 다음, 하루 단위의 합을 저장하는 변수를 이 값만큼 증가시키고, 새로운 주기에 대해 계산할 수 있도록 관련 변수를 초기화한다.

```
if (Now.Hour == 0)
{
  Rec = sumHours / nrHours;
  perDay.Add (Rec);

  if (perDay.Count > 1000)
  {
    Rec2 = perDay [0];
    perDay.RemoveAt (0);
  }

  sumDays += Rec;
  nrDays++;

  sumHours = null;
  nrHours = 0;
```

달이 바뀔 때에는 한 달에 대한 평균을 계산해서 저장하고, 다음 달에 대한 계산을 위해 초기화한다. 이때 기존 값은 삭제할 필요 없다.

```
  if (Now.Day == 1)
  {
    Rec = sumDays / nrDays;
    perMonth.Add (Rec);

    sumDays = null;
    nrDays = 0;
  }
  }
}
```

오브젝트 데이터베이스

이 절에서는 데이터의 영속성을 보장하기 위해 클래스 정의만으로 간단히 데이터를 오브젝트 데이터베이스에 저장하는 방법에 대해 설명한다. 이를 위해 Sensor 프로젝트에서 샘플링한 데이터와 이에 대한 히스토리 레코드를 오브젝트 데이터베이스에 저장하고, 여기에 저장된 데이터를 오브젝트 데이터베이스 프록시로 가져오는 기능을 만들어본다.

오브젝트 데이터베이스 설정

라즈베리 파이에서 사용하는 라즈비안 OS에는, 작지만 강력한 SQL 데이터베이스인 SQLite가 기본으로 제공된다. 또한 강력하고 유연한 오브젝트 데이터베이스를 제공하는 Clayster.Library.Data 라이브러리는 클래스 정의만으로 직접 오브젝트를 저장하고, 로드하고, 검색하는 기능을 제공한다. 이 라이브러리에서는 내부적으로 SQLite와 같은 데이터베이스를 사용한다. 이 라이브러리만 사용하면 데이터를 저장하기 위해 데이터베이스를 따로 만들 필요가 없다. 이 라이브러리에서 제공하는 오브젝트 데이터베이스를 사용하기 위해 다음과 같이 메인 애플리케이션에 이 라이브러리를 참조하는 문장을 추가한다.

```
using Clayster.Library.Data;
```

그리고 나서 다음과 같이 ObjectDatabase 변수를 internal static으로 선언한다. 이 변수는 센서 프로젝트 전체에서 사용한다.

```
internal static ObjectDatabase db;
```

이렇게 선언한 db 변수에 우리가 사용할 오브젝트 데이터베이스를 저장한다.

애플리케이션을 초기화하기 시작하는 부분에, 오브젝트 데이터베이스 라이브러리에서 사용할 데이터베이스를 지정하는 코드를 작성한다. 이러한 설정은 애플리케이션의 config 파일에 지정해도 되고, 다음과 같이 코드에서 직접 지정해도 된다.

```
DB.BackupConnectionString = "Data Source=sensor.db;Version=3;";
DB.BackupProviderName = "Clayster.Library.Data.Providers." +
```

```
"SQLiteServer.SQLiteServerProvider";
```

이때 오브젝트 데이터베이스 제공자의 이름은, 라이브러리에서 지정한 이름을 그대로 적으면 된다. 예제에서는 SQLite를 사용하므로 이에 해당하는 이름을 적었다. 여기서 Backup이고 표현한 것은, 애플리케이션 설정 파일에 아무 값도 지정하지 않았다면 여기에 지정된 데이터베이스를 사용한다는 것을 의미한다. 여기서 데이터베이스를 연결할 때 사용할 문자열도 지정했다. 이 문자열에 대한 포맷은 제공자에서 정한 포맷을 따른다. 예제에선 SQLite를 사용하므로, 데이터베이스에 대한 파일 이름과 버전만 적어주면 된다. 그리고 나서 예제에서 사용할 오브젝트 데이터베이스 프록시를 다음과 같이 생성한다.

```
db = DB.GetDatabaseProxy ("TheSensor");
```

이제 db 변수에 우리가 사용할 프록시를 저장했다. GetDatabaseProxy() 메소드에 프록시의 소유자 이름을 파라미터로 전달한다. 다른 소유자의 데이터는 접근할 수 없기 때문에, 이렇게 지정한 소유자 정보를 데이터를 구분하기 위한 용도로 활용할 수 있다. 소유자 이름은 지금처럼 간단히 적어도 되고, 데이터를 소유한 클래스의 전체 이름을 적어도 된다.

데이터베이스 오브젝트

우리가 사용할 오브젝트 데이터베이스는 CLSCommon Language Specification 호환 클래스 타입이라면 어떠한 오브젝트도 저장할 수 있다. 그러나 Clayster. Library.Data 라이브러리에서는 데이터베이스에 저장된 오브젝트를 좀 더 쉽게 다룰 수 있도록, 오브젝트를 다루는 데 필요한 기본적인 기능을 갖춘 기본 클래스를 제공하고 있다. 이 클래스에서는 SaveNew()나 Delete(), Update(), UpdateIfModified() 등의 메소드를 제공할 뿐만 아니라, OwnerId, ObjectId, Created, Updated, Modified 등과 같은 어트리뷰트도 정의하고 있어서 오브젝트를 관리하거나 참조할 때 활용할 수 있다.

예제에서는 히스토리 데이터에 대한 영속성을 보장하기 위한 용도로 오브젝트 데이터베이스를 사용하므로, Record 클래스가 DBObject를 상속하도록 수정해야 한다. 그리고 이 타입의 오브젝트를 특정한 테이블에 저장하도록 지정하는 어트리뷰트도 추가한다. 물론 이렇게 지정하려면 오브젝트 데이터베이스 제공자에서 이러한 기능을 지원해야 한다. 참고로 SQLite에서는 전용 테이블 기능을 지원하지 않지만, MySQL에서는 이 기능을 제공한다. 오브젝트 데이터베이스에 저장할 클래스를 정의할 때는, 특정한 데이터베이스 제공자에 너무 종속적으로 작성하지 않도록 주의한다. 이제 Record 클래스를 하나씩 수정해보자.

```
[DBDedicatedTable]
public class Record : DBObject
```

오브젝트 데이터베이스에서 사용할 클래스에는 반드시 public 디폴트 생성자를 정의해야 한다. 그렇지 않으면 클래스를 저장할 수 없다. 디폴트 생성자란 파라미터가 없는 생성자로서, 예제에서 사용할 Record 클래스의 디폴트 생성자를 다음과 같이 작성한다.

```
public Record()
  : base(MainClass.db)
{
}
```

코드를 보면, 이미 이 클래스가 특정한 오브젝트 데이터베이스 프록시에서만 사용할 수 있도록 작성한 것을 알 수 있다. 따라서 특정한 사용자만 사용할 수 있기 때문에 오브젝트 데이터베이스를 공유하더라도 다른 애플리케이션에서 이 클래스로 된 오브젝트를 사용할 수 없게 된다.

다른 생성자도 비슷한 방법으로 수정한다. 이때 소유자를 우리가 사용할 오브젝트 데이터 프록시로 지정해야 한다.

```
public Record (DateTime Timestamp, double TemperatureC,
  double LightPercent, bool Motion)
  : base (MainClass.db)
```

저장된 오브젝트 불러오기

Record 클래스에 오브젝트를 불러오는 정적 메소드를 추가한다. Rank 파라미터로 지정한 오브젝트를 불러오고, 타임스탬프 기준으로 시간이 증가하는 순서로 정렬하도록 다음과 같이 코드를 작성한다.

```
public static Record[] LoadRecords (Rank Rank)
{
  DBList<Record> List = MainClass.db.FindObjects<Record>
    ("Rank=%0%", (int)Rank);
  List.Sort ("Timestamp");
  return List.ToArray ();
}
```

앞서 정의한 Rank를 기록할 Rank 열거형도 다음과 같이 정의한다.

```
public enum Rank
{
  Second = 0,
  Minute = 1,
  Hour = 2,
  Day = 3,
  Month = 4
}
```

애플리케이션을 초기화할 때, 기존에 저장된 오브젝트도 불러와야 한다. 이 작업은 오브젝트 데이터베이스를 초기화하고 나서, HTTP 서버를 초기화해서 새로운 데이터를 샘플링하기 전에 처리해야 한다. 이번 예제에서는 초 단위 값은 저장하지 않고, 곧바로 분 단위 값부터 불러오도록 구성한다. 코드는 다음과 같이 작성한다.

```
Log.Information ("Loading Minute Values.");
perMinute.AddRange (Record.LoadRecords (Rank.Minute));
```

시간 단위에 대한 값도 비슷하게 처리한다.

```
Log.Information ("Loading Hour Values.");
perHour.AddRange (Record.LoadRecords (Rank.Hour));
```

날짜 별로 수집한 값도 불러온다.

```
Log.Information ("Loading Day Values.");
perDay.AddRange (Record.LoadRecords (Rank.Day));
```

마지막으로 월 단위로 수집한 값도 다음과 같이 불러온다.

```
Log.Information ("Loading Month Values.");
perMonth.AddRange (Record.LoadRecords (Rank.Month));
```

평균 값을 여러 가지 시간 단위로 계산할 때 사용할 변수도 초기화한다. 먼저 분 단위로 평균을 구하는데 사용되는 변수부터 초기화한다. 현재 시각과 같은 시각에 대한 레코드만 추가하면 된다. 여기서 레코드를 시간이 증가하는 순서로 정렬하기 때문에, 현재 시각에 머무른 상태에서 리스트를 반대 방향으로 탐색하기만 하면 된다.

```
int Pos = perMinute.Count;
DateTime CurrentTime = DateTime.Now;
DateTime Timestamp;

while (Pos-- > 0)
{
  Record Rec = perMinute [Pos];
  Timestamp = Rec.Timestamp;
  if (Timestamp.Hour == CurrentTime.Hour && Timestamp.Date ==
    CurrentTime.Date)
  {
    sumMinutes += Rec;
    nrMinutes++;
  }
}
else
  break;
```

시 단위와 일 단위 값도 이와 동일한 방식으로 계산한다. 따라서 코드는 생략한다.

오브젝트 저장하고 삭제

이제 새로 생성한 Record 오브젝트를 저장하고, 더 이상 사용하지 않는 오래된 오브젝트를 삭제하는 기능을 구현해보자. 새로운 오브젝트를 저장할 때는 다음과 같이 저장할 오브젝트에 대해 `SaveNew()` 메소드만 호출하면 된다.

```
perMinute.Add (Rec);
Rec.SaveNew ();
```

시 단위, 일 단위, 월 단위 값도 이와 같은 방식으로 처리한다. 오브젝트를 삭제할 때는 다음과 같이 `Delete()` 메소드를 호출해주기만 하면 된다.

```
perMinute.RemoveAt (0);
Rec2.Delete ();
```

여기서 새로운 오브젝트는 `SaveNew()`로 한 번만 저장할 수 있다. 이 메소드로 저장한 뒤에 오브젝트를 업데이트할 때는, `Update()`나 `UpdateIfModified()` 메소드를 사용한다.

이제 애플리케이션을 다시 실행시키고, 일정한 시간만큼 실행되도록 기다렸다가, 라즈베리 파이를 리셋하고 다시 애플리케이션을 실행시켜보자. 그러면 이전에 저장한 값이 그대로 남아 있는 것을 확인할 수 있다.

제어

액추에이터에서 가장 중요한 작업은 기본적인 제어control 연산을 수행하는 것이다. 이 절에서는 이 책의 액추에이터 프로젝트에서 제어 연산을 구현하는 방법에 대해 소개한다. 먼저 부록 A, '콘솔 애플리케이션' 절에서 설명한 대로 프로젝트를 생성한 다음, 이 장에서 설명한 방법에 따라 코드를 작성해보자.

먼저 하드웨어 인터페이스를 만들어서 이를 적절히 설정하고, 기본적인 자료 구조를 만든 다음, 하드웨어에서 측정한 값을 샘플링한다. 1장, '실습 환경'에서 소개한 프로토타입 보드에 대한 회로도는 다음과 같다.

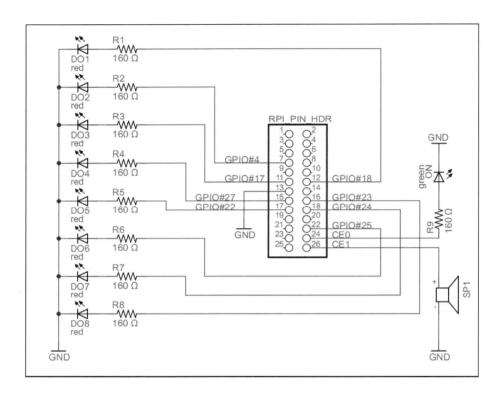

하드웨어 인터페이스 만들기

알람을 제외한 다른 하드웨어는 모두 디지털로 출력한다. 이러한 디지털 출력 은 DigitalOutput 클래스로 제어한다. 알람은 GPIO 7번 핀으로 방형파 신호 square wave signal를 출력해 스피커를 제어한다. 이러한 방형파 신호는 디지털 출 력으로 나온 값에 대해 PWMpulse width modulation, 펄스 폭 변조 연산을 수행하는 SoftwarePwm 클래스를 통해 생성된다. 따라서 SoftwarePwm 클래스는 디지털 출력이 나올 때만 생성되고. 출력이 없으면 핀이 디지털 입력 상태로 남아 있게 된다.

하드웨어 인터페이스를 선언하는 코드는 다음과 같이 작성한다.

```
private static DigitalOutput executionLed =
  new DigitalOutput (8, true);
private static SoftwarePwm alarmOutput = null;
```

```
private static Thread alarmThread = null;
private static DigitalOutput[] digitalOutputs =
  new DigitalOutput[]
{
  new DigitalOutput (18, false),
  new DigitalOutput (4, false),
  new DigitalOutput (17, false),
  new DigitalOutput (27, false),
    // 라즈베리 파이 R1에 대한 21번 핀
  new DigitalOutput (22, false),
  new DigitalOutput (25, false),
  new DigitalOutput (24, false),
  new DigitalOutput (23, false),
};
```

알람 제어

알람은 우선순위가 낮은 별도의 스레드로 제어한다. 이렇게 우선순위를 다른 스레드보다 낮게 설정하면, 네트워크 통신을 비롯한 중요한 작업에 영향을 주지 않으면서 동작할 수 있다. 알람을 켜는 메소드를 다음과 같이 작성하고, 알람을 울려야할 때 이 메소드를 호출한다.

```
private static void AlarmOn ()
{
  lock (executionLed)
  {
    if (alarmThread == null)
    {
      alarmThread = new Thread (AlarmThread);
      alarmThread.Priority = ThreadPriority.BelowNormal;
      alarmThread.Name = "Alarm";
      alarmThread.Start ();
    }
  }
}
```

반대로 알람을 끄는 메소드는 다음과 같다.

```
private static void AlarmOff ()
{
  lock (executionLed)
  {
    if (alarmThread != null)
    {
      alarmThread.Abort ();
      alarmThread = null;
    }
  }
}
```

알람을 제어하는 스레드는 PWM으로 GPIO 7번 핀에 출력을 생성한다. 이때 알람 사운드는 출력 주파수를 진동oscillate시키는 방식으로 생성한다. 파동이 50%의 시간 동안만 하이High 상태에 머물고, 나머지 50%는 로우 상태에 있도록 * 듀티 사이클duty cycle을 0.5로 설정한다. 처음에는 100Hz로 시작해서 2ms마다 10Hz씩 증가하여 1,000Hz까지 높아졌다가, 다시 100Hz로 낮아지는 과정을 반복한다.

```
private static void AlarmThread ()
{
  alarmOutput = new SoftwarePwm (7, 100, 0.5);
  try
  {
    while (executionLed.Value)
    {
      for (int freq = 100; freq < 1000; freq += 10)
      {
        alarmOutput.Frequency = freq;
        System.Threading.Thread.Sleep (2);
      }
      for (int freq = 1000; freq > 100; freq -= 10)
      {
        alarmOutput.Frequency = freq;
```

```
        System.Threading.Thread.Sleep (2);
      }
    }
  }
  catch (ThreadAbortException)
  {
    Thread.ResetAbort ();
  }
  catch (Exception ex)
  {
    Log.Exception (ex);
  }
  finally
  {
    alarmOutput.Dispose ();
  }
}
```

`AlarmOff()` 메소드를 호출해서 알람을 끄면, 스레드의 실행을 멈추게 된다. 따라서 스레드가 정상적으로 종료할 수 있도록 `ThreadAbortException` 예외를 처리하는 코드를 작성한다.

센서 프로젝트에서 구현했던 기능

다음과 같은 기능은 센서 프로젝트에서도 만들었으며, 액추에이터에서 만들 때도 같은 방식을 적용한다. 따라서 이를 구현하는 방법에 대해서는 여기에서는 생략하고 다른 장과 부록을 참고하기 바란다.

- 메인 애플리케이션 구조
- 이벤트 로그 남기기
- 현재 출력 상태를 센서 데이터로 익스포트하기
- 사용자 자격증명과 인증
- 오브젝트 데이터베이스에 연결하기

- 출력 상태에 대한 영속성 보장하기
- 시스템을 다시 시작한 뒤 배포하고 실행하기

부품 구성표

이 절에서는 이 책의 예제에서 사용한 보드의 부품 구성표를 정리했다.

센서 프로젝트

센서 프로젝트에서 사용한 보드의 회로도는 다음과 같다.

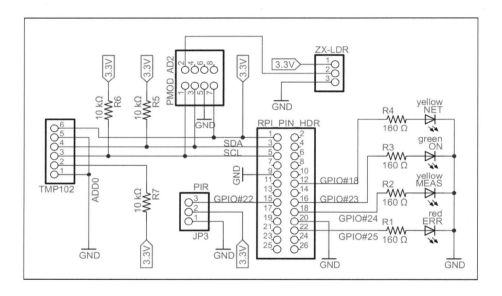

회로도에 맞게 구성하려면, 다음 표에 나온 부품이나 이와 유사한 규격의 제품이 필요하다.

부품명	속성	제품명	패키지	설명
ERR	빨강	ZL-503RCA2	5mm 라운드 타입	표준 20mA LED
MEAS	노랑	ZL-503YCA2	5mm 라운드 타입	표준 20mA LED
NET	노랑	ZL-503YCA2	5mm 라운드 타입	표준 20mA LED
ON	초록	ZL-504G0CA10	5mm 라운드 타입	표준 20mA LED
JP3	-	555-28027	1x03 핀	PIR 모션 디텍터
PMOD_AD2	12 비트	PmodAD2	2x04 핀	A/D 컨버터
R1	160 Ω	CFA0207	카본 필름	표준 저항
R2	160 Ω	CFA0207	카본 필름	표준 저항
R3	160 Ω	CFA0207	카본 필름	표준 저항
R4	160 Ω	CFA0207	카본 필름	표준 저항
R5	10 kΩ	CFA0207	카본 필름	표준 저항
R6	10 kΩ	CFA0207	카본 필름	표준 저항
R7	10 kΩ	CFA0207	카본 필름	표준 저항
TMP102	-	TMP102	SOT563	디지털 온도 센서 브레이크아웃 보드
ZX-LDR	-	ZX-LDR	1x03 핀	라이트 센서 보드
RPI_PIN_HDR	-	라즈베리 파이 모델 B	2x13 핀	라즈베리 파이 모델 B에 내장된 GPIO 핀 헤더
GPIO Ribbon	-	GPIO Ribbon	2x13 핀	라즈베리 파이용 GPIO 케이블 리본

액추에이터 프로젝트

액추에이터 프로젝트에서 사용한 보드의 회로도는 다음과 같다.

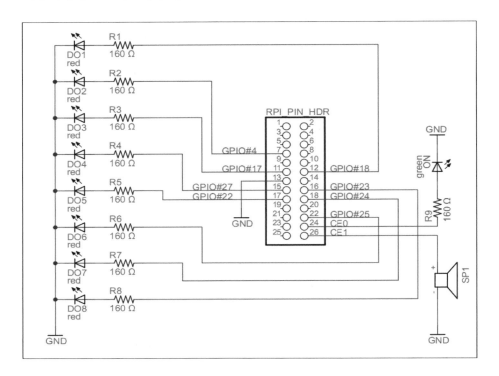

회로도에 맞게 구성하려면, 다음 표에 나온 부품이나 이와 유사한 규격의 제품이 필요하다.

부품명	속성	제품명	패키지	설명
DO1	빨강	ZL−503RCA2	5mm 라운드 타입	표준 20mA LED
DO2	빨강	ZL−503RCA2	5mm 라운드 타입	표준 20mA LED
DO3	빨강	ZL−503RCA2	5mm 라운드 타입	표준 20mA LED
DO4	빨강	ZL−503RCA2	5mm 라운드 타입	표준 20mA LED
DO5	빨강	ZL−503RCA2	5mm 라운드 타입	표준 20mA LED
DO6	빨강	ZL−503RCA2	5mm 라운드 타입	표준 20mA LED
DO7	빨강	ZL−503RCA2	5mm 라운드 타입	표준 20mA LED
DO8	빨강	ZL−503RCA2	5mm 라운드 타입	표준 20mA LED
ON	초록	ZL−504G0CA10	5mm 라운드 타입	표준 20mA LED
R1	160 Ω	CFA0207	카본 필름	표준 저항
R2	160 Ω	CFA0207	카본 필름	표준 저항
R3	160 Ω	CFA0207	카본 필름	표준 저항
R4	160 Ω	CFA0207	카본 필름	표준 저항
R5	160 Ω	CFA0207	카본 필름	표준 저항
R6	160 Ω	CFA0207	카본 필름	표준 저항
R7	160 Ω	CFA0207	카본 필름	표준 저항
R8	160 Ω	CFA0207	카본 필름	표준 저항
R9	160 Ω	CFA0207	카본 필름	표준 저항
SP1	−	GT−1005	−	피에조 트위터
RPI_PIN_HDR	−	라즈베리 파이 모델 B	2x13 핀	라즈베리 파이 모델 B에 내장된 GPIO 핀 헤더
GPIO Ribbon	−	GPIO Ribbon	2x13 핀	라즈베리 파이용 GPIO 케이블 리본

카메라 프로젝트

카메라 프로젝트에서 사용한 보드의 회로도는 다음과 같다.

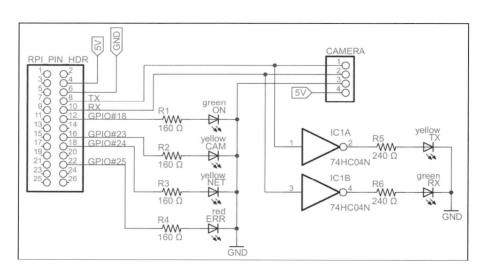

회로도에 맞게 구성하려면, 다음 표에 나온 부품이나 이와 유사한 규격의 제품이
필요하다.

부품명	속성	제품명	패키지	설명
CAMERA	–	LinkSprite JPEG	1x04 핀	적외선 컬러 카메라, 시리얼 UART 인터페이스
IC1	–	74HC04N	DIP14	16진수 변환기
ERR	빨강	ZL–503RCA2	5mm 라운드 타입	표준 20mA LED
ON	초록	ZL–504G0CA10	5mm 라운드 타입	표준 20mA LED
NET	노랑	ZL–503YCA2	5mm 라운드 타입	표준 20mA LED
CAM	노랑	ZL–503YCA2	5mm 라운드 타입	표준 20mA LED
RX	초록	ZL–504G0CA10	5mm 라운드 타입	표준 20mA LED

(이어서)

부품명	속성	제품명	패키지	설명
TX	노랑	ZL–503YCA2	5mm 라운드 타입	표준 20mA LED
R1	160 Ω	CFA0207	카본 필름	표준 저항
R2	160 Ω	CFA0207	카본 필름	표준 저항
R3	160 Ω	CFA0207	카본 필름	표준 저항
R4	160 Ω	CFA0207	카본 필름	표준 저항
R5	240 Ω	CFA0207	카본 필름	표준 저항
R6	240 Ω	CFA0207	카본 필름	표준 저항
RPI_PIN_HDR	–	라즈베리 파이 모델 B	2x13 핀	라즈베리 파이 모델 B에 내장된 GPIO 핀 헤더
GPIO Ribbon	–	GPIO Ribbon	2x13 핀	라즈베리 파이용 GPIO 케이블 리본

부록 B
HTTP 프로젝트 구현 기법

HTTP의 기초

지금까지 나온 통신 프로토콜 중에서 HTTP_{Hypertext Transfer Protocol}보다 큰 성공을 이룬 프로토콜은 현재 인터넷의 기반을 이루는 통신 프로토콜인 IP_{Internet Protocol}가 유일하다. IP는 이미 20년 전에 등장하여 오늘날 인터넷에서 사용하는 거의 모든 프로토콜이 이를 기반으로 통신할 정도로 큰 성공을 거뒀지만, 대중에 대한 인지도는 HTTP와 비교할 때 거의 무명에 가까울 정도로 낮다.

IP의 가장 핵심적인 기능은 인터넷에 연결된 머신(호스트)끼리 주고 받는 패킷에 대한 이동 경로를, 각 머신에 할당된 IP 주소만으로 결정하는 것이다. 기존에는 네트워크가 로컬로만 구성되어 있어서, 이러한 네트워크에 속한 머신끼리 이 네트워크에서 제공하는 주소 체계로만 서로 통신할 수 있었다. 이러한 로컬 네트워크를 랜_{LAN, Local Area Networks}이라 부르며, 현재 사용되는 랜은 대부분 MAC_{Media Access Control} 주소를 로컬 네트워크 주소로 사용하는 이더넷_{Ethernet}을 기반으로 구축되고 있다. 이러한 네트워크에 IP 주소를 할당하여 IP로 통신하게 되면서, 서로 다른 기술을 기반으로 구축된 로컬 네트워크(랜)에 속한 머신끼리 통신할 수 있게 됐다. 이렇게 서로 다른 종류의 로컬 네트워크를 하나로 연결하게 되면서 인터넷Internet 이 탄생하게 됐다. 인터넷을 구성하는 IP, LAN, 물리 네트워크 등을 이들이 속한 네트워크 계층에 따라 그림으로 표현하면 다음과 같다. 이렇게 표현한 그림을 프로토콜 스택 다이어그램이라 부르기도 한다.

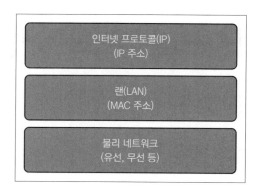

인터넷 통신

IP는 주로 TCP/IP라는 표현을 통해 TCPTransmission Control Protocol와 함께 언급된다. TCP는 머신 사이에 가상의 연결 선을 만들어주는 프로토콜로서, 이렇게 생성한 연결 선의 양 끝점엔드포인트, endpoint에 달린 머신은 IP 주소와 포트 번호port number로 구분한다. IP는 하나의 논리적인 머신만을 가리키지만, 여기에 포트 번호를 함께 붙여주면 한 머신에 수천 개의 연결을 생성할 수 있다. 표준에서는 대표적인 인터넷 서비스에서 사용하는 포트 번호뿐만 아니라, 개인적인 용도로 잠시 사용하기 위한 포트 번호도 따로 정해두고 있다. 이처럼 TCP로 생성한 연결 선이 유지되는 동안, 패킷을 보낸 순서대로 받을 수 있을 뿐만 아니라, 보낸 패킷을 중간에 잃어버리지 않고 반드시 전달되도록 보장해줄 수 있다. 이러한 기능을 활용하면 패킷의 크기나 재전송 방법 등과 같은 세부 사항에 신경 쓰지 않고도 데이터를 스트림 형태로 간단히 보낼 수 있기 때문에, 머신끼리 대용량의 데이터를 주고 받는 특히 편하다.

TCP와 사촌 격인 UDPUser Datagram Protocol라는 프로토콜로도 머신끼리 IP와 포트 번호만으로 패킷을 주고 받을 수 있다. 참고로 UDP에서는 패킷을 데이터그램datagram이라 부른다. TCP와 달리 UDP는 연결을 생성하지 않으며, 데이터그램을 보내는 순서를 보장하지도 않고, 데이터가 중간에 사라져도 재전송하지 않는다. 따라서 TCP보다 훨씬 빠르게 데이터를 보낼 수 있기 때문에, 어느 정도 패킷의 손실을 감수해도 되거나 이러한 패킷 손실을 방지하는 기능을 상위 서비스나 애플리케이션에서 별도로 해줄 때는 TCP보다는 UDP를 많이 사용한다.

UDP는 데이터그램을 여러 머신에 보내야 하는 상황에서 각 머신에 대해 같은 데이터그램을 여러 차례 반복해서 보내지 않고, 한 번의 전송으로 여러 머신에 동시에 데이터그램이 전달되도록 IGMPInternet Group Management Protocol와 함께 사용하는 경우가 많다. 이렇게 패킷을 한 번에 여러 머신으로 동시에 전송하는 방식을 멀티캐스팅multicasting이라 부른다. 이와 반대로 한 번에 한 머신으로만 패킷을 보내는 방식을 유니캐스팅unicasting이라 부른다. 멀티캐스팅으로 전송하면 데이터 스트림을 백본에 한 번만 보내기만 하면, 백본에 연결된 머신의 개수에 관계없이 모든 머신에게 데이터를 동시에 보낼 수 있다. 백본에 연결된 라우터나 스위치에서 IGMP를 지원한다면 스트림을 구독하는 곳으로만 전송할 수 있기 때문에, 백본에 연결된 모든 로컬 네트워크에 데이터 스트림을 보내서 로컬 네트워크가 혼잡해지는 현상을 방지할 수 있다. 앞에서 본 프로토콜 스택에서 TCP와 UDP, IGMP를 추가하여 인터넷 프로토콜의 관계를 그림으로 표현하면 다음과 같다.

애플리케이션의 관점에서 보면, TCP와 UDP에 대한 기능은 OS에서 네트워크 소켓이란 형태로 제공하며, 애플리케이션에서는 TCP나 UDP 중 하나를 선택하고 통신할 머신의 IP와 연결에 사용할 포트 번호를 소켓에 지정하여 데이터를 주고 받게 된다. 여기에 사용자가 상대방에 대한 주소를 좀 더 쉽게 표현할 수 있도록, IP 네트워크에서 호스트를 표현하는 IP 주소를 애플리케이션에서 사용하기 편한 형태의 이름으로 변환해주는 DNSDomain Name System를 사용한다. 대부분의 OS에서는 애플리케이션에서 IP 주소 대신 호스트 네임을 사용할 수 있도록 API를 제공하고 있다.

HTTP 탄생 배경

현재 널리 사용되는 HTTP는 원래 과학자들이 연구 자료를 쉽게 공유할 수 있도록 간단한 서식만으로 다른 문서를 쉽게 참조할 수 있는 텍스트 문서를 전송하기 위한 프로토콜로 개발됐다. 이렇게 주고 받기 위한 문서를 표현하는 언어가 HTMLHypertext Markup Language이고, HTML 문서를 주고 받을 때 사용한 프로토콜이 바로 HTTP다. 처음 HTML이 개발될 당시에는 문서에 대한 서식이 지금처럼 풍부하지 않았지만, 문서에 이미지를 넣거나 다른 문서의 링크link를 추가하는 기능은 처음부터 제공됐다.

월드 와이드 웹에서 리소스의 위치 표현

HTTP가 처음 등장했을 때, 웹에 올라온 콘텐츠는 호스트에서 접근할 수 있는 파일 형태로 표현됐다. 콘텐츠를 구성하는 항목마다 URLUniform Resource Locator을 할당할 수 있기 때문에, 이러한 항목에 대한 링크를 쉽게 추가할 수 있었다. 시간이 지날수록 웹을 통해 제공되는 리소스의 수가 급격히 증가했고, 쿼리를 통해 콘텐츠를 동적으로 생성하는 기능도 등장했다.

HTTP(S)에서 사용하는 URL은 크게 다섯 가지 요소로 구성된다. 첫 번째 요소는 URI 스킴Uniform Resource Identifier scheme으로, HTTP나 HTTPS과 같은 프로토콜을 가리키는 부분이다. URI 스킴은 어떤 버전의 프로토콜을 사용할 지를 지정한다. (URI와 URL을 헷갈리기 쉬운데, URI는 리소스에 대한 식별자로만 사용하며 리소스가 있는 위치는 표현하지 않을 수도 있는 반면, URL은 리소스에 접근할 수 있는 위치를 가리킨다). URI 스킴 뒤에는 콘텐츠를 제공하는 호스트를 가리키는 리소스 관리자authority 정보가 나온다. 이 부분은 보통 도메인 네임이나 IP 주소로 표현하고, 프로토콜에서 지정하는 표준 포트 번호를 사용하지 않을 때는 이 부분 뒤에 포트 번호를 별도로 지정할 수 있다. 그 뒤에 세 번째로 콘텐츠에 대한 경로path를 표시하는 부분이 나온다. URL의 경로도 파일 시스템에서 경로를 표현할 때와 같은 방식으로 표현한다. 그 뒤에 필요하다면 쿼리query 파라미터와 프래그먼트fragment ID도 지정할 수 있다. 지금까지 설명한 URL/URI의 다섯 가지 구성 요소를 그림으로 표현하면 다음과 같다.

$$
\underset{\text{스킴}}{http} :// \underset{\text{리소스 관리자}}{\underbrace{\overset{\text{도메인}}{example.com} : \overset{\text{포트}}{8080}}} \underset{\text{경로}}{/d/1.htm} ? \underset{\text{쿼리}}{q1=v1} \# \underset{\text{프래그먼트}}{f0011}
$$

HTTP는 TCP로 통신한다. 이때 URI 스킴으로 HTTP를 지정하여 암호화를 사용하지 않고 디폴트 포트인 80번으로 통신할 수도 있고, URI 스킴을 HTTPS로 지정하여, 암호화된 채널을 사용해 디폴트 포트인 443번으로 통신할 수도 있다. 인터넷 프로토콜 스택에서 HTTP와 HTTPS의 위치를 그림으로 표현하면 다음과 같다.

암호화를 사용해 안전하게 통신하기

HTTPS에서는 SSLSecure Socket Layer로 암호화를 처리한다. SSL은 현재 TLSTransport Layer Security라는 이름으로 표준화가 진행되고 있다. TLS에서는 X.509 인증서를 ID로 사용하며 이 인증서를 통해 암호화를 처리한다. X.509 인증서는 다음과 같은 세 가지 기능을 제공한다.

첫 번째로 공개 키와 사설 키라는 두 개의 키를 한 쌍으로 활용하는 PKIPublic Key Infrastructure 암호화 알고리즘을 사용한다. 공개 키public key는 인증서의 소유자와 통신하려는 모든 이에게 제공된다. 인증서의 암호화 알고리즘은 이러한 공개 키로 데이터를 암호화한다. 이처럼 데이터는 누구나 암호화 할 수 있지만, 이렇게 암호화된 데이터는 인증서의 사설 키private key로만 복호화할 수 있다.

두 번째로 인증서에는 인증서의 소유자(subject)를 식별하기 위한 정보를 담고 있다. 웹 서버에 대한 인증서에서는 일반적으로 서버의 도메인 네임으로 이러한 소유자 정보를 표현한다. HTTPS를 지원하는 웹 서버에 연결하면 인증서를 리턴하는데, 이렇게 전달 받은 인증서로 사용자가 원래 통신하려는 웹 서버가 맞는 지 확인할 수 있어서 다른 웹 서버와 통신하는 것은 아닌지 구별할 수 있다.

세 번째로 인증서마다 이를 생성한 발급자issuer 또는 CAcertificate authority, 인증/발급 기관에 대한 정보를 담고 있다. 이러한 발급자에 대한 링크를 따라가다 보면 최종적으로 루트 인증서root certificate에 도달하여 인증서에 대한 신뢰 체인chain of trust을 확인할 수 있다. 인증서가 유효한지 검사할 때는, 이러한 신뢰 체인을 따라가면서 발급자가 인증서를 폐기한 것은 아닌지 확인한다. 인증서의 사설 키가 누출됐거나 여러 가지 문제가 생겼다면, 해당 인증서를 반드시 폐기하고 새로 발급해야 한다. 이처럼 유효성 검사를 통해 현재 사용하는 인증서가 폐기된 것인지 쉽게 알아낼 수 있기 때문에, 발급자가 인증서를 폐기하기만 해도 당장 이 인증서를 아무도 사용할 수 없게 만들 수 있다.

HTTPS를 사용하는 경우의 대부분은 클라이언트가 서버를 신원을 확인하기 위한 용도로 서버에서만 인증서를 제공하는 방식으로 사용한다. 클라이언트가 이런 방식으로 HTTPS가 설정된 서버와 통신할 때, 서버에서 제공하는 인증서의 유효성을 검사해서 이 서버가 자신이 연결하고자 하는 서버인 척 흉내 내서 정보를 빼내려는 MITMman-in-the-middle은 아닌지 확인할 수 있다. 클라이언트도 마찬가지로 자신의 신원을 증명하는 인증서를 서버에 제공할 수도 있다. 그러나 인증서를 만들고 관리하는 과정이 복잡할 뿐만 아니라, 비용도 들고 클라이언트를 관리하기 위해 알아야 할 사항도 많기 때문에, 클라이언트를 인증할 때는 주로 다른 방법을 사용한다. 이렇게 클라이언트를 인증하는 방법에 대해서는 나중에 다시 설명하기로 하고, 일단 인증서는 주로 서버와 같이 중요한 개체에 대해서만 사용한다고 알아두자.

인증서를 자신이 직접 서명해 생성할 수도 있다. 이렇게 하면 인증서에 발급자가 없는 셈이다. 이렇게 자체적으로 서명한 인증서는 유효성을 검사하지 않거나, 각자가 직접 검사하는 루트 인증서로 설치할 때만 사용할 수 있다. 자체 서명 인증서를 사용하면, 특히 인증서에 대한 저장소를 애플리케이션끼리 공유할 때, 시스템에 심각한 보안 문제가 발생할 수 있으므로 이러한 인증서는 가급적 사용하지 않는 것이 좋다.

요청과 응답

HTTP는 클라이언트가 서버에게 요청을 보내면 이러한 요청에 서버가 적절한 응답을 보내는, 요청/응답 통신 패턴으로 동작한다. 요청을 보내려면 가장 먼저 사용할 메소드를 지정한 다음, 리소스에 대한 정보(경로와 쿼리)를 적고, 사용할 프로토콜 버전(1.0, 1.1, 2.0 등)을 지정한다. 그리고 나서 텍스트 헤더를 적은 뒤, 데이터 섹션을 지정한다(물론 데이터가 없을 수도 있다). 헤더에는 데이터를 인코딩하는 방식과, 결과로 받길 원하는 데이터의 종류와, 사용자 인증이나 쿠키 등과 같은 정보를 담는다.

요청에 사용한 메소드의 종류에 따라, 서버의 동작도 달라진다. 가장 많이 사용하는 메소드는 GET 메소드로서 서버에서 단순히 데이터를 가져오기만 할 때 사용된다. HEAD 메소드는 서버에 데이터가 존재하는지 테스트하기 위한 용도로 사용하며, 동작 방식은 GET 메소드와 비슷하지만 콘텐츠를 제외한 헤더만 리턴한다. POST 메소드는 데이터를 폼에 작성해서 보낼 때와 같이, 서버에게 데이터를 제공할 때 사용한다. PUT 메소드는 파일과 같은 콘텐츠를 서버에 업로드할 때 사용된다. DELETE 메소드는 파일과 같은 콘텐츠를 서버에서 삭제할 때 사용한다. OPTIONS 메소드는 서버나 리소스에서 어떤 메소드를 지원하는지 알아낼 때 사용한다.

주어진 요청에 서버가 응답하는 과정은 클라이언트가 요청을 보낼 때와 크게 다르지 않다. 먼저 서버에서 지원하는 프로토콜 버전을 적고, 상태 코드와 상태 메시지를 담아서 리턴한다. 상태 코드와 메시지 뒤에는 텍스트 헤더와 데이터 섹션이 나온다 (요청을 보낼 때와 마찬가지로 데이터가 없을 수도 있다). 여기에서도 헤더에 데이터의 인코딩 정보를 담지만, 이번에는 데이터의 유효 기간 같은 부가 정보도 함께 보낸다. 이 밖에도 헤더를 통해 인증과 캐시, 쿠키 등을 제어하는 정보도 제공할 수 있다.

(이 책을 집필하고 있는 시점에서 주로 사용되는 버전인) HTTP 1.0과 1.1에서는 클라이언트와 서버가 하나씩 연결된 상태에서 요청과 응답 연산을 한 번에 하나씩 수행할 수 있다. 또한 요청을 클라이언트에서 서버로만 보낼 수 있다. (현재 개발 중인 2.0을 비롯한) 향후에 나올 버전에서는 하나의 연결에서 여러 연산을 동시에 수행할 수 있을 뿐만 아니라, 클라이언트에서 서버뿐만 아니라 서버에서 클라이언트쪽으로도 요청을 보내는 양방향 통신을 지원할 예정이다.

상태 코드

HTTP에서는 여러 가지 상태 코드를 정의하고 있다. 404 Not Found와 같은 코드는 우리가 흔히 볼 수 있는 데다 이름만 봐도 어떤 상태를 뜻하는지 쉽게 알 수 있지만, 어떤 코드는 의미를 파악하는 것조차 쉽지 않다.

HTTP의 상태 코드를 모두 기억하고 있을 필요는 없다. 일백 번대(1xx) 코드는 참고할 만한 정보를 알려주고, 이백 번대(2xx) 코드는 연산이 성공적으로 수행됐다는 것을 의미하고, 삼백 번대(3xx) 코드는 리다이렉션을 뜻하며, 사백 번대(4xx) 코드는 클라이언트에서 보낸 요청에 에러가 있다는 것을 의미하고, 오백 번대(5xx) 코드는 서버에서 에러가 발생했다는 정도만 알고 있어도 충분하다. 그밖의 중요한 코드는 아래 표에 정리했다. 이러한 코드는 서버에서 제공할 웹 리소스를 정확히 구현하는 데 중요하기 때문에, 코드를 작성하는 과정에서 필요하다면 여기서 소개하는 것 외에 다른 코드에 대해서도 찾아볼 줄은 알아야 한다. 상태 코드에 대한 전체 리스트는 http://tools.ietf.org/html/rfc2616#section-6.1.1를 참고한다.

코드	메시지	의미
200	성공, OK	연산이 성공적으로 수행됨
301	영구 이동, Moved Permanently	리소스가 영구적으로 이동 됨. 원래 URL을 업데이트함
303	기타 위치 보기, See Other	PRG 패턴(POST/Redirect/GET)에서 브라우저에서 발생하는 문제를 피할 때 사용됨. 자세한 사항은 나중에 다시 설명함
307	임시 리다이렉션, Temporary Redirect	다른 URL로 리다이렉션 함. 원래 URL을 업데이트하지 않음
308	영구 리다이렉션, Permanent Redirect	다른 URL로 리다이렉션 함. 원래 URL을 업데이트함
400	잘못된 요청, Bad Request	요청이 잘못 작성됨
401	권한 없음, Unauthorized	사용자에 대한 인증을 거치지 않았으며, 리소스에 접근하기 위해 인증이 필요함
403	금지됨, Forbidden	사용자 인증은 거쳤지만 리소스에 접근할 권한이 없음
404	찾을 수 없음, Not Found	요청한 리소스가 서버에 없음
500	내부 서버 오류, Internal Server Error	요청을 처리하는 동안 서버에서 오류가 발생함

데이터 인코딩과 전송

클라이언트와 서버는 헤더에 담긴 키와 값의 쌍을 통해 헤더 뒤에 나오는 데이터를 해석하는 방법을 상대방에게 알려준다. Transfer-Encoding 헤더를 사용하면 데이터를 받는 측에게 헤더를 보내는 시점에서는 콘텐츠의 크기를 정확히 알 수 없어서, 데이터를 청크chunk 단위로 보낸다는 것을 알려줄 수 있다. 이렇게 청크 단위로 통신하면, 콘텐츠를 동적으로 생성하여 보낼 수 있다. Content-Type은 바이너리 스트림 형태로 전달된 콘텐츠를 인코딩하고 디코딩하는 방식을 알려준다. 청크 형태로 보내서 콘텐츠를 정확히 몇 바이트 보냈는지 알 수 없을 때는, 인코딩 된 콘텐츠의 바이트 수를 Content-Length 헤더에 담아서 수신자에게 보내야 한다.

Content-Type은, 원래 메일의 내용을 인코딩하기 위한 용도로 개발된 MIMEMultipurpose Internet Mail Extensions 타입에서 나온 것이다. 최근에는 메일에 대한 MIME 타입이나 웹을 위한 콘텐츠 타입과 같이 특정 분야 별로 따로 구분하지 않고, 한데 묶어 IMTInternet Media Type라고 표현하기도 한다.

IMT는 보통 type/subtype과 같은 형태로 구성된다. 경우에 따라 접미사를 붙여 type/subtype+suffix와 같이 서브 타입을 좀 더 구체적으로 분류하여 표현하기도 한다. 주로 사용되는 타입으로 텍스트와 이미지, 오디오, 비디오, 애플리케이션 등이 있다. 대부분 타입은 무엇을 의미하는지 쉽게 알 수 있지만, 애플리케이션 타입은 이름만 봐서는 언뜻 무엇을 가리키는지 알 수 없다. 애플리케이션 타입은 애플리케이션뿐만 아니라 애플리케이션에서 사용하는 데이터도 가리킨다. 주로 사용되는 미디어 타입과 의미를 간단히 정리하면 다음과 같다.

현재 등록된 모든 미디어 타입에 대한 리스트는 IANA에서 관리하고 있다(http://www.iana.org/assignments/media-types/media-types.xhtml).

미디어 타입	설명
application/atom+xml	ATOM 미디어 피드
application/json	JSON 포맷 데이터
application/rdf+xml	RDF 포맷 데이터
application/soap+xml	SOAP 포맷 데이터 (웹 서비스 호출과 응답)
application/x-www-form-urlencoded	간단한 폼 파라미터만으로 구성된 폼 데이터를 인코딩할 때 사용됨
audio/mpeg	MP3를 비롯한 MPEG 오디오
image/jpeg	JPEG으로 인코딩한 이미지
multipart/form-data	파일과 이미지와 같은 데이터를 서버에 게시할 데이터를 인코딩할 때 사용됨
text/plain	일반 텍스트 파일
text/html	HTML 파일
text/xml	XML 파일
video/mp4	MPEG-4로 인코딩한 비디오 파일

HTTP의 상태와 세션

HTTP를 흔히 무상태stateless 프로토콜이라 표현한다. 이 말은 서버와 클라이언트가 통신했던 내용을 따로 기억해두지 않기 때문에, 지금 서버가 클라이언트의 요청에 응답하는 결과는 이전에 주고 받은 내용과 완전히 별개라는 것을 의미한다. 따라서 매번 요청을 보낼 때마다, 서버에서 처리하는데 필요한 정보를 모두 담아야 한다. 무상태 프로토콜은 확장성이 뛰어나기 때문에, 현재 도메인에 서버를 여러 대 설치하여 클라이언트의 요청이 늘어나도 탄력적으로 대응하게 할 수 있다. 하지만 클라이언트에서 요청할 때마다 매번 모든 정보를 다시 보내는 것은 비효율적이다. 가령 방대한 양의 데이터를 담고 있는 데이터베이스를 브라우저를 통해 검색하는 상황에서, 한 번 검색한 결과 안에서 다시 검색할 때마저 처음부터 다시 검색하는 것은 그리 바람직하지 않다. 그렇다고 해서 클라이언트에서 이러한 검색 결과를 모두 저장하면 다운로드하는데 오래 걸릴 뿐만 아니라, 사용자가 필요하지 않은 데이터까지 관리해야 하는 부담이 있다. 이러한 문제를 해결하기 위해 HTTP 계층 위에 세션이란 개념을 하나 더 만들었다. 세션session이란, 애플리케이션에서 정보를 저장하기 위한 용도로 서버에서 관리하는 구조체로서, 애플리케이션마다 별도로 세션을 만들어 ID를 지정하고, 클라이언트에게는 이러한 세션 ID 정보만 쿠키에 담아 알려준다. (물론 쿠키는 세션 ID뿐만 아니라 다양한 종류의 정보를 담을 수 있다.) 세션을 제대로 사용하려면, 클라이언트에서 쿠키를 받을 때 누가 줬는지, 유효 기간은 언제까지 인지를 기억해야 한다.

서버에 새로 요청을 보낼 때 그 서버에서 제공했던 쿠키도 함께 전달하면, 서버는 애플리케이션에게 이러한 쿠키를 전달해서, 애플리케이션이 세션을 파악해 기존 상태에 이어서 요청을 처리하게 할 수 있다. 세션과 쿠키는 사용자에 대한 자격증 명을 관리할 때도 활용된다. 사용자가 서비스에 로그인하면, 사용자의 자격증명과 권한에 대한 정보를 세션에 저장한다. 그러면 사용자가 사이트를 돌아다니는 동안 사용자의 권한과 속성에 맞는 콘텐츠를 서버에서 제공할 수 있다.

사용자 인증

애플리케이션의 보안에서 사용자 인증user authentication은 핵심적인 역할을 담당한 다. 서버에 접속한 클라이언트에 대해 사용자 인증을 거치게 하면, 클라이언트를 쓰고 있는 사용자(사람 또는 기계)가 서버에 접속할 권한이 있는지 확인할 수 있다. HTTPS와 같이 암호화 프로토콜로 연결할 때는 클라이언트 인증서를 사용하면 이 러한 인증을 처리할 수 있다. 보안이 필요한 서버나 클라이언트가 서로 통신할 때 도 인증서를 활용한다. 그러나 인증서를 사용하면 통신 오버헤드가 커지고 사용자 가 알아야 할 기술적인 사항도 많기 때문에, 상대적으로 보안이 중요하지 않은 사 물과 통신하는 웹 애플리케이션이나 IoT 애플리케이션에서는 굳이 인증서를 사용 할 필요는 없다.

HTTP에서는 WWW 인증www-authentication이라는 인증 메커니즘을 자체적으로 제공하고 있다. 참고로 다른 프로토콜에서는 주로 SASLSimple Authentication and Security Layer를 사용한다. 기술적인 세부 사항은 SASL과 다르지만, 여러 개의 인증 메커니즘을 플러그인처럼 추가할 수 있으며, 클라이언트가 서버에서 제공하는 메소드 중 원하는 메소드를 선택할 수 있다는 점에서 서로 비슷하다.

WWW 인증 방식을 사용하면 클라이언트가 반복해서 인증하기 쉽기 때문에 인증 과정을 자동화 할 때는 좋지만, 사람이 직접 사용하기에는 다음과 같은 몇 가지 단점이 있다.

첫 번째 단점은 이 인증 기능이 프로토콜 레벨에서 구현되어 있는데, 공교롭게도 HTTP는 원래 상태를 유지하지 않기 때문에 애플리케이션에서 별도로 세션을 구현해야 한다는 점이다. 웹 서버나 클라이언트는 세션이 존재하는 지, 사용자가 로그인 했는지, 이미 애플리케이션의 인증을 거쳤는지 등을 직접 알아낼 방법이 없다. 별도의 로직을 구현하지 않는 한, 사용자는 새로운 리소스를 요청할 때마다 매번 인증을 거쳐야 한다. 앞서 설명한 바와 같이, 기계에게는 큰 문제가 되지 않는다. (오히려 장점으로 작용하기도 한다.) 사용자가 매번 인증을 거치지 않도록 사용자에 대한 자격증명을 브라우저에 저장해뒀다가, 사용자 대신 브라우저에서 직접 응답하게 할 수도 있다. 그러나 이렇게 하면 실제 사용자가 아닌 브라우저가 로그인을 하기 때문에 보안에 문제가 생길 수 있다. 서버로서는 진짜 사용자가 브라우저를 열고 여기에 저장된 패스워드로 접속하는지, 아니면 다른 사람이 같은 브라우저로 접속했는지 구분할 수 없기 때문이다.

두 번째 단점은 사람이 WWW 인증 방식으로 인증하면 UI를 마음껏 꾸미기 힘들다. 물론 기계 입장에서는 문제가 되지 않지만, 웹 개발자가 애플리케이션 계층에서 사용자 인증 기능을 구현할 때는, 앞서 설명한 부분 외에도 고려해야 할 부분이 많다. 그리고 이렇게 하면 UI를 세션 관리에 종속적인 형태로 만들 수밖에 없다.

웹 서비스와 웹 2.0

월드 와이드 웹이 등장하고 HTTP가 인기를 얻게 되면서, 정적인 웹 형태로 콘텐츠를 게시하거나 관리하는 것이 쉽지 않을 뿐만 아니라 비용도 많이 든다는 문제가 제기됐다. 여기에 사용자가 클라이언트로 정보를 탐색하는데 그치지 않고, 웹 서버에서 구동하는 애플리케이션과 좀 더 적극적으로 상호 작용하거나 서버에서 콘텐츠를 게시하는 과정을 자동화하려는 요구가 늘어나게 되면서, 기존에 제공되던 방식의 한계를 뛰어넘을 수 있도록 개선할 필요성이 제기됐다. 대표적인 예로 온라인 웹 폼 형태로 콘텐츠를 제공하고, 파일을 업로드하거나 HTTP가 아닌 다른 방식으로 웹 서버에 콘텐츠를 게시할 수 있어야 한다. 게다가 웹 서버에서 구동되는 웹 애플리케이션과 좀 더 효율적으로 통신하려는 욕구도 늘어났다.

XML이 등장하면서 웹 커뮤니티에서는 모든 타입의 데이터를 구조적으로 인코딩할 수 있는 획기적인 도구를 확보할 수 있었다. XML 스키마를 사용하면 원하는 형태로 XML이 구성되었는지 검사할 수 있다. XML은 기존에 알려진 미디어 타입을 모두 지원하기 때문에, 웹 클라이언트와 서버에서 쉽게 인코딩하거나 디코딩할 수 있어서 웹 서버에 콘텐츠를 게시하거나, 서버에서 콘텐츠를 다운로드하거나, UI를 마음대로 꾸미기가 한결 쉬워졌다. 또한 XSLTXSL Transformation을 통해 HTML과 같은 텍스트 기반의 콘텐츠를 원하는 형태로 자동으로 변환할 수 있으며, 다양한 부가 기능도 지원할 수 있게 됐다. 그리고 애플리케이션 파일을 직접 업데이트하지 않고도, POST 방식으로 데이터를 웹 애플리케이션에게 업로드할 수도 있다. 이렇게 애플리케이션에서 자동으로 서비스를 호출하는 방식으로 자동화할 수 있는 기반 기술을 갖추게 됨으로써, SOAService-Oriented Architecture 와 웹 서비스라는 개념이 등장하게 됐다. (웹 관련 기술이 항상 그렇듯이) 처음에는 이러한 기술로 인한 파급 효과가 미미했지만, 시간이 갈수록 사용자가 애플리케이션과 상호 작용하는 방식에 영향을 주면서 월드 와이드 웹을 크게 변화시켰다. 현재는 이러한 웹 서비스의 등장을 웹 2.0이라 표현하고 있으며, 최종 사용자가 생성한 콘텐츠를 게시하기만 하는 애플리케이션부터, 스마트폰에서 동작하는 최신 애플리케이션에 이르기까지 거의 모든 애플리케이션의 기반이 되고 있다. 요즘 나오는 웹 애플리케이션은 HTML과 스크립트로 작성하여 브라우저에서만 구동하는데 그치지 않고, 스마트폰의 네이티브 앱 형태로 웹 서비스를 통해 웹 서버와 통신하기도 한다. 이는 HTTP를 사용하는 IoT 환경에서도 마찬가지다.

SOAP와 REST의 비교

웹 서비스와 관련하여 여러 가지 기술이 나와 있지만, 그 중에서도 현재 SOAPSimple Object Access Protocol과 RESTRepresentational State Transfer라는 두 가지 방식이 대표적으로 손꼽히고 있다.

XML 기반의 기술이 모두 완성되면, 웹 서비스를 호출하고 응답을 리턴하는 방식을 표준화하기는 어렵지 않다. 실제로 (SOAP을 통해) 호출하고 응답하는 데 필요한 스키마뿐만 아니라, WSDLWeb Service Definition Language와 같이, 이러한 호출을 문서화하는 규격도 정해야 한다. WSDL을 사용하면 호출하는 과정뿐만 아니라, 이렇게 호출하는 코드를 작성하는 과정까지 자동화할 수 있다. 현재 제공되는 대부분의 개발 툴에서는 웹 레퍼런스를 생성하는 기능을 지원하기 때문에, 웹 서버에서 WSDL 문서를 다운로드해서, 이 문서에서 표현된 방식으로 호출하는 코드도 자동으로 생성할 수 있다.

자동화하는 것은 결코 쉽지 않다. 최소한 이 모델을 한 번 이상 보완해야 한다. SOAP 기반 웹 서비스의 가장 큰 단점은 클라이언트와 서버에서 링크에 대한 의존성이 발생한다는 점이다. 특별히 신경 써주지 않으면, 한쪽에서 링크를 수정하면 다른 쪽에선 링크가 깨지게 된다. 웹 서비스를 사용하는 모든 대상을 직접 관리하지 않는 이상, 버전과 호환성과 관련하여 여러 가지 문제가 발생하게 된다. 특히 시간이 지날 수록 급격히 커지고 동적으로 변화하는 웹 애플리케이션에서는 더욱 심각하다.

REST 방식의 웹 서비스는 이름에서 의미하듯이, 이러한 SOAP 방식의 한계를 극복하기 위해 등장하게 됐다. HTTP 위에서 하나의 프로토콜로 모든 문제를 해결하는 대신, HTTP의 기본으로 다시 돌아가서, 애플리케이션에 대한 웹 서비스 호출을 최대한 간단한 HTTP 동작으로 구성하는 것이 핵심이다. 이를 위해 웹 서비스 호출을 URL만으로 간단히 인코딩하거나, 특정한 URL에 대해 호출할 메소드만 간단한 인코딩하여 XML 문서를 게시하는 방식으로 구성한다. REST 방식 웹 서비스에서는 SOAP보다 좀 더 자유롭게 콘텐츠를 동적으로 생성할 수 있다. 또한 기존 코드를 수정하지 않고도 쉽게 파라미터나 기능을 합칠 수 있기 때문에 버전 관련 문제가 발생하지 않는다. 무엇보다도 별도의 도구가 없어도 브라우저에서 곧바로 REST 방식 웹 서비스를 호출할 수도 있다. 웹의 역사를 돌이켜보면, 최소한 웹 서비스와 관련하여, 종속성이 높은 인터페이스가 아무리 많은 기능을 제공하더라도, 항상 종속성이 낮은 인터페이스가 살아남았다.

시맨틱 웹과 웹 3.0

HTTP에 대한 이론 설명을 마무리하기 전에, 최근 부각되고 있는 IoT 애플리케이션에서 HTTP을 활용하는 방법에 대해 살펴보자.

인터넷에 존재하는 하이퍼텍스트 문서를 가져오는 것뿐만 아니라, 여러 가지 작업을 HTTP 통신으로 처리하는 일이 많아지면서, 원래 웹에서 기본적으로 가정하는 추상화에 대해 잘 이해할 필요가 있다. URL이 사람의 관점에서 페이지를 가리키는데 그치지 않고, 데이터도 가리켜야 한다. 나아가 가능하다면 모든 종류의 데이터를 URL 대신 URI로 식별할 수 있다면 더 좋다. 이렇게 발전된 추상화를 링크드 데이터linked data라 부른다.

그렇다면 데이터는 어떻게 표현하는 것이 좋을까? 기존처럼 데이터를 XML로 인코딩하는 것만으로는, 분산된 데이터에서 의미와 관계를 추출하거나 이해하기에 부족하다. 이를 위한 새로운 방식이 필요하다. 사람은 모든 생각과 지식을 언어로 표현할 때 서브젝트(Subject, 무엇에 대해 표현하는 지를 가리키는 주어)와 프리디케이트(Predicate, 어떤 일이 일어나는지 또는 어떤 관계에 있는지 표현하는 서술어)와 오브젝트(Object, 어떤 일이 일어나거나 관계를 가진 대상을 가리키는 목적어)라는 세 가지 요소를 시맨틱 트리플Semantic Triple 형태로 주고 받는다. 이러한 세 가지 요소는 모두 URI(또는 URL)로 표현할 수 있고, 오브젝트에 대해서는 리터럴literal로도 표현할 수도 있다. 오브젝트를 URI나 URL로 표현하면, 여러 오브젝트에 대한 집합을 가리키는 서브젝트도 표현할 수 있다. 이런 식으로 모든 종류의 데이터를 시맨틱 트리플로 추상화한, 링크드 데이터로 구성된 웹을 시맨틱 웹Semantic Web이라 부른다.

시맨틱 웹에선 데이터를 기계가 읽기 쉬운 RDFResource Description Framework나

TURTLE Turse RDF Triple Language로 표현한다. 이러한 데이터 포맷은 표준화되어 있기 때문에 SPARQL 스파클, SPARQL Protocol and RDF Query Language과 같은 표준화 된 방식으로 분산된 데이터를 가져오거나 처리할 수 있다. SQL이 관계형 데이터베이스의 테이블에 분산된 데이터를 위한 것이라면, SPARQL은 웹에 분산된 데이터에 대한 것이다. SPARQL에서는 하나의 연산으로 인터넷에 있는 데이터를 하나의 단위로 선택하고 조인하고 처리할 수 있다. 이렇게 들어온 요청에 대한 응답으로 데이터를 보낼 때, 다양한 위치에 존재하는 데이터를 가져오거나 조인하거나 처리하기 위한 코드를 별도로 작성하지 않아도 된다.

센서 데이터의 쿼리 파라미터

센서 데이터는 다음과 같이 구성된다.

- 각 장치는 한 개 이상의 노드로 수집한 데이터를 제공한다. 이때 노드는 노드 ID로 구분한다. 규모가 큰 시스템에서는 노드를 데이터 소스를 기준으로 분할하기도 한다. 이럴 때는 노드를 소스 ID와 노드 ID로 구분한다. 이보다 더 큰 시스템에서는 노드를 소스 ID와 캐시 타입, 노드 ID라는 세 가지 값으로 구분한다. 이 책에서 소개하는 예제에서는 노드 ID만 사용해도 충분하다.

- 각 노드는 센서 데이터를 제공할 때 타임스탬프 timestamp를 찍어서 전달한다. 따라서 유효한 타임스탬프가 찍혀 있지 않은 데이터는 외부로 제공할 수 없다.

- 타임스탬프로 특정한 시점을 표시할 수 있기 때문에, 여러 개의 센서 데이터 필드를 동시에 전달할 수 있다. 이러한 필드는 숫자 값을 나타낼 수도 있고, 문자열이나 불리언 값으로 표현할 수도 있고, 날짜나 시간, 기간 timespan이나 열거형 enumeration 값을 표현할 수도 있다.

- 필드마다 필드 이름을 가지고 있다. 필드 이름은 문자열로 표현하며, 사람뿐만 아니라 기계도 이해할 수 있도록 일정한 포맷으로 작성한다. 이 값은 지역화 localization하면 안된다.

- 각 필드는 지정된 타입에 알맞은 값을 가진다. 숫자 값에 필드에는 단위와 소수점에 대한 정보도 추가로 지정할 수 있다. 센서 데이터의 관점에서 보면 1.210m3과 1.2m3를 서로 다른 값으로 취급한다. 전자는 정밀도가 높고, 후자는 정밀도가 낮다. 이렇게 정밀도가 다를 때는, 실제로 첫 번째 값이 두 번째 값보다 크더라도, 두 값 중 어느 하나가 크다고 섣불리 단정할 수 없다.

- 각 필드마다 리드아웃readout 타입을 지정할 수 있다. 이러한 리드아웃 타입으로 순간 값momentary value, 최고 값peak value, 상태 값status value, ID 값identification value, 계산된 값computed value, 히스토리 값historical value 등을 지정할 수 있다. 리드아웃 타입을 지정하지 않으면, 순간 값으로 간주한다.

- 필드마다 필드의 상태나 QoSQuality of Service 레벨을 지정할 수 있다. 이 값을 통해 필드에 명시된 값이 측정할 수 없어서 빠졌는지, 자동으로 추정했는지 아니면 직접 추정한 값인지, 직접 읽었는지 아니면 자동으로 읽은 값인지, 시간에 따른 변화량을 나타내는지offset in time, 전원이 끊어진 동안 발생한 값인지, 경고 조건이나 에러 조건이 지정된 값인지, 부호가 있는 값인지, 과금에 사용할 값인지, 과금이 확정된 후의 값인지, 아니면 연속된 값 중 마지막에 나오는 값인지 등을 표시할 수 있다. 이 값을 별도로 지정하지 않으면, 자동으로 읽은 값으로 간주한다.

- 필드마다 지역화 정보를 추가할 수도 있다. 지역화 할 때 이 값을 참조하여 필드 이름을 해당 지역에 맞는 언어로 번역할 수 있다.

이 책에서 작성하는 예제를 비롯한 상당수의 센서나 계측기에서는 엄청난 양의 데이터를 쏟아낸다. 따라서 이러한 장치에 대해 요청이 들어올 때마다 매번 그 동안 쌓인 데이터를 모두 리턴하는 것은 당연히 바람직하지 않다. 참고로 예제에서는 히스토리 데이터로 최대 5000개의 레코드만 저장하도록 제한했다. 특히 히스토리 데이터가 아닌 특정한 시점에 측정한 값만 확인하기 위해 요청할 때마저 히스토리 데이터로 응답할 이유는 전혀 없다. Clayster.Library.IoT.SensorData 네임스페이스에서 제공하는 ReadoutRequest 클래스는 상호운용성을 보장하는 형태로 센서 데이터를 요청하는 쿼리를 파싱하는 기능을 제공한다. 따라서 시스템의 종류에 관계 없이 누구나 쉽게 요청에 대한 쿼리를 파싱할 수 있으며, 어떤 종류의 데이터를 요청했는지도 쉽게 알아낼 수 있다. ReadoutRequest 오브젝트를 사용하면 웹 리소스로 전달한 다음과 같은 정보를 파싱할 수 있다.

- 필드 이름에 대한 제약 사항. 가령 온도만 요청할 때는 빛이나 움직임에 대해 측정한 값은 보내지 않는다.

- 노드에 대한 제약 사항. 예제에서는 센서를 한 개의 노드로만 구성했기 때문에 이 파라미터의 의미는 없다. 그러나 센서를 여러 노드로 구성할 경우에는, 이 파라미터를 통해 어느 노드의 데이터를 내보낼 지 지정할 수 있다.

- 리드아웃 타입에 대한 제약 사항. 예제에서는 요청자가 순간 값을 원하는지 아니면 히스토리 값을 원하는지를 표시하고, 만약 히스토리 데이터를 원한다면 어떤 시간 단위로 표시하길 원하는지를 표현할 때 이 값을 사용했다.

- 시간 범위에 대한 제약 사항. 센서에서 엄청난 양의 데이터를 쏟아낼 때는, 특정한 시간 범위에 발생한 값만 리턴하도록 제한하면, 데이터의 크기를 확 줄일 수 있다.

- 분산 트랜잭션에서 사용할 외부 자격증명에 대한 정보. 분산 트랜잭션에서 사용할 외부 자격에 대해서는 뒤에서 자세히 설명한다. 때로는 누가 어떤 데이터를 볼 수 있는지를 판단하기 위해, 데이터의 최종 수신자가 누구인지 반드시 알아내야 한다.

ReadoutRequest 클래스에서 지원하는 쿼리 파라미터를 정리하면 다음과 같다. 여기 나온 쿼리 파라미터는 대소문자를 구분하지 않으므로, 파라미터 이름에 대문자와 소문자를 정확히 표현하지 않더라도 ReadoutRequest 오브젝트에서 처리하는데 문제 없다.

파라미터	설명
nodeId	값을 읽을 노드의 ID
cacheType	노드를 구분할 때 사용할 캐시 타입
sourceId	노드를 구분할 때 사용할 소스 ID
from	이 값으로 지정한 시간 이후에 측정된 데이터만 제공
to	이 값으로 지정한 시간 이전까지 측정된 데이터만 제공
when	리드아웃이 요구되는 시점. HTTP 서버로 구동 될 때는 지원하지 않음
serviceToken	요청한 서비스를 나타내는 토큰
deviceToken	요청한 장치를 나타내는 토큰
userToken	요청한 사용자를 나타내는 토큰
all	모든 리드아웃 타입을 표시할지 여부를 지정하는 불리언 값. 아무것도 지정하지 않으면, 모두 선택한 것으로 간주함
historical	모든 시간 단위에 대한 히스토리 데이터 전체를 원하는지 여부를 나타내는 불리언 값
momentary	순간 값을 원하는지 여부를 표시하는 불리언 값
peak	최고 값을 원하는지 여부를 표시하는 불리언 값
status	상태 값을 원하는지 여부를 지정하는 불리언 값
computed	계산된 값을 원하는지 여부를 지정하는 불리언 값
identity	식별자를 원하는지 여부를 지정하는 불리언 값
historicalSecond	초 단위 히스토리 값을 원하는지 여부를 지정하는 불리언 값
historicalMinute	분 단위 히스토리 값을 원하는지 여부를 지정하는 불리언 값
historicalHour	시각 단위 히스토리 값을 원하는지 여부를 지정하는 불리언 값
historicalDay	날짜 단위 히스토리 값을 원하는지 여부를 지정하는 불리언 값
historicalWeek	주 단위 히스토리 값을 원하는지 여부를 지정하는 불리언 값
historicalMonth	월 단위 히스토리 값을 원하는지 여부를 지정하는 불리언 값
historicalQuarter	분기 단위 히스토리 값을 원하는지 여부를 지정하는 불리언 값
historicalYear	연간 단위 히스토리 값을 원하는지 여부를 지정하는 불리언 값
historicalOther	다른 시간 단위의 히스토리 값을 원하는지 여부를 지정하는 불리언 값

HTTP에서 제공하는 인증 방법

아무런 보호 장치 없이 센서나 액추에이터를 인터넷에 연결해두면 위험하다. 누군가 나쁜 의도를 갖고 이러한 장치를 악용할 수 있기 때문이다. 따라서 이렇게 인터넷을 통해 장치에 접근하기 위한 인터페이스를 구성할 때는, 최소한 사용자를 인증하는 기능이라도 갖춰서 적절한 권한을 가진 사용자만 장치를 사용할 수 있도록 보안에 신경써야 한다.

앞에서 HTTP에 대해 소개할 때, HTTP 자체에서 이러한 인증 메커니즘을 제공한다고 설명한 바 있다. 민감한 정보를 다루는 시스템이라면 HTTP로 통신할 때 데이터를 암호화하도록 HTTPS를 사용하고, 여기에 서버 인증서뿐만 아니라 클라이언트 인증서도 사용하도록 설정하는 것이 가장 안전하다. 이 책에서 소개하는 예제에서는 이렇게까지 해야 할 정도로 중요한 정보를 다루진 않지만, 그래도 어느 정도의 보호 장치는 갖추는 것이 좋다.

HTTP에서는 두 가지 인증 방법을 제공한다. 하나는 HTTP 프로토콜에서 자체적으로 제공하는 WWW 인증www-authentication이다. 이 방식은 인증 과정을 자동화하기에 적합하다. 다른 하나는 웹 애플리케이션에 로그인 과정을 직접 구현해서, 세션을 통해 사용자의 로그인 자격증명을 관리하는 것이다. 이 절에서는 두 가지 방식 모두 살펴본다. 이를 위해 센서 프로젝트에 인증 기능을 추가해볼 것이다. 먼저 머신끼리 통신하는 M2Mmachine-to-machine 인터페이스에 대해서는 WWW 인증 방식으로 구현하고, 사람과 머신이 통신하는 H2Mhuman-to-machine 인터페이스에 대해서는 로그인 세션 방식으로 구현한다.

WWW 인증으로 M2M 인증 인터페이스 만들기

웹 리소스에 WWW 인증 기능을 추가하려면 먼저 애플리케이션 코드의 앞 부분에 다음과 같이 이 기능을 제공하는 라이브러리를 불러오는 코드를 작성한다.

```
using Clayster.Library.Internet.HTTP.ServerSideAuthentication;
```

WWW 인증에서는 여러 가지 인증 방식을 제공한다. 그 중에서도 유저네임 username과 패스워드password를 일반 텍스트 형태로 전달하여 이 값을 서버에서 검사하는 기본 인증basic authentication 방식이 가장 간단하다. 이 방식은 가장 간단한 대신 보안에 매우 취약하기 때문에 실전에서는 가능하면 사용하지 않는 것이 좋다. 또 다른 방식으로 MD5 해시를 이용한 다이제스트 인증digest authentication이 있다. 그러나 MD5에서 논스nonce 값을 사용하지 않을 때 여러 가지 취약점이 발견되어 지금은 거의 사용하지 않는다. 그래도 인증 방법 중에서는 간단한 방식인 데다, 논스 값을 사용하는 MD5 다이제스트 인증을 적용하면 최소한의 보안을 제공할 수 있으며, 예제에서는 WWW 인증 방식으로 사용자를 인증하는 코드를 작성하는 방법만 살펴보는 것으로도 충분하기 때문에, 예제 코드에서는 이 방식으로 WWW 인증 기능을 구현한다. 다이제스트 인증을 사용하려면 먼저 다음과 같이 HTTP 서버에 이 인증 방식을 사용하도록 설정한다.

```
HttpServer.RegisterAuthenticationMethod (
  new DigestAuthentication ("The Sensor Realm",
    GetDigestUserPasswordHash));
```

HTTPS 서버에 대해서도 똑같이 다이제스트 인증을 등록하는 코드를 작성해야 한다. 좀 더 확실하게 보호하고 싶다면, HttpServerAuthenticationMethod 클래스를 상속하여 원하는 기능을 직접 구현하면 된다.

이제 서버에 WWW 인증을 사용하도록 설정했다. 이제 어떤 웹 리소스에서 이러한 인증을 거치게 할지 지정해야 한다. 예제에서는 센서에서 측정한 데이터를 외부에 제공하는 웹 리소스에 대해 WWW 인증을 거치도록 설정한다. 코드로 표현하려면 다음과 같이 웹 리소스를 등록하는 메소드에서 세 번째 인자의 값을 true로 설정하면 된다.

```
HttpServer.Register ("/xml", HttpGetXml, true);
HttpServer.Register ("/json", HttpGetJson, true);
HttpServer.Register ("/turtle", HttpGetTurtle, true);
HttpServer.Register ("/rdf", HttpGetRdf, true);
```

사용자 자격증명

다이제스트 인증에 필요한 다이제스트 유저 패스워드 해시_{Digest User Password Hash} 값을 계산하기 전에, 유효한 자격증명만 사용하도록 사용자의 자격증명이 유효한지부터 검사해야 한다. 예제에서는 사용자가 단 한 명 뿐이므로, 인증 모델을 굉장히 간단하게 만들 것이다. 패스워드를 변경하는 기능을 추가하려면, 사용자 자격증명에 대한 영속성을 유지하는 클래스를 따로 만들어야 한다. 이를 위해 사용자의 자격증명을 오브젝트 데이터베이스로 관리하도록 다음과 같이 클래스를 새로 정의한다.

```
public class LoginCredentials : DBObject
{
  private string userName = string.Empty;
  private string passwordHash = string.Empty;

  public LoginCredentials ()
    : base (MainClass.db)
  {
  }
}
```

UserName 프로퍼티를 다음과 같이 게시한다.

```
[DBShortString(DB.ShortStringClipLength)]
public string UserName
{
  get { return this.userName; }
  set
  {
    if (this.userName != value)
    {
      this.userName = value;
      this.Modified = true;
    }
  }
}
```

이 코드에서 두 가지 부분에 주목할 필요가 있다. 먼저 이 클래스의 문자열로 된 프로퍼티에 DBShortString이라는 어트리뷰트를 붙여서, 이 문자열이 최대 250개의 문자로만 구성된 짧은 문자열이라고 지정했다. 이렇게 문자열의 길이를 짧게 지정하면 저장하거나 인덱스로 사용하기 좋다. 반대로 긴 문자열(DBLongString)로 지정하면 문자열의 길이에 제한이 없으며 짧은 문자열과는 다른 방식으로 저장된다. 또한 코드에서 set 메소드를 작성할 때, 프로퍼티의 값이 변할 때만 Modified라는 어트리뷰트를 지정했다. 이렇게 설정하면 프로퍼티의 값을 업데이트할 때 Update() 메소드 대신 UpdateIfModified()를 사용해 값이 변경됐을 때만 DB에 저장하게 할 수 있기 때문에, 데이터베이스에 접근하는 횟수를 줄일 수 있다.

관찰력이 뛰어난 독자라면 UserName 클래스에서 패스워드에 대한 프로퍼티를 정의할 때 password가 passwordHash를 사용한 것을 눈치챘을 것이다. 둘 중 어느 것으로 작성했는지에 따라 동작이 크게 달라진다. 가능하면 패스워드를 어디에도 저장하지 않는 것이 좋다. 오늘날 인터넷에서 사용하는 대부분의 인증 메커니즘에서는 패스워드를 직접 사용하지 않고 패스워드로 생성한 해시 값으로 인증하는 기능을 제공한다. 따라서 패스워드 원문을 사용하는 대신, 이에 대한 해시 값만 저장해도 충분히 인증할 수 있다.

따라서 예제에서도 패스워드에 대한 해시만 저장하도록, 패스워드 프로퍼티를 다음과 같이 정의했다.

```
[DBEncryptedShortString]
public string PasswordHash
{
  get { return this.passwordHash; }
  set
  {
    if (this.passwordHash != value)
    {
      this.passwordHash = value;
      this.Modified = true;
    }
  }
}
```

코드를 보면 패스워드 프로퍼티에 `DBEncryptedShortString`이라는 어트리뷰트를 지정했다. 이렇게 하면 프로퍼티를 짧은 문자열로 구성할 뿐만 아니라, 이 값을 저장할 때 암호화해서 저장한다. 이 방식은 어느 정도의 노력을 기울이면 쉽게 깰 수 있기 때문에 암호화 관점에서 그리 강력한 기법은 아니지만, 패스워드를 원문 그대로 저장하는 것보다는 안전하다.

사용자 자격증명 불러오기

마지막으로 데이터베이스에 저장된 자격증명을 불러오는 정적 메소드를 추가한다. 예제에서는 한 개의 오브젝트만 사용하도록 구성했기 때문에, 첫 번째 오브젝트를 생성한 뒤에 나오는 다른 오브젝트를 모두 삭제한다.

```
public static LoginCredentials LoadCredentials ()
{
  return MainClass.db.FindObjects<LoginCredentials> ().
    GetEarliestCreatedDeleteOthers ();
}
```

이렇게 생성한 사용자 자격증명에 대한 오브젝트를 저장하도록, 메인 클래스에 다음과 같은 `private static` 변수를 정의한다.

```
private static LoginCredentials credentials;
```

애플리케이션을 초기화하는 과정에서, 오브젝트 데이터베이스에서 자격증명 오브젝트를 불러오도록 코드를 작성한다. 이때 자격증명에 대한 오브젝트가 하나도 없다면, `Admin`이라는 유저네임과 `Password`라는 패스워드로 정의한 디폴트 오브젝트를 생성한다.

```
credentials = LoginCredentials.LoadCredentials ();
if (credentials == null)
{
  credentials = new LoginCredentials ();
  credentials.UserName = "Admin";
  credentials.PasswordHash = CalcHash ("Admin", "Password");
  credentials.SaveNew ();
}
```

해시 계산

이제 인증에 필요한 해시 값을 계산하는 코드를 작성한다. 다이제스트 인증에서 사용하는 해시는 패스워드로만 만들지 않고, 유저네임과 인증 범위realm, 패스워드를 콜론(":")으로 연결한 문자열로 생성해야 한다. 이를 코드로 표현하면 다음과 같다.

```
private static string CalcHash (string UserName, string Password)
{
  return Clayster.Library.Math.ExpressionNodes.Functions.
    Security.MD5.CalcHash (string.Format (
      "{0}:The Sensor Realm:{1}", UserName, Password));
}
```

이제 다이제스트 인증에 필요한 GetDigestUserPasswordHash() 인터페이스 메소드를 작성한다. 이 메소드는 현재 사용자가 자격증명에서 명시하는 사용자가 맞는지 확인할 때 사용된다. 코드는 다음과 같이 작성한다.

```
private static void GetDigestUserPasswordHash (string UserName,
  out string PasswordHash, out object AuthorizationObject)
{
  lock (credentials)
  {
    if (UserName == credentials.UserName)
    {
      PasswordHash = credentials.PasswordHash;
      AuthorizationObject = UserName;
    }
    else
    {
      PasswordHash = null;
      AuthorizationObject = null;
    }
  }
}
```

위 코드와 관련하여 두 가지 부분에 대해 짚고 넘어갈 필요가 있다. 먼저 패스워드 해시 값을 구하는 부분을 보면, 파라미터로 전달된 이름을 가진 사용자를 찾을 수 없을 때는 패스워드 해시와 인증 오브젝트를 null 값으로 지정하고, 해당 이름에 대한 사용자를 발견하면 패스워드 해시 값을 지정했다. 다이제스트 인증에서는 사용자가 입력한 패스워드에 대한 해시가 인터페이스 메소드인 GetDigestUserPasswordHash()로 알아낸 패스워드가 서로 일치할 때만 인증을 통과시킨다. 그리고 인증 오브젝트(AuthorizationObject)에 대한 부분을 보면, 인증에 통과해서 전달된 인증 오브젝트는 다른 웹 메소드에서 사용할 수 있다. 구현 방법에 따라 다르게 작성할 수도 있지만, 이렇게 하면 현재 인증된 사용자에 대한 정보를 제공하는 기능도 만들 수도 있다. 예제에서는 이 기능을 사용하지 않기 때문에, 인증 오브젝트로 유저네임만 지정했다. 기능을 좀 더 추가하려면 유저네임 대신, 사용자에 대한 데이터 레코드나 유사한 정보에 대한 포인터를 지정하면 된다.

코드를 다 작성했다면, 애플리케이션을 실행하고 브라우저에서 센서 데이터를 표시하는 페이지를 열어보면, 이전과 달리 로그인 창이 뜨는 것을 확인할 수 있다. 이 창에 유저네임으로 Admin을, 패스워드로 Password를 입력하면 데이터가 표시된다.

로그인 세션 방식으로 H2M 인증 인터페이스 만들기

이제 머신끼리 통신할 때 WWW 인증 방식으로 사용자를 인증하는 M2M_{machine-to-machine} 인터페이스에 대한 부분은 다 만들었다. 이번에는 사람이 웹 폼에 정보를 입력하여 로그인 세션을 생성하는 방식으로 인증하는 H2M_{human-to-machine} 인터페이스을 만들어보자. H2M에 대한 인증은 HTTP에 대해 설명할 때 소개한 웹 폼 로그인 형태로 만들 것이다.

우선 HttpGetRoot() 메소드에서 루트 웹 페이지를 생성하는 try 구문을 수정해야 한다. 코드에서 수정한 부분은 굵게 표시했다.

```
string SessionId = req.Header.GetCookie ("SessionId");

resp.ContentType = "text/html";
resp.Encoding = System.Text.Encoding.UTF8;
resp.ReturnCode = HttpStatusCode.Successful_OK;

if (CheckSession (SessionId))
```

```
{
  resp.Write ("<html><head><title>Sensor</title></head>");
  resp.Write ("<body><h1>Welcome to Sensor</h1>");
  resp.Write ("<p>Below, choose what you want to do.</p><ul>");
  resp.Write ("<li><a href='/credentials'>");
  resp.Write ("Update login credentials.</a></li>");
  resp.Write ("<li>View Data</li><ul>");
  resp.Write ("<li><a href='/xml?Momentary=1'>");
  resp.Write ("View data as XML using REST</a></li>");
  resp.Write ("<li><a href='/json?Momentary=1'>");
  resp.Write ("View data as JSON using REST</a></li>");
  resp.Write ("<li><a href='/turtle?Momentary=1'>");
  resp.Write ("View data as TURTLE using REST</a></li>");
  resp.Write ("<li><a href='/rdf?Momentary=1'>");
  resp.Write ("View data as RDF using REST</a></li>");
  resp.Write ("<li><a href='/html'>");
  resp.Write ("Data in a HTML page with graphs</a></li></ul>");
  resp.Write ("</body></html>");
} else
  OutputLoginForm (resp, string.Empty);
```

먼저 SessionId 값으로 지정된 쿠키가 있는지 확인한다. 쿠키는 사이트 단위로 만들기 때문에, 다른 사이트에서 사용하는 쿠키와 섞일 염려는 없다. 쿠키가 있다면 CheckSession() 메소드를 호출해 이 쿠키가 가리키는 세션이 유효한지, 세션이 위조됐거나 세션의 ID가 오래된 것은 아닌지 검사한다. 세션에 문제가 없다면 화면에 메뉴를 표시할 때 /credentials에 대한 링크도 표시하도록 수정한다. 사용자는 이 페이지를 통해 유저네임과 패스워드를 변경할 수 있다. 세션이 유효하지 않다면 다시 로그인하도록 OutputLoginForm() 메소드를 호출하여 로그인 폼을 담은 창을 새로 띄운다. 이때 Message 파라미터를 통해 로그인 창에 원하는 메시지를 표시할 수 있다. 코드는 다음과 같이 작성한다.

```
private static void OutputLoginForm (HttpServerResponse resp,
  string Message)
{
  resp.Write ("<html><head><title>Sensor</title></head>");
  resp.Write ("<body><form method='POST' action='/' ");
  resp.Write ("target='_self' autocomplete='true'>");
```

```
resp.Write (Message);
resp.Write ("<h1>Login</h1>");
resp.Write ("<p><label for='UserName'>");
resp.Write ("User Name:</label><br/>");
resp.Write ("<input type='text' name='UserName'/></p>");
resp.Write ("<p><label for='Password'>");
resp.Write ("Password:</label><br/>");
resp.Write ("<input type='password' name='Password'/></p>");
resp.Write ("<p><input type='submit' value='Login'/></p>");
resp.Write ("</form></body></html>");
}
```

애플리케이션을 실행하면 다음과 같이 로그인 창이 조그맣게 나타나는 것을 확인할 수 있다.

POST 요청 처리

사용자가 로그인 정보를 입력하고 **Login** 버튼을 클릭하면 form 태그의 action 어트리뷰트로 지정한 리소스에게 사용자가 입력한 정보를 전달하도록 POST 방식으로 요청을 보낸다. 예제에서는 요청을 보낸 뒤에 브라우저 화면이 다시 '/'로 되돌아가도록 만들 것이다. 이를 위해 리소스를 등록하는 부분에 '/'에 대한 POST 핸들러를 추가한다.

```
HttpServer.Register ("/", HttpGetRoot, HttpPostRoot, false);
```

POST 핸들러를 작성하는 방법은 앞에서 작성한 다른 핸들러와 비슷하기 때문에, 여기에 대한 설명은 생략한다.

```
private static void HttpPostRoot (HttpServerResponse resp,
  HttpServerRequest req)
{
  networkLed.High ();
  try
  {
  }
  finally
  {
    networkLed.Low ();
  }
}
```

GET 방식과 달리 POST 방식에서는 요청을 보낼 때 클라이언트에서 제공하는 데이터를 인코딩해서 보낼 수 있다. 이러한 요청을 받은 HTTP 서버는 요청에서 제공하는 정보와 MIME 디코더를 이용해 전달 받은 데이터를 디코딩해서 요청 오브젝트의 Data 프로퍼티에 담아둔다. 예제에서는 웹 폼으로 지정한 값을 담은 FormParameters 오브젝트만 받기 때문에, 다른 오브젝트가 전달되면 클라이언트에게 잘못된 요청(bad request)이라는 에러 메시지로 응답한다. 지금까지 설명한 방식으로 동작하도록, try 구문에 다음과 같이 코드를 추가한다.

```
FormParameters Parameters = req.Data as FormParameters;
if (Parameters == null)
  throw new HttpException (
    HttpStatusCode.ClientError_BadRequest);
```

이제 폼을 POST로 전송하는 부분을 만들었으니, 폼으로 전달된 유저네임과 패스워드를 추출해서 해당 사용자가 시스템에 등록됐는지 확인하는 코드를 작성한다.

```
string UserName = Parameters ["UserName"];
string Password = Parameters ["Password"];
string Hash;
object AuthorizationObject;

GetDigestUserPasswordHash (UserName,
  out Hash, out AuthorizationObject);
```

전달된 사용자 정보를 시스템에서 찾을 수 없다면, 해시와 인증 오브젝트 값이 null로 설정된다. 유저네임은 있는데, 전달된 해시 값이 저장된 해시 값과 다르면, 패스워스를 잘못 입력했다는 것을 알 수 있다. 유저네임과 패스워드 중 어느 하나라도 잘못됐다면(그래서 입력한 사용자가 시스템에 등록됐는지 알 수 없다면), 클라이언트에게 다음과 같이 에러 메시지를 전달한다.

```
if (AuthorizationObject == null ||
  Hash != CalcHash (UserName, Password))
{
  resp.ContentType = "text/html";
  resp.Encoding = System.Text.Encoding.UTF8;
  resp.ReturnCode = HttpStatusCode.Successful_OK;

  Log.Warning ("Invalid login attempt.", EventLevel.Minor,
    UserName, req.ClientAddress);
  OutputLoginForm (resp, "<p>The login was incorrect. " +
    "Either the user name or the password was " +
    "incorrect. Please try again.</p>");
```

코드를 보면 잘못된 값으로 로그인할 때 이에 대한 로그를 남기도록 작성한 것을 알 수 있다. 이렇게 로그인에 실패할 경우를 코드에서 따로 빼두면, 나중에 네트워크에서 침투 공격이 들어오는지 감지하는 기능을 구현하는데 활용할 수 있다.

PRG로 페이지 이동에 대한 사용자 경험 개선

정상적으로 로그인했을 때도 로그에 기록해둔다. 로그인에 실패했을 때와 달리, 정상적으로 로그인했다면 이 사용자에 대한 세션을 만들고, 이를 쿠키에 담아 클라이언트에게 보낸다. 그러면 다음에 클라이언트가 서버에 요청할 때마다 이 쿠키도 같이 보낸다.

아래에 나온 코드를 보면, 성공적으로 처리했다는 코드(200)를 리턴해서 다른 페이지로 이동하지 않고, See Other라는 리다이렉션 코드를 리턴하여 같은 페이지에 계속 머물도록 작성했다. 응답 코드를 이렇게 보내면 브라우저에서 페이지를 새로 고침reload하게 되는데, 이번에는 POST가 아닌 GET 방식으로 실행된다.

따라서 사용자가 로그인 한 상태에 있다면, 이에 대한 세션을 알아내서 로그인 상태에 맞는 페이지를 표시한다. 이렇게 POST/Redirect/GET으로 구성하는 패턴을 PRG 패턴이라 부른다.

PRG 패턴은 주로 사용자가 브라우저에서 뒤로 가기Back나 앞으로 가기Forward 버튼을 클릭하여 페이지를 앞뒤로 이동할 때 발생하는 문제를 해결하기 위한 용도로 활용된다. 응답 코드를 See Other로 보내면, 브라우저의 히스토리에 있는 POST 연산을 삭제하고, POST로 요청한 페이지를 GET 방식으로 요청하도록 수정한다. 이렇게 하지 않으면 사용자가 실수로 뒤로 가기나 앞으로 가기 버튼을 클릭할 때마다 서버로 정보를 다시 보낼 지를 사용자에게 물어보는 메시지가 나타난다. 이러한 메시지가 브라우저에 쏟아지게 되면 사용자를 헷갈리게 할 뿐만 아니라, 서버에서도 작업을 제대로 수행하기가 힘들 수 있다. PRG 패턴으로 코드를 작성하면 다음과 같다.

```
  } else
  {
    Log.Information ("User logged in.", EventLevel.Minor,
      UserName, req.ClientAddress);

    string SessionId = CreateSessionId (UserName);
    resp.SetCookie ("SessionId", SessionId, "/");
    resp.ReturnCode = HttpStatusCode.Redirection_SeeOther;
    resp.AddHeader ("Location", "/");
    resp.SendResponse ();
  }
```

세션 만들기

ID 값으로 세션을 빨리 찾거나 오래되어 더 이상 사용하지 않은 세션을 삭제하기 쉽도록, 세션을 생성할 때 이에 대한 자료 구조를 만들어야 한다. 세션에 대한 자료 구조는 두 개의 딕셔너리로 만든다. 하나는 이 세션을 누가 마지막으로 참조했는 지를 검색할 때 사용하고, 다른 하나는 마지막으로 참조한 시각으로 세션 ID를 찾아낼 때 사용한다. 이러한 딕셔너리를 정의하는 코드는 다음과 같이 작성한다.

```
private static Dictionary<string,
  KeyValuePair<DateTime, string> lastAccessBySessionId =
    new Dictionary<string, KeyValuePair<DateTime, string>> ();

private static SortedDictionary<DateTime, string>
  sessionIdByLastAccess =
    new SortedDictionary<DateTime, string> ();
```

세션 만료 시간을 설정하고 난수 발생기를 생성하는 코드도 작성한다. 예제에서는 세션 만료 시간을 2분으로 설정했다.

```
private static readonly TimeSpan sessionTimeout =
  new TimeSpan (0, 2, 0);
private static Random gen = new Random ();
```

세션 ID를 만드는 과정은 간단하다. ID 값은 클라이언트가 쉽게 추측하기 힘들 정도로만 복잡하게 구성한다. 예제에서는 GUID를 세션 ID로 사용했다. 코드는 다음과 같다.

```
private static string CreateSessionId (string UserName)
{
  string SessionId = Guid.NewGuid ().ToString ();
  return SessionId;
}
```

세션 ID를 리턴하기 전에, 이 값을 앞에서 정의한 데이터 구조에 추가해야 한다. 여기에 대한 코드는 다음과 같이 작성한다. 흔히 발생하진 않지만 확률상 같은 시각에 여러 개의 세션이 동시에 생성될 수도 있다. 두 딕셔너리 중 하나는 DateTime 값을 키로 사용하기 때문에, 혹시라도 키 값이 중복되지 않는지 확인해야 한다. 실제로 이런 일이 발생한다면, 더 이상 중복된 키 값이 없을 때까지 루프를 돌면서 난수를 하나씩 생성하여 세션 ID의 타임스탬프 값에 붙여보는 방식으로 해결할 수 있다. 대부분의 경우 이 정도만 해줘도 충분히 중복을 피할 수 있다. 또한 딕셔너리에 접근할 때 한 번에 하나의 스레드만 접근하도록, 데이터 구조에 접근하는 코드를 lock 구문으로 감싸서 크리티컬 섹션으로 구성한다.

```
DateTime Now = DateTime.Now;

lock (lastAccessBySessionId)
{
  while (sessionIdByLastAccess.ContainsKey (Now))
    Now = Now.AddTicks (gen.Next (1, 10));

  sessionIdByLastAccess [Now] = SessionId;
  lastAccessBySessionId [SessionId] =
    new KeyValuePair<DateTime, string> (Now, UserName);
}
```

세션에 대한 유효성 검사

웹 리소스는 요청을 받을 때마다 세션을 참조해 해당 세션이 유효한 지 검사해야
한다. 다시 말해 요청한 세션이 존재하는지, 너무 오래된 것은 아닌지 등을 애플리
케이션에서 검사해야 한다. 이때 세션을 사용하는 동안 만료되지 않고 유지하도
록, 마지막으로 세션에 마지막으로 접근한 시간도 갱신해야 한다.

세션을 검사하는 기능을 추가하기 위해 다음과 같이 메소드를 작성한다. 이 메소
드에서는 파라미터로 지정한 세션이 존재하고 이 값이 현재도 유효하다면 true를
리턴하고, 그렇지 않을 때는 false를 리턴한다. 이 메소드에서는 마지막으로 세션
에 접근한 사용자가 있다면 그 사용자의 이름도 같이 리턴한다.

```
internal static bool CheckSession (string SessionId,
  out string UserName)
{
  KeyValuePair<DateTime, string> Pair;
  DateTime TP;
  DateTime Now;

  UserName = null;
```

먼저 세션에 대한 자료 구조에 파라미터로 지정한 세션 ID가 저장되어 있는지 찾
는다. 세션에 대한 자료 구조에 접근할 때 여러 스레드가 동시에 접근해서 데이터
가 꼬이지 않도록, 자료 구조에 접근하는 코드를 항상 크리티컬 섹션으로 구성해
야 한다.

```
    lock (lastAccessBySessionId)
    {
      if (!lastAccessBySessionId.TryGetValue (SessionId,
        out Pair))
          return false;
```

세션을 찾았다면, 이 세션이 너무 오래된 것은 아닌지, 더 이상 유효하지 않는 것
은 아닌지 검사한다.

```
      TP = Pair.Key;
      Now = DateTime.Now;

      if (Now - TP > sessionTimeout)
      {
        lastAccessBySessionId.Remove (SessionId);
        sessionIdByLastAccess.Remove (TP);
        return false;
      }
```

세션에 문제가 없다면, 현재 시각에 세션을 사용했다는 기록을 남기도록 타임스
탬프 정보를 업데이트한다. 이때 다른 세션과 같은 값으로 지정되지 않도록 주의
한다.

```
      sessionIdByLastAccess.Remove (TP);
      while (sessionIdByLastAccess.ContainsKey (Now))
        Now = Now.AddTicks (gen.Next (1, 10));

      sessionIdByLastAccess [Now] = SessionId;
      UserName = Pair.Value;
      lastAccessBySessionId [SessionId] =
        new KeyValuePair<DateTime, string> (Now,
          UserName);
    }
    return true;
  }
```

세션을 사용한 사용자 이름에는 관심 없고 세션이 유효한지만 확인하려면, 다음과
같이 좀 더 간단히 작성해도 된다.

```
private static bool CheckSession (string SessionId)
{
    string UserName;
    return CheckSession (SessionId, out UserName);
}
```

이제 세션을 검사하는 부분을 다 만들었다. WWW 인증을 사용하지 않는 모든 웹 서비스에서 이렇게 검사하도록 설정한다. 이러한 검사를 수행하는 핸들러에 다음 과 같은 코드를 추가한다. 이 코드를 보면 유효하지 않은 세션으로 리소스에 접근 하면, 일단 리소스에 접근하지 못하게 하고 루트 페이지로 리다이렉션 시킨 뒤, 다 시 로그인하도록 로그인 폼을 띄운다.

```
string SessionId = req.Header.GetCookie ("SessionId");
if (!CheckSession (SessionId))
    throw new HttpTemporaryRedirectException ("/");
```

쿠키가 없을 때는 `GetCookie()` 메소드가 빈 문자열을 리턴하기 때문에, `CheckSession()` 메소드에서 `false`를 리턴하게 된다. 단 WWW 인증 방식을 적 용한 리소스에는 이 코드를 추가하지 않는다. 이러한 리소스는 머신에서만 접근하 기 위한 용도로 별도의 로그인 과정을 거치지 않고 간단히 WWW 인증만 사용하 기 세션이 생성되지 않는다.

오래된 세션 삭제

메모리를 효율적으로 관리하려면, 오래된 세션을 삭제해야 한다. 세션을 저장하 는 딕셔너리는 마지막으로 접근한 시각을 기준으로 정렬되어 있기 때문에 가장 오래된 세션이 항상 제일 앞에 나온다. 따라서 이 딕셔너리에 대해 처음부터 루프 를 돌다가 오래된 세션의 기준이 되는 시점에 빠져나오는 방식으로 삭제할 세션 을 골라낼 수 있다. 이때 루프를 도는 중간에 세션을 삭제하면 딕셔너리의 열거자 enumerator가 손상되기 때문에, 루프를 도는 동안에는 임시 자료 구조에 저장해뒀다 가, 루프를 다 돌고 나서 한꺼번에 삭제해야 한다. 코드는 다음과 같이 작성한다.

```
private static void RemoveOldSessions ()
{
```

```
Dictionary<string,KeyValuePair<DateTime, string>>
  ToRemove = null;
DateTime OlderThan = DateTime.Now.Subtract (sessionTimeout);
KeyValuePair<DateTime, string> Pair2;
string UserName;

lock (lastAccessBySessionId)
{
  foreach (KeyValuePair<DateTime,string>Pair
    in sessionIdByLastAccess)
  {
    if (Pair.Key <= OlderThan)
    {
      if (ToRemove == null)
        ToRemove = new Dictionary<string,
          KeyValuePair<DateTime, string>>();

      if (lastAccessBySessionId.TryGetValue (
        Pair.Value, out Pair2))
          UserName = Pair2.Value;
      else
        UserName = string.Empty;

      ToRemove [Pair.Value] =
        new KeyValuePair<DateTime, string>
          (Pair.Key, UserName);
    } else
      break;
  }
```

이제 삭제할 세션을 찾았으니, 열거자를 손상시키지 않고 안전하게 제거할 수 있다. 나중에 만료된 세션으로 로그인하는지 쉽게 알아낼 수 있도록, 세션을 삭제할 때 이에 대한 정보를 로그에 남겨둔다.

```
    if (ToRemove != null)
    {
      foreach (KeyValuePair<string,
        KeyValuePair<DateTime, string>>Pair in ToRemove)
      {
        lastAccessBySessionId.Remove (Pair.Key);
```

```
        sessionIdByLastAccess.Remove
           (Pair.Value.Key);

        Log.Information ("User session closed.",
           EventLevel.Minor, Pair.Value.Value);
      }
    }
  }
}
```

이제 RemoveOldSessions() 메소드를 호출할 위치를 결정해야 한다. 이 메소드는 주기적으로 호출해야 하므로, 측정 타이머가 끝나서 이에 대한 LED가 꺼지고 난 직후에 호출하는 것이 가장 좋다.

```
  } finally
  {
    measurementLed.Low ();
    RemoveOldSessions ();
  }
```

WWW 인증에 대한 동작 변경

지금까지 수정한 코드를 실행시켜보면, 사용자로부터 로그인 정보를 받고, 이렇게 로그인 한 사용자에 따라 페이지가 다르게 표시되는 것을 볼 수 있다. 그러나 센서 데이터를 표시하는 페이지로 이동하면, 로그인 정보를 입력하는 창이 다시 뜨게 된다. 이러한 현상이 나타나는 이유는, 센서 데이터를 제공하는 페이지에 대한 인증을 HTTP에서 기본적으로 제공하는 WWW 인증 방식으로 구현했기 때문이다. 이미 로그인 한 상태라면 다시 로그인 정보를 묻지 않고 세션 정보를 이용해 페이지에 그냥 접속할 수 있게 하려면, HTTP에서 제공하는 표준 WWW 인증 메소드의 동작을 수정해야 한다. 다행히 이렇게 수정하는 작업은 어렵지 않다. 요청 헤더의 쿠키로 전달된 세션 ID가 유효하다면 클라이언트에게 사용자 인증을 다시 요청하지 않고 이미 인증된 사용자로 처리하도록 WWW 인증 과정을 수정하기만 하면 된다. 먼저 새롭게 정의할 인증 메커니즘을 선언하는 코드부터 작성한다.

```
  public class SessionAuthentication :
```

```
HttpServerAuthenticationMethod
{
  public SessionAuthentication ()
  {
  }
}
```

클라이언트에게 로그인 요청을 다시 보내지 않도록, 다음과 같이 공백 문자열을
리턴한다.

```
public override string Challenge
{
  get
  {
    return string.Empty;
  }
}
```

그다음 쿠키를 통해 전달된 세션 ID가 유효하다면 해당 사용자를 인증하는 코드
를 작성한다.

```
public override object Authorize (HttpHeader Header,
  HttpServer.Method Method, IHttpServerResource Resource,
  System.Net.EndPoint RemoteEndPoint, out string UserName,
  out UnauthorizedReason Reason)
{
  string SessionId = Header.GetCookie ("SessionId");

  if (MainClass.CheckSession (SessionId, out UserName))
  {
    Reason = UnauthorizedReason.NoError;
    return UserName;
  }
  else
  {
    Reason = UnauthorizedReason.OldCredentialsTryAgain;
    return null;
  }
}
```

애플리케이션을 초기화할 때, 이렇게 새로 만든 인증 메소드를 사용하도록 HTTP 서버에 등록해야 한다. 이렇게 등록하는 코드는 앞에서 다이제스트 인증 메소드를 등록할 때와 동일한 방식으로 작성한다.

```
HttpServer.RegisterAuthenticationMethod (
    new SessionAuthentication ());
```

이제 로그인 세션이 있다면 WWW 인증을 다시 거치지 않도록 변경했다. 그러나 세션을 사용하지 않고 접근하는 사용자에 대해서는 원래대로 WWW 인증 방식의 로그인 창이 띄운다.

사용자 자격증명 수정

인증과 관련된 마지막 작업으로, 사용자가 원하는 값으로 자격증명 정보를 수정하는 부분을 만들어야 한다. 앞에서 이미 여기에 필요한 /credentials의 링크를 첫 페이지에 추가해뒀다. 따라서 다음과 같이 이 리소스를 등록하는 코드만 작성하면 된다.

```
HttpServer.Register ("/credentials", HttpGetCredentials,
    HttpPostCredentials, false);
```

HttpGetCredentials() 메소드는 세션을 검사해서 OutputCredentialsForm() 으로 생성한 자격증명 폼을 리턴한다. POST 메소드 핸들러에서도 호출할 수 있도록 이 폼을 별도 메소드에 넣었다.

```
private static void HttpGetCredentials (HttpServerResponse resp,
    HttpServerRequest req)
{
    networkLed.High ();
    try
    {
        string SessionId = req.Header.GetCookie ("SessionId");
        if (!CheckSession (SessionId))
            throw new HttpTemporaryRedirectException ("/");

        resp.ContentType = "text/html";
        resp.Encoding = System.Text.Encoding.UTF8;
```

```
      resp.ReturnCode = HttpStatusCode.Successful_OK;

      OutputCredentialsForm (resp, string.Empty);
    } finally
    {
      networkLed.Low ();
    }
  }
```

자격증명 폼을 만드는 과정은 단순하다. 몇 가지 입력 필드만 추가해서 앞에서 폼을 만들 때와 같은 방식으로 코드를 작성하면 된다.

```
private static void OutputCredentialsForm (
  HttpServerResponse resp, string Message)
{
  resp.Write ("<html><head><title>Sensor</title></head><body>");
  resp.Write ("<form method='POST' action='/credentials' ");
  resp.Write ("target='_self' autocomplete='true'>");
  resp.Write (Message);
  resp.Write ("<h1>Update Login Credentials</h1>");
  resp.Write ("<p><label for='UserName'>");
  resp.Write ("User Name:</label><br/>");
  resp.Write ("<input type='text' name='UserName'/></p>");
  resp.Write ("<p><label for='Password'>");
  resp.Write ("Password:</label><br/>");
  resp.Write ("<input type='password' name='Password'/></p>");
  resp.Write ("<p><label for='NewUserName'>");
  resp.Write ("New User Name:</label><br/>");
  resp.Write ("<input type='text' name='NewUserName'/></p>");
  resp.Write ("<p><label for='NewPassword1'>");
  resp.Write ("New Password:</label><br/>");
  resp.Write ("<input type='password' ");
  resp.Write ("name='NewPassword1'/></p>");
  resp.Write ("<p><label for='NewPassword2'>");
  resp.Write ("New Password again:</label><br/>");
  resp.Write ("<input type='password' ");
  resp.Write ("name='NewPassword2'/></p>");
  resp.Write ("<p><input type='submit' value='Update'/></p>");
  resp.Write ("</form></body></html>");
}
```

이렇게 작성한 폼을 브라우저에서 보면 다음과 나타나는 것을 확인할 수 있다.

Update Login Credentials

User Name:

Password:

New User Name:

New Password:

New Password again:

[Update]

사용자 자격증명 정보 수정

사용자가 **Update** 버튼을 누르면 /credentials로 POST 메시지를 전송한다. HTML 페이지의 `form` 태그를 보면 이렇게 동작하도록 정의된 것을 볼 수 있다. 여기에 대한 메소드 핸들러도 앞에서 이미 등록했다. 이 핸들러에 대한 코드도 다른 핸들러와 크게 다르지 않다.

```
private static void HttpPostCredentials (HttpServerResponse resp,
  HttpServerRequest req)
{
  networkLed.High ();
  try
  {
    string SessionId = req.Header.GetCookie ("SessionId");
    if (!CheckSession (SessionId))
      throw new HttpTemporaryRedirectException ("/");
  } finally
  {
    networkLed.Low ();
  }
}
```

POST 요청을 보낼 때 폼 파라미터도 같이 보내야 한다. 그렇지 않으면 잘못된 요청으로 처리된다.

```
FormParameters Parameters = req.Data as FormParameters;
if (Parameters == null)
  throw new HttpException (
    HttpStatusCode.ClientError_BadRequest);
```

검사 과정에서 문제가 발생하면 사용자에게 HTML로 메시지를 리턴하도록 코드를 작성했다. 그래서 HTTP 프로토콜 관점에서 보면 에러에 대해 응답도 OK로 처리한다. 따라서 클라이언트에게 전달할 콘텐츠의 종류와 요청에 대한 처리 결과를 다음과 같이 응답에 담아서 전달한다.

```
resp.ContentType = "text/html";
resp.Encoding = System.Text.Encoding.UTF8;
resp.ReturnCode = HttpStatusCode.Successful_OK;
```

가장 먼저 폼에 담긴 파라미터 값부터 가져온다. 폼에 없는 파라미터에 대해서는 공백 문자열이 리턴되기 때문에, 파라미터 값이 있는 지를 검사할 필요는 없다.

```
string UserName = Parameters ["UserName"];
string Password = Parameters ["Password"];
string NewUserName = Parameters ["NewUserName"];
string NewPassword1 = Parameters ["NewPassword1"];
string NewPassword2 = Parameters ["NewPassword2"];
```

정상적으로 로그인한 사용자가 장치 정보를 표시하는 페이지를 띄워둔 채 자리를 비운 사이, 다른 사람이 장난삼아 로그인 정보를 변경하지 않도록, 현재 사용자에 대한 자격증명을 다시 확인한다.

```
string Hash;
object AuthorizationObject;

GetDigestUserPasswordHash (UserName, out Hash,
  out AuthorizationObject);
```

다시 확인했을 때 자격증명이 맞지 않으면, 아래 코드와 같이 적절한 에러 메시지를 담아 폼을 다시 표시한다. 잘못된 로그인 시도에 대한 정보도 이벤트 로그에 기록한다. 그러면 나중에 누군가 네트워크를 통해 침입하려고 시도하는지 찾아낼 수 있다.

```
if (AuthorizationObject == null ||
  Hash != CalcHash (UserName, Password))
{
  Log.Warning ("Invalid attempt to change login credentials.",
    EventLevel.Minor, UserName, req.ClientAddress);
  OutputCredentialsForm (resp, "<p>Login credentials " +
    "provided were not correct. Please try again.</p>");
```

흔히 패스워드의 철자를 잘못 입력하는 실수를 저지르곤 한다. 자격증명 정보를 변경할 때 이렇게 실수하면 어떤 값으로 입력했는지 알아내기 힘들기 때문에 곤란한 상황에 처하게 된다. 따라서 항상 패스워드 입력 필드를 두 개씩 둬서, 각각 입력한 값이 서로 같은지 확인한다. 두 값이 다르면 사용자에게 에러 메시지를 보낸다.

```
} else if (NewPassword1 != NewPassword2)
{

  OutputCredentialsForm (resp,
    "<p>The new password was not entered correctly. " +
    "Please provide the same new password twice.</p>");
```

유저네임과 패스워드로 지정할 수 있는 값을 제한하면 더 좋다. 예제에서는 간단히 유저네임과 패스워드를 공백으로 입력하지 않는다는 정도로만 제한한다.

```
} else if (string.IsNullOrEmpty (UserName) ||
  string.IsNullOrEmpty (NewPassword1))
{
  OutputCredentialsForm (resp, "<p>Please provide a " +
    "non-empty user name and password.</p>");
```

누군가 유저네임을 굉장히 길게 지정하는 바람에 애플리케이션이 뻗지 않도록 유저네임의 길이를 검사하는 코드도 작성한다. 패스워드는 어차피 해시 값으로 변환하기 때문에 어떠한 길이로 지정해도 상관없다.

```
  } else if (UserName.Length > DB.ShortStringClipLength)
  {
    OutputCredentialsForm (resp, "<p>The new user name " +
      "was too long.</p>");
```

수정한 자격증명에 대한 정보가 제대로 입력되어 모든 검사를 무사히 통과했다면,
이러한 정보를 로그에 남기고 수정한 값에 맞게 credentials 오브젝트를 업데이
트한다. 앞에서 LoginCredentials를 구현할 때, 프로퍼티 중에서 어느 하나라도
새로운 값으로 설정하면 Modified 프로퍼티를 true로 지정하도록 코드를 작성한
바 있다. 이렇게 하면 값이 변해서 진짜로 저장해야 할 때만 데이터베이스에 접근
하게 된다. 오브젝트를 저장한 뒤에는 단순히 성공적으로 처리됐다는 응답만 보내
지 말고, 앞에서 설명한 PRG 패턴을 사용해 메인 페이지로 리다이렉션 시킨다. 이
렇게 하면 사용자가 뒤로 가거나 앞으로 가기 버튼을 눌러 히스토리에 기록된 페
이지 사이를 이동하는 바람에 브라우저에 문제가 발생하는 일을 방지할 수 있다.
지금까지 설명한 사항을 코드로 작성하면 다음과 같다.

```
  } else
  {
    Log.Information ("Login credentials changed.",
      EventLevel.Minor, UserName, req.ClientAddress);

    credentials.UserName = NewUserName;
    credentials.PasswordHash =
      CalcHash (NewUserName, NewPassword1);
    credentials.UpdateIfModified ();

    resp.ReturnCode = HttpStatusCode.Redirection_SeeOther;
    resp.AddHeader ("Location", "/");
    resp.SendResponse ();
  }
```

HTTP에서 이벤트 구독 메커니즘 구현

HTTP에서 이벤트를 보내는 방법은 다양하다. 가령 센서 프로젝트처럼 HTTP 서버를 사용하는 경우에는, 특정한 타입의 요청에 대해서는 응답을 즉시 보내지 않고 기다리다가, 특정한 이벤트가 발생하거나 요청 시간이 만료될 때 응답하게 만들 수 있다. 이렇게 하면 센서에서 클라이언트에 직접 접근하지 않고도 이벤트를 보내는 효과를 구현할 수 있다. 이 절에서는 사용자가 센서를 폴링하지 않고도 센서에서 일어나는 이벤트를 알려주도록 구현하는 방법을 소개한다. 이렇게 동작하도록 구성하면 다양한 이벤트에 대한 구독하는 기능을 쉽게 구현할 수 있다. 구체적인 작성 방법을 살펴보기 위해, 앞에서 만든 센서 프로젝트에 이벤트 구독 메커니즘을 구현해보자.

이벤트 구독 메커니즘

HTTP 서버는 누군가 먼저 요청을 보내지 않으면 데이터를 제공할 수 없다. 이 책의 예제에서는 센서를 HTTP 서버로 만들었기 때문에, 센서에서 발생하는 이벤트 중에서 클라이언트가 관심 있는 이벤트만 골라서 받으려면, 먼저 이에 대한 요청을 센서에게 보내는 방식으로 센서에 대한 이벤트 구독 신청을 구현해야 한다.

일반적으로 HTTP 서버는 요청이 들어오면 곧바로 처리해서 응답을 보낸다. 하지만 이벤트를 구독하기 위해 보내는 요청에 대해서는 곧바로 응답하지 않고, 누가 어떤 이벤트를 구독하는 지에 대한 정보만 리스트에 내부적으로 저장해두고 기다리다가, 나중에 장치에서 뭔가 이벤트가 발생하면 이러한 구독 요청 이벤트 리스트를 검색해서 해당 이벤트에 대한 항목이 발견될 때만 응답을 보낸다. 이때 응답은 발생한 이벤트를 구독하는 클라이언트에게만 보낸다.

이렇게 동작하도록 구성하면 요청을 보내서 응답을 받게 될 때까지 걸리는 시간이 상당히 길어진다. TCP에서는 일정한 시간 동안 아무런 통신이 일어나지 않으면 연결을 끊어버리는데 이때 기준이 되는 시간은 네트워크마다 달라질 수 있다. 따라서 이벤트에 대한 구독 요청을 보낼 때 현재 네트워크 환경을 고려해서 TCP 타임아웃timeout 파라미터를 적당한 값으로 지정해야 한다. 그러면 서버는 이렇게 지정된 시간만큼 충분히 기다리다가 아무런 이벤트도 발생하지 않더라도 타임아웃 시간이 만료되기 직전에 일단 응답을 보내기 때문에 HTTP에서 사용하는 TCP 연결이 끊어지지 않고 계속 유지하게 할 수 있다.

이러한 방식으로 이벤트 구독 메커니즘을 구현하면, 자신이 원하는 이벤트가 발생했는지 확인하기 위해 수시로 센서에 직접 접속하여 값을 확인하는 폴링 방식을 사용할 때보다 훨씬 효율적으로 동작하게 만들 수 있다. 따라서 이벤트를 구독하려는 사용자는 먼저 센서에 이벤트 구독 요청을 보내고 응답이 올 때까지 기다리고 있다가, 응답이 오면 곧바로 요청을 새로 만들어서 보내서 응답이 올 때까지 또 기다린다. 이러한 과정을 반복하면서 계속 기다리고 있다가 원하는 이벤트가 발생하면 이를 전달 받게 된다. 이렇게 하면 사용자가 매번 센서에 접속하지 않아도 될 뿐만 아니라, 센서에서 발생한 이벤트를 모두에게 알리지 않고 이를 구독한 이에게만 전달하기 때문에, 통신의 효율성을 크게 높일 수 있다.

구독하려는 이벤트 표현

이제 사용자가 어떤 이벤트를 구독하려고 하는지 알아야 한다. 예제에서는 다음과 같이 네 가지 이벤트가 발생하도록 구성했다.

- 온도를 측정한 값이 지정된 범위를 벗어난 경우
- 빛에 대한 측정 값이 지정된 범위를 벗어난 경우
- 움직임에 대한 값이 이전과 달라질 경우
- 일정한 시간 동안 아무 일도 발생하지 않은 경우

사용자는 이러한 이벤트 중 어느 하나에만 관심 있을 수도 있고, 네 가지 이벤트 모두 구독하고 싶어할 수도 있다. 따라서 사용자가 원하는 이벤트에 대한 정보를 표현하도록 다음과 같이 클래스를 정의한다.

```
public class PendingEvent
{
  private HttpServerResponse response;
  private ISensorDataExport exportModule;
```

```
    private string contentType;
    private double? temp = null;
    private double? tempDiff = null;
    private double? light = null;
    private double? lightDiff = null;
    private bool? motion = null;
    private DateTime timeout;
```

이 클래스를 정의할 때, 서버에서 뭔가 응답을 보낼 때 사용할 HTTP 응답 오브젝트와, 센서 데이터를 외부로 내보내는 기능을 제공하는 모듈과, 이벤트가 발생했을 때 센서 데이터를 보낼 때 적용할 포맷을 지정하는 콘텐트 타입을 저장하기 위한 필드를 추가한다. 또한 이벤트가 발생하지 않더라도 구독자에게 응답을 보내서 연결을 유지하도록, 응답을 보낼 때까지 최대한 기다릴 시간을 지정하는 timeout 파라미터에 대한 필드도 추가한다.

구독자가 요청한 이벤트에 대한 값은 널러블nullable 타입으로 지정한다. 이렇게 지정하려면 데이터 타입 뒤에 물음표를 붙이기만 하면 된다. 따라서 사용자가 구독하지 않는 값에 대해서는 null을 지정하고, 반대로 null이 아닌 값으로 지정되어 있다면 구독자가 이 값에 관심을 가지고 있다는 것을 의미한다. 온도에 대한 이벤트는 temp와 tempDiff라는 두 개의 멤버 변수로 정의한다. temp는 구독자가 지정한 온도를 표시하고, tempDiff는 temp에 저장된 값을 기준으로 허용할 범위를 지정해서 이 범위를 벗어나면 구독자에게 이벤트를 보낸다. 빛에 대한 이벤트도 마찬가지로 light와 lightDiff라는 두 개의 널러블 타입의 변수로 표현한다. 모션 디텍터에서 측정한 값은 바이너리로 표현하기 때문에, 구독자가 기존에 알고 있던 상태를 표시하는 변수 하나만 널러블 타입으로 정의해도 된다. 실제 측정한 값이 이 변수에 저장된 값과 다르면 구독자에게 이벤트를 날린다.

이 클래스에 대한 오브젝트를 생성할 때 지금까지 설명한 항목에 대한 값을 지정할 수 있도록 다음과 같이 생성자를 정의한다.

```
public PendingEvent (double? Temp, double? TempDiff,
    double? Light, double? LightDiff, bool? Motion, int Timeout,
    HttpServerResponse Response, string ContentType,
```

```
    ISensorDataExport ExportModule)
{
  this.temp = Temp;
  this.tempDiff = TempDiff;

  this.light = Light;
  this.lightDiff = LightDiff;

  this.motion = Motion;

  this.timeout = DateTime.Now.AddSeconds (Timeout);
  this.response = Response;
  this.contentType = ContentType;
  this.exportModule = ExportModule;
}
```

그리고 나중에 애플리케이션에서 구독자에게 이벤트를 보내는데 필요한 프로퍼
티도 다음과 같이 게시한다.

```
public HttpServerResponse Response
{
  get{ return this.response; }
}

public string ContentType
{
  get{ return this.contentType; }
}

public ISensorDataExport ExportModule
{
  get{ return this.exportModule; }
}
```

이벤트 발생

현재 측정된 값을 PendingEvent에 지정된 값과 비교해서 이벤트를 발생할지 여
부를 결정하는 메소드도 추가한다.

```
public bool Trigger (double Temp, double Light, bool Motion)
{
  if (this.motion.HasValue && this.motion.Value ^ Motion)
    return true;

  if (this.temp.HasValue && this.tempDiff.HasValue &&
    Math.Abs (this.temp.Value-Temp) >= this.tempDiff.Value)
      return true;

  if (this.light.HasValue && this.lightDiff.HasValue &&
    Math.Abs (this.light.Value - Light) >=
    this.lightDiff.Value)
      return true;

  if (DateTime.Now >= this.timeout)
    return true;

  return false;
}
```

이벤트 구독에 사용할 리소스 등록

클라이언트가 이벤트에 구독할 때 네 가지 데이터 포맷으로 신청할 수 있도록, 다음과 같이 각 포맷에 대한 리소스를 등록하는 코드를 메인 애플리케이션에 작성한다. 이때 Register 메소드의 네 번째 파라미터를 통해서 리소스를 동기식으로 처리할 지, 아니면 비동기식으로 처리할 지를 지정할 수 있다. 동기식으로 동작하는 리소스에 대한 응답은 HTTP 서버에서 관리하는 워킹 스레드에서 직접 처리하지만, 이렇게 비동기식으로 설정된 리소스는 HTTP 서버의 스레드가 아닌 다른 스레드로 응답한다. 이벤트에 대한 구독을 신청하기 위해 보내는 요청에 대해서는 즉시 응답을 보내지 않도록 만들어야 하기 때문에, Register 메소드의 네 번째 파라미터를 false로 지정해 이에 대한 리소스를 비동기식으로 동작하게 만들어야 한다. 그리고 이러한 리소스에 대해 WWW 인증을 적용하도록 세 번째 파라미터 값을 true로 지정한다.

```
HttpServer.Register ("/event/xml",
  HttpGetEventXml, true, false);
HttpServer.Register ("/event/json",
  HttpGetEventJson, true, false);
HttpServer.Register ("/event/turtle",
  HttpGetEventTurtle, true, false);
HttpServer.Register ("/event/rdf",
  HttpGetEventRdf, true, false);
```

이벤트 구독용 리소스 게시

이제 루트 페이지에 이벤트 구독을 요청할 때 사용할 리소스에 대한 링크를 추가
한 다음, 각 링크로 이벤트에 대한 구독 요청이 제대로 전달되는지 테스트해보자.
이를 위해 다음과 같이 HttpGetRoot() 메소드에서 세션을 검사하는 부분 뒤에,
이벤트에 대한 구독을 요청할 때 전달할 파라미터 값을 지정하는 코드를 작성한
다. 이러한 파라미터는 센서의 현재 상태를 표현할 뿐만 아니라, 이러한 상태 값이
변할 때 센서에서 이벤트를 발생하도록 지정한다.

```
StringBuilder sb = new StringBuilder ();
string EventParameters;

lock (synchObject)
{
  sb.Append ("?Temperature=");
  sb.Append (XmlUtilities.DoubleToString (temperatureC, 1));
  sb.Append ("&amp;TemperatureDiff=1&amp;Light=");
  sb.Append (XmlUtilities.DoubleToString (lightPercent, 1));
  sb.Append ("&amp;LightDiff=10&amp;Motion=");
  sb.Append (motionDetected ? "1" : "0");
  sb.Append ("&amp;Timeout=25");
}

EventParameters = sb.ToString ();
```

그리고 나서 마지막으로 센서에 대한 웹 페이지에 각 리소스에 대한 링크를 추가
한다.

```
resp.Write ("<li>Wait for an Event</li><ul>");
resp.Write ("<li><a href='/event/xml");
resp.Write (EventParameters);
resp.Write ("'>Return XML data when event occurs.</a></li>");
resp.Write ("<li><a href='/event/json");
resp.Write (EventParameters);
resp.Write ("'>Return JSON data when event occurs.</a></li>");
resp.Write ("<li><a href='/event/turtle");
resp.Write (EventParameters);
resp.Write ("'>Return TURTLE data when event occurs.</a></li>");
resp.Write ("<li><a href='/event/rdf");
resp.Write (EventParameters);
resp.Write ("'>Return RDF data when event occurs.</a></li>");
resp.Write ("</ul></body></html>");
```

그러면 루트 페이지가 다음과 같이 표시된다.

이벤트 구독 요청을 처리할 핸들러 만들기

이제 구독 신청을 받은 이벤트 목록을 담을 리스트를 다음과 같이 메인 애플리케이션에서 정의한다.

```
private static List<PendingEvent> pendingEvents =
    new List<PendingEvent> ();
```

이벤트 구독에 대한 요청을 처리하는 핸들러는 센서에서 지원하는 데이터 포맷에 따라 별도로 정의한다. 실제로 이벤트에 대한 구독 요청을 처리하는 작업은 범용 이벤트 핸들러로 처리한다. 따라서 메소드의 본문에서는 HttpGetEvent를 호출하기만 한다. 이 과정에서 각 포맷에 맞게 콘텐츠의 타입을 지정하고, 이벤트가 발생할 때 해당 데이터를 외부로 제공하는데 사용할 센서 데이터 익스포트 모듈도 인자로 전달한다.

```
private static void HttpGetEventXml (HttpServerResponse resp,
  HttpServerRequest req)
{
  HttpGetEvent (resp, req, "text/xml",
    new SensorDataXmlExport (resp.TextWriter));
}

private static void HttpGetEventJson (HttpServerResponse resp,
  HttpServerRequest req)
{
  HttpGetEvent (resp, req, "application/json",
    new SensorDataJsonExport (resp.TextWriter));
}

private static void HttpGetEventTurtle (HttpServerResponse resp,
  HttpServerRequest req)
{
  HttpGetEvent (resp, req, "text/turtle",
    new SensorDataTurtleExport (resp.TextWriter, req));
}

private static void HttpGetEventRdf (HttpServerResponse resp,
  HttpServerRequest req)
{
  HttpGetEvent (resp, req, "application/rdf+xml",
    new SensorDataRdfExport (resp.TextWriter, req));
}
```

이러한 메소드에서 호출하는 범용 메소드인 HttpGetEvent는 다음과 같이 작성한다. 구조는 예전에 센서에 추가한 다른 메소드와 비슷하다.

```
private static void HttpGetEvent (HttpServerResponse resp,
  HttpServerRequest req, string ContentType,
  ISensorDataExport ExportModule)
{
  networkLed.High ();
  try
  {
  }
  finally
  {
    networkLed.Low ();
  }
}
```

이벤트 쿼리 파라미터 파싱

쿼리 파라미터를 파싱하는 작업은 try 구문에서 처리한다. 여러 파라미터 중에서 응답을 보내기 전에 이벤트가 발생할 때까지 최대한 기다릴 시간을 지정하는 Timeout 파라미터를 가장 먼저 파싱한다.

```
int Timeout;
if (!req.Query.TryGetValue ("Timeout", out s) ||
  !int.TryParse (s, out Timeout) || Timeout <= 0)
    throw new HttpException (
      HttpStatusCode.ClientError_BadRequest);
```

그리고 나서 Temperature와 TemperatureDiff 쿼리 파라미터를 파싱한다. 물론 이 값은 사용자에 따라 지정하지 않을 수도 있다. 예제에서는 두 파라미터 모두 사용하도록 작성했기 때문에, 각 변수에 값을 지정해야 이벤트 구독 요청이 등록된다.

```
double? Temperature = null;
double? TemperatureDiff = null;
double d, d2;
string s;
if (req.Query.TryGetValue ("Temperature", out s) &&
  XmlUtilities.TryParseDouble (s, out d) &&
  req.Query.TryGetValue ("TemperatureDiff", out s) &&
```

```
          XmlUtilities.TryParseDouble (s, out d2) && d2 > 0)
    {
      Temperature = d;
      TemperatureDiff = d2;
    }
```

Light와 LightDiff 쿼리 파라미터에 대해서도 이와 비슷한 방식으로 처리한다. 이 변수에 유효한 값이 할당되어 있다면 구독 대상 이벤트에 포함시킨다.

```
    double? Light = null;
    double? LightDiff = null;
    if (req.Query.TryGetValue ("Light", out s) &&
        XmlUtilities.TryParseDouble (s, out d) &&
        req.Query.TryGetValue ("LightDiff", out s) &&
        XmlUtilities.TryParseDouble (s, out d2) && d2 > 0)
    {
      Light = d;
      LightDiff = d2;
    }
```

Motion 파라미터는 불리언 타입으로 되어 있기 때문에 다른 파라미터보다 파싱하는 과정이 훨씬 간단하다.

```
    bool? Motion = null;
    bool b;
    if (req.Query.TryGetValue ("Motion", out s) &&
        XmlUtilities.TryParseBoolean (s, out b))
          Motion = b;
```

이벤트에 대한 구독 요청에 잘못된 값이 들어오면, 즉시 '잘못된 요청bad request'이라는 에러 메시지로 응답한다. 이렇게 잘못된 값이 들어올 때는 이벤트 구독 요청 리스트에 추가하지 말고 그냥 타임아웃 시간이 만료될 때까지 기다린다.

```
    if (!(Temperature.HasValue || Light.HasValue || Motion.HasValue))
      throw new HttpException (
        HttpStatusCode.ClientError_BadRequest);
```

마지막으로 파싱한 구독 요청 정보를 이벤트 구독 요청 리스트에 추가한다.

```
lock (synchObject)
{
  pendingEvents.Add (new PendingEvent (Temperature,
    TemperatureDiff, Light, LightDiff, Motion, Timeout,
    resp, ContentType, ExportModule));
}
```

이벤트 발생

이제 이벤트를 새로 발생해야 하는지 검사하는 기능을 만들어야 한다. 이 작업은 새로운 값을 주기적으로 샘플링하는 SampleSensorValues() 메소드에 추가하는 것이 좋다. 그래야 값을 새로 측정하자마자 이벤트의 발생 여부를 결정할 수 있다. SampleSensorValues() 메소드의 크리티컬 섹션 마지막에 동기화 오브젝트에 대한 락을 해제하기 바로 전에, 이벤트 구독 요청 리스트에 대해 루프를 돌면서 방금 측정한 센서 값이 이벤트를 발생해야 할 기준을 넘어서는지 검사하는 코드를 작성한다. 만약 새로 측정한 값이 이 기준을 넘어서 이벤트를 발생해야 한다면, 측정한 값을 응답에 담아 구독자에게 곧바로 보내고 이벤트 구독 요청 리스트에서 해당 이벤트를 삭제한다.

```
PendingEvent Event;
int i = 0;
int c = pendingEvents.Count;

while (i < c)
{
  Event = pendingEvents [i];

  if (Event.Trigger (temperatureC,
    lightPercent, motionDetected))
  {
    pendingEvents.RemoveAt (i);
    c--;

    HttpGetSensorData (Event.Response,
```

```
    Event.ContentType, Event.ExportModule,
    new ReadoutRequest (ReadoutType.MomentaryValues));
  Event.Response.SendResponse ();

} else
  i++;
}
```

이때 센서 데이터를 응답 오브젝트에 단순히 익스포트하면 이벤트가 제대로 전달되지 않는다. 앞에서 설명한 바와 같이 이벤트에 대한 응답은 HTTP 서버의 메인 스레드가 아닌 다른 곳에서 처리하기 때문에 다른 사항을 추가할 필요 없이 모든 응답이 완성됐다는 것을 알려줘야 한다. 예제에서는 Response 오브젝트의 SendResponse() 메소드를 호출하는 방식으로 이 작업을 처리했다.

이벤트 구독 기능 테스트

이제 이벤트 구독 기능이 제대로 작동하는지 테스트해보자. http://192.168.0.29/event/xml?Light=81.3&LightDiff=5&Timeout=25라는 URL로 요청을 보내면, 빛의 양이 81.3%에서 5% 포인트 만큼 변하는 시점에 응답을 받게 된다. 빛의 양에 변화가 없거나 여기서 지정한 값보다 적게 변했다면 타임아웃으로 지정한 25초가 지난 후에 응답을 받게 된다. 또한 XML 포맷의 리소스(/event/xml)로 요청했기 때문에 센서로 측정한 값을 XML 포맷으로 응답 받게 된다.

URL을 http://192.168.0.29/event/json?Motion=0&Timeout=25로 구성하여 요청을 보내면 25초가 지나서 응답을 받거나, 그 전에 움직임을 감지하는 시점에 JSON 포맷으로 응답을 받게 된다.

물론 여러 값에 대한 이벤트를 한꺼번에 구독할 수도 있다. 가령 http://192.168.0.29/event/xml?Temperature=21.2&TemperatureDiff=1&Light=81.3&LightDiff=5&Motion=1&Timeout=25라는 URL로 요청을 보내면, 25초 이내에 온도가 21.2도에서 1도 이상 변화가 있거나, 빛의 양이 81.3%에서 5% 포인트 이상 변하거나, 움직임이 멈추는 시점에 XML로 응답을 받게 된다.

여기서 25초라는 값으로 설정한 데는 나름 이유가 있다. TCP에서 30초 동안 아무런 활동이 없을 때 연결이 끊길 수 있기 때문이다. 그리고 타임아웃을 25초로 설정하면 TCP에서 연결을 끊어버리기 전까지 남은 5초의 여유 시간 동안 이벤트를 발생하는 작업을 처리할 수 있다.

부록 C
UPnP 프로젝트 구현 기법

UPnP의 기초

HTTP의 인기가 높아지면서 원래 목적과 다른 용도로 활용되기 시작했다. 단순히 서버에서 제공하는 하이퍼텍스트로 표현된 다양한 콘텐츠를 브라우저로 보는데 그치지 않고, 머신에서 제공하는 서비스를 서로 호출하는 웹 서비스를 구현하는 수단으로도 활용하기 시작했다. 이렇게 HTTP가 웹 서비스와 같은 기술에서 활용되고 있지만, 구조적으로 애드 혹 네트워크에 적합한 형태로 설계된 것이 아니다. 이러한 한계를 극복하기 위해 UPnP_{Universal Plug and Play}라는 기술이 등장했다. UPnP는 현재 가전 기기를 위한 표준 프로토콜로 자리 잡았으며, UPnP를 지원하는 장치는 가정이나 사무실 네트워크 환경에서 따로 설정하지 않고도 알아서 환경에 적응하는 방식으로 작동한다. 이 절에서는 이러한 UPnP 프로토콜의 기본 개념을 소개하고, 이를 활용하여 사물이 주변에 있는 장비와 자동으로 연결하여 분산 애플리케이션에서 활용하는 방법에 대해 설명한다. 또한 IoT나 클라우드 환경을 위해 확장된 UPnP 규격에 대해서도 간략히 소개한다.

HTTP 확장

HTTP가 짧은 기간 동안 엄청난 인기를 얻게 된 요인은 다양하다. 그 중에서 몇 가지만 예를 들면, 브라우저와 같은 표준 소프트웨어를 통해 쉽게 사용할 수 있고, 인터넷 미디어 타입을 통해 다양한 콘텐츠를 전송할 수 있으며, URL만으로 분산 네트워크에 존재하는 리소스를 식별할 수 있기 때문이다. 이러한 특성으로 인해 HTTP를 다양한 용도로 쉽게 확장할 수 있다. 몇 가지 제약 사항이 있긴 하지만, HTTP를 M2M 통신에 활용할 수도 있다. 일단 기본적인 동작이라도 할 수 있다면, 나머지 부족한 부분은 추가하면 된다.

네트워크에서 리소스 찾기

2장, 'HTTP'에서 설명한 바와 같이, HTTP로 네트워크에서 IoT 장치끼리 상호 작용하는 방법에는 여러 가지가 있다. 그러나 이렇게 서로 통신하려면 먼저 상대방을 찾을 수 있어야 한다. 애드혹 네트워크 환경에서는 현재 네트워크에 어떤 리소스가 존재하는지 미리 알 수 없다. 문서를 출력하기 위해 네트워크에서 프린터를 찾거나, 보안 시스템에서 제공하는 카메라를 네트워크에서 찾는 것처럼, 뭔가 중요한 작업을 요청하려면, 먼저 통신할 상대방부터 찾아야 한다. 기존에는 사람이 장치에 대해 네트워크 정보를 직접 설정하는 방식으로 통신할 상대방을 일일이 지정했다. 그렇다면 이러한 과정을 자동으로 할 수는 없을까?

웹이 급속도로 발전하면서 콘텐츠를 빠르게 찾는 것이 중요한 문제로 부각되기 시작했다. 이에 대한 해결책으로 제시된 방법은 대부분 웹 크롤링crawling 기반의 검색 엔진을 사용해, HTTP로 인터넷에서 컴퓨터를 찾아낸 뒤에 이러한 컴퓨터에서 제공하는 콘텐츠를 알아내는 방식을 사용했다. 이때 하이퍼텍스트 문서의 링크를 따라가는 방식을 흔히 사용하지만, 간혹 여러 가지 패턴을 테스트하는 방식으로 구현하기도 한다. 다른 사람이 볼 수 있도록 작성된 웹 페이지는 콘텐츠 작성자가 직접 내용을 작성하고 관련 링크도 확인해서 추가하기 때문에 이러한 방식이 큰 효과를 발휘했지만, 네트워크에 존재하는 장치를 찾을 때는 적합하지 않다. 일단 네트워크에 새로 설치된 장치를 가리키는 링크가 담긴 페이지를 알 수 없기 때문에 시작부터 막혀버린다. 게다가 이러한 장치는 대부분 사람이 읽을 수 있는 형태가 아닌 장치끼리 호출하기 위한 서비스 형태의 콘텐츠를 제공한다. 어떤 서비스가 제공되고 있고, 이러한 서비스를 어떻게 사용하는 지는 웹 크롤링 기법으로 알아낼 수 없기 때문에, 기존과 다른 방식을 고안해야 했다.

한 가지 해결책으로, 이러한 리소스를 게시판이나 레지스트리에 중앙 집중적인 형태로 등록해 두고, 이를 통해 네트워크에 존재하는 장치를 서로 연결하거나 리소스를 중계하는 방식으로 구현할 수도 있다. 이렇게 하면 HTTP에서 제공하는 기본 기능만으로도 굉장히 쉽게 구현할 수 있다. 하지만 어떤 게시판을 사용해야 할지, 이렇게 지정된 게시판을 어떻게 사용해야 하는지, 이를 통해 네트워크에 연결된 각 장치가 서로 통신하려면 어떠한 규약과 표준을 따라야 할 지 등을 미리 지정해야 한다는 단점이 있다. 물론 이러한 정보를 HTTP만으로 제공할 수 없더라도, DNS나 DHCP와 같은 다른 네트워크 기술을 통해 제공할 수는 있다. 그러나 이렇게 하면 결국 네트워크에 또 다른 메커니즘을 도입해야 하여 누군가 설정하고 관리하는 작업을 해야 하기 때문에, 관리자가 직접 통신할 상대방을 지정하는 기존 방식과 크게 달라지지 않는다. 따라서 애드혹 네트워크를 구성하는 장치를 제외한 어떠한 장치도 새로 추가하지 않고도 스스로 알아서 돌아갈 수 있는 메커니즘을 새로 고안해야 했다.

TCP 대신 UDP 사용

애드혹 환경에서 HTTP를 사용할 때 아쉬운 점은 HTTP가 TCP를 기반으로 하고 있기 때문에 장치끼리 서로 통신하려면 반드시 상대방을 알고 있는 상태에서 서로 연결해야 한다는 점이다. TCP와 달리 UDP에서는 이러한 제약 사항이 없기 때문에, 상대방을 미리 알지 않고도 메시지를 멀티캐스트 방식으로 보낼 수 있다. 따라서 멀티캐스트 주소로 전달되는 메시지를 구독하는 이라면 누구나 보낸 이를 몰라도 이러한 메시지를 받을 수 있다. 이러한 멀티캐스트 주소 구독 기능은 IGMPInternet Group Message Protocol에서 제공하고 있으며, 현재 사용되는 라우터나 스위치는 대부분 이 프로토콜을 기본적으로 지원하고 있다. 따라서 현재 네트워크에서 사용하고 있는 라우터나 스위치가 제대로 작동한다면, 별도의 장비나 모듈을 추가하지 않고도 멀티캐스트 방식으로 메시지를 전달할 수 있다.

HTTP를 TCP와 유니캐스트 방식 대신 UDP와 멀티캐스트 방식으로 동작하도록 살짝 바꿔주기만 하면, HTTP 요청을 불특정 다수에게 브로드캐스트 방식으로 보낼 수 있다. 이러한 요청을 받아들일 수 있는 이라면 누구든지 응답을 보낼 수 있다. 이때 응답을 브로드캐스트 방식이 아닌 유니캐스트 방식으로 요청을 보낸 이에게만 전송하면 통신 속도를 좀 더 높일 수 있다. 이렇게 HTTP 요청을 멀티캐스트 방식으로 보내는 기능을 활용하면, 상대방에 대한 사전 지식이 전혀 없더라도 네트워크에 있는 장치끼리 통신할 수 있다. 이렇게 UDP로 동작하는 HTTP를 HTTPU라 부르고, 여기에 멀티캐스트 기능을 추가한 것을 HTTPMU라 표현한다. HTTPU와 HTTPMU를 프로토콜 스택에서 표현하면 다음과 같다.

UDP 기반의 HTTP를 사용할 때 다음과 같은 세 가지 사항에 주의해야 한다. 첫 번째는 UDP는 TCP와 달리 통신하기 위해 연결하는 과정이 없기 때문에, 메시지(데이터그램datagram)가 제대로 전달됐는지 알 수 없을 뿐만 아니라 전달된 데이터그램의 순서가 달라질 수 있다. 따라서 대량으로 요청을 보내고 응답하도록 처리하는 것이 쉽지 않다. UDP로 패킷을 보낼 때는 헤더에 정보를 따로 추가하지 않고 보내기 때문에, 한 번 보내는 메시지(데이터그램)의 크기가 64KB를 넘을 수 없다. 두 번째로 주의할 점은, 요청을 불특정 다수에게 보내기 때문에 여러 장치가 동시에 응답할 수도 있고 아무도 응답하지 않을 수도 있다. 따라서 요청을 보낸 측에서 이러한 경우에 대해 적절히 처리할 수 있어야 한다. 마지막으로 주의할 사항은, 멀티캐스트 정보를 받을 수 있는 대상의 범위를 정확하게 표현하기 힘들다는 문제가 있다. 멀티캐스트 주소로 보낸 데이터그램은 이를 구독하는 이라면 누구나 받을 수 있다. 이를 제한하는 방법으로는 데이터그램이 수신하는 측에 도달할 때까지 라우터의 개수를 지정하는 방법을 사용할 수 있다. 이렇게 하면 데이터그램이 네트워크를 통해 전달될 범위를 어느 정도 제한할 수 있다. 이때 지정하는 라우터 홉의 수를 TTLTime to live이라 부른다.

SSDP

상대방의 IP 주소를 모르더라도 서로 통신할 수 있도록, HTTPU나 HTTPMU로 네트워크에 있는 장치를 검색하는 SSDPSimple Service Discovery Protocol가 개발됐다. SSDP는 NOTIFY와 M-SEARCH라는 두 개의 HTTP 메소드를 새로 추가했다. NOTIFY 메소드는 장치나 서비스가 네트워크에 존재한다는 사실을 알릴 때 사용되며, 이를 통해 다른 장치를 일일이 찾지 않고도 상대방이 네트워크에 연결되어 있는지 알 수 있다. 이와 반대로 M-SEARCH는 네트워크에서 다른 장치나 서비스를 네트워크에서 직접 찾을 때 사용된다.

SSDP에서는 상호운용성을 보장하기 위해 프로토콜에서 사용할 멀티캐스트 주소를 별도로 지정해둔다. IPv4 네트워크에서는 239.255.255.250을 사용하고, IPv6에서는 네 가지의 주소를 사용하는데, 링크-로컬link-local 주소로 [FF02::C]를, 사이트-로컬site-local 주소로 [FF05::C]를, 조직-로컬organization-local 주소로 [FF08::C]를, 전역 멀티캐스팅global multicasting 기능에 대해서는 [FF0E::C]를 사용한다. 포트 번호도 대부분의 요청에 대해 1900만 사용하도록 제한하고 있지만, 애플리케이션마다 다르게 지정할 수 있다. 가령 SSDP로 멀티캐스트 이벤트 알림을 보낼 때는 7900번 포트를 사용한다.

GENA로 이벤트 처리

2장, 'HTTP'에서 설명한 바와 같이, HTTP로 이벤트를 비동기식으로 처리하기가 쉽지 않다. 부록 B, 'HTTP에서 이벤트 구독 메커니즘 구현하기' 절에서는 비동기 이벤트를 흉내 내기 위해 서버로 들어온 요청에 대해 특정한 이벤트가 발생할 때까지 응답을 미루는 방식으로 구현했다. 이렇게 하면 방화벽으로 가려진 클라이언트에 대해서도 쉽게 적용할 수 있다는 장점이 있다. 또 다른 방법으로 통신하는 대상이 서로 상대방에게 클라이언트 역할을 수행하여, 양방향으로 요청을 보내게 만들 수도 있다. 이때 통신을 시작하는 당시에 클라이언트 역할을 하는 장치는 서버에서 제공하는 이벤트 중에서 원하는 종류의 이벤트를 먼저 구독하고 있어야 한다. 이벤트를 구독하는 과정은 요청/응답 방식으로 처리한다. 즉 클라이언트가 원하는 이벤트를 서버에 등록하도록 이에 대한 요청을 보낸다. 이렇게 클라이언트가 서버에서 제공하는 이벤트를 구독하기 위해 요청을 보낼 때, 발생한 이벤트를 받을 URL도 함께 제공한다. 그래서 이 이벤트가 발생하면 서버는 HTTP의 클라이언트 역할로 전환하여 이를 구독하는 클라이언트에게 이 URL로 이벤트를 보낸다. 이렇게 이벤트를 구독하는 클라이언트가 이벤트를 받을 때는 HTTP 서버 역할을 하게 된다. 이러한 과정은 이벤트에 대한 구독을 해지하거나, 일정한 시간 동안 구독을 갱신하지 않아서 구독이 만료될 때까지 계속해서 반복한다.

이를 위해 GENA는 기존 HTTP 또는 HTTPU와 HTTPMU에 구독 신청(SUBSCRIBE)과 구독 해지(UNSUBSCRIBE) 두 개의 메소드를 추가했다. 구독 신청에 대한 정보는 각 장치에서 직접 관리하고, 발생한 이벤트는 콜백 URL을 통해 구독자에게 전달된다.

이러한 방식으로 이벤트를 처리하면, 모든 참여자가 서로 같은 네트워크에 존재해야 하며, 방화벽을 사용할 수 없다는 단점이 있다. 뿐만 아니라 모든 장치가 HTTP 클라이언트뿐만 아니라 HTTP 서버 기능까지 구현해야 한다는 부담이 있다. 그러나 상대방을 모르는 상태에서 통신하는 기능을 SSDP로 구현하려면, 어차피 각 장치마다 서버와 클라이언트 기능을 모두 구현해야 하기 때문에, GENA를 사용하더라도 코드가 크게 늘어나지는 않는다. GENA는 특히 가정이나 사무실과 같은 로컬 네트워크 환경에서 디바이스끼리 이벤트를 주고 받는 기능을 구현하기 위한 용도로 적합하다.

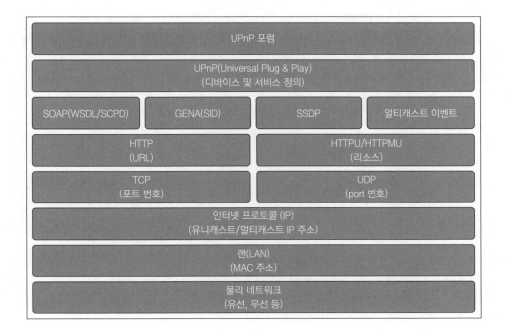

UPnP로 하나로 엮기

지금까지 설명한 HTTP, HTTPU, HTTPMU, SSDP, GENA를 활용하면, 장치를 검색하고 이러한 장치에서 제공하는 서비스를 알아내는 시스템을 구축할 수 있다. 이때 장치에서 제공하는 이벤트를 구독하고, 이러한 이벤트를 비동기식으로 전달하는 기능도 만들 수 있다. 각각의 동작을 수행하는 과정을 구체적으로 표현하기만 하면 된다. 이 작업을 UPnP로 처리한다.

UPnP는 UPnP 호환 장치에 대한 오브젝트 계층 구조를 별도로 정의하고 있다. 각장치마다 루트 장치를 하나씩 갖고 있다. 이러한 루트 장치는 서비스와 임베디드 장치를 여러 개 가지고 있을 수도 있고, 하나도 없을 수도 있다. 루트 장치에 포함된 임베디드 장치도 자체적으로 서비스와 임베디드 장치를 가질 수 있다. 또한 장치에서 제공하는 서비스는 네트워크를 통해 장치에서 수행할 수 있는 동작(액션

action)과 장치의 상태(상태 변수state variable)를 알려준다. 서비스에서 제공하는 액션은 SOAP 방식의 웹 서비스 메소드로 구현하여, 다른 장치에서 이를 호출하는 방식으로 특정한 액션을 실행시킬 수 있다. 이렇게 액션을 호출할 때 여러 가지 인자를 전달할 수 있으며, 이때 인자는 이름과 (입력이나 출력을 표시하는) 방향, 상태 변수에 대한 레퍼런스 등과 같은 형태로 구성한다. 액션에 대한 호출을 받은 쪽에서는 이렇게 전달된 레퍼런스를 통해 인자의 데이터 타입을 알아낸다. 상태 변수는 서비스의 현재 상태를 표현하며, 각 변수는 이름과 데이터 타입, 변수 값 등으로 구성된다. 이러한 상태 변수는 단순히 상태만 표시할 수도 있고, 이벤트와 멀티캐스트 이벤트를 표현할 수도 있다. 이벤트에 대한 상태 변수의 값이 변경되면, 이 값을 이벤트 메시지에 담아서 네트워크로 보낸다. 이때 메시지를 기존 HTTP 방식을 사용해 이벤트를 구독하는 장치에게만 전달한다. 반면 멀티캐스트 이벤트에 대한 상태 변수의 값은 SSDP 멀티캐스트 주소를 사용해 멀티캐스트 HTTPMU NOTIFY 메시지 형태로 전달한다. 이때 포트는 1900이 아닌 7900을 사용한다. 멀티캐스트 이벤트에 대한 상태 변수는 별도로 구독하지 않아도 항상 최신 값을 알 수 있다.

서비스 아키텍처의 간소화

UPnP는 네트워크에 연결된 장치를 검색하고 자동화하기 위한 서비스를 쉽게 구현할 수 있을 정도로 구조를 간결하게 정의하는 동시에, 장치의 기능을 제한하지 않고 다양하게 구성하기 위한 프로토콜과 아키텍처를 제공하기 위해 개발됐다.

네트워크에 있는 UPnP 호환 장치에 대한 정보는 XML 포맷인 장치 설명서DDD, Device Description Document로 표현한다. 이 문서를 장치마다 하나씩 가지고 있으며, 장치가 네트워크에 존재한다는 사실을 알릴 때, 이 문서에 대한 레퍼런스도 함께 제공한다. 따라서 이 장치에 관심 있는 이들이 이 문서를 다운로드해서 여기에 담긴 정보와 참고문헌을 보고, 이 장치가 어떤 종류인지, 이 장치를 어떻게 사용하는지 등을 파악한다. 이 문서에는 UPnP 버전 정보와 장치 종류와 UDNUniversal Device Name과 UPCUniversal Product Code 등과 같은 정보가 머신이 이해할 수 있는 형태로 담겨 있다. 여기에 장치 이름(별칭)과 제조사 정보와 모델 정보와 아이콘과 장치의 웹 페이지에 대한 링크 등과 같은 사람이 읽기 쉬운 형태의 정보도 함께 제공된다. 또한 필요할 경우 DDD에 임베디드 장치에 대한 레퍼런스와, 이 장치에서 제공하는 서비스에 대한 레퍼런스도 제공하기도 한다.

장치에서 제공하는 서비스에 대한 설명은 SCPDService Control Protocol Description 문서로 표현한다. 이 문서도 XML 포맷을 사용하며 장치에서 직접 가지고 있다. UPnP에서도 서비스를 SOAP 방식으로 구현하지만, 기존 웹 서비스와 달리 기능을 대폭 축소한 버전을 사용한다. SOAP과 WSDL 표준에서는 장치에서 선택할 수 있는 옵션을 너무 많이 정해뒀기 때문에 상호운용성에 문제가 생길 수 있다. 따라서 이를 대폭 간소화 서비스 아키텍처를 사용한다. 서비스 메소드를 표현할 때 WSDL를 사용하지 않고, SCPD XML 문서로 직접 표현한다.

SCPD 문서는 UPnP 버전과 서비스 종류, 서비스 ID, 제어용 URL, 이벤트 구독용 URL 등과 같은 정보를 머신이 읽을 수 있는 형태로 단순히 나열하지 않고, 문서를 서비스에서 제공하는 액션(웹 서비스 메소드) 리스트와 서비스에서 관리하는 상태 변수 리스트라는 두 가지 리스트로 구성한다. 상태 변수는 이름과 데이터 타입, 값으로 구성된다. SCPD 문서에서는 이러한 상태 변수를 나열할 때 이 변수가 그냥 이벤트에 대한 것인지 멀티캐스트 이벤트를 가리키는 것인지도 표시한다. 여기서 지정할 수 있는 데이터 타입의 종류도 기존 SOAP에 비해 크게 줄여서, 기본 데이터 타입만 지정할 수 있다. SCPD 문서에서는 웹 서비스 호출에 대한 설명을 기존 웹 서비스에서 사용할 때처럼 복잡하게 표현하지 않고, 웹 서비스 메소드의 인자 이름을 상태 변수로 정하는 방식으로 간단히 표현한다. 따라서 웹 메소드 호출하는 부분을 작성할 때 상태 변수에서 사용하는 데이터 타입으로만 표현해야 한다. 또한 인자의 방향을 지정하여 이 인자가 메소드를 호출할 때 전달되는 입력 값을 가리키는지, 아니면 메소드를 실행한 결과를 나타내는지 표시할 수 있다. 출력을 표현하도록 지정한 인자 하나에 액션에 대한 리턴 값을 할당할 수도 있다. 지금까지 설명한 사항을 그림으로 표현하면 다음과 같다.

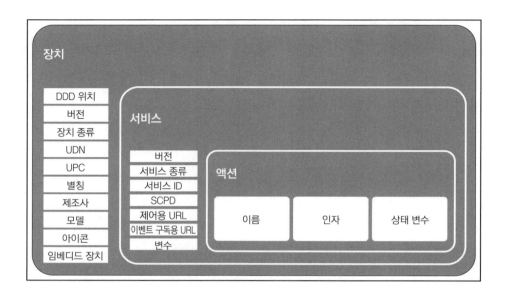

UPnP 포럼

네트워크에서 상호운용성을 보장하려면 이에 대한 표준을 정해야 한다. UPnP에 대한 표준은 UPnP 포럼(http://upnp.org)에서 정한다. UPnP 포럼은 누구나 회원으로 가입할 수 있도록 개방되어 있다. UPnP 포럼에서는 UPnP에 대한 표준 문서뿐만 아니라, 다양한 표준 장치와 서비스에 대한 장치 설명서와 SCPD 문서도 정의하고 있다. 이 중에서 몇 가지 인터페이스는 특히 가전과 홈 엔터테인먼트 분야에서 많이 사용하고 있다. UPnP는 DLNADigital Living Network Alliance의 핵심 규격으로 사용되고 있다. 자세한 사항은 http://www.dlna.org를 참고하기 바란다.

UPnP의 전망

UPnP는 현재 UPnP+라는 이름으로 대대적인 수정 작업을 진행하고 있다. UPnP+에서 새로 추가되는 부분 중 가장 두드러지는 것으로, IoT(또는 센서 관리)를 위한 인터페이스와 멀티스크린 어플라이언스를 위한 인터페이스, UPnP를 로컬 네트워크에서만 사용하지 않고 XMPP를 활용하여 클라우드 환경으로 확장하기 위한 UPnP 클라우드에 대한 부속 규격Annex을 꼽을 수 있다. 자세한 사항은 http://upnp.org/latestupdates/upnpplus/를 참고하기 바란다.

UPnP에서 지원하는 데이터 타입

UPnP에서는 서비스 아키텍처와 관련하여 여러 가지 제약 사항을 정의하고 있다. 데이터 타입도 마찬가지다. UPnP에서는 정수와 부동소수점 수, 문자열, 문자, 불리언 값, 날짜와 시간, URIUniform Resource Identifier, UUIDUniversally Unique Identifiers, 바이너리 데이터에 대한 두 가지 표현 등과 같은 기본적인 데이터 타입만 사용할 수 있다. 물론 제조사마다 원하는 데이터 타입을 별도로 제공할 수도 있다. 그러나 이렇게 표준에서 정하지 않은 타입을 사용하면 다양한 장치에 대한 상호운용성을 보장해주기 힘들다. 개발 과정에서 기본적인 데이터 타입에 대해 잘 알고 있어야 한다. 현재 UPnP에서 지원하고 있는 데이터 타입은 다음과 같다.

데이터 타입	설명	.NET에서 지원하는 타입
ui1	부호 없는 1바이트 정수	System.Byte
ui2	부호 없는 2바이트 정수	System.UInt16
ui4	부호 없는 4바이트 정수	System.UInt32
i1	부호 있는 1바이트 정수	System.SByte
i2	부호 있는 2바이트 정수	System.Int16
i4	부호 있는 4바이트 정수	System.Int32
int	부호 있는 정수로 길이 제한 없음	System.Numerics.BigInteger
r4	4바이트 부동소수점 수	System.Float
r8	8바이트 부동소수점 수	System.Double
number	r8과 동일	System.Double
fixed.14.4	기본적으로 r8과 같지만 소수점 왼쪽으로는 14자리를 넘지 않고, 소수점 오른쪽으로는 4자리를 넘지 않는다.	System.Double
float	부동소수점 수로 길이 제한 없음	N/A
char	유니코드 문자	System.Char
string	유니코드 스트링	System.String

(이어서)

데이터 타입	설명	.NET에서 지원하는 타입
date	ISO 8601에서 시간 데이터를 제외한 포맷	System.DateTime
dateTime	ISO 8601에서 시간 데이터는 포함하지만 타임존은 제외한 포맷	System.DateTime
dateTime.tz	ISO 8601에서 시간과 타임존을 포함한 포맷	System.DateTimeOffset
time	ISO 8601에서 날짜와 타임존이 빠진 포맷	N/A
time.tz	ISO 8601에서 날짜는 빠지고 타임존은 포함한 포맷	N/A
boolean	불리언 값 (0 또는 1)	System.Boolean
bin.base64	base64로 인코딩한 바이너리 배열	N/A
bin.hex	16진수로 표현한 바이너리 배열	N/A
uri	URI	System.Uri
uuid	UUID	System.Guid

카메라 웹 인터페이스

카메라가 제대로 작동하는지 확인할 수 있도록 웹 인터페이스를 간단히 만들어보자. 단순히 카메라로 찍은 이미지만 표시하도록 HTML 페이지를 간단히 작성한다. 먼저 HTTP 서버에 다음과 같이 두 개의 리소스를 등록한다.

```
httpServer.Register ("/html", HttpGetHtmlProtected, false);
httpServer.Register ("/camera", HttpGetImgProtected, true);
```

여기서 등록한 리소스는 나중에 UPnP 인터페이스에서도 그대로 사용한다. UPnP 인터페이스로 사용할 때는 로컬 네트워크에서만 사용하므로 별도의 보호 장치를 적용하지 않아도 되지만, 웹 인터페이스는 인터넷을 통해 접근할 수 있어야 하기 때문에 최소한의 보호 장치를 적용해야 한다. 따라서 같은 리소스에 대해 보호 장치를 적용한 버전과 보호 장치를 적용하지 않는 버전을 각각 따로 만들어야 한다. 코드는 다음과 같이 작성한다.

```
private static void HttpGetHtmlProtected (HttpServerResponse resp,
  HttpServerRequest req)
{
  HttpGetHtml (resp, req, true);
}

private static void HttpGetHtmlUnprotected (
  HttpServerResponse resp, HttpServerRequest req)
{
  HttpGetHtml (resp, req, false);
}
```

다음과 같이 웹 리소스를 보호하는 기능을 직접 만들 수도 있다. 단 이렇게 밖에 할 수 없을 경우에만 다음과 같이 작성한다.

```
private static void HttpGetHtml (HttpServerResponse resp,
  HttpServerRequest req, bool Protected)
{
  networkLed.High ();

  try
  {
    if (Protected)
    {
      stirng SessionId = req.Header.GetCookie ("SessionId");
      if (!CheckSession (SessionId))
        throw new HttpTemporaryRedirectException ("/");
    }
    ...
```

쿼리 파라미터 추가

URL에 쿼리 파라미터를 지정하여 웹 페이지를 원하는 형태로 표현하는 기능을 만들어보자. 이렇게 하면 카메라 설정을 보여주는 링크도 만들 수 있다. 쿼리 파라미터에 대한 코드는 다음과 같이 작성한다.

```
LinkSpriteColorCamera.ImageSize Resolution;
string Encoding;
byte Compression;

GetImageProperties (req, out Encoding, out Compression, out Resolution);
```

쿼리 파라미터를 파싱하는 작업은 다음과 같이 별도의 메소드로 처리한다. 이렇게 작성하면 다른 리소스를 파싱하는 기능도 이 코드로 구현할 수 있다.

```
private static void GetImageProperties (HttpServerRequest req,
  out string Encoding, out byte Compression,
  out LinkSpriteJpegColorCamera.ImageSize Resolution)
{
```

먼저 이미지에 대한 인코딩 파라미터(Encoding) 값부터 추출한다. 파라미터에 인코딩 정보가 담겨 있지 않다면, 다음과 같이 디폴트 인코딩 방식을 적용하도록 코드를 작성한다.

```
  if (req.Query.TryGetValue ("Encoding", out Encoding))
  {
    if (Encoding != "image/jpeg" && Encoding != "image/png" &&
      Encoding != "image/bmp")
        throw new HttpException (
          HttpStatusCode.ClientError_BadRequest);
  } else
    Encoding = defaultSettings.ImageEncoding;
```

이미지의 압축비에 대한 파라미터(Compression)도 이와 비슷한 방식으로 추출한다. 파라미터에 이런 정보가 담겨 있지 않으면 다음과 같이 디폴트 값으로 설정한다.

```
    string s;
    if (req.Query.TryGetValue ("Compression", out s))
    {
      if (!byte.TryParse (s, out Compression))
        throw new HttpException
          (HttpStatusCode.ClientError_BadRequest);
    }
    else
      Compression = defaultSettings.CompressionLevel;
```

마지막으로 이미지의 해상도 파라미터(Resolution)를 추출한다. 이 값이 없다면 다음과 같이 디폴트 해상도를 적용한다.

```
if (req.Query.TryGetValue ("Resolution", out s))
{
  if (!Enum.TryParse<LinkSpriteJpegColorCamera.ImageSize>
    ("_" + s, out Resolution))
      throw new HttpException (
        HttpStatusCode.ClientError_BadRequest);
} else
  Resolution = defaultSettings.Resolution;
}
```

웹 페이지 생성

웹 페이지를 생성하는 과정은 간단하다. /camera 리소스에 대한 HTML 페이지에 IMG 태그 하나만 담아서 리턴하면 된다. 카메라 리소스에 대해 요청할 때 전달된 쿼리 파라미터를 지정할 수 있지만, 예제에서는 이미지를 640x480으로만 표시하도록 작성했다. 코드는 다음과 같다.

```
  resp.ContentType = "text/html";
  resp.Encoding = System.Text.Encoding.UTF8;
  resp.Expires = DateTime.Now;
  resp.ReturnCode = HttpStatusCode.Successful_OK;
  resp.Write ("<html><head/><body><h1>Camera, ");
  resp.Write (DateTime.Now.ToString ());
  resp.Write ("</h1><img src='camera?Encoding=");
  resp.Write (Encoding);
  resp.Write ("&Compression=");
  resp.Write (Compression.ToString ());
  resp.Write ("&Resolution=");
  resp.Write (Resolution.ToString ().Substring (1));
  resp.Write ("' width='640' height='480'/>");
  resp.Write ("</body></html>");
}
finally
{
  networkLed.Low ();
}
}
```

이미지에 대한 웹 리소스 생성

이미지에 대한 웹 리소스를 제공하는 메소드는 보호 장치를 적용하는 웹 인터페이스뿐만 아니라, 보호 장치를 적용하지 않는 로컬 네트워크에서도 사용한다. 따라서 다음과 같이 메소드를 두 가지 버전으로 만들어야 한다.

```
private static void HttpGetImgProtected (HttpServerResponse resp,
  HttpServerRequest req)
{
  HttpGetImg (resp, req, true);
}

private static void HttpGetImgUnprotected (
  HttpServerResponse resp, HttpServerRequest req)
{
  HttpGetImg (resp, req, false);
}
```

원한다면 다음과 같이 리소스를 보호하는 기능을 직접 구현한다. 앞에서 카메라 웹 리소스를 생성할 때 설명한 것처럼, 이렇게 해야 할 경우에만 다음과 같이 작성한다.

```
private static void HttpGetImg (HttpServerResponse resp,
  HttpServerRequest req, bool Protected)
{
  networkLed.High ();
  try
  {
    if (Protected)
    {
      string SessionId =
        req.Header.GetCookie ("SessionId");
      if (!CheckSession (SessionId))
        throw new HttpException (HttpStatusCode.
          ClientError_Forbidden);
    }
```

쿼리의 파라미터에 값을 지정하는 방식으로 리소스를 원하는 형태로 변경할 수 있도록 만든다. 이를 위해 다음과 같은 변수를 추가한다. 이 변수는 나중에 카메라에서 찍은 이미지를 애플리케이션으로 전송할 때 사용한다.

```
LinkSpriteJpegColorCamera.ImageSize Resolution;
string Encoding;
byte Compression;
ushort Size;
byte[] Data;

GetImageProperties (req, out Encoding, out Compression,
  out Resolution);
```

카메라 설정

여러 스레드가 카메라에 동시에 접근할 수 있기 때문에, 한 번에 한 스레드만 접근할 수 있도록 다음과 같이 카메라에 접근하는 코드를 lock 구문으로 작성한다.

```
lock (cameraLed)
{
  try
  {
    cameraLed.High ();
```

현재 설정된 카메라 해상도가 마음에 들지 않는다면, 원하는 해상도로 변경한다. 간혹 지정한 해상도가 제대로 반영되지 않을 수도 있는데, 이럴 때는 디폴트 전송 속도인 115,200 보baud로 설정한 뒤에 다시 변경해본다. 이 부분에 에러 관리에 필요한 고급 기능을 추가해주면 더 좋다. 전송 속도를 리셋하는 코드는 다음과 같이 작성한다.

```
  if (Resolution != currentResolution)
  {
    try
    {
      camera.SetImageSize (Resolution);
      currentResolution = Resolution;
      camera.Reset ();
    } catch (Exception)
    {
      camera.Dispose ();
      camera = new LinkSpriteJpegColorCamera (
        LinkSpriteJpegColorCamera.BaudRate.Baud__38400);
      camera.SetBaudRate (
```

```
      LinkSpriteJpegColorCamera.BaudRate.Baud_115200);
   camera.Dispose ();
   camera = new LinkSpriteJpegColorCamera (
      LinkSpriteJpegColorCamera.BaudRate.Baud_115200);
   }
}
```

현재 설정된 압축비Compresison Ratio도 변경할 수 있도록 다음과 같이 코드를 작성한다.

```
if (Compression != currentCompressionRatio)
{
  camera.SetCompressionRatio (Compression);
  currentCompressionRatio = Compression;
}
```

사진 찍기

카메라로 사진을 찍고 이미지를 다운로드하는 기능은 다음과 같이 작성한다. 여기에서는 이미지를 JPEG 포맷으로 리턴한다.

```
camera.TakePicture ();
Size = camera.GetJpegFileSize ();
Data = camera.ReadJpegData (Size);
```

카메라를 다 사용한 뒤에는 항상 다음과 같이 리소스를 해제해야 한다.

```
   errorLed.Low ();
}
catch (Exception ex)
{
  errorLed.High ();
  Log.Exception (ex);
  throw new HttpException (
    HttpStatusCode.ServerError_ServiceUnavailable);
}
finally
{
  cameraLed.Low ();
  camera.StopTakingPictures ();
}
}
```

이미지를 인코딩해서 리턴하기

지금까지 작성한 코드를 실행하면 이미지를 JPEG으로 인코딩해 리턴한다. 다른 포맷으로 인코딩하려면 다음과 같이 원하는 방식으로 인코딩하는 코드를 추가한다.

```
if (Encoding != "image/jpeg")
{
  MemoryStream ms = new MemoryStream (Data);
  Bitmap Bmp = new Bitmap (ms);
  Data = MimeUtilities.EncodingSpecificType (Bmp, Encoding);
}
```

그런 뒤에 다음과 같이 이미지를 리턴한다.

```
    resp.ContentType = Encoding;
    resp.Expires = DateTime.Now;
    resp.ReturnCode = HttpStatusCode.Successful_OK;
    resp.WriteBinary (Data);
  }
finally
{
  networkLed.Low ();
}
}
```

텍스트 인코딩 관련 주의 사항

IoT용 소프트웨어는 기존 HTTP 기반 웹 애플리케이션에 비해 장애에 대한 대처 기능이 부족할 수 있다. 이를 보완하기 위해 통신 과정에서 발생하는 문제에 대처하는 기능을 추가하다 보면, 메시지를 받는 부분을 구현하는 코드가 너무 복잡해질 수도 있다. 따라서 가능하면 장애 발생의 여지가 있는 데이터는 보내지 않도록 구성하는 것이 좋다. 대표적인 예가 바로 텍스트 콘텐츠에서 사용하는 BOM_{byte order mark}이다.

일반적으로 파일에 텍스트를 저장할 때, 이 파일에 담은 내용이 텍스트라는 것을 알려주도록 앞 부분에 BOM이라 부르는 바이트 표시를 추가한다. 가령 유니코드

(UTF-16)로 텍스트를 작성할 때, 파일을 받는 쪽에서 유니코드로 작성된 텍스트라는 것을 알 수 있도록, 앞 부분에 0xfe와 0xff 또는 0xff와 0xfe를 적는다. UTF-8에서는 0xef, 0xbb, 0xbf를 사용한다. 이러한 코드는 애플리케이션에서 텍스트를 불러오거나 저장하는 과정에서 내부적으로만 사용하기 때문에, 사용자에겐 보이지 않는다.

웹 서버에서 텍스트 콘텐츠를 보낼 때도 이러한 인코딩 정보를 추가하는데, 보통 HTTP 헤더의 Content-Type에 텍스트 인코딩 방식을 지정한다. 따라서 웹 서버로 보낼 텍스트 콘텐츠에 BOM이 지정되어 있으면, 메시지를 받는 쪽에서 HTTP 헤더에 지정한 방식을 적용할 지, 아니면 BOM으로 지정한 방식을 적용해야 할 지 헷갈릴 수 있다. 게다가 이렇게 지정된 BOM을 텍스트 처리 과정에서만 참고했다가 나중에 삭제해도 되는지, 아니면 본문의 일부로 남겨둬야 하는 지 판단하기 힘들다. HTTP로 XML을 보낼 때는 문제가 더 복잡해진다. XML에서는 헤더의 어트리뷰트에 인코딩 방식을 지정할 수 있기 때문에, 파일에 앞부분에 나온 BOM과 HTTP 헤더의 Content-Type에 명시된 값뿐만 아니라 XML 헤더에서 지정한 값 중에서 하나를 선택해야 한다.

텍스트 콘텐츠를 동적으로 생성할 때는 BOM을 추가하지 않기 때문에 문제가 되지 않는다. 그러나 파일로 저장된 텍스트를 보내거나, XML 파일을 바이너리처럼 취급할 때는 세 군데에서 지정한 인코딩이 서로 일치하지 않으면 문제가 발생하게 된다.

이러한 일이 발생하지 않게 하려면, 텍스트 파일을 바이너리 파일로 보내지 않는 것이 좋다. 바이너리로 보내면 BOM이 붙기 때문에, Content-Type 헤더에 인코딩 방식을 다르게 지정하면 메시지를 받는 쪽에서 헷갈릴 수 있기 때문이다. XML 문서를 HTTP로 전송할 때는 가능하면 XML 헤더에 지정한 인코딩 방식과 문서를 전송할 때 지정한 방식을 서로 같은 값으로 맞춰주거나, XML 헤더의 인코딩 어트리뷰트에는 아무런 값도 지정하지 않는 것이 좋다. 이 책의 예제에서 본 것처럼, HTTP로 임베디드 리소스로 전송할 텍스트를 작성할 때는, 저장할 때 BOM을 추가하지 않도록 텍스트 에디터 설정을 바꿔두는 것이 좋다.

카메라로 찍은 사진을 메일로 보내기

UPnP를 지원하는 컨트롤러는 네트워크에 연결되어 있는 카메라를 찾고, 여기서 찍은 사진을 제공하는 서비스에 구독하고, 사진을 인코딩할 때 사용한 파라미터를 알려주는 기능을 제공한다. 이번 부록에서는 컨트롤러를 통해 알아낸 정보를 토대로 뭔가 재미있는 동작을 하도록, 알람이 울리면 네트워크에 연결된 모든 카메라에서 사진을 찍는 기능을 만들어본다.

메일 설정

메일을 보내려면 먼저 이를 어디로 보내야 하는지 알아야 한다. 이를 위해 MailSettings라는 클래스를 정의하고, 이 클래스로 만든 인스턴스를 오브젝트 데이터베이스에 저장한다. 앞에서 이와 비슷한 클래스를 여러 번 만들어봤으니, MailSettings 클래스에 대한 자세한 설명은 생략한다(이 클래스에 대한 코드는 출판사 웹사이트에서 다운로드할 수 있다). 먼저 이 클래스에 대한 인스턴스를 선언한다.

```
internal static MailSettings mailSettings;
```

애플리케이션을 초기화할 때, 이전에 설정된 사항을 불러온다. 기존에 설정된 사항이 없다면 새로운 값으로 설정한다. 메일이 제대로 동작하는지 테스트하려면, 자신이 사용하는 메일로 설정한다.

```
mailSettings = MailSettings.LoadSettings ();
if (mailSettings == null)
{
  mailSettings = new MailSettings ();
  mailSettings.Host = "여기에 SMTP 메일 서버의 호스트 네임을 입력한다.";
  mailSettings.Port = 25;
  mailSettings.Ssl = false;
  mailSettings.From = "여기에 보내는 이의 주소를 적는다.";
  mailSettings.User = "여기에 SMTP 서버에 대한 사용자 계정을 적는다.";
  mailSettings.Password = "여기에 SMTP 서버의 계정에 대한 패스워드를 적는다.";
  mailSettings.Recipient = "여기에 알람 메일을 받는 이에 대한 주소를 적는다.";
  mailSettings.SaveNew ();
}
```

메일 설정을 수정하는 웹 인터페이스에 대한 설명도 생략한다.

메일 서버에 연결

메일 서버를 다 설정했다면 SMTP_{Simple Mail Transfer Protocol} 메일 서버에 연결해보자. 아래 코드에서 보는 바와 같이, `Clayster.Library.Internet.SMTP` 네임스페이스에서 제공하는 정적 클래스인 `SmtpOutbox`를 이용하면 좀 더 쉽게 메일을 보낼 수 있다.

```
SmtpOutbox.Host = mailSettings.Host;
SmtpOutbox.Port = mailSettings.Port;
SmtpOutbox.Ssl = mailSettings.Ssl;
SmtpOutbox.From = mailSettings.From;
SmtpOutbox.User = mailSettings.User;
SmtpOutbox.Password = mailSettings.Password;
SmtpOutbox.OutboxPath = "MailOutbox";
SmtpOutbox.Start (Directory.GetCurrentDirectory ());
```

마지막에 `Start` 메소드를 호출할 때 전송에 실패한 메일을 저장할 폴더를 지정했다. 네트워크에 일시적으로 문제가 생겨 메일이 한 번에 전송하지 못했다면, 잠시 후 다시 보낸다.

시작하는 부분이 있다면 끝내는 부분도 있어야 한다. 애플리케이션을 종료할 때 SMTP 서버로 보낼 메일 박스도 다음과 같이 반드시 끝내줘야 한다.

```
SmtpOutbox.Terminate ();
```

메일 작성

알람이 울리면 메일을 보내도록 만들어보자. 그러기 위해서는 `ControlHttp` 메소드에 알람을 울리도록 명령을 보내는 코드를 다음과 같이 추가한다.

```
case 1: //알람을 업데이트한다.
  bool b;

  lock (synchObject)
  {
```

```
    b = lastAlarm.Value;
  }

  HttpUtilities.Get ("http://Peter:Waher@192.168.0.23/ws/?" +
    "op=SetAlarmOutput&Value=" + (b ? "true" : "false"));
```

알람이 꺼지면 새로운 스레드를 시작한다. 이 스레드로 카메라에서 찍은 사진을
가져와서 메일로 보낸다.

```
  if (b)
  {
    Thread T = new Thread (SendAlarmMail);
    T.Priority = ThreadPriority.BelowNormal;
    T.Name = "SendAlarmMail";
    T.Start ();
  }
  break;
```

그리고 나서 메일을 작성하는 스레드를 시작하여 메시지를 작성한다. 이때 메시지
는 HTML 포맷으로 작성하기 때문에 이미지를 담을 수 있다.

```
private static void SendAlarmMail ()
{
  MailMessage Msg = new MailMessage (mailSettings.Recipient,
    "Motion Detected.", string.Empty, MessageType.Html);
  StringBuilder Html = new StringBuilder ();
  IUPnPService[] Cameras;
  int c;

  Html.Append ("<html><head/><body><h1>Motion detected</h1>");
  Html.Append ("<p>Motion has been detected while the " +
    "light is turned off.</p>");
```

네트워크에 있는 카메라에서 찍은 사진을 가져오는 부분도 작성한다.

```
  lock (stillImageCameras)
  {
    c = stillImageCameras.Count;
    Cameras = new IUPnPService[c];
    stillImageCameras.Values.CopyTo (Cameras, 0);
  }
```

새로 추가할 작업을 구현하는 데 필요한 변수도 다음과 같이 선언한다.

```
List<WaitHandle> ThreadTerminationEvents=new List<WaitHandle> ();
Dictionary<string,string> VariableValues;
string Resolution;
string ContentType;
string Extension;
ManualResetEvent Done;
int i, j;
```

메일에 담을 내용 구성

카메라마다 5초 간격으로 최소한 세 장의 사진을 찍는다. 카메라의 동작은 별도의
스레드로 제어하며, 찍은 사진은 세 개의 열로 구성된 테이블에 저장한다. 각각의
카메라는 테이블의 행으로 표현한다.

```
if (c > 0)
{
  Html.Append ("<h2>Camera Photos</h2>");
  Html.Append ("<table cellspacing='0' ");
  Html.Append ("cellpadding='10' border='0'>");

  for (i = 0; i < c; i++)
  {
    Html.Append ("<tr>");
```

카메라로부터 해상도와 인코딩 상태에 대한 정보를 받으면, 카메라가 작동하고 있
다고 판단한다.

```
lock (stateVariables)
{
  if (!stateVariables.TryGetValue (
    Cameras [i].Device.UDN, out VariableValues))
      VariableValues = null;
}

if (VariableValues != null &&
  VariableValues.TryGetValue ("DefaultResolution",
    out Resolution) &&
```

414

```
VariableValues.TryGetValue ("DefaultEncoding",
   out ContentType))
{
```

카메라에서 찍은 세 장의 사진을 담을 테이블 셀을 세 개 생성한다. 이미지를 메일에 담아야 하므로, 각 사진에 대한 파일 이름을 임의로 정한다. 메일에 담을 리소스는 cid:<콘텐츠 id>와 같은 형태의 URI로 접근할 수 있다.

```
Extension = MimeUtilities.GetDefaultFileExtension (ContentType);

for (j = 1; j <= 3; j++)
{
  Html.Append ("<td align='center'><img src='cid:cam");
  Html.Append ((i + 1).ToString ());
  Html.Append ("img");
  Html.Append (j.ToString ());
  Html.Append (".");
  Html.Append (Extension);
  Html.Append ("' width='");
  Html.Append (Resolution.Replace ("x", "' height='"));
  Html.Append ("'/></td>");
}
```

카메라에서 이미지에 대한 디폴트 해상도를 미리 알려줬기 때문에, 이미지가 아직 만들어지지 않아도 크기를 지정할 수 있다.

찍은 사진을 수집하는 스레드 만들기

이제 카메라에서 찍은 사진을 가져오는 스레드를 하나 더 만든다. 스레드가 끝나면 신호를 보내도록 ManualResetEvent 오브젝트를 생성하고, 스레드를 시작할 때마다 이 오브젝트를 하나씩 보낸다. 여러 개의 변수 값을 한꺼번에 보낼 수 있도록, 모든 변수를 하나의 오브젝트 배열에 담는다.

```
Done = new ManualResetEvent (false);
ThreadTerminationEvents.Add (Done);

Thread T = new Thread (GetPhotos);
T.Priority = ThreadPriority.BelowNormal;
```

```
T.Name = "GetPhotos#" + (i + 1).ToString ();
T.Start (new object[]{ i, Cameras [i], ContentType,
  Extension, Msg, Done });
```

상태 변수가 없다면 뭔가 문제가 있다고 판단하고, 카메라를 사용할 수 없다는 메시지만 알려준다.

```
  } else {
    Html.Append ("<td colspan='3'>Camera " +
      "not accessible at this time.</td>");
    Html.Append ("</tr>");
  }
}
```

마지막으로 메일에 대한 HTML 문서를 마무리한다.

```
  Html.Append ("</table></body></html>");
```

스레드가 끝날 때까지 기다리기

사진을 수집하는 스레드가 끝나야 메일을 보낼 수 있다. 앞에서 설명한 것처럼 스레드마다 ManualResetEvent 오브젝트를 하나씩 생성했다. 모든 스레드가 끝날 때까지 기다린다. 단 기다리는 시간을 30초로 제한한다.

```
  if (ThreadTerminationEvents.Count > 0)
    WaitHandle.WaitAll (ThreadTerminationEvents.ToArray (),
      30000);
```

스레드가 종료하면 메일 메시지에 사진이 추가되어 있을 것이다. 이제 앞에서 작성한 HTML 문서를 메일 본문에 넣어서 보낸다.

```
    Msg.Body = Html.ToString ();
    SmtpOutbox.SendMail (Msg, mailSettings.From);
  }
```

카메라에서 찍은 사진 가져오기

사진을 가져오는 스레드에서 가장 먼저 하는 일은 오브젝트 배열로 전달된 파라미터 값을 알아내는 것이다. 코드는 다음과 같다.

416

```
private static void GetPhotos (object State)
{
  object [] P = (object[])State;
  int i = (int)P [0];
  IUPnPService Service = (IUPnPService)P [1];
  string ContentType = (string)P [2];
  string Extension = (string)P [3];
  MailMessage Msg = (MailMessage)P [4];
  ManualResetEvent Done = (ManualResetEvent)P [5];
  DateTime Next = DateTime.Now;
```

서비스에게 특정한 동작(액션)을 실행시키는 방법은 간단하다. 이러한 액션에 대한
파라미터를 주고 받을 때는 Variables라는 컬렉션을 사용한다. 카메라에서 찍은
사진에 대한 URL을 가져오도록 다음과 같이 GetDefaultImageURL 액션을 실행시
킨다.

```
try
{
  UPnPAction GetDefaultImageURL =
    Service ["GetDefaultImageURL"];
  Variables v = new Variables ();
  GetDefaultImageURL.Execute (v);
  string ImageURL = (string)v ["RetImageURL"];
```

그런 다음 이미지에 대한 URL을 파싱해서 HTTP로 카메라에 연결한다.

```
ParsedUri ImageURI = Web.ParseUri (ImageURL);
HttpResponse Response;
int ms;
int j;

using (HttpSocketClient Client = new HttpSocketClient (
  ImageURI.Host, ImageURI.Port,
  ImageURI.UriScheme as HttpsUriScheme,
  ImageURI.Credentials))
{
  Client.ReceiveTimeout = 20000;
```

사진을 요청할 때마다 최소한 5초 동안 기다렸다가 가져온다.

```
for (j = 1; j <= 3; j++)
{
  ms = (int)System.Math.Round (
    (Next - DateTime.Now).TotalMilliseconds);
  if (ms > 0)
    Thread.Sleep (ms);
```

5초가 지나면 사진을 요청하고, 받은 사진을 메일 메시지에 넣는다. 이미지에 대한 콘텐트 타입을 이미 알고 있어서 이 타입으로 인코딩했기 때문에, 메일에 사진을 넣을 때 이미지를 디코딩했다가 다시 인코딩하지 않아도 된다.

```
Response = Client.GET (ImageURI.PathAndQuery, ContentType);
Msg.EmbedObject ("cam" + (i + 1).ToString () + "img" +
  j.ToString () + "." + Extension,
  ContentType, Response.Data);

Log.Information ("Click.", EventLevel.Minor,
  Service.Device.FriendlyName);

Next = Next.AddSeconds (5);
}
```

스레드가 종료하면 신호 보내기

사진을 다 가져왔다면 연결을 끊고 스레드로 전달됐던 ManualResetEvent 오브젝트를 설정하여 이 스레드에 대한 실행이 끝났다는 신호를 보낸다. 지금까지 실행하는 동안 발생한 예외에 대해 로그에 남기고 스레드 종료 신호를 보내는 코드를 작성한다. 어떠한 경우에도 이 문장이 항상 실행되도록 이 문장을 finally 구문에 적는다.

```
    }
  }
  catch (ThreadAbortException)
  {
    Thread.ResetAbort ();
```

```
    }
    catch (Exception ex)
    {
      Log.Exception (ex);
    }
    finally
    {
      Done.Set ();
    }
}
```

예제 실행

지금까지 작성한 예제를 위해 네 개의 라즈베리 파이를 사용했다. 하나는 센서로 사용하고, 또 하나는 액추에이터로 사용하고, 다른 하나는 카메라로 사용하고, 마지막 한 개는 이러한 세 개의 라즈베리 파이를 제어하는 컨트롤러로 사용한다. 이렇게 네 개의 라즈베리 파이를 사용해 누가 방에 몰래 침입해서 물건을 훔쳐가는지 알아내는 시스템을 만들 수 있다.

Motion detected

Motion has been detected while the light is turned off.

Camera Photos

카메라 관리

앞 절에서는 카메라와 카메라에서 제공하는 UPnP 서비스를 네트워크에 게시하는 기능을 구현했다. 이러한 기능을 이용하면 현재 네트워크에서 제공하는 카메라를 찾아내서 각각에 대한 설정을 원격에서 관리하는 기능을 만들 수 있다. 이 절에서는 이러한 관리 기능을 컨트롤러 애플리케이션에 구현하는 방법에 대해 살펴보자.

UPnP로 이벤트 관리하기

앞에서 만든 카메라 프로젝트와 마찬가지로, 컨트롤러 프로젝트에도 UPnP 인터페이스를 생성해야 한다. 따라서 다음과 같이 HTTP 서버와 SSDP 클라이언트를 선언한다.

```
private static HttpServer upnpServer;
private static SsdpClient ssdpClient;
```

먼저 HTTP 서버부터 설정한다. 카메라 프로젝트에서 했던 것처럼 다음과 같이 코드를 작성한다.

```
upnpServer = new HttpServer (8080, 10, true, true, 1);
Log.Information ("UPnP Server receiving requests on port " +
  upnpServer.Port.ToString ());
```

SSDP 클라이언트도 비슷한 방식으로 설정한다.

```
ssdpClient = new SsdpClient (upnpServer, 10,
  true, true, false, false, false, 30);
```

애플리케이션을 종료하기 전에 모든 스레드가 종료하도록, 앞에서 만든 HTTP 서버와 SSDP 클라이언트에 대한 오브젝트를 제거해야 한다. 이렇게 하지 않으면 애플리케이션이 제대로 종료되지 않을 수도 있다.

```
ssdpClient.Dispose ();
upnpServer.Dispose ();
```

컨트롤러 애플리케이션에서는 인터페이스를 직접 만들어서 게시하지 않고, UPnP로 동작하는 카메라로부터 알림을 받도록 구성한다. 네트워크에서 발견한 카메라와 인터페이스에 대한 리스트는 SSDP 클라이언트에서 관리한다. 따라서 다음과 같이 OnUpdated 이벤트에 대한 핸들러를 등록한다.

```
ssdpClient.OnUpdated += NetworkUpdated;
```

애플리케이션에서는 네트워크를 통해 제공되는 카메라를 관리하기 위해 세 개의 리스트를 관리한다. 하나는 현재 제공되는 카메라 서비스에 대한 리스트다.

```
private static Dictionary<string, IUPnPService> stillImageCameras;
```

그리고 이러한 서비스에 대한 구독 정보와 만료 기간에 대한 리스트도 관리한다.

```
private static SortedDictionary<DateTime, Subscription> subscriptions;
```

마지막으로 상태 변수 값에 대한 리스트로 선언한다. 이 값에 대한 리스트는 각 장치에서 알려준 고유 장치 이름을 기준으로 정렬한다.

```
private static Dictionary<string,Dictionary<string,string>>
  stateVariables;
```

네트워크에 연결된 장치의 상태 업데이트

앞에서 등록한 OnUpdated 이벤트 핸들러가 실행되면, 가장 먼저 현재 네트워크에서 발견한 장치에 대한 목록을 담은 SSDP 클라이언트의 Devices 프로퍼티 값을 확인한다.

```
private static void NetworkUpdated (object Sender, EventArgs e)
{
  IUPnPDevice[] Devices = ssdpClient.Devices;
```

기존에 발견한 장치 중에서 사라진 것이 있는지 확인할 수 있도록, 애플리케이션에 등록된 장치 목록을 복사해둔다.

```
  Dictionary<string, IUPnPService> Prev =
    new Dictionary<string, IUPnPService> ();
```

```
lock (stillImageCameras)
{
  foreach (KeyValuePair<string, IUPnPSerivce> Pair in
    stillImageCameras)
    Prev [Pair.Key] = Pair.Value;
```

발견한 장치와 이 장치에서 제공하는 서비스에 대해 루프를 돌면서, 카메라 서비스를 제공하는 장치가 있는지 찾는다. 찾았다면 이 장치를 리스트에서 제거한다. 루프를 다 돌고 리스트에 남은 장치가 바로 현재 네트워크에서 삭제된 장치다.

```
foreach (IUPnPDevice Device in Devices)
{
  foreach (IUPnPSerivce Service in Device.Services)
  {
    if (Service.ServiceType == "urn:schemas-" +
      "upnp-org:service:" +
      "DigitalSecurityCameraStillImage:1")
    {
      Prev.Remove (Device.UDN);
```

카메라 서비스를 제공하는 장치를 새로 발견했다면 카메라 리스트에 추가한다.

```
if (!stillImageCameras.ContainsKey (Device.UDN))
{
  stillImageCameras [Device.UDN] Service;
  Log.Information ("Still image camera found.",
    EventLevel.Minor, Device.FriendlyName);
```

이벤트 구독

새로 발견한 서비스에서 발생하는 이벤트를 구독하려면, 이 서비스를 제공하는 장치에서 이벤트 상태 변수가 변경될 때마다 구독자에게 알려줄 때 사용할 콜백 URL을 만들어야 한다. 따라서 URL에 명시할 IP 주소부터 알아내야 한다. 컨트롤러를 실행하는 라즈베리 파이에 네트워크 어댑터가 여러 개 달렸다면, 이벤트를 구독할 때 어느 어댑터를 사용해야 하는지 알아내야 한다. 예제에서는 라즈베리 파이에서 기본적으로 제공하는 네트워크 어댑터 한 개만 사용한다. 따라서 루트 장치에서 사용하는 것과 동일한 IP 주소 체계를 사용하는 IP 주소만 검색한다.

장치에서 사용하는 IP 주소는, 루트 장치에 대한 장치 설명서(DDD)의 URL을 담고 있는 Location 프로퍼티를 통해 알아낼 수 있다.

```
ParsedUri Location = Web.ParseUri (Device.Location);
string DeviceAddress = Location.Host;
System.Net.IPHostEntry DeviceEntry =
  System.Net.Dns.GetHostEntry (DeviceAddress);
```

현재 의 IP 주소도 알아낸다.

```
string HostName = System.Net.Dns.GetHostName ();
System.Net.IPHostEntry LocalEntry =
  System.Net.Dns.GetHostEntry (HostName);
string LocalIP = null;
```

이제 서로 같은 프로토콜을 사용하는 IP 주소가 있는지 찾는다.

```
foreach (System.Net.IPAddress LocalAddress in
  LocalEntry.AddressList)
{
  foreach (System.Net.IPAddress RemoteAddress in
    DeviceEntry.AddressList)
  {
    if (LocalAddress.AddressFamily ==
      RemoteAddress.AddressFamily)
    {
      LocalIP = LocalAddress.ToString ();
      break;
    }
  }

  if (LocalIP != null)
    break;
}
```

이러한 IP 주소를 발견하면, 여기에 대한 콜백 URL을 만들고 이 서비스에서 제공하는 이벤트를 구독한다. 이벤트에 대한 구독 요청은 5분 간격으로 보낸다. 필요하다면 서비스에서 이 시간을 변경해서 SID(subscription identity)를 리턴할 수도 있다. SID를 구독을 해지할 때 필요하므로 따로 저장해둔다. 콜백 URL은 /events

라는 리소스를 사용한다. 이러한 웹 리소스를 정의하는 방법에 대해서는 뒤에서
자세히 설명한다. 구독한 이벤트가 전달될 콜백 URL을 생성하는 코드는 다음과
같이 작성한다.

```
if (LocalIP != null)
{
  int TimeoutSeconds = 5 * 60;
  string Callback = "http://" + LocalIP + ":" +
    upnpServer.Port.ToString () + "/events/" + Device.UDN;
  string Sid = Service.SubscribeToEvents (Callback,
    ref TimeoutSeconds);

  AddSubscription (TimeoutSeconds,
    new Subscription (Device.UDN, Sid, Service, LocalIP));
}
```

`AddSubscription()` 메소드에 대해서는 뒤에서 자세히 설명한다.

사라진 카메라 삭제

네트워크에서 카메라가 사라졌다면 현재 네트워크를 표현하는 내부 구조체에서
도 즉시 이를 반영해야 한다. 그렇지 않으면 필요 없는 항목을 표현하는데 메모리
를 낭비하게 된다. 리스트에 있는 모든 장치와 서비스에 대해 루프를 돈 뒤에 `Prev`
리스트에 남아 있는 장치가 바로 현재 네트워크에서 사라진 것이다. 따라서 카메
라 리스트에서 이 항목을 삭제한다.

```
      }
    }
  }
}

foreach (KeyValuePair<string, IUPnPService> Pair in Prev)
{
  Log.Information ("Still image camera removed.",
    EventLevel.Minor, Pair.Value.Device.FriendlyName);
  stillImageCameras.Remove (Pair.Value.Device.UDN);
```

사라진 장치에 대한 구독 정보도 모두 삭제한다.

```
foreach (KeyValuePair<DateTime, Subscription> Subscription in
  subscriptions)
{
  if (Subscription.Value.UDN == Pair.Key)
  {
    subscriptions.Remove (Subscription.Key);
    break;
  }
}
```

사라진 장치에 대해 저장해둔 상태 변수도 삭제한다. 데드락이 발생하지 않도록 이 작업은 lock 구문 밖에서 처리한다.

```
    }
  }

  lock (stateVariables)
  {
    foreach (KeyValuePair<string, IUPnPService> Pair in
      Prev)
        stateVariables.Remove (Pair.Value.Device.UDN);
  }
}
```

현재 구독 정보 관리

이벤트에 대한 구독 신청이 완료되면, 현재 등록된 구독 정보에 만료 시간을 명시해서 저장해둬야 한다. 그래야 나중에 구독이 만료되기 전에 구독 상태를 갱신할 수 있다. 새로운 구독 정보는 AddSubscription 메소드를 호출하여 메모리에 저장한다. 이 메소드는 subscriptions 디렉토리에 구독 정보를 저장하고, 만료 시간도 함께 표시해둔다. 만약 여러 개의 구독이 같은 시각에 동시에 만료될 때는, 만료 시각이 서로 다르게 지정되도록 난수로 틱을 생성하여 만료 시각에 더한다.

```
private static void AddSubscription (int TimeoutSeconds,
  Subscription Subscription)
{
```

```
    lock (stillImageCameras)
    {
      DateTime Timeout = DateTime.Now.AddSeconds (
        TimeoutSeconds);

      while (subscription.ContainsKey (Timeout))
        Timeout.AddTicks (gen.Next (1, 10));

      subscriptions [Timeout] = Subscription;
    }
  }
```

구독 레코드 생성

현재 구독 중인 정보를 관리하기 위해 다음과 같이 Subscription 클래스를 간단히 정의한다. 이 클래스는 장치에 대한 UDNunique device name과 SID, 콜백 URL에서 사용하는 로컬 IP 주소, 구독하려는 서비스 오브젝트에 대한 레퍼런스와 같이 네 가지 정보만 관리한다.

```
public class Subscription
{
  private string sid;
  private string udn;
  private string localIp;
  private IUPnPService service;

  public Subscription (string Udn, string Sid,
    IUPnPService Service, string LocalIp)
  {
    this.sid = Sid;
    this.udn = Udn;
    this.service = Service;
    this.localIp = LocalIp;
  }
```

이러한 속성은 읽기 전용으로 게시한다.

```
  public string UDN
  {
```

```
      get{return this.udn;}
  }

  public string SID
  {
    get{return this.sid;}
  }

  public IUPnPService Service
  {
    get{return this.service;}
  }

  public string LocalIp
  {
    get{return this.localIp;}
  }
}
```

구독 만료 시점 확인

구독이 만료되기 전에 구독 정보를 업데이트하지 않으면 이벤트를 더 이상 받을 수 없다. 따라서 구독 만료 시각이 다가오는지 주기적으로 검사해야 한다. ControlHttp 메소드를 보면, 액추에이터에 대해 컨트롤 이벤트를 발생할 때까지 기다리도록 작성되어 있다. LED와 알람 상태가 변했는지 검사하도록 다음과 같이 코드를 작성한다.

```
switch (WaitHandle.WaitAny (Handles, 1000))
```

여기서 Handles는 두 개의 이벤트 오브젝트를 배열로 담고 있다. 첫 번째 오브젝트는 액추에이터의 LED를 업데이트하는 데 필요한 정보를 담고 있고, 두 번째 오브젝트는 알람 상태를 업데이트하는 데 필요한 사항을 담고 있다. 대기 시간은 1초로 설정했다. 그리고 아무런 제어 명령이 오지 않았을 때 실행할 작업은 switch 구문의 default 문에 담았다. 따라서 아무런 제어 명령이 오지 않았다면 1초마다 이 문장이 실행된다.

```
    default:
      CheckSubscriptions (30);
      break;
```

CheckSubscriptions 메소드는 현재 구독 목록에서 MarginSeconds 파라미터를 통해 지정한 시간 간격 동안 구독이 만료되는 것이 있는지 확인한다.

```
private static void CheckSubscriptions (int MarginSeconds)
{
  DateTime Limit = DateTime.Now.AddSeconds (MarginSeconds);
  LinkedList<KeyValuePair<DateTime, Subscription>>
    NeedsUpdating = null;
  int TimeoutSeconds;
```

이때 이 딕셔너리에 대해서만 루프를 돌면 된다. 이 딕셔너리는 구독 만료 시각을 기준으로 정렬되어 있기 때문에, Limit로 지정한 시점 이전에 만료되는 구독까지만 루프를 돌면 된다.

```
  lock (stillImageCameras)
  {
    foreach (KeyValuePair<DateTime, Subscription> Subscription
      in subscriptions)
    {
      if (Subscription.Key > Limit)
        break;

      if (NeedUpdating == null)
        NeedsUpdating = new LinkedList<KeyValuePair<
          DateTime, Subscription>> ();

      NeedsUpdating.AddLast (Subscription);
    }
  }
```

구독 갱신

구독을 갱신하려면 먼저 현재 구독 리스트에서 해당 항목을 제거한다.

```
  if (NeedsUpdating != null)
  {
```

```
Subscription Subscription;

foreach (KeyValuePair<DateTime, Subscription> Pair
  in NeedsUpdating)
{
  lock (stillImageCameras)
  {
    subscriptions.Remove (Pair.Key);
  }

  Subscription = Pair.Value;
```

그리고 나서 장치에서 제공한 SID로 구독 정보를 갱신한다. 이때 만료 시간을 새로 지정해야 한다. 여기에서는 5분으로 설정했다. 여기서 지정한 만료 시간은 필요에 따라 장치에서 다른 값으로 갱신할 수 있다.

```
try
{
  TimeoutSeconds = 5 * 60;
  Subscription.Service.UpdateSubscription (Subscription.SID,
    ref TimeoutSeconds);
  AddSubscription (TimeoutSeconds, Subscription);
```

구독이 제대로 갱신되지 않는다면, 갱신하려는 구독이 사라졌거나 이미 만료되어 그럴 수 있다. 이럴 때는 다음과 같이 새로 구독을 생성한다.

```
} catch (Exception)
{
  try
  {
    string Udn = Subscription.Service.Device.UDN;
    TimeoutSeconds = 5 * 60;
    string Sid = Subscription.Service.SubscriptionToEvents (
      "http://" + Subscription.LocalIp + "/events/" +
      Udn, ref TimeoutSeconds);
    AddSubscription (TimeoutSeconds, new Subscription (Udn,
      Sid, Subscription.Service, Subscription.LocalIp));
```

이렇게 해도 안된다면, SSDP 클라이언트에서 장치와 서비스를 사용할 수 있다면 1분 뒤에 다시 시도한다.

```
            } catch (Exception)
            {
                AddSubscription (60, Subscription);
            }
        }
    }
}
```

이벤트 받기

앞에서 콜백 URL에서 /events라는 이름을 가진 리소스로 이벤트를 받도록 선언한 바 있다. 이제 이 리소스를 정의하는 코드를 작성해야 한다. Clayster. Library.Internet.UPnP 네임스페이스를 보면 UPnPEvents라는 웹 리소스가 정의되어 있는 것을 볼 수 있다. 이를 이용해 리소스에 대한 변수를 다음과 같이 애플리케이션에 정적 변수를 정의한다.

```
private static UPnPEvents events;
```

그런 다음, 인스턴스를 생성하고 UPnP용 HTTP 서버에 등록한다.

```
events = new UPnPEvents ("/events");
upnpServer.Register (events);
```

이 리소스는 이벤트를 받을 때마다 OnEventsReceived라는 이벤트가 발생한다. 따라서 다음과 같이 이벤트에 대한 핸들러를 지정한다.

```
events.OnEventsReceived += EventsReceived;
```

이벤트 핸들러는 현재 상태 변수만 관리한다. 이때 상태 변수는 이벤트를 제공하는 서비스를 호스팅하는 장치의 UDN으로 정렬한다. 이렇게 정렬해두면 나중에 접근할 때 편하다.

```
private static void EventsReceived (object Sender,
    UPnPPropertySetEventArgs e)
```

```
{
  Dictionary<string,string> Variables;
  string UDN = e.SubItem;

  lock (stateVariables)
  {
    if (!stateVariables.TryGetValue (UDN, out Variables))
    {
      Variables = new Dictionary<string, string> ();
      stateVariables [UDN] = Variables;
    }

    foreach (KeyValuePair<string,string> StateVariable
      in e.PropertySet)
        Variables [StateVariable.Key] =
          StateVariable.Value;
  }
}
```

부록 D
XMPP 프로젝트 구현 기법

인증서

SSL(TLS)로 통신할 때 인증서를 사용할 때마다 인증서가 가짜는 아닌지 항상 검사할 지 여부를 지정할 수 있다. 기본적으로는 이러한 유효성 검사를 항상 수행하도록 설정되어 있다. 그러나 경우에 따라 인증서에 대한 유효성 검사를 하지 않을 수도 있다. 자체 서명된 인증서를 사용해 코드를 디버깅하거나 테스팅할 때, 그리고 상대방에 대해서는 검사할 필요가 없을 때, 아니면 데이터를 암호화하는 용도로만 SSL/TLS를 사용할 때는 따로 검사하지 않고 모든 인증서를 다 받아들이게 만들수 있다. 이렇게 신뢰 모드trusted mode로 SSL/TLS 통신할 때는 유효하지 않은 인증서를 사용해도 상관없다.

그러나 이렇게 모든 인증서를 다 받아들이게 되면, 인증서를 사용하는 가장 중요한 목적인 원격에 있는 상대방의 신분을 확인할 수 없게 된다. 서버에 연결할 때 서버에서 제공하는 인증서를 검사해서 그 서버가 진짜 누군지 확인할 수 있어야 한다. 인증서에 문제가 있다면, 사용자의 민감한 정보를 빼가려고 누군가 서버인 척 하고 있을 수도 있다. 따라서 민감한 데이터를 다루는 실제 환경에서는 이렇게 모든 인증서를 신뢰하도록 설정하면 안된다.

일반 PC 환경에서는 자체 서명된 인증서를 사용하지 않는 한, 인증서에 대한 유효성 검사를 생략해도 큰 문제가 발생하지 않는다. 그러나 IoT 장치에서 이렇게 설정하면 문제가 발생할 수 있다. 인증서에 대한 유효성을 검사할 때는 인증서 자체뿐만 아니라 인증서에서 표현하는 자격증명에 대해서도 검사하여, 해당 인증서에 대해 체인으로 연결된 전체 신뢰 관계를 검사할 수 있다. 인증서마다 이를 생성한 CACertificate Authority가 명시되어 있다. 인증서를 생성할 때마다 생성한 이에 대한 레퍼런스도 인증서에 담기게 된다. 따라서 인증서에 대한 유효성을 검사할 때, 발급자 정보를 통해 발급자의 신원을 직접 확인할 뿐만 아니라, 이 인증서에 문제가 발생하여 폐기되지 않았는지도 확인한다. 인증서가 폐기되면, 이를 기반으로 만든 다른 인증서도 동시에 폐기된다. 따라서 누군가 CA 인증서를 훔쳐서 만든 가짜 인증서가 사용되지 않도록 방지할 수 있다. 인증서의 발급자 정보에 또 다른 발급자가 명시되어 있다면, 루트 CA에 도달할 때까지 이 과정이 반복된다. 이렇게 마지막으로 도달한 인증서는 자체 서명되어 있다.

인증서는 공개 인증서도 있고 사설 인증서도 있다. 공개 인증서는 모든 이와 공유할 수 있으며 SSL/TLS 협상negotiation 과정에서 클라이언트에게 전달할 때 이러한 공개 인증서를 활용한다. 이러한 공개 인증서는 원격에 있는 상대방에게 보낼 데이터를 암호화할 때 사용한다. 사설 인증서는 원격에 있는 상대방만 가지고 있으며, SSL/TLS로 전달 받은 데이터를 복호화할 때 사용한다. 인증서에 대한 유효성을 검사할 때는 전체 인증서 체인에 대한 보안 수준을, 루트 인증서를 비롯한 CA 인증서의 사설 버전을 보호하는 데 적용한 보안 수준보다 낮게 설정한다.

루트 인증서에 대해 유효성을 검사를 하려면 자체 서명 인증서를 검사할 때처럼 공개 버전의 인증서를 시스템에 설치해둬야 한다. 그래야 OS에서 이 인증서를 믿어도 되는지 알 수 있다. 일반 PC용 OS에서는 대표적인 루트 인증서를 미리 설치해두고 있다. 그러나 모노나 라즈베리 파이에서는 이러한 기능을 지원하지 않기 때문에, 필요한 CA 인증서를 직접 설치해둬야 인증서에 대한 유효성 검사를 제대로 수행할 수 있다.

 문제가 없는 CA만 설치해야 한다. 설치된 인증서에서 발급한 모든 인증서에 대해서도 유효한 것으로 취급하기 때문이다.

thingk.me에서 제공하는 XMPP 서버는 StartCom Ltd에서 발급한 인증서를 사용한다. 이 인증서에 대한 유효성을 검사를 하려면, 라즈베리 파이에 StartCom Ltd.에서 발급한 CA 인증서를 설치해야 한다. 이러한 루트 인증서를 설치하는 과정은 다음과 같다.

```
$ wget http://www.startssl.com/certs/ca.crt
$ sudo certmgr -add -c -m CA ca.crt
$ sudo certmgr -add -c Trust ca.crt
```

 명령 앞에 sudo를 붙이면 슈퍼유저 권한으로 명령을 실행한다. 루트로 로그인했다면 sudo를 생략해도 된다.

StartCom에서는 중간 CA 서버 인증서도 사용한다. 따라서 이 인증서도 다음과 같이 다운로드해서 설치한다.

```
$ wget http://www.startssl.com/certs/sub.class1.server.ca.crt
$ sudo certmgr -add -c -m CA sub.class1.server.ca.crt
$ sudo certmgr -add -c Trust sub.class1.server.ca.crt
```

인증서가 제대로 설치됐는지 확인하도록 다음과 같이 명령을 실행해보자.

```
$ sudo certmgr -list -c Trust
$ sudo certmgr -list -c -m CA
```

 certmgr은 모노에 포함되어 있다.

인증서가 제대로 설치됐다면, thnkgk.me 서버를 사용하는 애플리케이션을 다시 실행시켜보면 서버 인증서를 신뢰하도록 별도로 설정하지 않고도 동작하는 것을 확인할 수 있다.

채팅 인터페이스

XMPP는 원래 메신저와 같은 채팅 애플리케이션에서 메시지를 빠르게 주고 받기 위해 개발된 것이다. 채팅 용도로 사용하지 않는 장치에서 XMPP를 사용하면 뭔가 어색하다는 느낌이 들 수 있다. 채팅 애플리케이션은 사람과 기계 사이의 인터페이스로도 뛰어난 기능을 제공하기 때문에 디버깅 용도로 활용할 수도 있다. 이 절에서는 센서와 액추에이터에 채팅 인터페이스를 추가하는 방법을 소개한다. 이 과정은 굉장히 간단하다.

Clayster.Library.IoT.XmppInterfaces 네임스페이스에서는 표준 채팅 인터페이스를 구현하는 클래스를 제공하고 있다. 이 클래스에 XMPP 클라이언트 (XmppClient)와 센서 및 액추에이터 인터페이스만 지정하면 표준 채팅 인터페이스를 쉽게 생성할 수 있다.이 클래스는 표준 문법을 사용하기 때문에 기억하기도 쉬울 뿐만 아니라 코드도 간결하게 작성할 수 있다.

채팅 서버는 XmppChatServer 클래스의 인스턴스를 생성하는 방식으로 간단히 만들 수 있다. XmppChatServer의 생성자는 채팅 서버로 들어오는 요청을 적절히 처리하는데 필요한 XMPP 클라이언트와 프로비저닝 서버에 대한 레퍼런스를 인자로 받는다. 센서 서버와 컨트롤 서버에 대한 레퍼런스에 대한 인자도 옵션으로 지정할 수 있는데, 이러한 인터페이스를 사용하지 않는다면 그냥 null 값으로 지정한다.

```
xmppChatServer = new XmppChatServer (xmppClient,
    xmppProvisioningServer, xmppSensorServer, xmppControlServer);
```

센서와 컨트롤 인터페이스를 지정하면 이에 맞게 채팅 인터페이스가 생성된다. 즉 데이터 필드와 제어용 파라미터로는 어떤 것이 있는지, 그리고 이러한 값을 누가 읽거나 수정할 수 있는지 등을 알아낼 수 있다. 아래 그림은 이 책의 예제에서 사용하는 센서에 대한 채팅 인터페이스를 보여주고 있다.

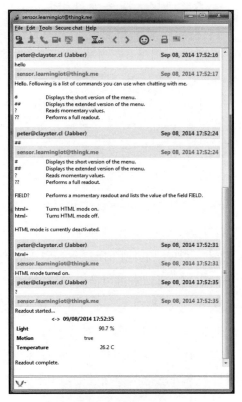

센서에 대한 채팅 인터페이스

QR 코드

이 책에 나온 예제에서는 QR 코드를 사용해 장치에 대한 메타데이터 정보를 장치의 소유자에게 전달한다. 이 절에서는 이러한 용도로 QR 코드를 생성해서 표시하는 방법을 소개한다.

QR 코드 생성

QR 코드는 2차원 바코드처럼 특정한 문자를 흑백 이미지로 인코딩한다. QR 코드는 스마트폰 카메라로 스캔해서 읽기 쉽도록 구성되어 있다. QR 코드를 발명한 사람이 누구나 마음껏 QR 코드를 만들어 사용할 수 있도록 QR 코드 알고리즘에 대한 라이센스를 공개했기 때문에, 이미지를 통해 디지털 정보를 전달하기 위한 용도로 QR 코드가 널리 사용되고 있다. 이 장에서는 QR 코드를 생성하는 코드를 직접 구현하거나 특정한 라이브러리를 활용하지 않고, 구글 차트Chart API에서 제공하는 QR 코드 생성 기능을 사용해 QR 코드를 만드는 방법에 대해 소개한다. 따라서 QR 코드에 담을 문자열을 이 API로 전달하기만 하면, 이에 대한 QR 코드 이미지를 리턴한다.

6장에서 언급했던, 장치에 대해 등록한 메타데이터를 장치 소유자에게 보낼 때 QR 코드로 전달하는 기능을 만들어보자. 따라서 메타데이터를 담을 문자열을 해석하기 쉬운 형태로 정해야 한다. 메타데이터는 문자열 태그와 숫자 태그로 구성된다. XEP-0347에서는 이러한 태그를 세미콜론(;)으로 연결하여 하나의 긴 문자열로 만들 수 있도록 정의하고 있다. 태그를 문자열로 표현할 때는 태그 이름과 값을 콜론(:)으로 연결한다. 숫자에 대한 태그는 태그 이름 뒤에 해쉬 기호(#)를 붙인다. 마지막으로 완성된 문자열을 쉽게 인식할 수 있도록, 앞에 'IoTDisco;'라는 문자열을 붙인다. 예제에서 사용하는 장치에 대한 문자열은 다음과 같이 구성된다.

```
IoTDisco;MAN:clayster.com;MODEL:LearningIoT-Sensor;KEY:acf9f815f5c6492584
3541db03d0f09e
```

이제 문자열을 만들었으니, 구글 차트 API에 이 값을 인자로 전달하여 호출한다. 그러면 이 값에 대한 QR 코드를 구할 수 있다. 48x48 크기로 QR 코드를 생성하도록 API를 호출하기 위한 URL은 다음과 같이 구성한다.

```
https://chart.googleapis.com/chart?cht=qr&chs=48x48&chl=QR_코드에_넣을_문자열
```

URL의 chl 쿼리 파라미터 값에 앞에서 만든 문자열을 지정한다. 먼저 이 값을 QR 코드로 인코딩해야 한다. 그러면 해쉬 기호가 %23과 같은 문자로 변경된다. 최종적으로 완성된 URL은 다음과 같다.

https://chart.googleapis.com/chart?cht=qr&chs=48x48&chl=IoTDisco;MAN:clayster.com;MODEL:LearningIoT-Sensor;KEY:acf9f815f5c64925843541db03d0f09e

이 URL을 브라우저 주소 창에 입력하면 다음과 같은 이미지가 나타난다. 실제로는 책에 나온 것보다 훨씬 작게 표시된다.

메타데이터 정보를 담은 QR 코드

지금까지 설명한 과정을 RequestQRCode라는 메소드로 작성해보자.

```
private static void RequestQRCode ()
{
  Log.Information ("Loading QR Code.");
```

구글 차트 API에 연결할 때는 HttpSocketClient 클래스를 사용한다.

```
using (HttpSocketClient Client = new HttpSocketClient (
  "chart.googleapis.com", HttpSocketClient.DefaultHttpsPort,
  true, HttpSocketClient.Trusted))
{
```

여기에서는 chart.googleapis.com에서 발급한 인증서를 신뢰하도록 코드를 작성했다. 가능하면 이렇게 작성하지 않고 항상 인증서를 검사하도록 코드를 작성하는 것이 좋다. 누군가 구글을 가장하여 KEY 태그의 정보를 훔쳐가는 일을 방지할 수 있기 때문이다. 다만 이렇게 매번 인증서를 검사하려면 몇 가지 CA 인증서를 설치해야 한다. 자세한 사항은 부록 D, '인증서' 절을 참고하기 바란다.

이제 QR 코드를 가리키는 리소스에 대해 GET 연산을 수행하는 코드를 작성한다.

```
  HttpResponse Response = Client.GET ("/chart?cht=qr&chs=48x48&" +
"chl=IoTDisco;MAN:clayster.com;MODEL:LearningIoT-Sensor;" + "KEY:" +
xmppSettings.Key);
```

이미지가 비트맵으로 전달되면 QR 코드가 필요할 때마다 매번 구글 API를 호출하지 않도록 이 이미지를 다음과 같이 저장한다.

```
  if (Response.Header.IsImage)
  {
    xmppSettings.QRCode = (Bitmap)Response.Image;
    xmppSettings.UpdateIfModified ();
```

아직 소유자가 지정되지 않았다면 다음과 같이 QR 코드를 화면에 표시한다.

```
    if (string.IsNullOrEmpty (xmppSettings.Owner))
      DisplayQRCode ();
  }
 }
}
```

 상용 애플리케이션을 제작할 때는, 이렇게 온라인 API를 사용하지 말고 QR 코드를 생성하는 라이브러리를 사용해 작성해야 한다. 그래야 IoT 장치에 대한 메타데이터를 제3자에게 보낼 때 문제가 발생할 가능성을 최소화할 수 있다.

QR 코드 화면에 표시

이제 생성한 QR 코드를 사용자가 스캔해서 장치에 대한 사용 권한을 요청할 수 있도록, QR 코드를 화면에 표시하는 기능을 만들어보자. 보통 QR 코드는 스티커 형태로 붙여두거나 스마트폰 화면에 표시하는 방식으로 사용한다. 예제에서는 제대로 동작하는 지만 확인하기 위해 간단히 콘솔 윈도우에 QR 코드를 표시한다. 먼저 QR 코드를 화면에 표시하는 메소드를 다음과 같이 작성한다.

```
private static void DisplayQRCode ()
{
  Bitmap Bmp = xmppSettings.QRCode;
  if (Bmp == null)
    return;
```

화면에 표시할 이미지의 크기를 알아내서 모든 픽셀에 대해 루프를 돈다.

```
  ConsoleColor PrevColor = Console.BackgroundColor;
  int w = Bmp.Width;
  int h = Bmp.Height;
  int x, y;

  for (y = 0; y < h; y++)
  {
    for (x = 0; x < w; x++)
    {
```

각 픽셀을 표시할 때마다 두 개의 공백 문자를 추가한다. 터미널 윈도우에서 사용하는 폰트는 문자의 높이가 폭의 두 배 정도로 표시되기 때문에 공백을 두 개로 설정했다.

```
      if (Bmp.GetPixel (x, y).B == 0)
        Console.BackgroundColor = ConsoleColor.Black;
      else
        Console.BackgroundColor = ConsoleColor.White;

      Console.Out.Write ("  ");
    }
```

터미널 윈도우를 스크롤할 때 컬러가 변하지 않도록, 한 줄이 끝날 때마다 원래 컬러로 복귀한다.

```
    Console.BackgroundColor = PrevColor;
    Console.Out.WriteLine ();
  }
}
```

이제 작성한 코드를 콘솔 윈도우에서 실행시켜보자. 그러면 다음과 같이 이미지가 표시되는 것을 확인할 수 있다.

터미널 윈도우에 QR 코드 표시한 모습

장치에 대한 사용 권한 요청

QR 코드를 추가했다면, 장치에 대한 사용 권한을 요청할 때 QR 코드를 스캔하여 해석할 수 있다. QR 코드를 스캔한 결과로 나온 문자열을 파싱하여 장치의 소유권을 요청하는데 필요한 정보를 추출할 수 있다. 스마트폰의 카메라로 이렇게 정보를 추출하는 기능을 제공하는 앱이 여러 가지가 나와 있다. 그 중 하나를 소개하면 https://www.thingk.me/Provisioning/Api.xml이 있다.

에이콘출판의 기틀을 마련하신 故 정완재 선생님 (1935-2004)

찾아보기

acorn+**PACKT** Technical Book 시리즈

실전 IoT 네트워크 프로그래밍

라즈베리 파이와 C#을 활용한 사물인터넷 통신 프로토콜과 서비스 플랫폼 이해

초판 인쇄 | 2015년 6월 15일
1쇄 발행 | 2016년 11월 14일

지은이 | 피터 웨허
옮긴이 | 남 기 혁

펴낸이 | 권 성 준
편집장 | 황 영 주
편 집 | 나 수 지
디자인 | 이 승 미

에이콘출판주식회사
서울특별시 양천구 국회대로 287 (목동 802-7) 2층 (07967)
전화 02-2653-7600, 팩스 02-2653-0433
www.acornpub.co.kr / editor@acornpub.co.kr

한국어판 ⓒ 에이콘출판주식회사, 2015, Printed in Korea.
ISBN 978-89-6077-723-1
ISBN 978-89-6077-210-6 (세트)
http://www.acornpub.co.kr/book/iot-programming

이 도서의 국립중앙도서관 출판시도서목록(CIP)은 서지정보유통지원시스템 홈페이지(http://seoji.nl.go.kr)와
국가자료공동목록시스템(http://www.nl.go.kr/kolisnet)에서 이용하실 수 있습니다.(CIP제어번호: CIP2015016442)

책값은 뒤표지에 있습니다.